中国人民大学研究报告系列

中国零售业发展监测与分析报告

2019

REPORT ON THE DEVELOPMENT OF CHINA'S RETAILING

主编 王强

中国人民大学出版社
· 北京 ·

总序

陈雨露

当前中国的各类研究报告层出不穷，种类繁多，写法各异，成百舸争流、各领风骚之势。中国人民大学经过精心组织、整合设计，隆重推出由人大学者协同编撰的“研究报告系列”。这一系列主要是应用对策型研究报告，集中推出的本意在于，直面重大社会现实问题，开展动态分析和评估预测，建言献策于咨政与学术。

“学术领先、内容原创、关注时事、咨政助企”是中国人民大学“研究报告系列”的基本定位与功能。研究报告是一种科研成果载体，它承载了人大学者立足创新，致力于建设学术高地和咨询智库的学术责任和社会关怀；研究报告是一种研究模式，它以相关领域指标和统计数据为基础，评估现状，预测未来，推动人文社会科学研究成果的转化应用；研究报告还是一种学术品牌，它持续聚焦经济社会发展中的热点、焦点和重大战略问题，以扎实有力的研究成果服务于党和政府以及企业的计划、决策，服务于专门领域的研究，并以其专题性、周期性和翔实性赢得读者的识别与关注。

中国人民大学推出“研究报告系列”，有自己的学术积淀和学术思考。我校素以人文社会科学见长，注重学术研究咨政育人、服务社会的作用，曾陆续推出若干有影响力的研究报告。譬如自2002年始，我们组织跨学科课题组研究编写的《中国经济发展研究报告》《中国社会发展研究报告》《中国人文社会科学发展研究报告》，紧密联系和真实反映我国经济、社会和人文社会科学发展领域的重大现实问题，十年不辍，近年又推出《中国法律发展报告》等，与前三种合称为“四大报告”。此外，一些散在的不同学科的专题研究报告也连续多年出版，在学界和社会上形成了一定的影响。这些研究报告都是观察分析、评估预测政治经济、社会文化等领域重大问题的专题研究，其中既有客观数据和事例，又有深度分析和战略预测，兼具实证性、前瞻性和学术性。我们把这些研究报告整合起来，与中国人民大学的出版资源相结合，再进行新的策划、征集、遴选，形成了这个“研究报告系列”，以期放大规模效应，扩展社会服务功能。这个系列是开放的，未来会依情势有所增减，使其动态成长。

中国人民大学推出“研究报告系列”，还具有关注学科建设、强化育人功能、推进协同创新等多重意义。作为连续性出版物，研究报告可以成为本学科学者展示、交流学术成果的平台。编写一部好的研究报告，通常需要集结力量，精诚携手，合作者随报告之连续而成为稳定团队，亦可增益学科实力。研究报告立足于丰富的素材，常常动员学生参与，可使他们在系统研究中得到学术训练，增长才干。此外，面向社会实践的研究报告必然要与政府、企业保持密切联系，关注社会的状况与需要，从而带动高校与行业企业、政府、学界以及国外科研机构之间的深度合作，收“协同创新”之效。

为适应信息化、数字化、网络化的发展趋势，中国人民大学的“研究报告系列”在出版纸质版本的同时将开发相应的文献数据库，形成丰富的数字资源，借助知识管理工具实现信息关联和知识挖掘，方便网络查询和跨专题检索，为广大读者提供方便适用的增值服务。

中国人民大学的“研究报告系列”是我们在整合科研力量、促进成果转化方面的新探索，我们将紧紧把握时代脉搏，敏锐捕捉经济社会发展的重点、热点、焦点问题，力争使每一种研究报告和整个系列都成为精品，都适应读者需要，从而打造高质量的学术品牌，形成核心学术价值，更好地承担学术服务社会的职责。

目 录

第 1 章 绪论

第 2 章 中国经济增长与零售商业

第 3 章 中国零售业产业发展分析报告

第4章　中国零售业地区发展分析报告

第5章　中国综合零售业发展分析报告

第6章　中国专业零售业发展分析报告

第7章　中国零售公司管理与运营分析报告

第 8 章 中国零售业综合事务与海外概览

第1章　绪　论

1.1　本报告的撰写

中国零售业担负着商品流通和城乡居民消费实现的重任，是国民经济的支柱性产业，也是提供就业的主战场，更是实现“中国梦”的重要载体之一。

本书按照年度全面监测中国零售业发展情况，关注多个零售商业发展的关键问题与热点问题，包括宏观经济、居民消费、零售产业、行业结构、效益效率、地区发展、城乡零售、综合业态、专业业态、收购兼并、高管变动、营销活动、技术运用、公共关系、社会责任、政策法规、案件纠纷、会议会展、培训教育、科研与海外零售业等，并通过对行业代表性企业的追踪，以实现对中国零售业发展现状、特点、脉络和问题等的监测与分析。

2019年的零售业年度监测报告，除绪论外每章监测和分析一个专题的内容。具体包括中国经济增长与零售商业、中国零售业产业发展分析报告、中国零售业地区发展分析报告、中国综合零售业发展分析报告、中国专业零售业发展分析报告、中国零售公司管理与运营分析报告、中国零售业综合事务与海外概览。每章（每个专题）包括监测分析报告和附表数据两个部分。

其中，监测分析报告部分是针对中国零售业发展的监测和分析，一般包含该专题的零售商业发展全景，行业与代表性企业的基本情况、发展动向监控、问题思考与展望等，即本书纸质版。

附表数据部分也是本报告的核心价值所在，是根据专题进行的统计，即我们根据研究的需要，设计了相关的统计数据表格和企业动态监控表格，包括产业数据分析表、地区数据分析表、业态数据分析表和零售公司动态监控数据分析表4类数据表格，共计60张附表，以连续反映年度内中国零售业发展的基本情况。受出版篇幅所限，附表数据都已制作成电子版，敬请读者朋友扫描本书第234页的二维码获取。

本报告主体上仍然延续了由中国人民大学出版社出版的《中国零售业发展监测与分析报告》最近三年（2016—2018年）的编写思路、结构体系和主要内容。

1.2　本报告的结构

本报告的结构如图1-1所示。

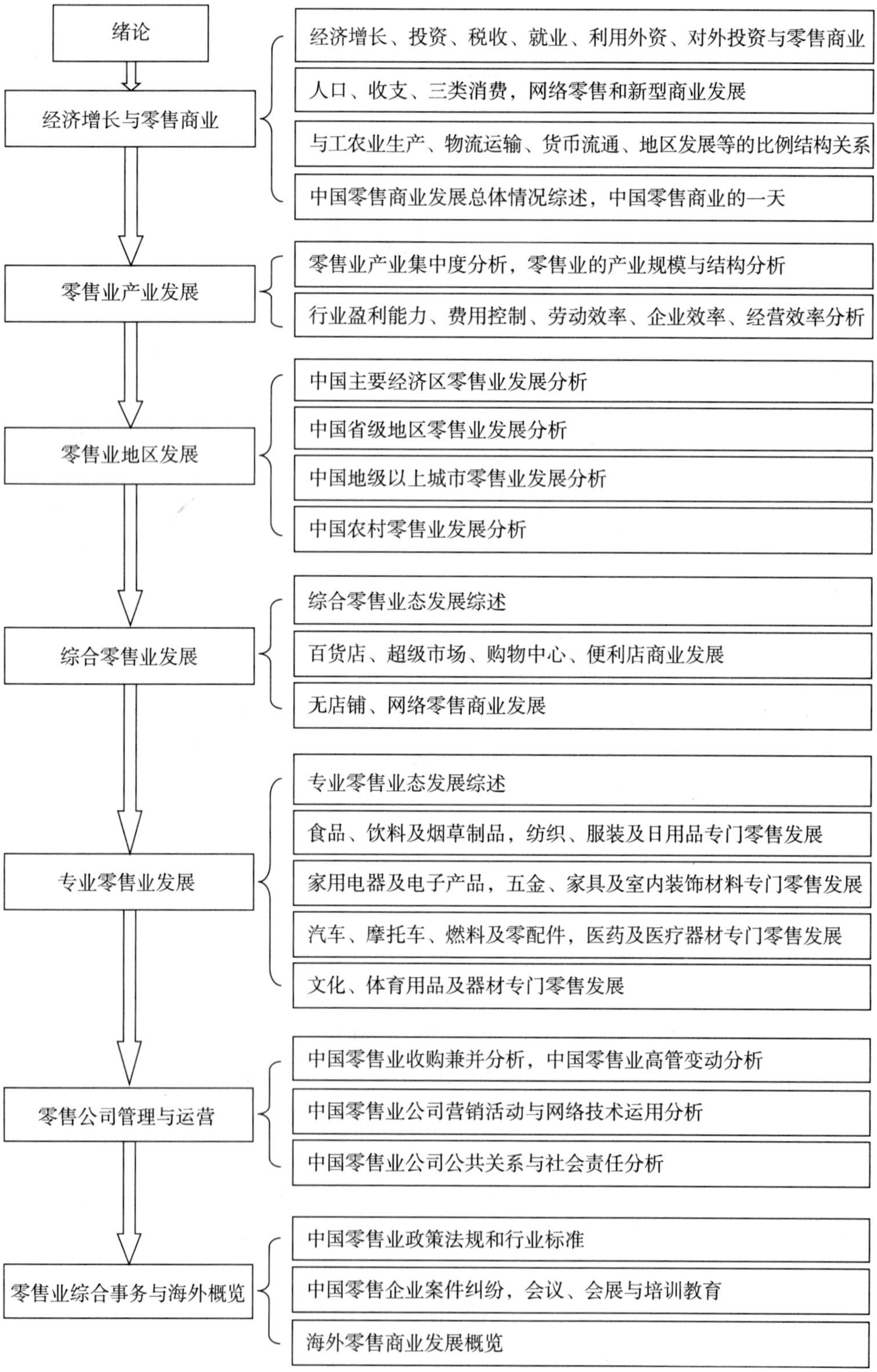

图 1-1　本报告结构示意图

1.3　本报告的数据

1.3.1　本报告数据来源概述

本报告所有的资料信息均通过公开信息渠道获得，数据来源主要有：

(1) 统计年鉴数据，包括《中国统计年鉴》(历年版)，《中国贸易外经统计年鉴》(历年版)，《中国城市统计年鉴》(历年版)，《中国区域经济统计年鉴》(历年版)，《中国住户调查年鉴》(历年版)。

(2) 国家各级政府部门及其附属部门的官方数据和信息，包括国家商务部、国家统计局、各省市政府和统计局等政府权威部门发布的信息、动态、数据和统计资料，以及中国经济网（中经网）统计数据库、国研网统计数据库、Wind 数据库、上海证券交易所、深圳证券交易所等权威网站发布的数据和统计资料。

(3) 行业协会数据和信息，包括中国商业联合会、中国连锁经营协会、中国物流与采购联合会、中国百货商业协会、中国商业经济学会、中国流通三十人论坛（G30）等国内权威行业协会和社会组织发布的官方信息、动态和数据。

(4) 企业官方数据和信息，包括中国零售业代表性企业在其官方网站公布的有关该企业的基本情况介绍和经营动向等信息，零售业中上市公司在交易所指定官方网站和社会媒体发布的年度、半年度、季度报告等信息与数据。

(5) 新闻媒体和专业网站信息，包括国内外多种新闻媒体的新闻报道和相关资讯信息，以及联商网、超商网、第一零售网、零售网等行业专业资讯网站信息。

(6) 国外数据，包括海外主要国家的官方统计数据（以该国统计局数据为主），海外大型零售公司的官方网站信息和年报数据，美国 *STORES* 杂志发布的零售业 250 强数据，等等。

关于以上数据来源所采集的数据涉及的年限情况，具体说明如下：

(1) 关于国家统计局的统计公报和其他月度、季度数据：国家统计局每年初发布全国统计公报，各省、市统计局相应发布本级统计公报，因此本报告中所有涉及此类统计公报的数据，都是截至 2018 年底的数据；国家统计局口径按月、季度公布诸如 GDP、CPI、货币、类别商品销售额等月度、季度数据，因此本报告中所有涉及此类月度、季度的数据，也都是截至 2018 年底的数据。

(2) 关于国家统计局口径的统计年鉴数据：由于国家统计局年鉴发布的时间限制，即大部分统计年鉴是在每年的 8—11 月发布，其中数据均是上一年度的数据，而非本年数据，因此本报告各章节中所有涉及统计年鉴的数据，都是截至 2017 年底的数据。

(3) 国内其他数据，包括代表性企业官方信息数据、上市公司信息数据、行业协会信息数据、新闻媒体和专业网站资讯数据等，是随时更新的数据，因此本报告中所有涉及此类的信息和数据，也都是截至 2018 年底的信息和数据。

(4) 国外数据，涉及不同国家会计结算年度问题，上市公司的财务数据一般是上一年度的数据，即截至 2017—2018 财年；宏观统计数据涉及该国统计制度和数据发布时间问题，基本是 2017—2018 年的数据；企业资讯是 2018 年企业官方公布的资讯信息和数据。

1.3.2 具体各部分的数据来源

本报告各章节所用到的统计数据，以及本报告撰写小组自行收集整理的数据，具体数据来源、年份、性质等如表 1－1 所示。

表 1－1 本报告数据来源一览

序号	项目	数据来源情况	年份
1	经济增长与零售商业的总体情况	国家统计局统计公报，各省统计局统计公报	2018，2017，及以前年份
2	投资与零售商业	国家统计局统计公报，中国统计年鉴，中国贸易外经统计年鉴	2018，2017，及以前年份
3	税收与零售商业	国家统计局统计公报，中国统计年鉴	2018，2017，及以前年份
4	就业与零售商业	国家统计局统计公报，中国统计年鉴，中国贸易外经统计年鉴	2018，2017，及以前年份
5	利用外资、对外投资与零售商业	国家统计局统计公报，中国统计年鉴，中国贸易外经统计年鉴	2018，2017，及以前年份
6	人口、收支与消费的总体情况	国家统计局统计公报，中国统计年鉴	2018，2017，及以前年份
7	三类消费的结构与比例	中国统计年鉴	2018，2017，及以前年份
8	网络零售与新兴商业	国家统计局统计公报，中国统计年鉴	2018，2017，及以前年份
9	零售商业和工农业生产的结构与比例	国家统计局统计公报，中国统计年鉴	2018，2017，及以前年份
10	零售商业与物流运输的结构与比例	国家统计局统计公报，中国统计年鉴	2018，2017，及以前年份
11	零售商业与货币流通的结构与比例	国家统计局统计公报，中国统计年鉴	2018，2017，及以前年份
12	零售商业与地区发展的结构与比例	中国统计年鉴，中国城市统计年鉴，中国区域经济统计年鉴	2018，2017，及以前年份
13	中国零售业发展综述	中国贸易外经统计年鉴，本报告自行收集整理的数据	2018，2017，及以前年份

续前表

序号	项目	数据来源情况	年份
14	中国零售商业的一天	国家统计局统计公报，中国统计年鉴，中国贸易外经统计年鉴，国研网统计数据库	2018，2017，及以前年份
15	中国主要分类商品零售	中经网统计数据库，国研网统计数据库	2018，2017，及以前年份
16	中国零售业产业集中度	中国贸易外经统计年鉴，中经网统计数据库，国研网统计数据库，中国连锁经营协会百强榜单	2018，2017，及以前年份
17	中国零售产业规模与结构	中国贸易外经统计年鉴，中经网统计数据库，国研网统计数据库	2017及以前年份
18	中国零售业盈利能力	中国贸易外经统计年鉴，中经网统计数据库，国研网统计数据库	2017及以前年份
19	中国零售业费用控制	中国贸易外经统计年鉴，中经网统计数据库，国研网统计数据库	2017及以前年份
20	中国零售业劳动效率	中国贸易外经统计年鉴，中经网统计数据库，国研网统计数据库	2017及以前年份
21	中国零售业企业效率	中国贸易外经统计年鉴，中经网统计数据库，国研网统计数据库	2017及以前年份
22	中国零售业经营效率	中国贸易外经统计年鉴，中经网统计数据库，国研网统计数据库	2017及以前年份
23	中国经济区零售业发展	各省统计局统计公报，中国统计年鉴	2018，2017
24	中国省级地区零售业发展	中国贸易外经统计年鉴，中经网统计数据库，国研网统计数据库，中国城市统计年鉴，中国区域经济统计年鉴	2017及以前年份
25	中国地级以上城市零售业发展	中国贸易外经统计年鉴，中经网统计数据库，国研网统计数据库，中国城市统计年鉴，中国区域经济统计年鉴	2017及以前年份
26	中国农村居民人口、收支、消费、零售业发展	中国贸易外经统计年鉴，中经网统计数据库、国研网统计数据库	2018，2017，及以前年份
27	供销合作社系统综合经营情况	中华全国供销合作总社，中华全国供销合作总社信息中心，中国供销合作网	2018及以前年份
28	综合零售业态发展综述	中国贸易外经统计年鉴，中经网统计数据库、国研网统计数据库，本报告自行收集整理的数据	2018，2017，及以前年份

续前表

序号	项目	数据来源情况	年份
29	百货，超市、仓储，购物中心，便利店，无店铺、网络零售发展	中国贸易外经统计年鉴，中经网统计数据库，国研网统计数据库，本报告自行收集整理的数据	2018，2017，及以前年份
30	综合零售业代表性企业监测情况（附表数据）	代表性公司官方网站，连锁协会，联商网等行业网站，新闻媒体网站，本报告自行收集整理的数据	2019，2018，2017
31	专业零售业态发展综述	中国贸易外经统计年鉴，中经网统计数据库，国研网统计数据库，本报告自行收集整理的数据	2018，2017，及以前年份
32	七大类专业零售发展	中国贸易外经统计年鉴，中经网统计数据库，国研网统计数据库，本报告自行收集整理的数据	2018，2017，及以前年份
33	专业零售业代表性企业监测情况（附表数据）	代表性公司官方网站，连锁协会，联商网等行业网站，新闻媒体网站，本报告自行收集整理的数据	2019，2018，2017
34	中国零售业收购兼并：代表性企业监测情况	代表性公司官方网站，连锁协会，联商网等行业网站，新闻媒体网站，本报告自行收集整理的数据	2019，2018，2017
35	中国零售业高管变动：代表性企业监测情况	代表性公司官方网站，连锁协会、联商网等行业网站，新闻媒体网站，本报告自行收集整理的数据	2019，2018，2017
36	中国零售业公司营销活动与网络技术运用：代表性企业监测情况	代表性公司官方网站，连锁协会、联商网等行业网站，新闻媒体网站，本报告自行收集整理的数据	2019，2018，2017
37	中国零售业公司公共关系与社会责任：代表性企业监测情况	代表性公司官方网站，连锁协会、联商网等行业网站，新闻媒体网站，本报告自行收集整理的数据	2019，2018，2017
38	中国零售业政策法规和行业标准	商务部、商业联合会、连锁协会，本报告自行收集整理的数据	2019，2018，2017
39	中国零售企业案件纠纷	中国质量万里行官网（www.315online.com）所公布的涉及零售消费的案件	2018
40	中国零售商业会议会展、培训、教育	商务部、商业联合会、连锁协会、联商网等行业网站，本报告自行收集整理的数据	2019，2018，2017
41	海外零售商业概览	主要国家统计部门网站、*STORES* 杂志，本报告自行收集整理的数据	2018，2017，及以前年份

1.4 本报告附表说明与相关阅读指南

1.4.1 本报告各章附表说明

本报告根据中国零售商业行业发展监测与分析的需要，在进行一手数据采集和二手统计数据收集整理的过程中编制了大量的行业发展情况一览表，共计60张，这些附表和各章的对应关系，具体如表1-2所示。

应该指出的是，所有这些附表都凝聚了本报告编制小组全体成员的大量心血，也是本报告的核心价值之一。

首先，对于所有涉及公司发展情况的附表，我们在对行业内代表性公司的海量资讯信息进行收集、分类、整理和规范化的基础上，根据各章主题分析的需要，进行了艰巨的数据编码和再处理工作。尤其是我们针对各章主题设计的附表中，针对行业内有代表性的成长型、大中型公司的资讯进行系统的收集整理，所有表格都有较为丰富的维度，这些维度及其内含数据，是行业分析和进一步研究的基础，也是目前现有统计年鉴类资料无法提供的宝贵信息来源。

当然，需要指出的是，部分行业数据和零售公司的信息，例如公司销售额、员工人数、门店数等可能会因为商业机密和官网信息披露的缘故，确实无法获取，出现缺失，所以部分章节的附表中会存在一定空白的行和列，在此我们统一解释（为控制全书篇幅，不在各章的每个附表单独解释），敬请读者谅解。

其次，对于所有行业发展的附表，是我们收集整理了统计口径的数据后，进行了一定程度的再加工和深化后得到的，我们力图将这些数据经过适当的比例、比率、相对值等计算和处理，尽可能地反映行业、子行业、业态、所有权、地区等多个维度的规律、差异性和背后的故事，这些数据也可以作为进一步研究的基础。

最后，这些附表和正文存在对应关系，整体而言，在正文中，我们引用了小部分的附表：有的情况下，我们将数据转换成了各种图形；有的情况下，我们截取了其中的关键数据做成小型的表格放入正文中。当然，在对正文相应部分的内容进行分析的时候，我们也会引用或提及附表中的数据，或作为证据，或作为对比，不一而足，请有兴趣的读者对照查看。

表1-2 本报告各章附表一览表

序号	附表编号	附表名称	对应章节
1	附表2-1	中国的消费、商业、零售与国民经济若干重要比例分析表（2018年）	第2章
2	附表2-2	中国的消费、商业、零售与国民经济若干重要比例分析表（2017年）	第2章
3	附表2-3	中国的消费、商业与零售结构分析表（2017年）	第2章

续前表

序号	附表编号	附表名称	对应章节
4	附表 3－1	中国零售业经营规模与结构（按照行业分类）（2017 年）	第 3 章
5	附表 3－2	中国零售业经营规模与结构（按照业态分类）（2017 年）	第 3 章
6	附表 3－3	中国零售业盈利能力（按照行业分类）（2017 年）	第 3 章
7	附表 3－4	中国零售业盈利能力（按照业态分类）（2017 年）	第 3 章
8	附表 3－5	中国零售业运营费用（按照行业分类）（2017 年）	第 3 章
9	附表 3－6	中国零售业运营费用（按照业态分类）（2017 年）	第 3 章
10	附表 3－7	中国零售业劳动效率（按照行业分类）（2017 年）	第 3 章
11	附表 3－8	中国零售业劳动效率（按照业态分类）（2017 年）	第 3 章
12	附表 3－9	中国零售业企业效率（按照行业分类）（2017 年）	第 3 章
13	附表 3－10	中国零售业企业效率（按照业态分类）（2017 年）	第 3 章
14	附表 3－11	中国零售业经营效率（按照行业分类）（2017 年）	第 3 章
15	附表 3－12	中国零售业经营效率（按照业态分类）（2017 年）	第 3 章
16	附表 4－1	中国四大区域和八大经济区零售业发展基本数据（2017—2018 年）	第 4 章
17	附表 4－2	中国各省级地区限额以上零售企业运营情况基本数据（2017 年）	第 4 章
18	附表 4－3	中国各省级地区连锁企业运营情况基本数据（2017 年）	第 4 章
19	附表 4－4	中国各省级地区限额以上零售企业各销售类值批零比率（2017 年）	第 4 章
20	附表 4－5	中国各省级地区分行业限额以上零售企业库存占销售额比重（2017 年）	第 4 章
21	附表 4－6	中国各省级地区分行业限额以上零售企业平均销售额（2017 年）	第 4 章
22	附表 4－7	中国各省级地区分行业限额以上零售企业人均销售额（2017 年）	第 4 章
23	附表 4－8	中国各省级地区分行业限额以上零售企业净利率（2017 年）	第 4 章
24	附表 4－9	中国地级以上城市零售与消费发展基本数据（2017 年）	第 4 章
25	附表 4－10	中国地级及以上城市发展基本情况及区间分组表（2017 年）	第 4 章
26	附表 4－11	中国地级及以上城市排名（前 30 名）（2017 年）	第 4 章
27	附表 5－1	中国零售百强代表性百货企业监控情况（2018 年）	第 5 章
28	附表 5－2	中国代表性区域百货企业监控情况（2018 年）	第 5 章
29	附表 5－3	部分代表性外资百货企业监控情况（2018 年）	第 5 章
30	附表 5－4	中国零售百强代表性超市企业监控情况（2018 年）	第 5 章
31	附表 5－5	中国代表性区域超市企业监控情况（2018 年）	第 5 章
32	附表 5－6	部分代表性外资超市企业监控情况（2018 年）	第 5 章

续前表

序号	附表编号	附表名称	对应章节
33	附表5-7	中国代表性购物中心监控情况（2018年）	第5章
34	附表5-8	中国代表性内资便利店监控情况（2018年）	第5章
35	附表5-9	部分代表性外资便利店监控情况（2018年）	第5章
36	附表5-10	中国代表性互联网零售企业监控情况（2018年）	第5章
37	附表6-1	代表性食品饮料及烟草制品类专门零售企业监控情况（2018年）	第6章
38	附表6-2	代表性服装类专门零售企业监控情况（2018年）	第6章
39	附表6-3	代表性个护化妆类专门零售企业监控情况（2018年）	第6章
40	附表6-4	代表性饰品配件类专门零售企业监控情况（2018年）	第6章
41	附表6-5	代表性儿童玩具和母婴用品类专门零售企业监控情况（2018年）	第6章
42	附表6-6	代表性图书音像类专门零售企业监控情况（2018年）	第6章
43	附表6-7	代表性办公文具类专门零售企业监控情况（2018年）	第6章
44	附表6-8	代表性运动户外类专门零售企业监控情况（2018年）	第6章
45	附表6-9	代表性医药及医疗器材类专门零售企业监控情况（2018年）	第6章
46	附表6-10	代表性家居建材类专门零售企业监控情况（2018年）	第6章
47	附表6-11	代表性室内装饰材料类专门零售企业监控情况（2018年）	第6章
48	附表6-12	代表性汽车、摩托车、燃料及零配件专门零售企业监控情况（2018年）	第6章
49	附表6-13	代表性家用电器及电子产品类专门零售企业监控情况（2018年）	第6章
50	附表6-14	限额以上各类别专门零售业情况（2017年）	第6章
51	附表7-1	中国零售业收购兼并事件统计（2018年）	第7章
52	附表7-2	中国零售业高管变动事件统计（2018年）	第7章
53	附表7-3	中国代表性零售企业公共关系与社会责任活动一览表（2018年）	第7章
54	附表7-4	中国代表性零售企业网络零售、微博开通情况一览表（2018年）	第7章
55	附表7-5	中国代表性零售企业营销活动一览表（2018年）	第7章
56	附表8-1	中国零售业重要政策法规及标准一览表（2018年）	第8章
57	附表8-2	中国零售业主要案件与纠纷一览表（2018年）	第8章
58	附表8-3	中国零售业重要会议会展一览表（2018年）	第8章
59	附表8-4	中国零售业主要培训与教育情况一览表（2018年）	第8章
60	附表8-5	中国零售与流通领域代表性书籍一览表（2018年）	第8章

1.4.2 相关阅读指南

由于篇幅的限制和电子化的要求，本报告 60 张附表现已由中国人民大学出版社进行了电子化处理，并全部做成了二维码模式，请各位读者扫描本书第 234 页的二维码后对照阅读。对由此给您带来的不便，我们表示歉意并请您谅解。

同时，应该指出的是，撰写零售业年度监测报告是一个庞大的系统工程，既要全面反映中国零售业的年度发展特点，又要避免成为年鉴或者大事记，同时要体现对中国零售产业分析研究的成果，任务艰巨。我们将竭尽全力撰写高质量的年度监测与分析报告，但其中可能会有一定的遗漏或者错误，责任在我们，敬请读者批评指正。

（王　强）

第 2 章　中国经济增长与零售商业

首先，本章对 2018 年中国零售商业的发展与国民经济基本关系进行监测与分析，包括国内生产总值（GDP）、投资、税收、就业、利用外资、对外投资、人口、收支、三类消费、工农业生产、电子商务、物流运输、货币流通、消费贷款、地区发展等。其次，本章对中国零售业 2018 年的发展情况进行综述，包括行业总体情况、各主要综合业态情况、各主要专业业态情况、公司管理运营和政策法规综合事务等。最后，本章针对行业发展的主要指标，整理制作了零售商业发展的一览表——中国零售商业的一天，并区分为 2018 年数据和 2017 年数据两张表。[①]

本章有 3 张附表，用于监测与分析中国经济和零售商业 2017—2018 年的总体情况与结构比例问题，请读者朋友扫描本书第 234 页的二维码免费查阅。

2.1　中国的经济增长与零售商业

2.1.1　受宏观经济拖累，消费与零售商业增幅出现较大回落

中国 2018 年国民经济总量虽然继续增长，但是增幅较上年下降了 0.3 个百分点，跌落至 6.6%，创十年来新低。全年实现了 90 万亿元的 GDP，平均每天创造 GDP 约 2 466.1 亿元，全国人均 GDP 约 6.45 万元。其中，第三产业的增速也有所下降，实现增加值 47 万亿元，第三产业占比第四年突破 50%，较上年增长了 0.6 个百分点。

全年零售和消费市场受宏观经济形势拖累，虽然整体增长至 38.1 万亿元社会消费品零售总额（简称社零额），但增速出现了较大回落，下降了 1.2 个百分点，回落至 9%。平均每天实现社零额约 1 043.8 亿元，全国人均年社零额约 2.73 万元。其中，城镇消费品零售额 32.6 万亿元，约占 85.5%，下降了 0.3 个百分点；商品零售额 33.8 万亿元，占比下降了 0.4 个百分点，降至约 88.8%。

从发展趋势来看，按照当年统计公报口径的中国社会消费情况如图 2 - 1 所示。一方面，GDP 和社零额增速都呈现整体下滑态势，延续了“十二五”期间的下降态势，整体呈现逐年降低走势，2018 年形势更加严峻，GDP 增速从 2010 年的 18.32%大幅度降低到 2018 年的 6.6%。同期，社零额增长率则从“十一五”末期以来呈现基本同步

---

① 由于国家统计局统计数据发布的时间限制，本报告 2018 年数据采用国家统计局 2019 年 3 月 4 日发布的《2018 年国民经济和社会发展统计公报》口径数据，但由于统计公报仅有全国层面的基本总体数据，因此其他部分的数据采用《中国统计年鉴 2018》《中国贸易外经统计年鉴 2018》和《中国城市统计年鉴 2018》所刊载公布的 2017 年数据，以及以前年份《中国统计年鉴》《中国贸易外经统计年鉴》和《中国城市统计年鉴》的当年版本数据。

下降的走势，从 2010 年的 18.3%下降到 2018 年的 9%，降低了 9.3 个百分点，下滑态势更甚于 GDP 的下滑。

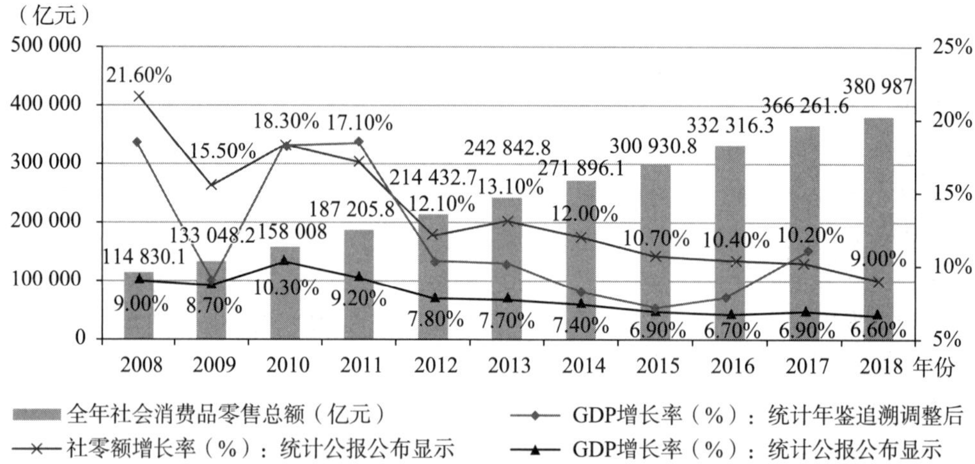

图 2-1　社会消费品零售总额及其增长率与 GDP 增长率（2008—2018 年）

另一方面，社零额增速自 2006 年以来保持了显著高于 GDP 增长率的态势，2008 年差值的峰值达到约 12.6 个百分点，但 2013 年后两者差距持续缩小到目前的 2.4 个百分点。这从总体上反映出国民经济、国内消费与零售商业经营双双遇到一定的困难，叠加上 2018 年的贸易战，出口受阻以及经济转型，导致了消费增速极速放缓更甚于经济增速的持续放缓。另外，按照《中国统计年鉴 2018》追溯调整后的数据，社零额占 GDP 的比例从“十一五”末期的 38.26%增长到 2016 年的 44.9%，2017 年和 2018 年则连续回落至 42.32%。批发和零售业增加值也逐步提高，占比则从 2010 年的 8.69%增长到 2014 年的 9.69%，随后连续小幅回落至 2018 年的 9.35%。①

2.1.2　经历高速增长后，零售商业固定资产投资拐点已到

2018 年中国全年投入的全社会口径固定资产投资（不含农户）63.56 万亿元，平均每天约 1 741.5 亿元，全国人均约 4.56 万元。其中，批发和零售业固定资产投资增速在主要行业中降幅最大，并且全行业整体连续第三年下降，降幅由 2016 年的－4%扩大至 2018 年的－21.5%②。

从发展趋势来看，如图 2-2 所示，中国固定资产投资增速多年来一直高于 GDP 增

① 该数据口径为 2018 年统计公报数据。

② 国家统计局 2019 年 2 月 28 日发布的《2018 年国民经济和社会发展统计公报》与往年不同，未公布 2018 年分行业固定资产投资（不含农户）的投资额数据，仅公布了增长速度，批发和零售业为－21.5%。另外，按照《中国统计年鉴 2018》口径，2017 年批发和零售业固定资产投资约 1.68 万亿元，平均每天约 45.97 亿元，全国人均约 1 207.12 元。

速，“十二五”期间年均增长率为 16.99%，高出 GDP 年均增长率约 6 个百分点，也显著高于社会消费的增长速度，但进入“十三五”期间后，2016 年和 2017 年连续大幅度下降至 5.9%[①]。

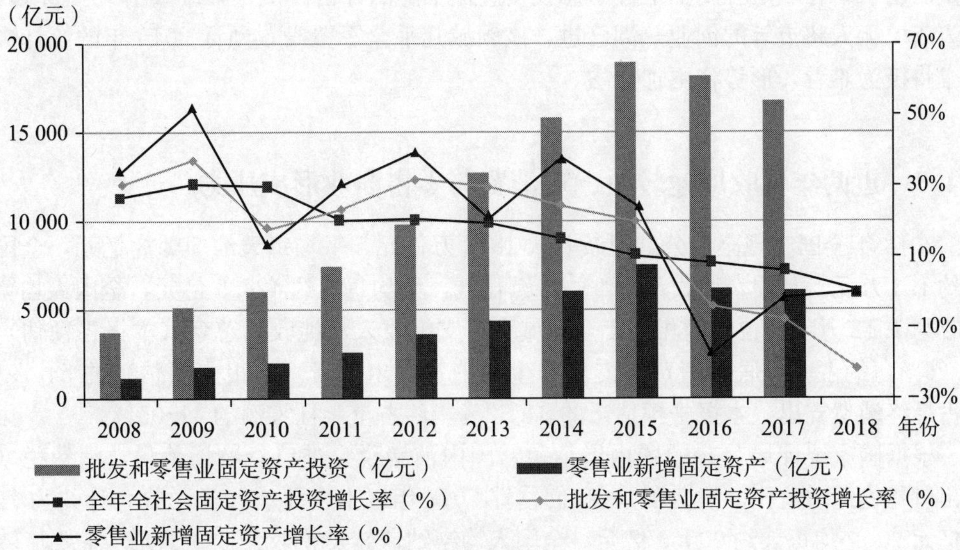

图 2－2　批发和零售业固定资产投资及其增长率（2008—2018 年）

批发和零售业的固定资产投资金额出现较大波动：2015 年之前，整体延续了“十一五”期间的增长态势，从“十一五”末期的 6 032 亿元增长到 2015 年的 18 925 亿元，增长约 2 倍，“十二五”期间的年均增速为 25.7%，实现了历史性的增长和跨越，彻底改变了中国商业的面貌。但是“十三五”期间，批发和零售业连续两年下降，平均增幅为−5.84%，导致了固定资产投资中批发和零售业的占比也由 2015 年的 3.43%快速下滑至 2017 年的 2.66%。同时，城镇零售业的新增固定资产投资增长率也出现较大波动，从 2012 年和 2014 年巅峰时期的 39.4%和 37.83%，陡降为−17.64%和−1.6%。

从建设项目角度看，城镇零售业 50 万元以上的施工项目在过去的十年中，明显上了一个台阶，从之前的每年五六千个增长了约 3 倍，2017 年继续扩大至 17 896 个。全部建成投产的城镇零售业固定资产投资项目总量承续了 2015—2016 年的大幅度增长，2017 年继续增长至 13 473 个，但是施工项目和建成投产项目的增速均有明显下滑。尤其是新开工项目数量从 2007 年的 53 62 个增长到 2016 年的 14 433 个之后，2017 年出现拐点，下降了 4.4%，降为 13 799 个。

这些数据，一方面表明过去的十余年中，社会资本对进入零售商业具有较大的兴趣，极大地改变了中国零售业的面貌。但是，综合投资金额、新开工项目等的陡降情

① 本数据系根据《中国统计年鉴》追溯调整后数据计算得出，为 5.9%。按照国家统计局发布的统计公报，2017 年全国固定资产投资（不含农户）631 684 亿元，增长 7.2%。

况来看，金额指标和项目数量指标有背离，经过2017年和2018年两年的传导期，批发和零售业的投资拐点已经到来。另一方面，从实践情况来看，2017年以来借着新零售风口，社会资本对便利店、无人店、生鲜店的投资建设热情高涨，支撑了建设项目数量的增长，在一定程度上对冲了总投资金额下降的冲击。但是，2018年下半年以来，无人店、无人超市等的创业热潮已过，该领域几乎全军覆没，预计2018年的统计数据降幅将极为难看，形势将更加严峻。

2.1.3 近两年税收增速较快，对消费与零售商业形成压力

2018年全国实现全年公共财政收入18.3万亿元，平均每天约502.3亿元，全国人均约1.3万元。其中，税收部分15.64万亿元，平均每天约428.5亿元，全国人均缴纳税收约1.12万元。税收约相当于全国城乡可支配收入与纯收入总量（本报告预估）的38.26%，约占城乡居民消费性支出与生活消费支出总量（本报告预估）的54.79%，约占最终消费支出（本报告预估）的34.53%，约占全年社零额的41.05%。

根据国家统计局公布的国内增值税、国内消费税、进口货物增值税、消费税（扣减出口货物退增值税、消费税），我们估算2018年以上主要流转类税收合计约为7.31万亿元①，平均每天约200.3亿元，全国人均缴纳流转类税收约5 241元。主要流转类税收约占全年社零额的19.19%，占本报告估算的最终消费支出的16.14%。按人均水平来看，2018年估算主要流转税合计占居民收入合计的比例约为17.89%，估算人均主要流转税合计占全国居民人均消费支出的比例约为25.62%。

从发展趋势来看，如图2-3所示，在过去的十年中，整体税收和流转税收入虽然总量增长，但是增速都出现较大幅度的波动，在“十一五”期间较大幅度波动的基础上，“十二五”期间呈现增长率逐年下滑态势，年均增速11.28%，2015年和2016年流转税和整体税收增速分别降至最低点，但“十三五”之后，虽然推进了“营改增”的降税措施，但由于税收征管的从严，导致了整体税收和流转税收入增速都有加快迹象，特别是2017年以来，税收增长率已经连续两年超过GDP增长率，对企业经营、经济复苏与消费提振等都造成了事实上的负面压力。

2.1.4 批零商业是就业主战场，民营与个体部分是就业新动能的核心

从全国的就业情况看，2018年全国就业实现7.76亿人，其中城镇部分提供就业4.34亿人，农村部分3.42亿人。近五年（2014—2018年）间总就业情况基本稳定，结构上有所分化，城镇部分实现就业年均增长率2.74%，乡村部分则年均减少2.34%。从已经公布的就业结构细分数据（截至2017年）看，相较于城镇单位就业人数的年均（近五年）2.98%，甚至其中国有单位、集体单位等的年均−2.38%和

① 根据国家统计局2018年月度累计值计算，其中已无营业税数据。

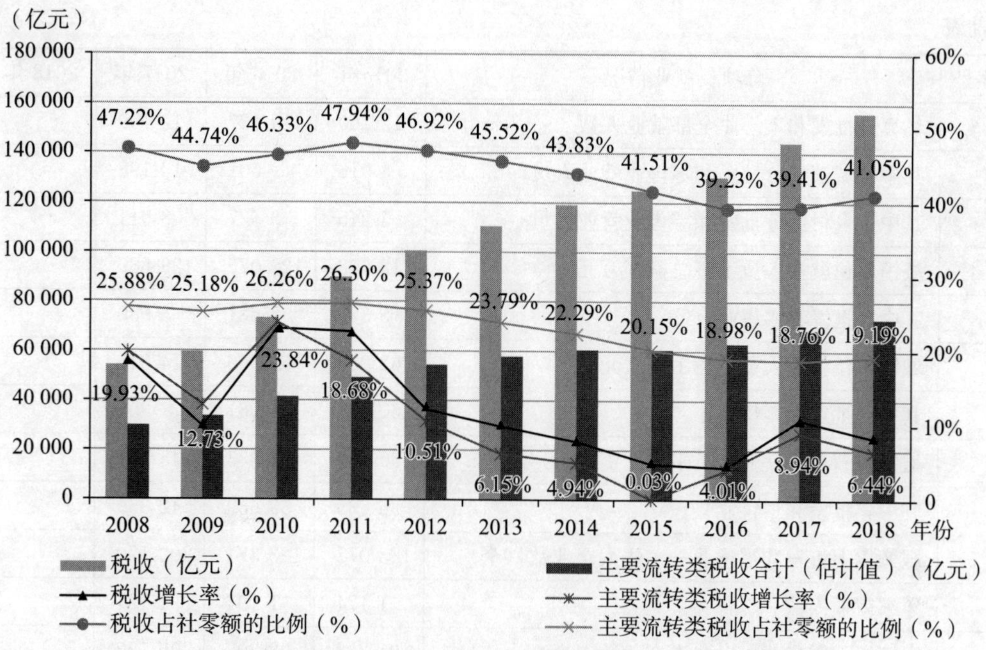

图 2-3 税收、主要流转税及其与社零额（2008—2018 年）

-7.19%的增长率，全国的民营企业和个体就业实现 3.41 亿人，近五年年均增速 11.35%，是提供就业增长新动能的主要部分。

从行业构成看，批发和零售业一直是中国就业提供领域当之无愧的主战场，如表 2-1 所示，从全国占比角度来看，根据本报告估算，批发和零售业 2017 年提供了 1.41 亿人的就业岗位，近五年年均增速 10.84%，占全国就业人员数量的比例持续增长，五年间增加了约 7.6 个百分点，达到 2017 年的 18.17%。

表 2-1 批发和零售业就业情况一览表（2015—2018 年） 单位：万人、万元

序号	分项目就业情况	2015 年	2016 年	2017 年	2018 年
1	全国就业人员合计	77 451	77 603	77 640	77 586
	其中：城镇就业人员	40 410	41 428	42 462	43 419
	其中：乡村就业人员	37 041	36 175	35 178	34 167
2	按登记注册类型和行业分城镇单位就业人员数	18 063	17 888	17 644	
	其中：批发和零售业	883	875	843	
	各地区按行业分民营企业和个体就业人数	28 077	30 859	34 107	
	其中：批发和零售业	11 277	12 252	13 266	
	各地区按行业分城镇民营企业和个体就业人数	18 980	20 710	22 675	
	其中：批发和零售业	8 032	8 726	9 355	
	推算：乡村民营企业和个体就业人数	9 098	10 149	11 432	
	其中：批发和零售业	3 245	3 527	3 911	

续前表

序号	分项目就业情况	2015 年	2016 年	2017 年	2018 年
3	估算：批发和零售业全部就业人数	12 160	13 127	14 109	
	其中：城镇部分批发和零售业就业人员	8 916	9 601	10 198	
	其中：乡村部分批发和零售业就业人员	3 245	3 527	3 911	
4	城镇单位就业人员工资总额（万元）	112 008	120 075	129 889	
	其中：批发和零售业	5 325	5 681	5 980	
	城镇单位就业人员平均工资（元）	62 029	67 569	74 318	
	其中：批发和零售业	60 328	65 061	71 201	
	城镇民营单位就业人员平均工资（元）	39 589	42 833	45 761	
	其中：批发和零售业	36 635	39 589	42 359	
5	限额以上批发和零售业——法人企业数（个）	183 077	193 371	200 170	
	年末就业人数	1 174	1 194	1 184	
	限额以上零售业——法人企业数（个）	91 258	98 305	99 182	
	年末就业人数	683	698	677	
6	地级城市合计——全市批发和零售业就业人员	1 159	998	963	
	市辖区——批发和零售业就业人员	708	700	675	

从批发和零售业提供就业的内部结构看，2017 年中国的批发和零售业中城镇单位提供了就业人数 843 万人，近五年年均增速 3.43%，高于全国平均水平约 0.45 个百分点；提供了民营企业和个体就业人数 1.33 亿人，近五年年均增速 11.59%，略低于全国平均水平约 0.16 个百分点。

从所有制构成来看，批发和零售业国有单位的就业人数继续减少，2017 年仅 72 万人，近五年年均减少 13.48%，减少速度远高于全国−2.38%的平均水平，反映出批发和零售业国有资本退出速度仍然较快。城镇集体单位的就业人数也有相应的缩减速度，2017 年仅 21.2 万人，近五年年均减少 12.32%。

从限上企业数量和就业提供来看，2017 年全国批发和零售业有限额以上法人企业 20 万个，近五年保持了年均 7.59%的较高增速，但近年来增速已经放缓，提供就业 1 184 万人，较上一年有微幅下降，近五年年均增速 3.73%，占全国全部批发和零售业就业的比例下降至 8.39%。

其中，纯粹零售业部分，限额以上法人企业 9.92 万个，近五年年均增速 8.51%，提供就业 677 万人，近五年年均增速 3.33%，导致就业占比下降到 4.8%。究其原因，批发和零售业中较大规模的限上企业虽然全社会进入热情较高，仍然在企业数量上实现了较高的年均增长速度，但是限上企业规模较大，劳动密集程度较小，就业吸纳能力放缓，甚至在 2017 年就业人数出现负增长（−21 万人）。

从零售商业提供就业的地区差别来看，如图 2－4 所示，一方面，本报告估算的城镇部分实现的就业（包含城镇单位、城镇民营企业和个体）合计 1.02 亿人，乡村部分（包含乡村民营企业和个体）约 3 911 万人。近五年来分别保持了 10.84%和 11.07%的较高增速，城镇部分的就业总量仍然是批发和零售业就业的主导部分，占比 72.3%。城镇批零业的劳动效率达到 30.82 万元/年，乡村部分仅为 13.29 万元/年。

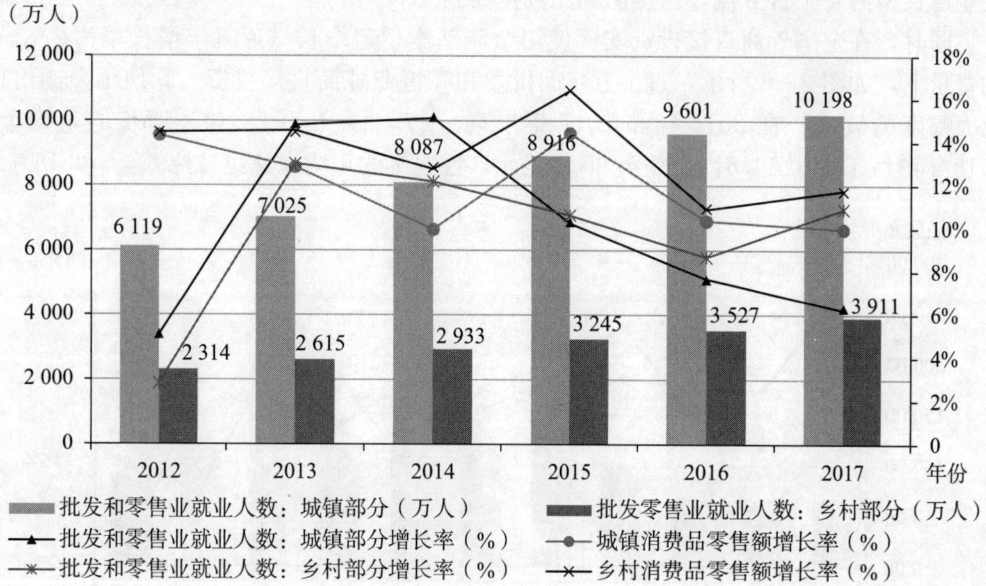

图 2－4　城乡批发和零售业就业情况（2012—2017 年）

另一方面，地级及以上城市口径指标显示[①]，合计提供批零业就业 963 万人，较上一年度减少 35 万人，其市辖区部分提供就业 675 万人，相较于上一年有 25 万人的减少。

从批发和零售业就业人员的收入水平来看，城镇单位的批发和零售业人员工资水平约 7.12 万元/年，近五年年均增速 8.97%，低于全国平均增速水平约 0.74 个百分点，总额仅为平均水平的 95.8%；民营单位人员工资水平近五年年均增速 9.24%，但由于基数较低，到 2017 年仅为 4.24 万元/年，也只到全国水平的 92.6%。另外，从本报告估算的城乡批发和零售业劳动效率来看，城镇的人效近五年来低于乡村约 1.3 个百分点，2017 年分别实现 30.82 万元/人和 13.29 万元/人。

2.1.5　受贸易战与管制影响，零售商业利用外资与对外投资出现双降

2018 年中国的国家外汇储备又出现下滑态势，较上一年微降 2.1%，从近五年情

① 地级及以上城市就业数据，系根据国研网区域经济数据库、《中国城市统计年鉴 2018》的市级数据库中全部地级及以上城市数据加总得来。

况看，年均减少 4.27%，减少到 3.07 万亿美元，全国人均减少到 2 202 美元。

从发展趋势来看，外商投资对于中国的批发和零售业表现出浓厚兴趣，从全国外商直接投资合同项目个数（国家统计局后期调整为新批家数口径）角度看，“十三五”期间有较大增长，达到 35.65%，较“十二五”期间高出近 30 个百分点，特别是 2018 年接近翻倍，达到 22 853 个，直接拉动了近五年增长率提升至 25.47%，高出全国近五年增长率约 4 个百分点，占全国的比例提高到 37.8%。

同时，在全国外商直接投资实际使用金额基本稳定增长（近五年增长率为 2.8%）的背景下，如图 2-5 所示，过去五年间批发和零售业外商直接投资实际使用金额出现较大幅度的波动，在 2014 年和 2017 年出现－17.79%和－28.14%增长的基础上，2018 年继续下降了 14.6%，跌至 98 亿美元，近五年的年均增速也被拉低至－3.16%。

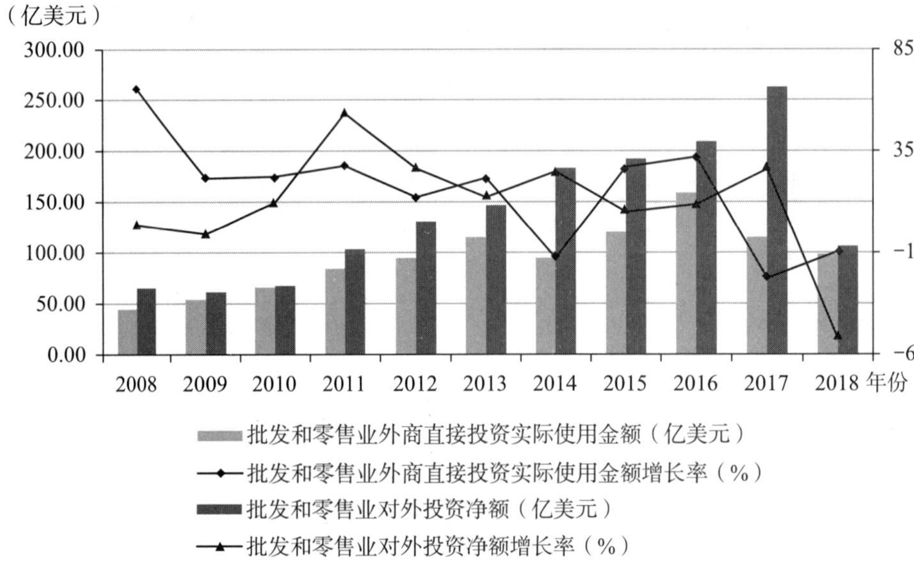

图 2-5 批发和零售业外商直接投资与对外投资（2008—2018 年）

从外商投资企业注册登记企业数情况看，批发和零售业 2017 年底有 14.13 万户，在“十二五”期间年均增速 11.31%的基础上，“十三五”的两年间继续保持了较高增速，达到 13.43%，分别高出全国平均水平 9.8 个和 7.7 个百分点，占全国 53.9 万户的比重提高到 26.2%。同时，批发和零售业整体的注册资本 2017 年仅为 2 404.95 亿美元，仅占全国的 6.48%。基于行业外资进入规模小、数量多的特点，折算到每个企业，批发和零售业外商投资企业的企均注册资本、企均投资总额、平均每个合同项目实际使用金额等，仅为全国平均水平的 1/4～1/3。

从对外投资情况看，2016 年之前，中国的非金融领域对外投资额保持较高增速，2016 年达到峰值 1 962 亿美元后，已经连续两年出现负增长，与此同时，批发和零售业的对外投资的增长态势一直保持到 2017 年，达到 263 亿美元，近五年年均增速 15.06%，占全国的比例提高到 16.6%，对外投资存量也保持了较高增速，近五年年均增速27.12%，2017年达到2 264亿美元。但是，受到贸易战和外汇管制的影响，批发和零售业对外投资出现了断崖式下跌，2018年仅为106亿美元，跌幅高达57.4%。预计未来即使贸易战有所缓解，但外汇管制将会持续，批发和零售业对外投资总量上仍不容乐观。

2.2　中国的人口、收支与消费

2.2.1　居民消费增速下滑，城乡收支差距持续缩小

2018年底中国总人口13.95亿人，实现了38.1万亿元的社零额[①]，增长率进一步下滑至9%。其中，城镇人口8.31亿人，实现社零额32.56万亿元；乡村人口5.64亿人，实现社零额5.54万亿元。全部就业人员7.76亿人，其中城镇就业人员4.34亿人，另外，农民工总量2.88亿人。

在中国人口总量保持基本稳定、微幅增长的背景下，社会消费的增长主要依靠城乡居民消费力量的增长。2018年城镇居民人均消费支出的总量达到2.61万元，但是自“十二五”以来增速有所下滑，2018年略有回暖至6.82%，按照城镇人口总量，本报告估算全国实现城镇居民消费约21.7万亿元。农村居民人均消费支出在2016年迈上万元大关后，2018年继续增长至1.21万元，按照乡村人口总量，本报告估算全国实现农村居民消费约6.84万亿元，合计估算全国实现居民消费约28.5万亿元。

从发展趋势来看，如图2-6所示，城镇居民的人均消费支出增长率自“十二五”期间以来，就一直低于农村居民，特别是近五年年均增长率为7.15%，低于农村居民10.13%的年均增长率约3个百分点，农村市场成为消费增长的关键部分和新引擎；但是，从总量上看，由于近年来中国城市化进程仍在推进过程中，近五年城镇总人口和乡村总人口的年均增长率呈现2.6%和−2.18%的剪刀差，总人口差距扩大到2018年的2.67亿人，使得城镇部分的社零额仍然处于主导地位，占比85.47%。

推动消费的核心力量是收入。2018年城镇居民人均可支配收入3.9万元，按照城镇人口总量，本报告估算全国城镇人口可支配收入总量约32.6万亿元；农村居民人均纯收入1.46万元，按照乡村人口总量，本报告估算全国农村居民收入总量约8.24万亿元；合计估算全国约有城乡收入40.84万亿元。

从发展趋势来看，如图2-7所示，城乡居民收入保持了较快增长，近五年来年均增长率分别达到8.2%和9.16%。从城乡内部对比来看，农村居民收入增长率高于城镇居民成为过去十年间的主要特点。但是自“十二五”以来，农村居民的人均收入增长率呈现较快的下滑态势，虽然仍较城镇增速为高，但增速差距已经由“十二五”期间的3.7个百分点缩小到“十三五”以来的约0.6个百分点。

① 关于居民部分实现的社零额计算问题，本报告根据上一年（2017）消费支出中居民消费支出占比72.74%来估算，本年度（2018）社零额中居民消费实现的部分约为27.7万亿元。

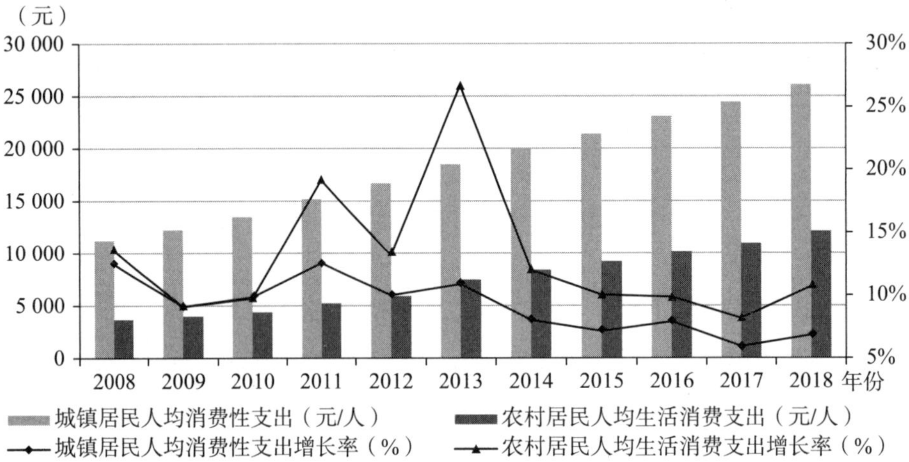

图 2-6　城镇居民和农村居民人均消费水平和增长率（2008—2018 年）

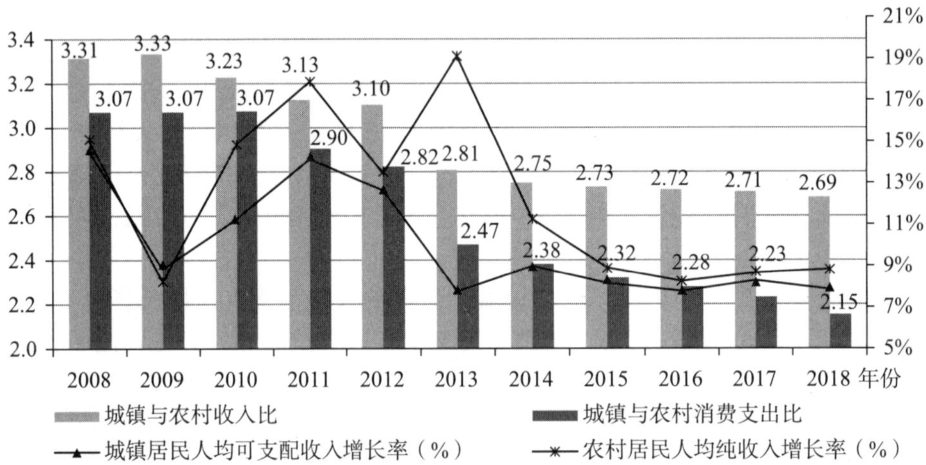

图 2-7　城镇与农村收入、消费支出对比（2008—2018 年）

综合收支两方面的因素来看，整体而言，中国城镇居民和农村居民的人均角度收支差距在过去十年间显著改善。其中，城乡人均收入差距在“十二五”期间全面扭转了之前扩大的局面，开始逐年缩小，比值从“十一五”期间的峰值 3.3 持续缩小到 2018 年的 2.69；城乡居民人均消费差距在“十二五”期间以更快速度下降，比值在“十二五”末期已经缩小到 2.32，2018 年又进一步下降到 2.15。

2.2.2　工资增长乏力，带动消费与零售商业下行

根据目前中国的法律法规，国家实行劳动者从全年日历时间 365 天中扣除 52 个星期的公休日 104 天，扣除法定节假日 11 天，全年应工作 250 天，每月平均工作约 20.83 天，每天工作 8 小时。

从 2019 年 4 月 4 日国家人社部在其官网更新的“全国各地区小时最低工资标准情况（截至 2019 年 3 月）”看①，北京、上海、广东、深圳、天津这五个地区的最低小时工资标准迈入 20 元大关，北京最高，为 24 元，黑龙江、辽宁、湖南的最低一档分别为 12 元、10.6 元和 11.6 元。

但是，综合考虑到中国真实时薪的可比性、权威性和连续性，以及有近 86%的社零额是在城镇实现，本报告采用了国家统计局年度公布的城镇单位就业人员平均工资数据进行分析，对应的消费和零售数据调整成城镇部分。2017 年城镇单位就业人员平均工资为 7.43 万元，折算时薪为 37 元，日薪为 297 元。与此同时，城镇民营单位就业人员平均工资仅为 4.58 万元，折算时薪为 23 元，日薪为 183 元，只是前者工资水平的 61.57%。② 另外，国家统计局没有公布农村地区的相应工资水平，我们参照外出农民工人均月收入水平来进行折算，2017 年农民工折算人均时薪 21 元，人均日薪 167 元。

从发展趋势看，过去五年间城镇单位就业人员、民营单位就业人员的人均工资虽然总量都在增长，两者年均增长率都是 9.7%。但是从各年趋势看，如图 2-8 所示，“十二五”期间以来，两类工资增长率都呈现下降态势，导致自 2011 年以来消费性支出和消费品零售额持续下降。

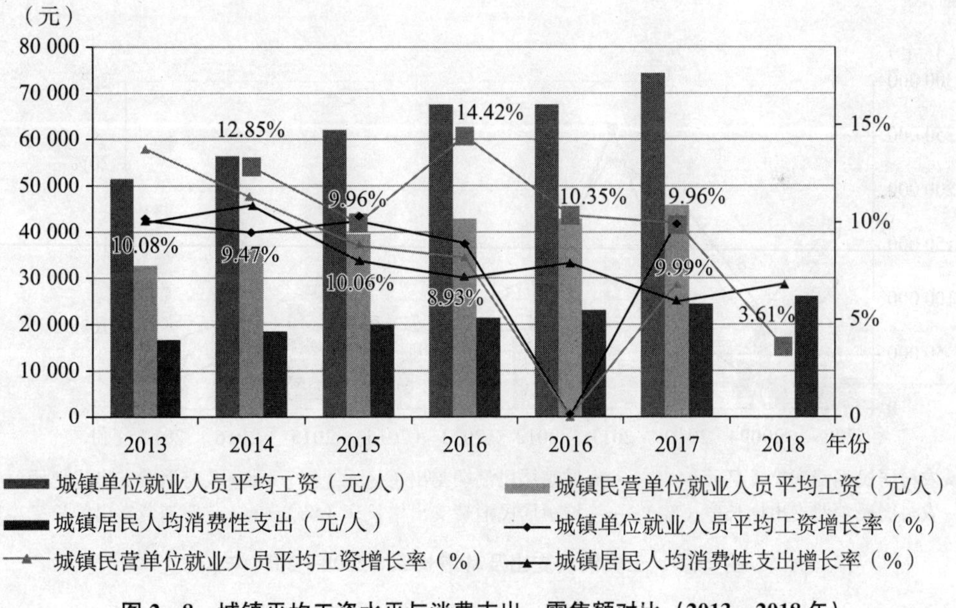

图 2-8　城镇平均工资水平与消费支出、零售额对比（2013—2018 年）

---

① 中华人民共和国人力资源和社会保障部，http://www.mohrss.gov.cn/SYrlzyhshbzb/gongzishourufenpei/fwyd/201904/t20190404_313926.html。

② 根据国家统计局数据，2017 年批发和零售业城镇单位就业人员人均工资 7.12 万元，城镇民营单位就业人员人均工资为 4.24 万元，均低于全国平均水平，其时薪和日薪水平也相应降低。

2.2.3 政府消费基本稳定，城乡居民消费增速明显下滑

从消费总量看，根据国家统计局公布的数据，按照支出法计算的 GDP 中，2017 年城镇居民消费支出 24.9 万亿元，农村居民消费支出 6.8 万亿元，政府消费支出 11.8 万亿元，三类消费近五年间都呈现出较快增长态势，年均增长率分别是 10.21%、8.58% 和 10.2%，合计最终消费支出 43.5 万亿元，年均增长率 9.94%。2017 年最终消费支出对 GDP 增长贡献率 58.8%，拉动 GDP 增长 4.1 个百分点。

对于 2018 年，由于缺少国家统计局正式公布的数据，本报告根据全国人均消费和人口总量，估算城镇居民消费约 21.7 万亿元，农村居民消费 6.8 万亿元，合计约 28.5 万亿元。另外，根据社零额中政府部分上年占比 27.09%来估算，在本年的社零额中，估计政府实现 10.3 万亿元，居民实现 27.8 万亿元，约占全国城乡居民收入合计总量的 67.96%。

从发展趋势来看，如图 2-9 所示，三类消费支出总量在持续增长，但是从增长率看，波动较大。2011 年以来除政府消费支出外，城镇和乡村居民消费支出都呈现逐步下滑态势，2017 年更是出现快速下降，分别跌落至 9.08%和 6.4%，创下 2010 年以来的新低。

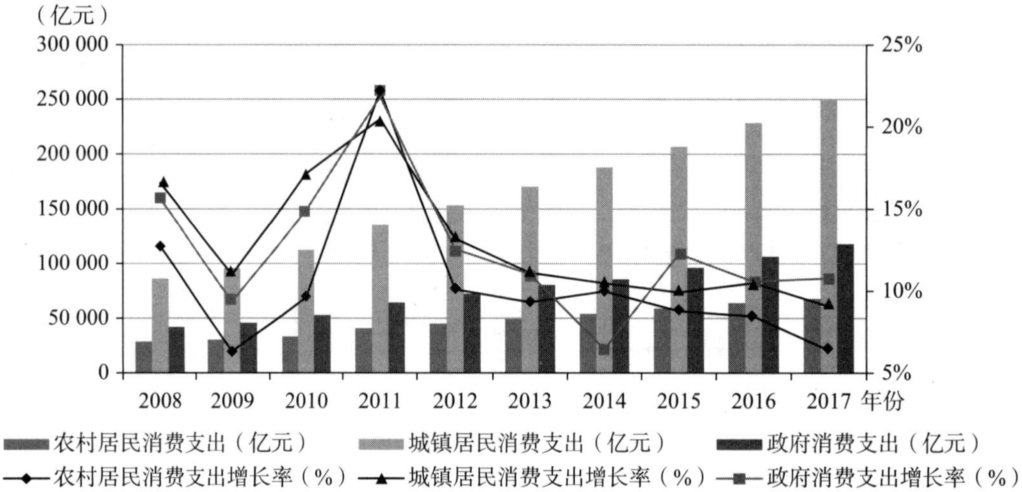

图 2-9 三类消费支出及其增长率（2008—2017 年）

从结构上看，尽管农村居民人均消费支出增长率自 2011 年以来持续高于城镇居民，但是由于城镇整体人口结构的持续增长和农村人口总量的持续减少，农村部分的消费总量增长率除个别年分外，一直低于城镇部分，2017 年仍有近 2.7 个百分点的差距，进而使得城镇居民消费在三类消费中占比从 2005 年的 53.5%左右提高到 2017 年的 57.24%，增加了约 4 个百分点。农村消费的比重则降低至 15.67%，呈现逐步缓慢下滑态势。

2.2.4　网络零售增速仍处高位，占比继续提升

从网络零售的总量看，根据国家统计局统计公报[①]，2018 年全年网上零售额 9 万亿元[②]，比上年增长 23.9%[③]，折合每天约 246.8 亿元，全国人均约 6 455 元。按照全国互联网上网人数 8.29 亿人折算，人均网上零售额为 10 864 元。

其中，全年实物商品网上零售额 70 198 亿元，按照统计公报口径，比上年增长 25.4%，占社会消费品零售总额的比重为 18.4%，比上年提高 3.4 个百分点。另外，本报告按照商品零售额口径，计算 2018 年网上商品零售额的占比约为 20.75%。

从网络零售的发展趋势来看，如图 2－10 所示，如果按照当年统计公报的网上零售数据计算，之前年份按照统计年鉴进行追溯调整后计算，网上零售额 2018 年增长率为 25.52%，出现了明显的下降，但整体仍然保持了非常高的增速，其占社零额的比例在过去的 5 年里从 10.26%提高到 23.64%。

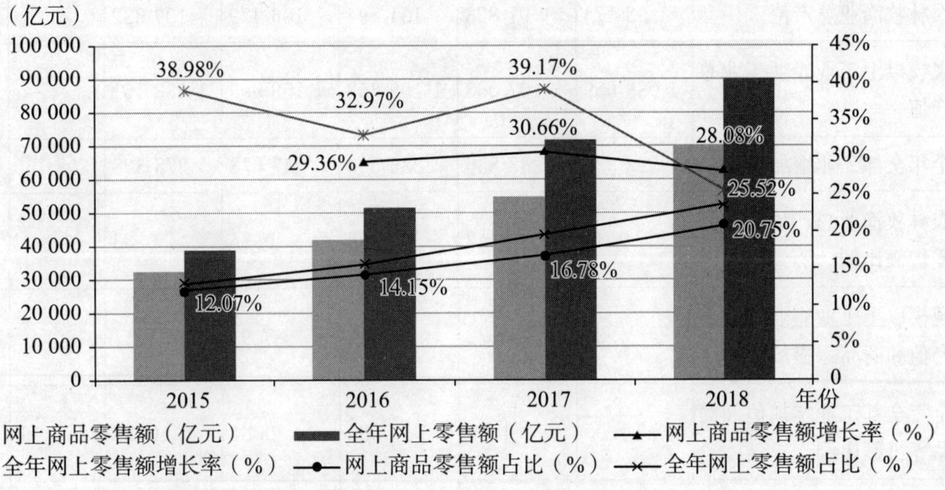

图 2－10　网上零售及其增长率和占比（2015—2018 年）

从网上商品零售额的发展趋势来看，2018 年出现了增长率首次高于网上零售额的情况，但相较于前几年的高速增长也放缓到 28.08%，其占全国商品零售额的比例较 2015 年的 12.07%，在 4 年里提高了约 8.7 个百分点，达到了 20.75%。

---

① 国家统计局从 2015 年 2 月开始，在当年的《国民经济和社会发展统计公报》中公布网络零售商业的发展情况和基本数据，在 2018 年统计公报中是第 5 次公布。

② 网上零售额是指通过公共网络交易平台（主要从事实物商品交易的网上平台，包括自建网站和第三方平台）实现的商品和服务零售额。2018 年网上零售额增速按可比口径计算。《2018 年国民经济和社会发展统计公报》数据说明，http://www.stats.gov.cn/tjsj/zxfb/201902/t20190228_1651265.html。

③ 本数据系《2018 年国民经济和社会发展统计公报》中直接披露的增长率数据。

2.3 零售商业与经济发展的结构比例

2.3.1 零售商业与工农业生产及运输的结构与比例持续优化

在过去五年间，中国的工农业生产保持了基本稳定的增长势头，但是 2017 年总产值的五年年均增速仅分别为 4.83%和 4.05%左右，对比中国零售商业中商品零售额 11.82%（2017 年数据）的增长速度，有大约 7～8 个百分点的差距，导致农林牧渔业总产值、规模以上工业企业工业总产值①两个指标与商品零售额的比例逐年下降，分别从 2011 年的 0.5 和 5.16 降低至 2017 年的 0.33 和 3.47（见表 2-2）。同时，全年全部工业增加值占商品零售额的比例呈现波动态势，其中 2018 年为 0.9。

表 2-2 零售商业和工农业生产及运输（2013—2018 年）

项目	2013 年	2014 年	2015 年	2016 年	2017 年	2018 年	单位
农林牧渔业总产值	93 174	97 823	101 894	106 479	109 332		亿元
规模以上工业企业工业总产值	1 038 659	1 107 033	1 109 853	1 158 999	1 133 161		亿元
全年全部工业增加值	222 338	233 856	236 506	247 878	278 328	305 160	亿元
农林牧渔业总产值和商品零售额比例	0.44	0.42	0.38	0.36	0.33		
规模以上工业企业工业总产值和商品零售额比例	4.89	4.72	4.13	3.91	3.47		
全年全部工业增加值和商品零售额比例	1.05	1.00	0.88	0.84	0.85	0.90	
每万元商品零售额所拥有货物运输总量	19.31	17.77	15.55	14.79	14.71	15.22	吨/万元
每元商品零售额所拥有货物运输周转量	0.79	0.77	0.66	0.63	0.60	0.61	吨千米/元

2018 年中国的全年货物运输继续回暖，货物运输总量 515 亿吨，货物运输周转量 20.5 万亿吨千米，“十二五”期间这两个指标虽然整体有增长态势，但增长率受到中国实体经济下滑的影响而呈现低位波动，进入“十三五”以后，情况有微幅改善，最终近五年来的年均增速，分别仅为 4.67%和 4.11%。

① 由于国家统计局的统计口径变化，规模以上工业总产值口径指标基本上被规模以上工业企业主营业务收入指标替代。

从全国社会物流总额对应的角度看①，2018 年实现 283.1 万亿元，近五年的年均增速为 7.43%，估算平均每吨货物的货值约为 5 497 元，平均周转里程约为 398 千米。社会物流总费用 13.3 万亿元，年均增速 5.45%，占 GDP 的比例从 2013 年的 18%下降到了 14.8%，但相较于上年有微幅上升。

对应到中国的零售商业发展，每万元商品零售额中所含货物运输总量自“十二五”以来有明显下降趋势，从 2010 年的 23.26 吨降低至 2018 年的 15.22 吨。同期，每元商品零售额中所含货运周转量也从 2010 年的 1.02 吨千米逐渐下滑至 2018 年的 0.61 吨千米。这也反映出流通改革和零售发展缩短了商品流通渠道，优化了路途周转和运输时间。

2.3.2　网上零售推动快递物流发展，降本增效落到实处

中国目前拥有全世界最大规模的互联网上网人口数量，2018 年达到 8.29 亿人，互联网宽带接入户数 2017 年将近 3.5 亿户。受此推动，中国的网上零售和快递物流发展迅猛。

从快递物流的发展情况看，全国快递业务量在过去的五年间保持了年均 40.73%的高速增长，2018 年达到 507.1 亿件，快递业务收入年均增长率 33.17%，达到 6 038 亿元。从发展趋势来看，快递业务量的爆发期是 2011—2013 年，每年的增长率分别高达 57.04%、54.79%和 61.58%，近两年增速有所下滑，但也保持在 26%～28%。

从降本增效角度看，“十二五”以来快递业务的大发展推动了行业效率提升以及成本和运费下降。如图 2－11 所示，每件快递成本（收入）已经从“十一五”末期的 24.57 元，下降到“十二五”末期的 13.4 元，2018 年进一步降低至 11.91 元，成本的下降又相应推动快递业务更加普及，形成良性循环。

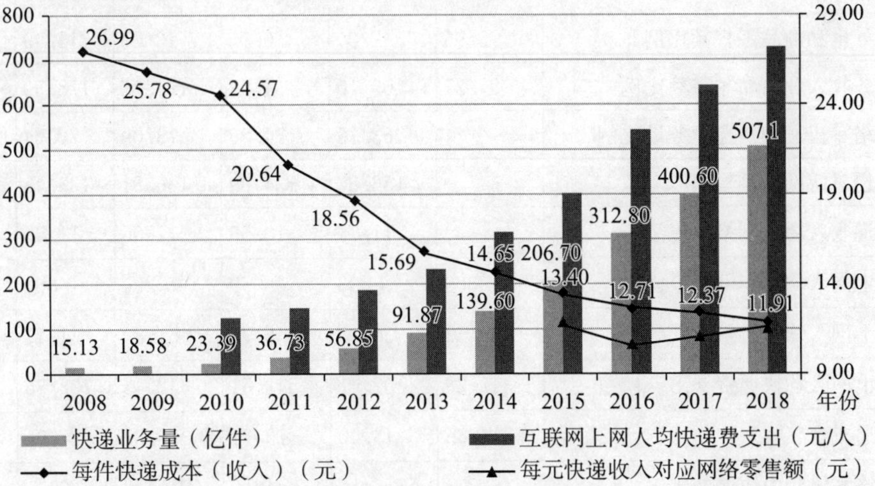

图 2－11　快递业务量、成本及其与网络零售（2008—2018 年）

① 中国的社会物流指标数据，根据中国物流与采购联合会、中国物流信息中心等公布的历年《全国物流运行情况通报》汇总整理得出。

从全国商品零售和快递物流的关系来看，“十二五”期间，全国商品零售额中每万元使用快递业务量从“十一五”末期的1.68件增长到7.69件，增长约3.58倍，2018年进一步扩大至14.99件/万元。结合前述，虽然快递业务本身的单价有所下降，但是综合下来，每万元商品零售额中发生快递费用也从41.23元增长到178.5元，增长约4.3倍，近五年年均增速21.32%。

从网络零售与新兴快递物流关系来看，按照2018年全国互联网上网人数8.29亿人折算，互联网上网人口的人均全年网络零售额从2014年的4 300元增长到2018年的10 864元，人均快递业务量2018年增长到61.17件，是“十一五”末期5.1件的12倍，人均支出快递费约728元，是“十一五”末期125.65元的5.8倍。2018年快递应用更加普及，平均每件快递对应网络零售额约为138.4元，每元快递业务收入对应网络零售额约11.6元。详见表2-3。

表2-3 网络零售与快递物流发展（2014—2018年）

项目	2014年	2015年	2016年	2017年	2018年	单位
快递业务量	139.60	206.70	312.80	400.60	507.1	亿件
快递业务收入	2 045.40	2 769.60	3 974.40	4 957.10	6 038	亿元
快递营业网点数	13.20	18.30		21.00		万个
快递汽车数	178 000	190 000	219 000	222 000		辆
互联网上网人数	64 875	68 826	73 125	77 198	8.29	亿人
互联网宽带接入用户	20 048	25 947	29 721	34 854		亿户
互联网普及率	47.90%	50.30%	53.20%	0.00%	59.60%	
快递业务量和商品零售额比例	5.95	7.69	10.55	12.27	14.99	件/万元
快递业务收入和商品零售额比例	87.21	103.10	134.04	151.77	178.50	元/万元
全年网络零售额和快递业务量比例		63.75	74.58	73.09	72.24	件/万元
每件快递对应网络零售额		156.87	134.09	136.81	138.43	元/件
每元快递收入对应网络零售额		11.71	10.55	11.06	11.63	元/元
互联网上网人均全年网络零售额	4 300	5 633	7 050	9 294	10 864	元/件
互联网上网人均快递量	21.52	30.03	42.78	51.89	61.17	件/人
互联网上网人均快递费支出	315.28	402.41	543.51	642.13	728.35	元/人
每件快递成本（收入）	14.65	13.40	12.71	12.37	11.91	元/件
每元网络零售额中快递费比例		8.54%	9.48%	9.04%	8.60%	
全年网络零售额占社零额比例	10.26%	12.88%	15.51%	19.59%	23.64%	
全年网络零售额占社零额的比重		10.77%	12.62%	14.96%	18.43%	
全年网络零售额占全国商品零售额比例		12.07%	14.15%	16.78%	20.75%	

2.3.3 货币宽松政策仍在继续，个人消费贷款助推零售消费

中国的货币流通和信贷发放仍保持高速增长，到 2018 年，其中广义货币（M2）达到 182.7 万亿元，整个“十二五”期间年均增长率高达 13.92%，高出 GDP 约 3.2 个百分点，进入“十三五”以来有所下调，但是近五年整体增速仍然高出 GDP 增速约 2.8 个百分点（2017 年数据）。另外，2018 年狭义货币（M1）达到 55.2 万亿元，流通中现金（M0）达到 7.3 万亿元。人民币存款达到 71.6 万亿元，五年间年均增长率 9%。

据此折算，2018 年每元货币（M0）所拥有的社会消费品零售总额约 5.22 元，所拥有的商品零售额约 4.63 元。每元货币（M1）所拥有的社会消费品零售总额约 0.69 元，所拥有的商品零售额约 0.61 元。按照人民币存款余额口径计算的每元人民币存款所拥有的社零额 2018 年为 0.53 元，较上一年有所下降。

从发展趋势来看，如图 2-12 所示，每元货币（M2）流通量所拥有社零额在整个“十一五”“十二五”“十三五”时期都比较稳定，保持在 0.22 元水平，这是由于 M2 指标含有定活期存款和保证金在内的储蓄存款，实质上是全社会消费支出的最终支付保证，也表明从社会消费的角度看货币投放量整体合理。

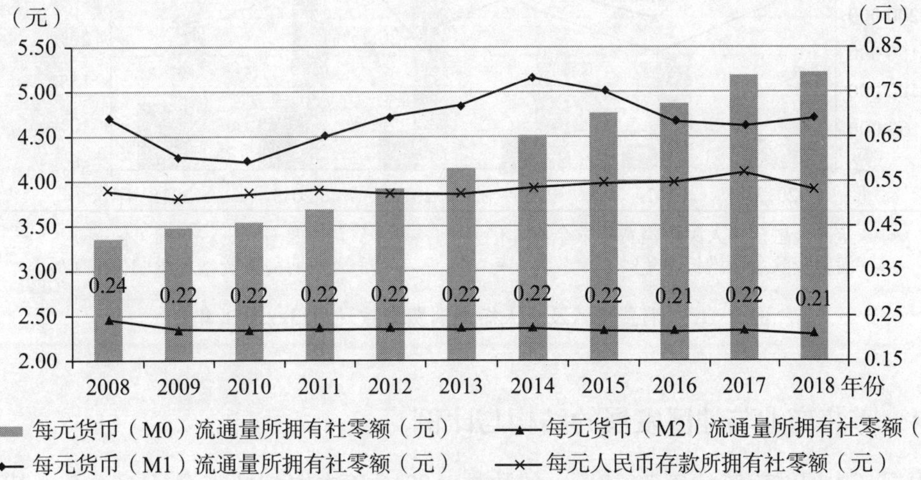

图 2-12　货币投放与社会消费品零售总额比值（2008—2018 年）

但是，由于流通中现金（M0）自“十二五”以来增速低于社零额增速，所以每元货币（M0）流通量所拥有社零额从 2010 年的 3.52 元增长到 2018 年的 5.22 元。每元货币（M1）流通量所拥有社零额增长率出现波动，2014 年达到峰值 0.78 之后已经连年下滑，2018 年为 0.69。

中国的消费贷款余额在过去五年间出现快速增长的态势，到 2018 年，全部金融机构人民币消费贷款余额达到 37.8 万亿元，五年的年均增长率高达 23.84%，远高于同

期 GDP 和社零额的增速，每元社零额中所包含的消费贷款从 2012 年的 0.49 元增长到 2018 年的 0.99 元，折算到全国人均贷款约 27 082 元/人。

其中，作为零售消费核心指标的个人短期消费贷款余额增速更为惊人，过去五年间年均增长率高达 27%，到 2018 年，个人短期消费贷款余额达到 8.8 万亿元，折算到全国人均贷款 6 306 元/人，实现了跨越式发展。每元社零额中所包含的个人短期消费贷款从 2011 年的 0.07 元快速增长到 2018 年的 0.23 元。这些数据表明中国居民消费观念和支付形式的巨大变化，现代金融和信用消费已经成为新时期居民消费模式的主流之一。

从发展趋势看，如图 2-13 所示，全部消费贷款和个人短期消费贷款、个人中长期消费贷款增长率虽然有较大波幅，但仍能保持持续高位运行，受到房地产形势趋于稳定的影响，个人中长期消费贷款和全部消费贷款增长率明显低于个人短期消费贷款增长率。特别是 2017 年以来，个人短期消费贷款增长率又恢复到 37.98%（2017 年）和 29.32%（2018 年）的较高水平，信贷消费方兴未艾。①

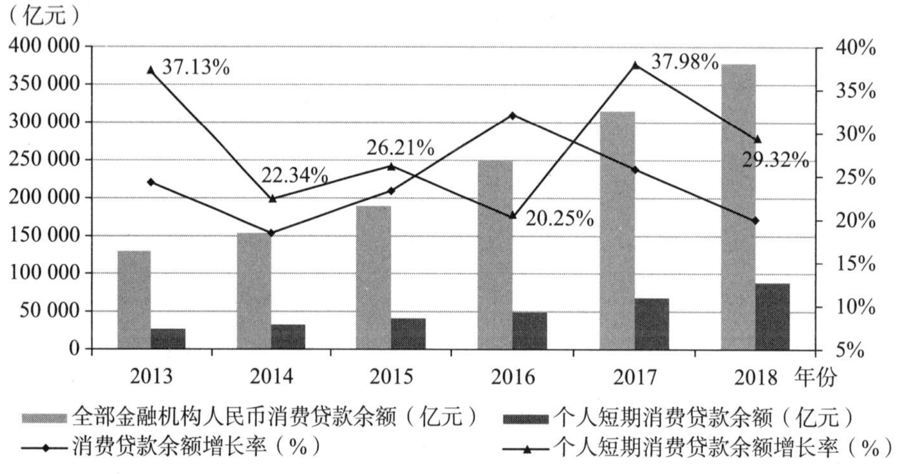

图 2-13　消费贷款及个人短期消费贷款（2013—2018 年）

2.3.4　零售商业与地区发展的结构与比例

根据《中国城市统计年鉴 2018》的数据，2017 年中国有城市合计 661 个，其中，直辖市 4 个，副省级城市 15 个，地级市 279 个，县级城市 363 个。大中型城市具有远超其人口应有比例的生产能力和消费辐射能力，产业集聚和消费集聚继续深化。

从零售商业发展的城市地区结构分化来看，人口和消费的城市化集聚现象较为突

① 2018 年 12 月 20 日，第一财经商业数据中心（CBN Data）联合 20 余家数据源合作伙伴发布的《2018 中国互联网消费生态大数据报告》显示，“90 后”的新生代有明显的超前消费意识，信用消费习惯已经养成，是线上消费分期付款的核心人群。但“90 后”的信用消费有节制，超过 90%的人不会把花呗的额度用完。资料来源：https://www.sohu.com/a/283328912_118792.

出，中国的省会城市和计划单列市作为国内的一线城市和二线城市的代表，2017 年仅用 19.08%的全国人口，创造了全国 40.52%的 GDP，占有 37.34%的城乡居民储蓄存款，贡献了 14.45 万亿元的社零额，占比 39.46%①。

从发展趋势来看，中国的省会城市和计划单列市总人口保持了小幅增长流入态势，从“十一五”末期的 25 126 万人增长到 2017 年的 26 522 万人，占比也基本上稳定在 18%～19%。GDP 增长在“十二五”期间经历了从 2010 年和 2011 年的 18.15%和 19.11%的相对高速，逐年回落到“十三五”以来的 9.38%，整体略快于全国水平，其占比如图 2-14 所示，形成了倒 U 形变化，仅微幅提高了约 0.37 个百分点。相应的财富占有自 2004 年以来有一定的波动，2010 年以后持续下降，2017 年省会城市和计划单列市城乡居民储蓄年末余额占全国的比例相较于“十一五”末期下降约 5 个百分点。社会消费水平自“十二五”以来基本保持稳定，消费能力占比大约维持在 40%。以上数据表明中国的特大型城市集聚能力相对稳定，但是增长后劲相对开始减弱。

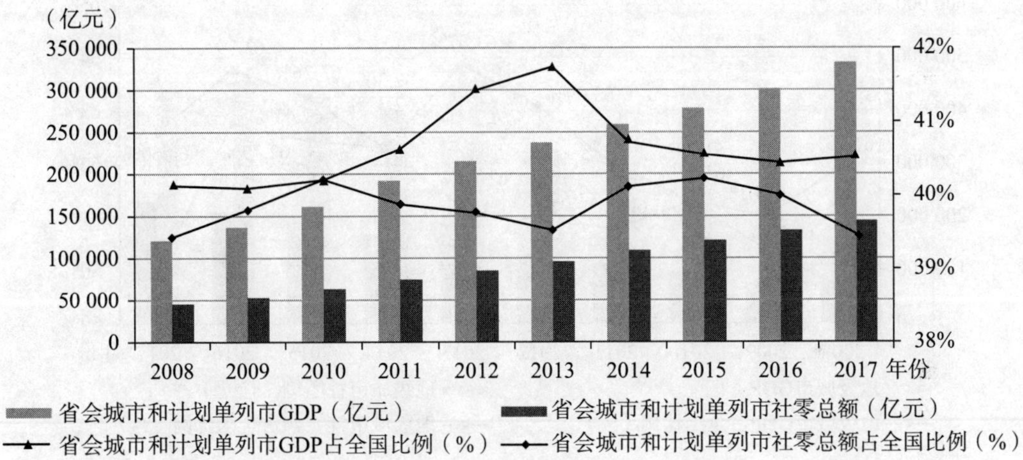

图 2-14　省会城市和计划单列市 GDP、社零额及其增长率（2008—2017 年）

中国的地级城市，按照市辖区口径，即一般意义上包含一线、二线、三线和部分四线城市的中国全部城市市区（即国家统计局口径的地级及以上城市的市辖区）。截至 2017 年底，中国的地级及以上城市拥有 34.42%的全国人口，创造了全国 60%的 GDP，实现了 22.9 万亿元的社零额，占全国社零额的 62.6%②。

中国的地级及以上城市的市辖区在“十一五”和“十二五”两个五年规划期间，出现了较为明显的扩张态势，核心表现在市辖区城市土地面积和人口的双扩张上。一方面，所有地级城市市辖区土地面积从 2005 年的 57.4 万平方千米增加到 2016 年的 78.48 万平方千米，2017 年更是跳跃式地增长到 96.9 万平方千米，占全国的比例较上

① 数据系将国研网区域经济数据库的市级数据库中全部省会城市和计划单列市数据加总得来。

② 数据系将国研网区域经济数据库的市级数据库中全部省会城市和计划单列市数据加总得来。其他各项数据，来源于《中国城市统计年鉴 2018》地级及以上城市数据。

一年直接飙升至10.09，提高了约2个百分点；另一方面，人口也有明显增长，从2005年的3.6亿人增长到2017年的4.78亿人，占全国的比例达到34.42%，特别是“十二五”“十三五”期间的城市人口加速流入，仅这8年的占比就增加了约5.44个百分点。这充分反映了中国特色的城市化进程在近年间有加速的迹象，特别是以传统城市的面积扩张和人口涌入为主要推动力量。

在以上两个因素的推动下，全部地级城市市辖区的GDP增速和消费增速在“十一五”“十二五”“十三五”时期，都呈现出有所扩张的态势，如图2－15所示，GDP占比从“十一五”末期的61.31%提高到2013年的63.87%，增长了2.5个百分点，但是2014年和2015年增速回落，占比也相应回落至62.32%和62.45%，2016年回升至62.77%。需要注意的是，2017年GDP占比出现较大幅度的回落，降至60%，这说明城市经济形势出现恶化的严峻局面。

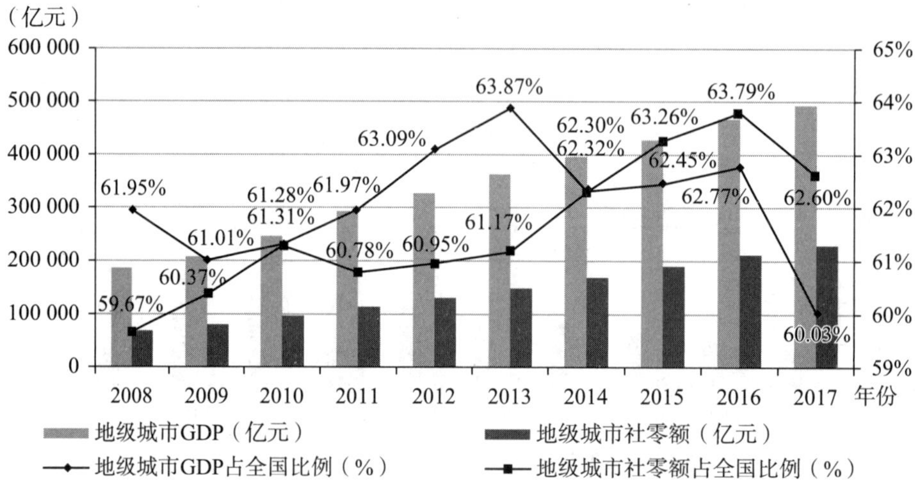

图2－15　地级城市GDP、社零额及其增长率（2008—2017年）

全部地级城市市辖区的社零额占全国比例也呈现出类似规律，但是有一定的滞后性。社零额占比在“十二五”期间出现小幅度增长趋势，从“十一五”末期的61.28%提高到2016年的63.79%，增幅约2.5个百分点。但2017年再次出现拐点，下降了1.2个百分点。

2.4　中国零售业发展综述

由于行业数据获取原因，本节的数据涉及年份在各小节中有所差别：

（1）2.4.1中国限额以上零售业发展、2.4.2中国连锁零售业发展部分，采用2017年国家统计局数据；（2）2.4.3中国综合零售业发展、2.4.4中国专业零售业发展部分，结合采用2017年统计局数据和本报告搜集和监测的2018年数据；（3）2.4.5中国零售业的管理、运营与综合事务部分，采用本报告搜集和监测的2018年数据。

2.4.1　中国限额以上零售业发展

关于行业数据，由于国家统计局仅公布了限额以上口径，且数据有一年滞后期，因此，本报告根据国家统计局《中国贸易外经统计年鉴 2018》中公布的 2017 年限额以上批发和零售业企业数据，汇总整理成为表 2-4“限额以上批发和零售业企业基本情况（2017 年）”，其中数据归口有所调整，具体说明如下：

（1）限额以上批发业指标加上限额以上零售业指标，等于限额以上批发和零售业总计指标。（2）按登记注册类型分，内资企业指标、港澳台商投资企业指标、外商投资企业指标 3 项合计等于限额以上零售业指标。（3）按国民经济行业分，本报告的“行业：综合零售业”指标加“行业：专业零售业”指标等于限额以上零售业指标，但是，其中的“行业：综合零售业”不是原始统计年鉴中的综合零售，是本报告对原始年鉴中的综合零售业指标和“货摊、无店铺及其他”指标这 2 项的合计，“行业：专业零售业”指标是本报告对原始统计年鉴中 7 项专门零售指标的合计。另外，原始统计年鉴中的百货零售指标、超级市场零售指标加总小于原始的综合零售指标，中间差值部分，本报告通过“其他综合零售业”一栏来反映。（4）按零售业态分，“业态：综合零售业态”指标是本报告对原始统计年鉴中的超市指标、大型超市指标、百货店指标、无店铺零售指标 4 项的合计，“业态：专业零售业态”是本报告对原始统计年鉴中的专业店指标、专卖店指标这 2 项的合计；本报告的“业态：综合零售业态”指标加“业态：专业零售业态”指标要小于限额以上零售业指标，中间差值部分，本报告通过“业态：其他业态”一栏来反映。（5）按有无店铺分，有店铺零售、无店铺零售均是原始统计年鉴指标，合计等于限额以上零售业指标。

中国限额以上批发和零售业 2017 年实现商品销售额总计 63 万亿元，其中零售业实现 12.3 万亿元，出现了近年来的第一次负增长。从限额以上零售业发展的总体情况看，如图 2-16 所示，受到 2017 年下降－2.8%的拖累，其商品销售总额“十三五”期间的年均增速由“十二五”期间的 14.71%下降至 3.79%，近五年的年均增长率也下滑至 8.08%，低于消费增长率。

与此同时，限额以上（简称限上）零售业门店面积的扩张速度较缓，年末零售营业面积自 2012 年以来一直处于增速下滑态势，2017 年也出现了 1.9%的下滑，由 2016 年的 3.39 亿平方米下降至 2017 年底的 3.32 万平方米。受上述因素影响，零售业的坪效指标亦从 2016 年的 3.73 万元/平方米下滑至 3.7 万元/平方米，拖累近五年的增长率下降至 2.11%。以上数据反映出行业发展势头总量规模扩张的同时，增长率在逐年下降，单位零售营业面积的生产率虽有较大提高，但波动亦较大。

具体到限上零售业近年来的发展情况，如表 2-5 所示。近年来行业进入热情较高，限额以上零售业的法人企业数量增长较快，从“十一五”末期的 5.23 万个增长到 2017 年底的 9.92 万个，保持了超过销售额和面积的年均增长率。但是，同样在“十三五”时期出现了明显下滑，年均增速由“十二五”期间的 11.77%降至 4.25%。吸纳的就业

表 2-4 限额以上批发和零售业企业基本情况（2017 年）

项目	法人企业数（个）	年末从业人数（万人）	年末零售营业面积（万平方米）	商品销售额（亿元）	资产总计（亿元）	主营业务收入（亿元）	毛利润（亿元）	净利润（亿元）	毛利率（%）	净利率（%）	企均销售额（万元）	人均销售额（万元/人）	坪效（万元/平方米）
限额以上批发和零售业总计	200 170	1 183.8		630 181.3	283 210.4	552 809.5	41 982.3	9 788.0	7.59	1.77	31 482	532.3	
一、限额以上批发业	100 988	506.3		507 096.0	222 004.5	445 793.6	28 858.31	7 263.1	6.47	1.63	50 213	1 001.5	
二、限额以上零售业	99 182	677.5	33 250.2	123 085.3	61 205.9	107 015.8	13 124.0	2 524.9	12.26	2.36	12 410	181.7	3.70
1. 按登记注册类型分													
♯国有控股	5 171	84.1	6 072.2	23 361.3	12 662.7	18 734.6	2 069.2	515.9	11.0	2.8	45 177	277.7	3.85
（1）内资企业	96 810	588.5	29 412.0	107 396.3	51 262.0	93 591.1	10 459.4	2 081.1	11.2	2.2	11 094	182.5	3.65
（2）港澳台商投资企业	1 448	46.9	1 912.4	7 422.0	5 884.2	6 450.5	1 284.6	206.1	19.9	3.2	51 257	158.1	3.88
（3）外商投资企业	924	42.1	1 925.8	8 266.9	4 059.8	6 974.2	1 380.0	237.7	19.8	3.4	89 469	196.6	4.29
2. 按国民经济行业分													
（1）行业：综合零售业	19 936	262.9	14 636.8	33 396.6	20 188.1	28 389.7	4 239.3	592.7	14.9	2.09	16 752	127.0	2.28
百货零售	6 311	100.2	7 991.1	13 025.8	11 436.5	10 526.9	1 667.1	353.0	15.8	3.35	20 640	130.0	1.63
超级市场零售	5 335	119.5	5 517.3	10 102.4	4 903.5	8 779.5	1 289.3	109.8	14.7	1.25	18 936	84.5	1.83

续前表

项目	法人企业数（个）	年末从业人数（万人）	年末零售营业面积（万平方米）	商品销售额（亿元）	资产总计（亿元）	主营业务收入（亿元）	毛利润（亿元）	净利润（亿元）	毛利率（%）	净利率（%）	企均销售额（万元）	人均销售额（万元/人）	坪效（万元/平方米）
其他综合零售业	1 352	11.7	386.6	1 123.7	369.3	989.5	164.2	0.5	16.6	0.05	8311	95.7	2.91
货摊、无店铺及其他零售业	6 938	31.4	741.8	9 144.7	3 478.8	8 093.8	1 118.7	129.4	13.8	1.60	13 181	290.9	12.33
（2）行业：专业零售业	79 246	414.6	18 613.4	89 688.7	41 017.8	78 626.1	8 884.7	1 932.3	11.3	2.46	11 318	216.4	4.82
食品、饮料及烟草制品专门零售	9 319	37.9	1 000.5	4 209.2	2 203.9	3 821.0	748.1	220.2	19.6	5.76	4 517	111.2	4.21
纺织、服装及日用品专门零售	5 443	56.3	1 526.5	5 823.5	3 539.4	5 076.0	1 507.2	196.0	29.7	3.86	10 699	103.4	3.82
文化、体育用品及器材专门零售	4 475	24.6	720.9	3 380.3	2 624.5	3 056.4	591.6	132.5	19.4	4.34	7 554	137.3	4.69
医药及医疗器材专门零售	4 958	56.7	1 031.4	5 648.6	3 401.9	4 979.8	772.2	261.5	15.5	5.25	11 393	99.6	5.48
汽车、摩托车、燃料及零配件专门零售	37 496	172.5	10 870.6	57 245.0	22 699.2	49 941.8	3 776.2	817.6	7.6	1.64	15 267	331.8	5.27
家用电器及电子产品专门零售	11 352	47.6	1 971.8	10 046.8	5 065.4	8 818.2	968.8	147.0	11.0	1.67	8 850	211.2	5.10

续前表

项目	法人企业数（个）	年末从业人数（万人）	年末零售营业面积（万平方米）	商品销售额（亿元）	资产总计（亿元）	主营业务收入（亿元）	毛利润（亿元）	净利润（亿元）	毛利率（%）	净利率（%）	企均销售额（万元）	人均销售额（万元/人）	坪效（万元/平方米）
五金、家具及室内装饰材料专门零售	6 203	19.0	1 491.7	3 335.2	1 483.5	2 933.0	520.5	157.4	17.7	5.37	5 377	176.0	2.24
3. 按零售业态分													
（1）业态：综合零售业态	22 413	280.0	14 895.7	37 559.0	22 148.5	31 904.0	4 675.3	609.2	14.7	1.91	16 758	134.2	2.52
超市	7 046	49.0	1 428.5	3 329.5	3 013.3	3 035.8	461.3	79.3	15.2	2.61	4 725	67.9	2.33
大型超市	2 293	108.3	6 137.3	9 811.8	4 815.9	8 399.8	1 214.8	93.3	14.5	1.11	42 790	90.6	1.60
百货店	5 751	83.4	6 747.4	12 054.6	9 688.5	9 667.3	1 609.7	334.5	16.7	3.46	20 961	144.6	1.79
无店铺零售	7 323	39.2	582.5	12 363.0	4 630.9	10 801.2	1 389.5	102.0	12.9	0.31	16 882	315.3	21.22
（2）业态：专业零售业态	70 092	355.7	16 014.7	79 155.9	35 996.8	69 506.1	7 545.9	1 732.9	10.9	2.49	11 293	222.5	4.94
专业店	40 294	195.7	9 440.7	41 780.1	20 442.7	36 477.0	3 952.0	1 079.9	10.8	1.55	10 369	213.5	4.43
专卖店	29 798	160.1	6 574.1	37 375.8	15 554.1	33 029.0	3 593.9	653.1	10.9	1.79	12 543	233.5	5.69
（3）业态：其他业态	6 677	41.8	2 339.8	6 370.5	3 060.6	5 605.8	902.7	182.8	16.1	3.26	9 541	152.4	2.72
4. 按有无店铺分													
（1）有店铺零售	91 859	638.3	32 667.7	110 722.3	56 575.0	96 214.7	11 734.5	2 422.9	12.2	2.52	12 054	173.5	3.39
（2）无店铺零售	7 323	39.2	582.5	12 363.0	4 630.9	10 801.2	1 389.5	102.0	12.9	0.31	16 882	315.3	21.22

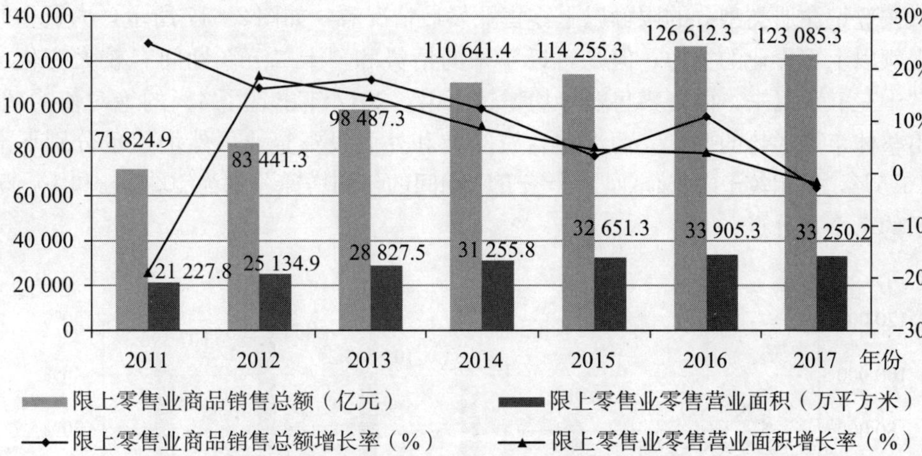

图 2－16　限额以上零售业商品销售总额与零售营业面积（2011—2017 年）

人数整体上也有一定程度的增长，从“十一五”末期的 501.3 万人增长到 2016 年底的 697.7 万人，但 2017 年减少了 20 万人，拖累“十三五”期间年均负增长 0.39%，和销售额的变动对应，限额以上零售业的劳动效率自“十三五”以来出现增速的较大下滑，降低为 4.2%，2017 年底与上年基本持平，为 181.7 万元/人。同时，限额以上零售业的利润率情况不容乐观，毛利润率近四年来有所回暖，从 2014 年的 11.6%增长至 2017 年的 12.3%，但是净利润的总量和净利润率在 2017 年出现了双下降，这也是行业内部竞争加剧，部分企业经营困难的反映。

表 2－5　限额以上零售业发展整体情况（2011—2017 年）

指标项目	2011 年	2012 年	2013 年	2014 年	2015 年	2016 年	2017 年
法人企业数（个）	58 471	65 921	80 366	87 652	91 258	98 305	99 182
年末从业人数（万人）	527.6	575.2	655.3	681.9	682.8	697.7	677.5
年末零售营业面积（万平方米）	21 227.8	25 134.9	28 827.5	31 255.8	32 651.3	33 905.3	33 250.2
商品销售额（亿元）	71 824.9	83 441.3	98 487.3	110 641.4	114 255.3	126 612.3	123 085.3
资产总计（亿元）	30 842.89	37 727.31	44 438.44	50 824.92	53 507	60 436	61 206
主营业务收入（亿元）	63 039	72 718	86 225	96 889	99 453	110 428	107 016
毛利润（亿元）	7 114.8	8 124.6	10 398.0	11 242.8	11 692.1	13 011.0	13 124.0
利润总额（亿元）	1 754.2	1 628.1	2 556.6	2 526.8	2 433.6	3 396.2	3 055.9
净利润（亿元）	1 400.2	1 258.2	2 108.5	2 028.4	1 984.2	2 885.9	2 524.9
毛利率	11.3%	11.2%	12.1%	11.6%	11.8%	11.8%	12.3%
净利率	2.22%	1.73%	2.45%	2.09%	2.00%	2.61%	2.36%
企均销售额（万元）	12 284	12 658	12 255	12 623	12 520	12 880	12 410
人均销售额（万元/人）	136.1	145.1	150.3	162.3	167.3	181.5	181.7
坪效（万元/平方米）	3.38	3.32	3.42	3.54	3.50	3.73	3.70

从按登记注册类型分的限额以上零售业发展情况看，如图 2－17 所示，内资企业仍然是限额以上零售业的主力，但是，近年来的情势和“十二五”期间有较大变化，特别是“十三五”以来，内资零售业年均增速下滑，2017 年出现了 4％的绝对值的减少，反映出整体市场形势的恶化。而港澳台资企业和外商投资企业虽然增速也分别下滑至 6％和 6.5％，但相较于内资企业，“十三五”期间的年均增速分别为 10.61％和 10.05％，高出了约 7 个百分点。

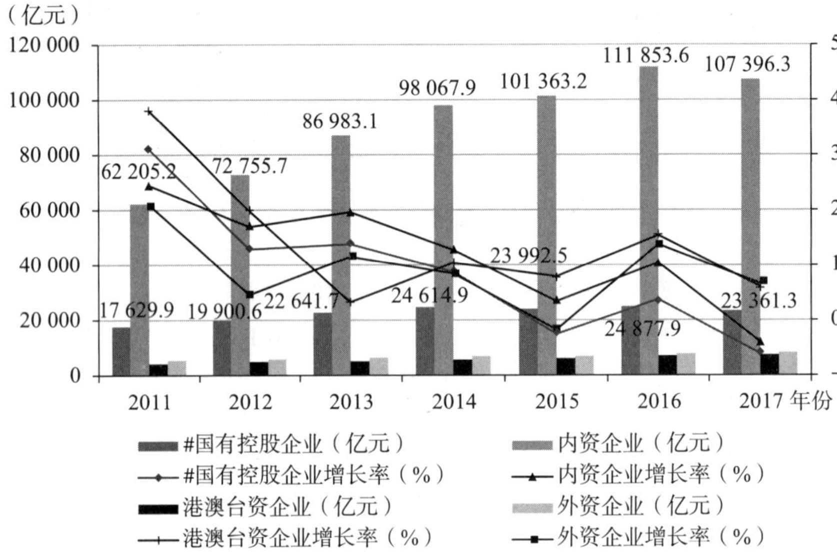

图 2－17　按登记注册类型分限额以上零售业商品销售总额（2011—2017 年）

从按国民经济行业分的限额以上零售业发展情况看，专业零售业一直是中国限上零售业的主导力量，占比在 72.9％左右，“十二五”期间保持了较快增长速度，年均增长率 15.33％，“十三五”期间下降至 4.58％。综合零售业“十三五”期间年均增长率恶化严重，降为 1.76％，在 2017 年甚至出现了 2.8％的下降，整体占比也较上年减少了 1 个百分点，降为 27.1％。

从九类细分行业结构看，汽车、摩托车、燃料及零配件零售业占有最大比重，如图 2－18 所示，在“十一五”末期占比高达 47.7％，“十二五”期间由于年均增长率在五类专业细分零售行业中最低，导致其在 2015 年末占比下降至 44.3％，但“十三五”期间，由于除食品、服装、文体以及汽车外，其他各类专业零售业增速回落较为明显，导致汽车类占比回升至 46.5％。同时，综合零售业中的百货零售业和超级市场零售业的发展受到一定的冲击，增长率也较低，“十三五”期间分别下降 7.24％和 1.77％，致使 2017 年底其比重较“十一五”末期分别减少约 4.4 个和 3.6 个百分点。

值得注意的是，受益于互联网零售的快速发展，“十三五”期间货摊、无店铺及其他零售业的年均增长率高达 31.31％，虽远低于“十二五”期间的年均增长率（70.29％），但是考虑到基数较大的实际情况，其仍然属于高速增长阶段，2017 年占比也提高到了

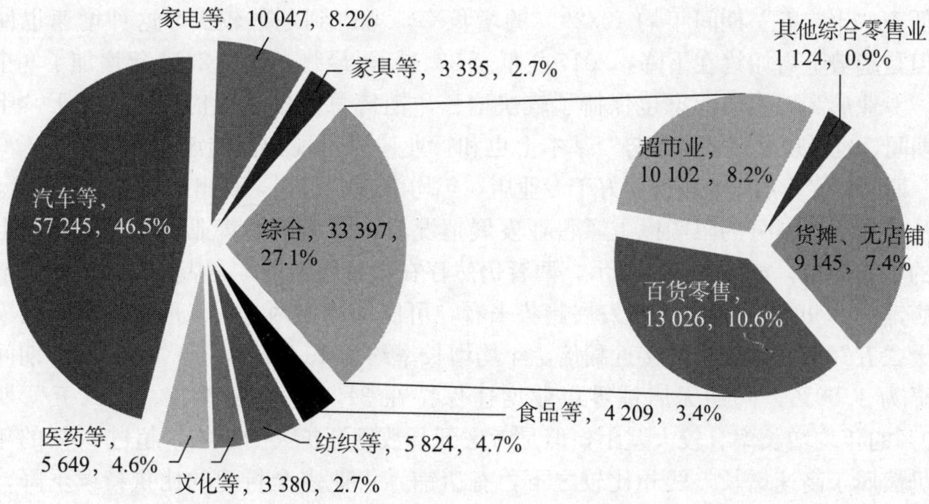

图 2-18　按国民经济行业分限额以上零售业商品销售总额构成情况（2017 年）（单位：亿元）

7.4%。其中，互联网零售部分“十三五”期间年均增长率约 46.96%，2017 年销售总额达到 7 588.1 亿元，约为“十一五”末期的 23.65 倍。

从按零售业态分的限额以上零售业发展情况看，各业态的发展出现较大分化，如图 2-19 所示，百货店和超市业态发展遇到较大困难，占比下降明显，分别较 2010 年下降 3 个百分点和 2.6 个百分点（超市下降 2.3 个百分点、大型超市下降 0.3 个百分点）。具体来看，百货店和大型超市在“十二五”期间增长率分别高达 14.65%和 16.54%，但是进入“十三五”以后，分别恶化至−7.89%和−2.16%，拉平周期来看，近五年的增长率分别降至 0.25%和 2.5%，远远低于行业平均水平。

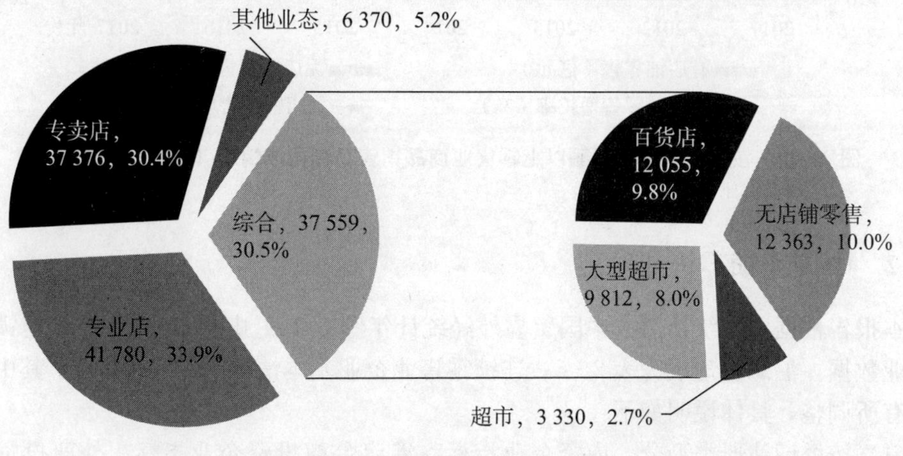

图 2-19　按零售业态分限额以上零售业商品销售总额构成情况（2017 年）（单位：亿元）

与行业口径一样，最突出的是无店铺零售业态，近五年年均增长率保持在 40%，虽然低于“十二五”期间年均 70.29%的增长率，考虑到基数较大，这种增速也属客观，但是趋势上看始终在下降，2017 年低至 23.1%，最终占比较 2010 年增加了 9 个百分点。专业店和专卖店业态也保持了较快增长，销售总额接近翻倍，但相较于“十二五”期间，也呈现增速下滑态势，基本上也和行业口径呈现相似的波动方向。进入“十三五”期间，专卖店增长情况要好于专业店，年均增速 7.69%，高出约 6.2 个百分点。

从按有无店铺分的限额以上零售业发展情况看，有店铺零售业始终是限额以上零售业的主导力量，如图 2－20 所示，两者仍然存在数量级差别，有店铺零售业销售额约为无店铺的 8.96 倍。但是，从发展趋势来看，可以用冰火两重天来形容，有店铺零售业“十二五”期间销售总额接近翻倍，年均增长率约为 13.44%，但“十三五”期间增速骤降为 1.68%，同期无店铺零售业增速保持在 31.31%，虽然较“十二五”期间 70.29%的年均增长率有较大差距，但是考虑到基数逐渐扩大的影响，超过 30%的年均增速仍然属于高速增长。两相比较之下，有店铺零售业占全行业的比重持续下降，与“十一五”末期相比，降低了 9 个百分点，2017 年底占比约为 90%。

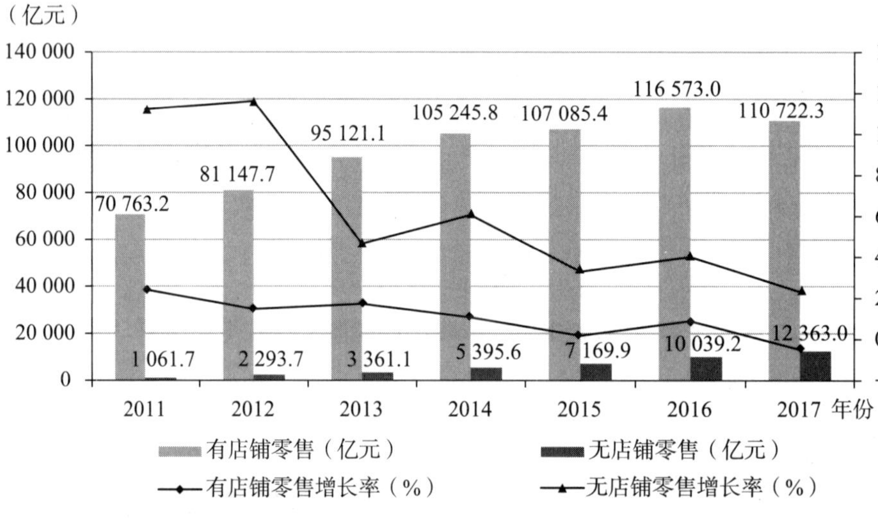

图 2－20 按有无店铺分限额以上零售业商品销售总额构成情况（2011—2017 年）

2.4.2 中国连锁零售业发展

本报告根据国家统计局《中国贸易外经统计年鉴 2018》中公布的 2017 年连锁零售业企业数据，汇总整理成为表 2－6“连锁零售业企业基本情况（2017 年）”，其中数据归口有所调整，具体说明如下：

（1）按登记注册类型分，内资企业指标、港澳台商投资企业指标、外商投资企业指标 3 项合计等于连锁零售业总数指标。（2）按国民经济行业分，“行业：综合零售业”是本报告对原始年鉴中的综合零售指标和“货摊、无店铺及其他零售业”指标这 2 项的合计，“行业：专业零售业”指标是本报告对原始统计年鉴中 7 项专门零售指标的

表 2-6　连锁零售业企业基本情况（2017 年）

项目	连锁总店数	连锁门店总数	年末从业人员	年末零售营业面积	商品销售总额	连锁门店商品购进总额	其中：统一配送商品购进额	统一配送率	总店店均销售额	门店店均销售额	门店店均零售营业面积	人均销售额	坪效
单位	家	家	万人	万平方米	亿元	亿元	亿元	%	万元	万元	平方米	万元/人	万元/平方米
连锁零售业总数	2 871	236 103	234.9	17 329.6	35 629.1	30 520.8	23 737.6	78	124 100	1 509	734	151.7	2.06
1. 按登记注册类型分													
（1）内资企业	2 596	214 398	185.2	13 492.8	29 323.8	25 175.2	20 195.5	80	112 958	1 368	629	158.3	2.17
（2）港澳台商投资企业	125	11 279	24.9	2 251.9	2 606.6	2 383.0	1 824.3	77	208 530	2 311	1 996	104.8	1.16
（3）外商投资企业	150	10 426	24.8	1 585.0	3 698.6	2 962.6	1 717.8	58	246 574	3 547	1 520	149.0	2.33
2. 按国民经济行业分													
按行业汇总连锁零售业	2 567	197 472	212.3	14 289.7	26 218.8	22 123.2	16 212.5	73	102 138	1 328	724	123.5	1.83
（1）行业：综合零售业	831	68 348	130.6	8 977.4	13 082.8	11 371.7	7 667.6	67	157 434	1 914	1 313	100.2	1.46
综合零售	821	67 642	130.2	8 965.1	13 070.4	11 361.5	7 657.5	67	159 201	1 932	1 325	100.4	1.46
货摊、无店铺及其他零售业	10	706	0.4	12.3	12.4	10.2	10.1	100	12 370	175	175	31.7	1.00

续前表

项目	连锁总店数	连锁门店总数	年末从业人员	年末零售营业面积	商品销售总额	连锁门店商品购进总额	其中：统一配送商品购进额	统一配送率	总店店均销售额	门店店均销售额	门店店均零售营业面积	人均销售额	坪效
单位	家	家	万人	万平方米	亿元	亿元	亿元	%	万元	万元	平方米	万元/人	万元/平方米
(2) 行业：专业零售业	1 736	129 124	81.7	5 312.3	13 136.0	10 751.5	8 544.9	79	75 668	1 017	411	160.8	2.47
食品、饮料及烟草制品专门零售	171	22 393	8.4	126.3	488.4	349.5	281.6	81	28 561	218	56	58.2	3.87
纺织、服装及日用品专门零售	183	18 302	8.1	297.6	692.6	396.6	290.8	73	37 844	378	163	85.1	2.33
文化、体育用品及器材专门零售	95	1 811	3.5	128.6	615.6	575.3	546.3	95	64 797	3 399	710	176.9	4.79
医药及医疗器材专门零售	845	63 153	31.0	937.5	1 588.6	1 365.6	1 249.0	91	18 800	252	148	51.3	1.69
汽车、摩托车、燃料及零配件专门零售	217	15 442	13.3	2 484.0	6 095.5	4 703.5	3 906.7	83	280 900	3 947	1 609	456.9	2.45
家用电器及电子产品专门零售	208	7 640	16.6	1 291.3	3 569.7	3 310.6	2 224.1	67	171 618	4 672	1 690	214.8	2.76
五金、家具及室内装饰材料专门零售	17	383	0.8	47.0	85.7	50.4	46.4	92	50 435	2 239	1 227	108.5	1.82

续前表

项目	连锁总店数	连锁门店总数	年末从业人员	年末零售营业面积	商品销售总额	连锁门店商品购进总额	其中：统一配送商品购进额	统一配送率	总店店均销售额	门店店均销售额	门店店均零售营业面积	人均销售额	坪效
单位	家	家	万人	万平方米	亿元	亿元	亿元	%	万元	万元	平方米	万元/人	万元/平方米
3. 按零售业态分													
（1）业态：综合零售业态	781	67 501	127.8	8 790.3	12 511.0	10 926.7	7 319.6	67	160 192	1 853	1 302	97.9	1.42
便利店	102	24 060	9.0	190.8	482.9	370.0	309.8	84	47 342	201	79	53.7	2.53
折扣店	3	448	0.2	19.4	26.7	23.2	11.6	50	88 933	596	432	166.8	1.38
超市	391	29 881	42.0	2 112.9	3 520.3	3 147.0	2 652.9	84	90 034	1 178	707	83.9	1.67
大型超市	168	6 155	47.0	3 539.8	4 415.1	4 049.0	2 855.6	71	262 802	7 173	5 751	94.0	1.25
仓储会员店	2	98	1.3	68.1	230.5	204.7	26.3	13	1 152 300	23 516	6 951	174.6	3.38
百货商店	107	6 148	27.9	2 843.0	3 778.0	3 082.4	1 413.1	46	353 087	6 145	4 624	135.3	1.33
厂家直销中心	8	711	0.4	16.4	57.6	50.4	50.3	100	71 975	810	231	144.0	3.51
（2）业态：专业零售业态	2 028	156 661	102.4	8 294.6	22 591.9	19 234.7	16 160.9	84	11 1400	1 442	529	220.5	2.72
专业店	1 646	125 362	84.8	7 775.0	20 392.8	17 634.2	15 154.6	86	123 893	1 627	620	240.5	2.62
其中：加油站	321	33 321	24.5	4 841.9	12 628.3	10 775.4	9 374.8	87	393 404	3 790	1 453	515.2	2.61
专卖店	369	31 238	17.4	498.6	2 152.7	1 565.8	976.0	62	58 337	689	160	123.9	4.32
家居建材商店	13	61	0.3	21.0	46.5	34.7	30.3	87	35 738	7 616	3 443	178.7	2.21
（3）其他	62	11 941	4.7	244.7	526.1	359.4	257.0	72	84 862	441	205	111.5	2.15

合计，同时，本报告的“行业：综合零售业”指标加“行业：专业零售业”指标要小于等于连锁零售业总数指标，需要再加上批发业指标才等于总数指标。（3）按零售业态分，本报告的“业态：综合零售业态”指标加“业态：专业零售业态”指标，再加“其他”指标 3 项合计等于连锁零售业总数指标，其中，“业态：综合零售业态”指标是本报告对原始统计年鉴中的便利店指标、折扣店指标、超市指标、大型超市指标、仓储会员店指标、百货商店指标、厂家直销中心指标 7 项的合计；“业态：专业零售业态”是本报告对原始统计年鉴中的专业店指标、专卖店指标、家居建材店指标 3 项的合计；“其他”是原始年鉴中的“其他”指标。

2017 年中国连锁零售业实现商品销售额总计 3.56 万亿元，约占限额以上零售业商品销售总额的 29%，其中，内资占比 27.3%，低于港澳台资和外资的 35.12% 和 44.74%的占比；从行业角度看，占比最高的三个行业是综合零售（占比 53.89%）、家电（占比 35.53%）、医药（占比 28.12%）；从业态角度看，百货店占比 31.34%，专业店占比 48.81%，但专卖店占比仅 5.76%。另外，连锁零售业实现商品销售额占全国商品零售额的 10.91%，占全国社零额的 9.73%。

统一配送率约为 78%，按照 2 871 个总店来计算，平均每个企业销售额 12.41 亿元，约有 82 个门店。其中，按行业来看，纺织服装、文化体育用品等行业企均分店数最多，分别达到 131 和 100 个门店；按业态来看，便利店、折扣店等业态最多，达到 236 和 149 个门店/企业。同时，按照连锁门店总数平均的店均销售额为 1 509 万元，劳动效率为人均 151.7 万元，门店店均营业面积 734 平方米，坪效为 2.06 万元/平方米。

从连锁零售业发展的总体情况看，如图 2－21 所示，其商品销售总额在近年来增长乏力，特别是 2013 年以来的销售总额出现多个下滑年份，2014 年、2015 年、2017 年都出现负增长的严峻局面，远低于限额以上零售业和全国社零额的增长速度，导致占比出现大幅度下滑。

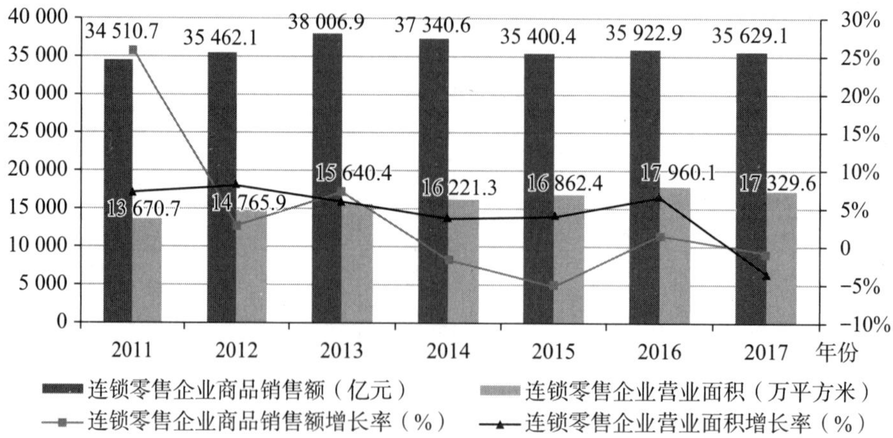

图 2－21　连锁零售业企业商品销售总额与零售营业面积（2011—2017 年）

与此同时，中国连锁零售业的门店面积虽有所增长，但扩张速度不高，“十二五”期间年均增长率约为 5.74%，到 2016 年底零售营业面积达到 1.8 亿平方米，但是 2017 年出现下滑，减少了 630 万平方米，经营困难局面最终传导到了店铺关闭和收缩面积上。连锁零售业的坪效指标较 2011 年的 2.52 万元/平方米大幅度下降至 2.06 万元/平方米。

从按登记注册类型分的连锁零售业发展情况看，内资连锁零售企业在各项总量指标上均占有最大比重，其总店数、门店总数、从业人员数量、营业面积等较之港澳台资、外资等都不在一个数量级上，占据绝对优势地位。但是，港澳台资、外资则在门店店均销售额、店均营业面积等方面显著优于内资企业，高出了 2～3 倍的水平；人效方面，内资略高于外资，港澳台资显著低于前两者的水平。从商品销售总额增速来看，近五年外资年均增长 4.43%，好于港澳台资年均 1.87%的增速，内资由于 2014 年以来的下滑，甚至出现了年均 0.53%的下降。

从按国民经济行业分的连锁零售业发展情况看，综合零售业的销售总额在大部分年份中低于专业零售业，年均增速差距在 0.5 个百分点左右。近五年年均增速最高的行业是医药类行业、文化类行业，分别达到 20%和 18.2%，食品类和服务类也达到 13.8%和 13.4%的较高年均增速，年均增速最低的是汽车类和家电类，分别为−0.44%和 0.93%，行业差距明显。在营业面积、从业人员等方面，综合零售业占有绝对优势，但是比较总店数、门店总数，则专业零售业均高于综合零售业，行业特点比较突出。

从按零售业态分的连锁零售业发展情况看，专业业态也是绝对的主力，占有全部连锁零售业商品销售额的近 2/3。但是近五年来专业店年均增速仅为 0.77%，专卖店年均增速甚至是−0.97%。从综合业态情况看，仅有便利店一个业态近五年年均增速超过 10%，为 12.84%，其他各业态，除厂家直销中心外，年均增速均未超过 5%，甚至折扣店业态年均增速为−4.88%。连锁零售行业发展遇到较大的困局。

2.4.3　中国综合零售业发展

中国的综合零售业（本报告口径包含百货零售、超级市场零售在内的综合零售，以及含互联网零售在内的货摊、无店铺及其他零售业等合计）在 2017—2018 年的发展遭遇较大困难局面，终结了近年来销售总量持续的增长态势，出现绝对值的下降，2017 年为 3.34 万亿元（行业口径），较上年减少 2 200 亿元。从业态角度看，综合零售业态（含超市、大型超市、百货店、无店铺零售 4 种业态合计）除了无店铺零售继续增长 2 323.8 亿元外，其他都呈现下滑态势，导致总量减少 1 400 亿元左右，降为 3.76 万亿元规模。

从连锁零售业的业态变化趋势看，各业态的发展继续呈现分化的局面。从业态角度看，便利店销售总额增长 14.3%，门店数量更是暴增 29.4%，达到 2.4 万个，成为零售行业中最闪耀的明星，同时从业人数仅增长 7.14%，反映出行业技术化水平在提升，多种数字技术和无人店等的尝试如火如荼。连锁超市的从业人数基本稳定，但是大型连锁超市的从业人数连续三年下降，已从 2014 年的 56.2 万人减少到 47 万人。行业口径的超级市场零售也呈现就业下滑态势，较 2014 年减少了 16 万人，百货零售行业从业人数减少了 17.5 万人。

中国的百货市场，从规模发展趋势看，受到购物中心和网购冲击的百货店增长速度自 2012 年以来不断减慢，从 2011 年（25.23%）至今持续下降，已经出现了连续两年的负增长，2017 年的负增长更是高达 13.5%。即使上市百货企业有一定的业绩增长，但其主要因素来自多元化业务及非主营业务，百货零售业务本身增长乏力，甚至持续减弱，大量进行中的“新零售”尝试还未定型，很多项目仍处于亏损阶段，也使得行业出现负增长。此外，多家外资企业在中国接连失利，并宣布退出中国市场，包括梅西百货、马莎百货、乐天百货等。

中国的超级市场，从规模发展趋势看，按照行业口径限额以上超级市场零售业在 1 万亿元左右，按照业态口径中小型超市和大型超市业态合计在 1.3 万亿元左右，2017 年出现双双大幅下降的恶劣局面，分别下跌了 7.8%和 12.5%。连锁超市门店总数增长率恶化情况更为严峻，自 2010 年以来持续下滑，2014—2017 年甚至连续 4 年出现负增长困局。中小型连锁超市、大型连锁超市合计共有 36 036 家门店，同比大幅减少 13.84%。2018 年，在延续了上年砍掉“包袱”的关店潮的基础上，以新零售和数字化转型为核心，依靠创新转型抢占市场仍是企业规划的主要目标。与此同时，“社区”的概念也开始凸显，超级市场业态推进社区生鲜、社区便利和精选超市这三种店型的进一步探索和定型。

2018 年，购物中心无论在资本上还是经营上，都发生了巨大变革。近三年来，零售占比下降、体验业态上升，购物中心存量持续增长。越来越多的购物中心开始重视体验，追求便捷、娱乐、社交及情感的需求，数字技术的发展放大了中国消费群体的购买力，裂变出了全新的消费市场结构和消费行为，从而让消费产生了结构性增量。购物中心的本质是线下流量分发平台，客流数据是衡量其核心运营指标的关键数据。随着线上商业不断演进，线下购物中心追逐主力店、首店的招商运营逻辑在未来几年可能会逐渐失效。

便利店是近年资本推动和涌入的核心业态。连锁便利店在 2017 年呈井喷式增长，除前述指标的大幅度增长外，营业面积达到 190.79 万平方米，同比增长 17.59%，在“新零售”概念的热度不断提升后，便利店站在了风口。不单单是内资/外资大型零售企业和卖场进行着便利店业态的建设，电商巨头和创业公司也都加速进入便利店行业。传统通路的 700 万家夫妻小店面临竞争与升级，其连锁化进程势必将进一步加速，阿里巴巴和京东都推出了面向“夫妻老婆店”的改造计划：阿里巴巴宣布要在 1 年内开设 1 万家“天猫小店”；京东则宣称在未来 3 年内将开设 100 万家冠有京东品牌的便利店。此外，2019 年 3 月，苏宁小店宣布全国第 5 000 家店在成都开业。

中国的无店铺零售，当扣减了其中的限额以上零售业——互联网零售的数据后，在销售额、法人企业数、营业面积、从业人数等核心指标上，全部是负增长，分别为 −8.46%、−9.36%、−13.29%、−9.80%，局面不容乐观。直销行业，受“权健事件”和“百日行动”的沉重打击，再加上直销行业自身的各种弊端渐露，直销企业直面内忧外患的发展瓶颈，在 2018 年仅有一家企业拿到直销牌照，我国直销行业管理已经进入史上最严监管期，2019 年 4 月商务部才将暂停了两个月的办理直销相关的审批、备案等业务恢复。

中国的网络零售依旧保持快速增长。大型电商平台通过布局品质电商、优化电商市场的商品供给，推动品质消费；社交电商持续发力，利用社交分享创造巨大的消费价值；电子商务通过大数据、云计算、人工智能等技术推动了从 B2C 向 C2B 的转变，区块链技术在跨境电商等领域得到了深度应用。线下零售商纷纷联姻“新零售巨头”，目前主要分腾讯系和阿里系两条主线，2018 年线上线下联盟化态势基本形成，助推零售业整体的规模化、集约化发展。各电商巨头纷纷布局生鲜线下零售实体店，大多分布在一二线城市，且都附带配送功能，可实现 3 千米内 30 分钟或者 1 小时内送达，满足消费者的需求。移动互联网上的用户购物比例占全网购物的 70%～80%。出现以云集（分销模式）、拼多多（拼团模式）、有赞（工具模式）、小红书（社区模式）为代表的四类不同模式的社交电商平台接连获得融资的“行业级”现象，消费场景的创新和用户呈几何式增长。

2.4.4　中国专业零售业发展

中国的专业零售业（行业口径含七大类专门零售，业态口径含专业店、专卖店、家居建材商店等），呈现逐年稳步提升的增长态势，整体发展形势向好。2017 年商品销售总额为 8 万亿～9 万亿元，限上行业和限上业态口径下专业零售业占零售业的比重分别为 72.87%和 64.31%，占据绝对主体地位。专业零售业态的销售额增长率自 2011 年以来逐年下降，虽在 2016 年出现了一定程度的上升，但 2017 年增长率从限上行业和限上业态两个角度看都出现了下滑，分别减少了 1.6%和 1.48%。

连锁口径的专业零售业，在包含加油站的前提下，2017 年专业店的销售额为 2.03 万亿元，较上年有微幅下滑；在不包含加油站的前提下，其销售额为 7 764 亿元，虽然只占 1/3，但是 2017 年仍有 2%的增幅。按照连锁行业口径，专业零售业的门店总数和营业面积分别实现了 12.85%和 11.39%的增长，但从业人数有所下降，仅为 81.7 万人。从连锁业态的口径看，专业零售业门店总数较 2016 年实现了 3.57%的增长，而营业面积和从业人数均出现了较大程度的下滑，降幅分别为 8.84%和 5.3%。

食品、饮料及烟草制品专门零售业占零售业总体商品销售额的比重也在稳步提升。2017 年食品、饮料及烟草制品占专业零售业商品销售额的比重达到 4.69%，占零售总额的 3.42%，与 2008 年相比（2008 年比重分别为 2.49%与 1.67%），所占比重翻了近一倍。但近年来大部分指标的增速放缓，销售额甚至出现负增长。2017—2018 年，“新零售”“无人零售”等新概念蓬勃发展，食品、饮料行业出现了大量的新模式、新业态，给行业注入了新鲜血液；传统零售企业和电商等平台的数据等合作，增强了自身的盈利能力，行业未来仍有较大的发展潜力。

纺织、服装及日用品专门零售的销售规模 2017 年达到 5 823.5 亿元，增幅有较大幅度的下降，仅为 2.7%。通过对代表性企业的监测，可以看到大多数企业都加强了线下门店的建设，注重升级客户体验，例如太平鸟男装与 Snoopy 联合，开设了一家“24

小时不便利”主体店。部分效益较好的连锁企业加速布局线下销售网络，同时完善全渠道销售途径，例如海澜之家在2018年加速线下扩张、美特斯邦威以“百城千店”策略深化地县级市场。还有一些企业积极开辟海外市场，如特步、森马等都相继在海外开店，匹克也不断完善其国际品牌矩阵。在迎来开店潮的同时，一些企业也淘汰了效益不佳的门店，提升渠道运营效率。

文化、体育用品及器材专门零售行业2017年实现商品销售总额3 380.3亿元，与上年的3 386.7亿元相比出现了0.2%的负增长，2016年、2017年连续两年门店总数出现负增长，2017年门店数仅为1 811家。行业仍然延续了2016年之前的调整态势。实体书店在互联网的冲击下，凭借传统的图书销售业务已经难以获利，正逐渐向多元的文化消费空间发展。办公文具和户外用品行业企业也通过对产品、渠道的优化，探索新的利润增长点。

医药及医疗器材专门零售行业2017年出现较大变化，自2011年以来医药及医疗器材专门零售行业的销售额一直在高速增长，但2017年其销售额仅为5 648.6亿元，较上年的7 102亿元减少了20.47%。2017年是一致性评价、两票制、审批审评等医改政策逐步落地的一年，行业进入新的调整期。在布局的线下门店中，零售药店积极拥抱新技术，如大参林、华氏大药房等均在线下开设了智慧门店。

汽车、摩托车、燃料及零配件专门零售业的销售额为5.72万亿元，仍然是七大类专门零售行业中销售规模最大的行业，占全部限上零售业总体销售额的比重达46.51%，呈现继续增长态势。从全行业角度看，2017年加大对线下终端销售网络的布局力度，发展势头良好。社会资本进入该市场的热情较高。每家企业平均分店数71家，连锁化程度较高。

家用电器及电子产品专门零售市场2017年出现较大变化，限额以上行业口径的销售额为10 046.8亿元，同比下降5.6%；连锁口径的家用电器及电子产品专门零售业销售额在2017年末达3 569.7亿元，同比下降10.4%。每家企业的平均分店数自2011年以来稳定在30家左右，但零售门店的面积整体呈缩减趋势。大部分家电及电子产品企业在2017年加码线下布局。例如：国美在经历前两年的“关店潮”后，将进一步延伸县域店网络，未来三年预计铺设3 000家县域店。

五金、家具及室内装饰材料专门零售业2017年出现较大变化，销售额为3 335.23亿元，较上年下降了16.4%，这也是七年来首度出现负增长。连锁口径下的行业销售额虽有所上升，但仅为85.7亿元，行业的连锁化程度依然较低。房地产市场承压，“限购”“限售”等政策调控力度较大，市场收缩，因此五金、家具及室内装饰材料专门零售的销售额骤减。从监测企业情况看，2017—2018年，红星美凯龙、居然之家等大型家居建材企业加快了线下扩张的脚步，这不仅体现为门店数量的增多，还体现为开店区域的扩展以及门店种类的丰富。

2.4.5 中国零售业的管理、运营与综合事务

在本报告监测范围内，2018年中国零售业收购兼并事件达到77起，并购以产业整

合为主，大型传统零售企业仍是大额并购的主力军；电商企业并购活动频繁，但单笔交易金额较小。2018 年延续了上年新零售发展的势头，新旧业态的融合催生了新动力。一方面，以阿里巴巴、腾讯为代表的互联网巨头继续并购线下零售企业，以此推动新零售布局的完善。与 2017 年相比，2018 年互联网巨头在并购中更注重线下的精细化耕耘与线上线下资源的整合，因而更加注重零售科技的投资与应用，对人工智能、云计算、物联网等的投资数量占比和金额都呈现大幅提升。在此背景下，互联网零售与传统实体零售积极融合产生协同效应。

关于中国零售业的高管变动，2018 年共有 176 起，零售行业进一步蜕变，新业态、新物种不断涌现，在此背景下，众多企业探索升级服务模式、进行战略调整，行业内高管变动较为频繁。在经济下行的大背景下，众多零售企业面临着较大的资金压力。内外交困中，部分企业开始精简人员，采取了冻编减编、重新竞争上岗、人才优化计划、降薪等方式缩减开支。2018 年，零售企业高管人员在短时间内频繁调动的现象较为突出，部分高管在任职仅几个月后就选择离职。

关于中国零售业公司的营销活动，本报告对 2018 年中国连锁经营协会发布的中国连锁百强中的 20 家代表性零售企业（几乎均在官网公布有促销活动信息）的 80 起促销事件进行了监测。2018 年，电子商务的促销活动多集中在购物节。电子商务和专业店的促销方式分布都较为平均，但电子商务略微倾向于红包（23%），而专业店则稍偏向于低价（23%），其他形式的占比差别不大，均在 15%上下。

关于中国零售业公司的网络技术运用活动，本报告监测连锁百强中的 75 家企业，开通集团微博、地区或门店微博、网上商城微博和的零售企业占比分别为 81%、81%和 55%。在所监测的企业中，所有企业都至少开通了地区/门店微博、集团微博、网上商城微博中的一个，总的来看，完全不使用这一些工具的少之又少。

关于中国零售业公司公共关系与社会责任，本报告选择中国连锁经营协会 2019 年 9 月公布的 2018 年中国连锁百强企业作为研究样本企业，对其中公司官方网站披露公共关系活动的 29 家大型零售企业的共计 107 项 2018 年公共关系活动进行了汇总、分类和监测。企业公共关系活动形式丰富多样，以捐赠为主，同时，线上形式凭借覆盖人群广泛、参与方式简洁、不受时空限制等优势正成为零售企业公益活动中无法忽视的存在。

关于中国零售业的政策法规情况，本报告统计和监测了 2018 年主要以商务部为政策发布主体的中国重要的零售业政策法规和行业标准 70 项。其中，法律、法规和规定等计 39 项，零售行业标准计 31 项。2018 年度的政策法规主要集中在消费升级、流通体系发展与改革、农产品流通、电子商务规范化发展、营商环境优化、特殊商品流通等方面。

本报告监测了 2018 年度主要零售业案件纠纷共计 158 起，2018 年案件纠纷仍然主要表现为企业与消费者之间的纠纷，纠纷原因大多是商品质量问题，如沃尔玛、大润发、永辉等连锁超市纠纷。在各个业态中，电子商务和超市纠纷事件的出现最为频繁。

本报告监测了 2018 年度全国范围内的主要零售业与商贸流通领域代表性会议会展 53 场，在 2016 年和 2017 年“新”字贯穿了零售业与商贸流通领域会议会展核心的基础上，2018 年“新”依旧得到了各大会议/会展的偏爱，同时，数字化、合作共赢也成为关注的焦点。

另外，本报告还监测了 2018 年度全国主要零售业培训项目 53 个。2018 年，我国出版的零售与流通领域代表性书籍共有 70 本，其中零售类书籍 48 本、流通类书籍 22 本。内容涉及新零售解读、零售店面经营、供应链发展、成功零售企业传记等内容。总体而言，与 2017 年相比，2018 年零售和流通类图书数量略有下降。

最后，本报告还对代表性海外国家（主要包括美国、日本、英国等国家）的经济、消费与零售商业的发展情况进行了监测和分析。

2.5 中国零售商业的一天

本报告根据中国零售商业与国民经济发展的 2017—2018 年数据，制作了一览表以反映全国零售商业与消费一天的情况，按照每年 365 天以及当年人口数，分别对 2017 年和 2018 年的中国零售商业进行了综合展示，以反映中国零售商业发展的基本情况，具体如表 2-7 和表 2-8 所示。

表 2-7 中国零售商业的一天（2018 年数据）

序号	项目	2018 年总量（按照当年统计公报口径）		中国市场的一天（平均每天值，按照 365 天/年计）		全国人均值（按照中国 2018 年人口计算）	
1	国内生产总值（GDP）	900 309	亿元	2 466.6	亿元/天	64 521	元/年/人
	第一产业	64 734	亿元	177.4	亿元/天	4 639	元/年/人
	第二产业	366 001	亿元	1 002.7	亿元/天	26 229	元/年/人
	第三产业	469 575	亿元	1 286.5	亿元/天	33 652	元/年/人
	全年全部工业增加值	305 160	亿元	836.1	亿元/天	21 869	元/年/人
	全年公共财政收入	183 352	亿元	502.3	亿元/天	13 140	元/年/人
	其中：税收收入	156 401	亿元	428.5	亿元/天	11 208	元/年/人
	国内增值税	61 529	亿元	168.6	亿元/天	4 409	元/年/人
	国内消费税	10 632	亿元	29.1	亿元/天	762	元/年/人
	进口货物增值税、消费税	16 879	亿元	46.2	亿元/天	1 210	元/年/人
	出口货物退增值税、消费税	−15 913	亿元	−43.6	亿元/天	−1 140	元/年/人
	以上主要流转类税收合计	73 127	亿元	200.3	亿元/天	5 241	元/年/人
2	固定资产投资（不含农户）	635 636	亿元	1 741.5	亿元/天	45 553	元/年/人
	其中：批发和零售业	0	亿元	0.0	亿元/天	0	元/年/人
	其中：住宿和餐饮业	0	亿元	0.0	亿元/天	0	元/年/人

续前表

序号	项目	2018 年总量（按照当年统计公报口径）		中国市场的一天（平均每天值，按照 365 天/年计）		全国人均值（按照中国 2018 年人口计算）	
3	国家外汇储备	30 727.12	亿美元			2 202.06	美元/人
	非金融领域新批外商直接投资企业数（批发和零售业）	22 853	家	62.6			
	非金融领域外商直接投资实际使用金额（批发和零售业）	98.02	亿美元	0.27	亿美元/天	7.02	美元/年/人
	非金融领域对外投资额（批发和零售业）	106	亿美元	0.29	亿美元/天	7.60	美元/年/人
4	快递业务量	507.1	亿件	1.39	亿件/天	36.34	件/年/人
	快递业务收入	6 038	亿元	16.54	亿元/天	432.71	元/年/人
	互联网上网人数	8.29	亿人				
5	全年全国居民人均可支配收入	28 228	元/人	77.3	元/天/人		
	城镇居民人均可支配收入	39 251	元/人	107.5	元/天/人		
	农村居民人均纯收入	14 617	元/人	40.0	元/天/人		
	全国居民人均消费支出	19 853	元/人	54.4	元/天/人		
	城镇居民人均消费性支出	26 112	元/人	71.5	元/天/人		
	农村居民人均生活消费支出	12 124	元/人	33.2	元/天/人		
6	全年社会消费品零售总额	380 987	亿元	1 043.8	亿元/天	27 303	元/年/人
	城镇消费品零售额	325 637	亿元	892.2	亿元/天	39 169	元/年/人
	乡村消费品零售额	55 350	亿元	151.6	亿元/天	9 814	元/年/人
	商品零售额	338 271	亿元	926.8	亿元/天	24 242	元/年/人
	餐饮收入额	42 716	亿元	117.0	亿元/天	3 061	元/年/人
	全年网上零售额	90 065	亿元	246.8	亿元/天	6 455	元/年/人
	其中：网上商品零售额	70 198	亿元	192.3	亿元/天	5 031	元/年/人

续前表

序号	项目	2018 年总量（按照当年统计公报口径）		中国市场的一天（平均每天值，按照 365 天/年计）		全国人均值（按照中国 2018 年人口计算）	
7	广义货币（M2）	182.7	万亿元			130 932	元/年/人
	狭义货币（M1）	55.2	万亿元			39 559	元/年/人
	流通中现金（M0）	7.3	万亿元			5 232	元/年/人
	各项存款余额，其中：人民币	716 038	亿元			51 315	元/年/人
8	全部金融机构人民币消费贷款余额	377 903	亿元			27 082	元/年/人
	个人短期消费贷款余额	87 994	亿元			6 306	元/年/人
	个人中长期消费贷款余额	289 909	亿元			20 776	元/年/人

表 2-8　中国零售商业的一天（2017 年数据）

序号	项目	2017 年总量（按照 2017 年统计年鉴口径）		中国市场的一天（平均每天值，按照 365 天/年计）		全国人均值（按照中国 2017 年人口计算）	
1	国内生产总值（GDP）	820 754	亿元	2 248.64	亿元/天	59 043.67	元/年/人
	第三产业	425 912	亿元	1 166.88	亿元/天	30 639.39	元/年/人
	其中：批发和零售业	77 658	亿元	212.76	亿元/天	5 586.60	元/年/人
	农林牧渔业总产值	109 332	亿元	299.54	亿元/天	7 865.14	元/年/人
	规模以上工业企业主营业务收入	1 133 161	亿元	3 104.55	亿元/天	81 517.67	元/年/人
	全年全部工业增加值	278 328	亿元	762.54	亿元/天	20 022.46	元/年/人
2	全年公共财政收入	172 593	亿元	472.86	亿元/天	12 416.03	元/年/人
	其中：税收收入	144 370	亿元	395.53	亿元/天	10 385.72	元/年/人
	国内增值税	56 378	亿元	154.46	亿元/天	4 055.75	元/年/人
	国内消费税	10 225	亿元	28.01	亿元/天	735.58	元/年/人
	进口货物增值税、消费税	15 971	亿元	43.76	亿元/天	1 148.90	元/年/人
	出口货物退增值税、消费税	−13 870	亿元	−38.00	亿元/天	−997.81	元/年/人
	营业税	0	亿元	0.00	亿元/天	0.00	元/年/人
	以上主要流转类税收合计	68 704	亿元	188.23	亿元/天	4 942.42	元/年/人

续前表

序号	项目	2017 年总量（按照 2017 年统计年鉴口径）		中国市场的一天（平均每天值，按照 365 天/年计）		全国人均值（按照中国 2017 年人口计算）	
3	全社会固定资产投资合计	641 238	亿元	1 756.82	亿元/天	46 129.60	元/年/人
	批发和零售业	16 780	亿元	45.97	亿元/天	1 207.12	元/年/人
	住宿和餐饮业	6 145	亿元	16.84	亿元/天	442.06	元/年/人
	投资额（城镇零售业）	8 090	亿元	22.16	亿元/天	581.95	元/年/人
	本年资金来源（城镇零售业）	7 583	亿元	20.78	亿元/天	545.54	元/年/人
	新增固定资产（城镇零售业）	6 085	亿元	16.67	亿元/天	437.77	元/年/人
	固定资产交付使用率（城镇零售业）	75.2	%				
	50 万以上施工项目（城镇零售业）	17 896	个	49.03	个/天		
	其中：新开工项目（城镇零售业）	13 799	个	37.81	个/天		
	全部建成投产项目（城镇零售业）	13 473	个	36.91	个/天		
4	国家外汇储备	31 399	亿美元	86.02	亿美元/天	2 258.79	美元/年/人
	外商投资合同项目（批发和零售业）	12 283	个	33.65	个/天		
	外实际使用金额（批发和零售业）	1 147 808	万美元	3 144.68	万美元/天	8.26	美元/年/人
	对外投资净额（批发和零售业）	2 631 102	万美元	7 208.50	万美元/天	18.93	美元/年/人
	对外投资存量（批发和零售业）	22 642 713	万美元	62 034.83	万美元/天	162.89	美元/年/人
5	支出法计算国内生产总值	812 038	亿元	2 233.59	亿元/天	58 648.44	元/年/人
	最终消费支出	435 453	亿元	1 197.68	亿元/天	31 447.94	元/年/人
	其中：居民消费支出	317 510	亿元	871.13	亿元/天	22 873.76	元/年/人
	其中：农村居民	68 253	亿元	186.99	亿元/天	4 910.01	元/年/人
	其中：城镇居民	249 256	亿元	682.89	亿元/天	17 931.05	元/年/人
	其中：政府消费支出	117 944	亿元	326.54	亿元/天	8 574.18	元/年/人

续前表

序号	项目	2017 年总量（按照 2017 年统计年鉴口径）		中国市场的一天（平均每天值，按照 365 天/年计）		全国人均值（按照中国 2017 年人口计算）	
6	城镇居民人均可支配收入	36 396	元/人	99.72	元/天		
	农村居民人均纯收入	13 432	元/人	36.80	元/天		
7	全年社会消费品零售总额	366 262	亿元	1 003.46	亿元/天	26 348.24	元/年/人
	城镇消费品零售额	314 290	亿元	861.07	亿元/天	22 609.49	元/年/人
	乡村消费品零售额	51 972	亿元	142.39	亿元/天	3 738.78	元/年/人
	商品零售额	326 618	亿元	894.84	亿元/天	23 496.35	元/年/人
	餐饮收入额	39 644	亿元	108.61	亿元/天	2 851.92	元/年/人
	全年网上零售额	71 751	亿元	196.58	亿元/天	5 161.65	元/年/人
	其中：网上商品零售额	54 806	亿元	150.15	亿元/天	3 942.65	元/年/人
8	按主要行业分的法人单位数	22 009 092	个				
	批发和零售业	6 252 424	个				
	限额以上零售业商品购进额	104 122	亿元	285.27	亿元/天	7 490.39	元/年/人
	限额以上零售业商品销售额	123 085	亿元	337.22	亿元/天	8 854.55	元/年/人
	限额以上零售业期末商品库存额	11 788	亿元	32.30	亿元/天	848.01	元/年/人
	限额以上零售业年末零售营业面积	33 906	万平方米			0.24	平方米/年/人
9	全年货物运输总量	4 804 850	万吨	13 163.97	万吨/天	34.57	吨/年/人
	货物运输周转量	197 373	亿吨千米	540.75	亿吨千米/天	14 198.68	吨千米/年/人
	快递业务量	401	亿件	1.10	亿件/天	28.82	件/年/人
	快递业务收入	4 957	亿元	13.58	亿元/天	356.61	元/年/人

续前表

序号	项目	2017 年总量（按照 2017 年统计年鉴口径）		中国市场的一天（平均每天值，按照 365 天/年计）		全国人均值（按照中国 2017 年人口计算）	
10	各项存款余额	1 692 727	亿元	4 637.61	亿元/天	121 771.91	元/年/人
	其中：住户存款	651 983	亿元	1 786.25	亿元/天	46 902.55	元/年/人
	其中：人民币	643 768	亿元	1 763.75	亿元/天	46 311.58	元/年/人
	广义货币（M2）	1 690 235	亿元	4 630.78	亿元/天	121 592.66	元/年/人
	狭义货币（M1）	543 790	亿元	1 489.84	亿元/天	39 119.34	元/年/人
	流通中现金（M0）	70 646	亿元	193.55	亿元/天	5 082.12	元/年/人
	全部金融机构人民币消费贷款余额	315 194	亿元	863.55	亿元/天	22 674.52	元/年/人
	个人短期消费贷款余额	68 041	亿元	186.41	亿元/天	4 894.75	元/年/人
	个人中长期消费贷款余额	247 154	亿元	677.13	亿元/天	17 779.84	元/年/人

（王　强）

第 3 章　中国零售业产业发展分析报告

本章从产业集中度、产业规模与结构角度对中国零售业产业发展进行监测与分析，并就零售行业的盈利能力、费用控制、劳动效率、企业效率和经营效率等进行分析。既涵盖中国零售业发展的整体情况，也包含对零售业内部各行业、业态以及所有制之间发展情况的比较分析。

本章所有数据、资料均通过公开渠道获得，主要包括国家统计局发布的月度数据、年度数据、统计公报等，历年《中国贸易外经统计年鉴》、中经网和国研网。此外，还参考了“中国连锁经营协会”“中国商业联合会”“联商网”等行业协会和专业网站的信息。本章共有附表 12 张，请读者朋友扫描本书第 234 页的二维码免费查阅。

3.1　中国零售业产业集中度分析

3.1.1　中国零售业整体集中度分析

3.1.1.1　中国零售业整体集中度（CR4、CR8）

产业集中度也称市场集中度，是描述产业市场结构性状和企业市场支配能力的概念，用于衡量产业的竞争性和垄断性。产业集中度通常采用产业中排名前几位企业的某一指标（如生产量、销售量、资产总额等）的合计占整个产业相应指标的百分比来表示，占比越高，则产业集中度越高。在实践中通常用产业中前 4 家或者前 8 家企业的销售额占全产业总销售额的百分比（Concentration Ratio）来描述产业集中度，分别表示为 CR4 和 CR8。根据美国产业组织学家贝恩（Joe S. Bain）对产业结构的分类标准，当 CR4≤30%或 CR8≤40%时，该产业处于完全竞争状态。本节采用零售业 CR4、CR8 两个指标来度量零售业产业集中度。本节数据来源于《中国贸易外经统计年鉴》、中国国家统计公报以及中经网统计数据库。

如图 3－1 所示，2006—2018 年，中国零售业整体 CR4 和 CR8 分别保持在 5%和 3.5%水平以下，说明中国零售产业集中度水平较低并呈现波动下降趋势。较低水平的集中度反映出行业组织化水平不高，竞争较为激烈，可能会影响规模经济的发挥和行业整体效率的提升，但是也反映出零售行业活力充沛。2018 年 CR4、CR8 分别为 1.76%、2.54%，较 2017 年有所提升。

3.1.1.2　中国限额以上口径零售企业集中度分析

本节使用零售业限额以上口径产业集中度，具体而言，使用限额以上零售企业的总销售额占全国社会消费品零售总额的比重、零售业前 4 家以及前 8 家企业销售额之和占限额以上零售企业销售额总额的比重来度量限额以上口径零售业集中度。

如图 3－2 所示，2006—2017 年，限额以上零售企业总销售额占比呈现先升后降的趋势，2017 年较 2016 年下降约 4.5%，达到 33.61%，反映出我国大中型零售商自 2014 年以来发展遇到困境，销售收入呈波动下降趋势。限额以上零售业 CR4、CR8 在

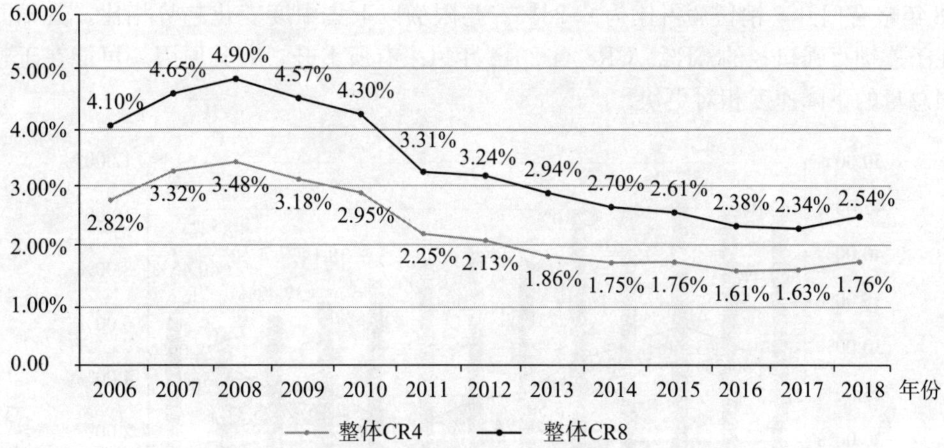

图 3-1　中国零售业整体集中度（2006—2018 年）

2006—2017 年波动下降，CR4 由 11.70％下降至 4.84％，CR8 由 16.39％下降至 6.96％，与整体集中度的变化趋势基本一致。相较于 2016 年，2017 年限额以上集中度水平有所提升，一方面限额以上销售额占比在下降，另一方面集中度水平提升，体现出限额以上企业内部资源整合和集中，有利于汇集竞争优势。

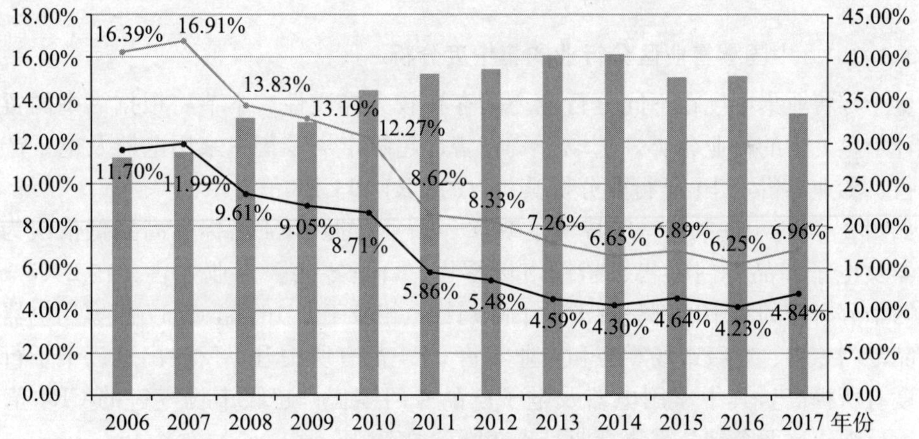

图 3-2　中国零售业限额以上口径集中度（2006—2017 年）

3.1.1.3　中国连锁百强口径集中程度分析

本节以中国连锁百强口径度量产业集中度，具体而言，以中国连锁百强企业销售总额占全国社会消费品零售总额的百分比，以及中国连锁百强企业中排名前 4 家和前 8 家企业销售额占百强企业销售总额的百分比进行分析。本节中国零售百强数据来源于中国连锁经营协会。

如图 3-3 所示，中国零售百强企业销售额占比在 2007—2018 年呈波动下降趋势，

2018 年略有回升，销售额占比为 6.28%。与限额以上集中度变化趋势相比，其不同之处在于连锁百强口径的 CR4、CR8 自 2014 年以来有所上升，究其原因，可能在于整体百强总量的下降速度相对更快。

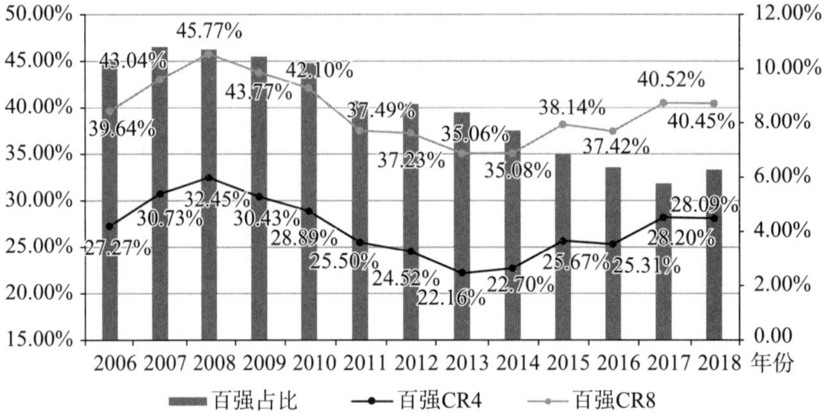

图 3-3 中国连锁百强口径集中度（2006—2018 年）

3.1.2 中国零售业按行业分类的集中度分析

3.1.2.1 中国零售业区分行业的集中度分析

鉴于零售业集中度在不同分行业之间存在较大异质性，本节将根据《中国贸易外经统计年鉴》中的行业分类，选取百货零售、超级市场零售、家用电器及电子产品专门零售、专业零售①四个子行业分析其各自的 CR4 和 CR8 值。

如图 3-4 所示，2006—2017 年，四个子行业按照 CR4 指标由高到低依次为：家用电器及电子产品专门零售、超级市场零售、百货零售、专业零售。在 2006—2017 年，四个分行业的集中度都呈现波动下降趋势。相较于 2016 年，2017 年家用电器及电子产品专门零售、超级市场零售和专业零售 CR4 都有所提升，反映出这三个子行业的集中度有所提高，其中家用电器及电子产品专门零售、超级市场零售的 CR4 值超过 30%，反映出这两个细分零售行业呈现垄断竞争态势。

CR8 指标在各行业的排序与 CR4 略有差异。如图 3-5 所示，2006—2010 年，四个分行业 CR8 指标由高到低排序为家用电器及电子产品专门零售、超级市场零售、百货零售和专业零售，2011 年后超级市场零售超越家用电器及电子产品专门零售成为四个子行业中产业集中度最高的行业。2010—2011 年，家用电器及电子产品专门零售的集中度由 79.14%降为 46.86%，并在 2011 年之后维持递减趋势。2017 年限额以上口

① 专业零售包括食品、饮料及烟草制品专门零售，文化、体育用品及器材专门零售，医药及医疗器材专门零售，汽车、摩托车、燃料及零配件专门零售，家用电器及电子产品，以及五金、家具及室内装饰材料专门零售。

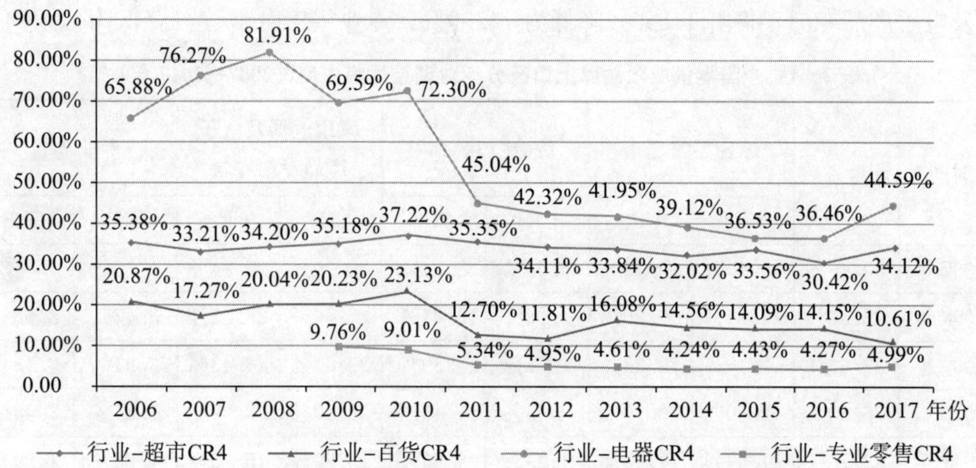

图 3-4　中国零售业限额以上口径分行业集中度（CR4）（2006—2017 年）

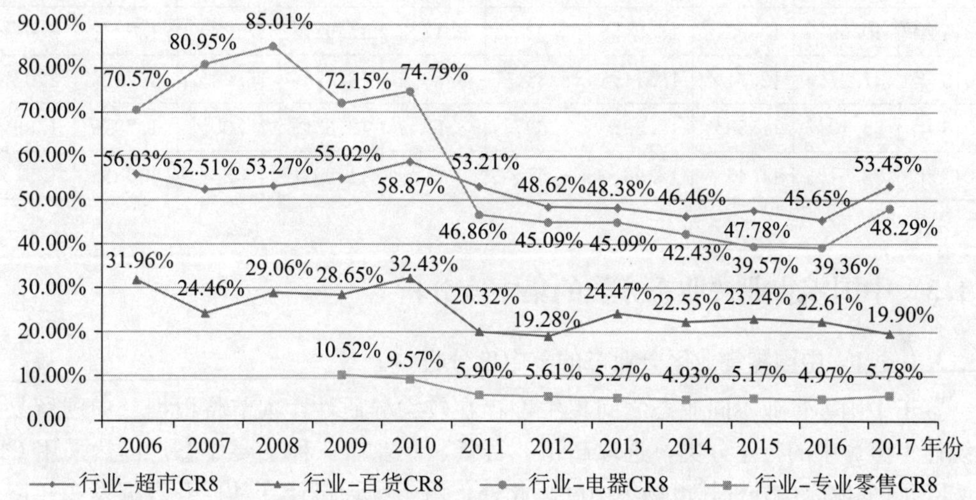

图 3-5　中国零售业限额以上口径分行业集中度（CR8）（2006—2017 年）

径四个分行业集中度由高到低依次为：超级市场零售、家用电器及电子产品专门零售、百货零售和专业零售。

3.1.2.2　调整后的中国零售业分行业集中度

由于上述对子行业集中度的分析采用限额以上统计口径的零售数据，由此计算的产业集中度有被高估的可能。鉴于此，本节引入一个调整系数，即限额以上零售额占全国零售额的比重，以降低限额以上统计口径反映的产业集中度的偏误。表 3-1 报告了 2007—2017 年的调整系数，以及经过调整系数矫正之后各行业的集中度。相较于调整之前，2017 年各细分行业集中度经过调整系数矫正后有所下降，以 CR4 为例，综合零售超市由 34.12%降低为 11.47%，综合零售百货由 10.61%降低为 3.57%，家用电器及电子产品专门零售由 44.59%降低为 14.99%，专业零售由 4.99%降低为 1.68%。

表 3-1 中国零售业限额以上口径分行业调整后集中度（2007—2017 年）

时间	调整系数	综合零售超市		综合零售百货		家用电器及电子产品专门零售		专业零售	
		CR4	CR8	CR4	CR8	CR4	CR8	CR4	CR8
2007 年	30.40%	10.40%	16.19%	6.09%	8.84%	24.90%	25.84%		
2008 年	35.00%	12.31%	19.26%	7.08%	10.03%	24.36%	25.25%	3.42%	3.68%
2009 年	32.66%	12.16%	19.23%	7.55%	10.59%	23.61%	24.43%	2.94%	3.13%
2010 年	36.63%	12.60%	20.19%	8.55%	11.46%	28.27%	28.99%	3.27%	3.48%
2011 年	33.76%	11.93%	17.96%	4.29%	6.86%	15.20%	15.82%	1.80%	1.99%
2012 年	35.20%	12.01%	17.11%	4.16%	6.79%	14.90%	15.87%	1.74%	1.99%
2013 年	36.70%	12.42%	17.75%	5.90%	8.98%	15.40%	16.55%	1.69%	1.96%
2014 年	40.69%	13.03%	18.91%	5.92%	9.17%	15.92%	17.27%	1.72%	2.04%
2015 年	37.97%	12.74%	18.14%	5.35%	8.83%	13.87%	15.03%	1.71%	2.02%
2016 年	38.10%	11.59%	17.39%	5.39%	8.62%	13.89%	15.00%	1.70%	1.98%
2017 年	33.61%	11.47%	17.96%	3.57%	6.69%	14.99%	16.23%	1.68%	1.94%

3.1.3 中国零售业按业态分类的集中度分析

3.1.3.1 中国零售业区分业态的集中度分析

鉴于中国零售业不同业态之间集中度存在较大异质性，本节将根据《中国贸易外经统计年鉴》中的行业分类，选取超市、百货、专业店三种主要业态，仍然采用 CR4 和 CR8 两个指标，分析其市场集中度。此外，由于统计口径变动以及数据发布年限的影响，本节的数据分析区间为 2009—2017 年。如图 3-6 和图 3-7 所示，2009—2017 年间，中国零售各业态按照 CR4 由高到低排序为：超市、百货、专业店。相较于 2016 年，超市业态和专业零售业态 CR4 有所上升，分别达到 26.23%和 5.66%，而百货零售业态在 2017 年 CR8 有明显下降。

3.1.3.2 调整后的中国零售业分业态集中度

与分行业集中度测算类似，由于上述针对各业态集中度的分析是采用限额以上统计口径的零售数据，真实的集中度有被高估的可能。因此，本节引入一个调整系数，即限额以上零售额占全国零售额的比重，以降低限额以上统计口径反映的产业集中度的偏误。表 3-2 报告了 2009—2017 年的调整系数，以及经过调整系数矫正之后各业态的集中度。各业态集中度根据调整系数矫正后有不同程度的下降。经过调整后的 2017 年各业态 CR4 分别为超市 8.82%、百货 1.90%、专业店 7.23%。

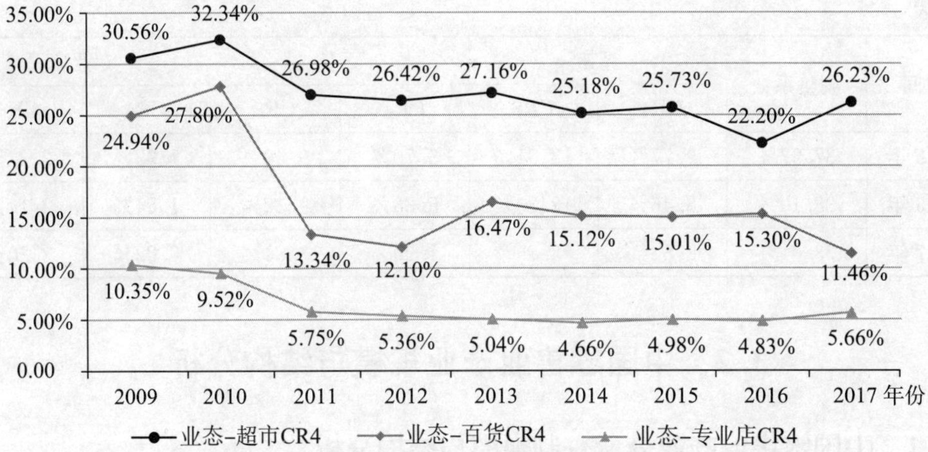

图 3-6　中国零售业限额以上口径分业态集中度（CR4）（2009—2017 年）

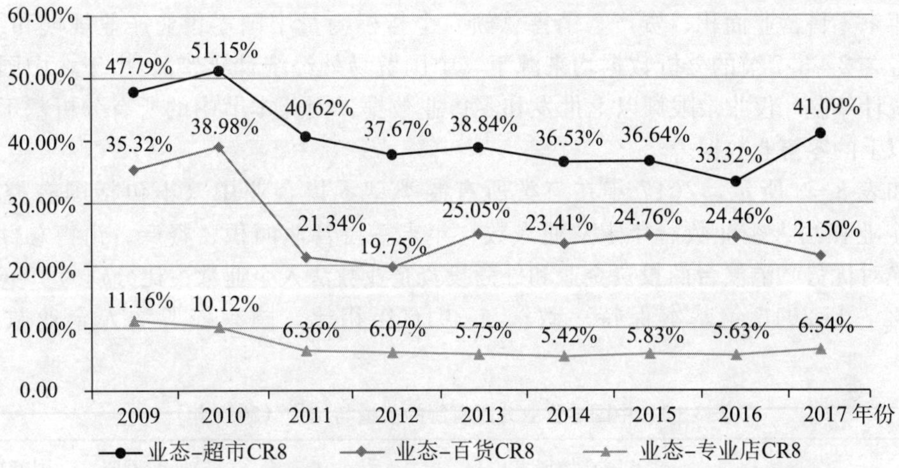

图 3-7　中国零售业限额以上口径分业态集中度（CR8）（2009—2017 年）

表 3-2　中国零售业限额以上口径分业态调整后集中度（2009—2017 年）

时间	调整系数	超市		百货		专业店	
		CR4	CR8	CR4	CR8	CR4	CR8
2009 年	32.66%	10.56%	16.71%	9.08%	12.73%	3.11%	3.31%
2010 年	36.63%	10.92%	17.49%	10.31%	13.82%	3.42%	3.64%
2011 年	33.76%	9.11%	13.71%	4.50%	7.21%	1.94%	2.15%
2012 年	35.20%	9.30%	13.26%	4.26%	6.95%	1.89%	2.16%
2013 年	36.70%	9.97%	14.25%	6.04%	9.19%	1.85%	2.14%
2014 年	40.69%	10.24%	14.86%	6.15%	9.53%	1.89%	2.24%

续前表

时间	调整系数	超市		百货		专业店	
		CR4	CR8	CR4	CR8	CR4	CR8
2015 年	37.97%	9.77%	13.91%	5.70%	9.40%	1.92%	2.27%
2016 年	38.10%	8.46%	12.70%	5.83%	9.32%	1.84%	2.14%
2017 年	33.61%	8.82%	3.85%	1.90%	13.81%	7.23%	2.20%

3.2 中国零售业产业规模与结构分析

3.2.1 中国零售业产业分所有制规模与结构分析

本节将从企业所有制类型、行业和业态 3 个角度，通过法人企业数、年末从业人数、年末零售营业面积、资产、销售总额 5 个指标衡量中国零售业产业规模和结构。本报告 3.2～3.7 节的分析数据均来源于《中国贸易外经统计年鉴》，由于《中国贸易外经统计年鉴》仅收录限额以上批发和零售业数据，因此本节中的所有分析基于中国限额以上的零售业数据。

如表 3－3 所示，2017 年在三类所有制类型零售企业中（不包括国有控股），内资企业在法人企业数、年末从业人数、年末零售营业面积、资产、销售总额上都占据绝对优势，港澳台商投资企业和外商投资企业数法人企业数占比分别为 1.46%和 0.93%，与 2016 年基本保持一致；与 2016 年相比，国有控股法人企业数有所减少。

表 3－3 中国零售业分所有制的规模与结构（2017 年）

所有制		#国有控股企业	内资企业	港澳台商投资企业	外商投资企业	限额以上零售业合计
法人企业数	个数（个）	5 171	96 810	1 448	924	99 182
	占比（%）	5.21	97.61	1.46	0.93	100
年末从业人数	人数（万人）	84.1	588.5	46.9	42.1	677.5
	占比（%）	12.41	86.86	6.92	6.21	100.00
年末零售营业面积	面积（万平方米）	6 072.2	29 412.0	1 912.4	1 925.8	33 250.2
	占比（%）	18.26	88.46	5.75	5.79	100
资产	金额（亿元）	12 662.7	51 262.0	5 884.2	4 059.8	61 205.9
	占比（%）	20.69	83.75	9.61	6.63	100
销售总额	金额（亿元）	23 361.3	107 396.3	7 422.0	8 266.9	123 085.3
	占比（%）	18.98	87.25	6.03	6.72	100

3.2.2　中国零售业产业分行业规模与结构分析

本节将依据《中国贸易外经统计年鉴》中的行业划分将零售业分为11个分行业：(1) 食品、饮料及烟草制品专门零售；(2) 纺织、服装及日用品专门零售；(3) 文化、体育用品及器材专门零售；(4) 医疗及医疗器材专门零售；(5) 汽车、摩托车、燃料及零配件专门零售；(6) 家用电器及电子产品专门零售；(7) 五金、家具及室内装饰材料专门零售；(8) 百货零售；(9) 超级市场零售；(10) 货摊及无店铺零售；(11) 其他综合零售。其中，行业 (8) ～ (11) 属于综合零售业。本节分析从法人企业数、年末从业人数、年末零售营业面积、资产和销售总额5个维度展开。

3.2.2.1　中国零售业分行业法人数企业结构分析

总体而言，零售业法人数在2016—2017年从98 305个上升到99 182个，各行业法人企业数均有所增加，但其比例关系基本保持稳定。如图3-8所示，2017年中国零售业分行业法人企业数分解中，汽车、摩托车、燃料及零配件专门零售，家用电器及电子产品专门零售的法人企业数占比最高，分别为37.8%和11.4%；综合零售业中，百货业、货摊及无店铺业和超市业占比分别为6.4%、7.0%、5.4%。其余分行业占比均低于10%。与2016年的数据相比，各细分行业法人企业数与相应的比例关系基本保持不变。

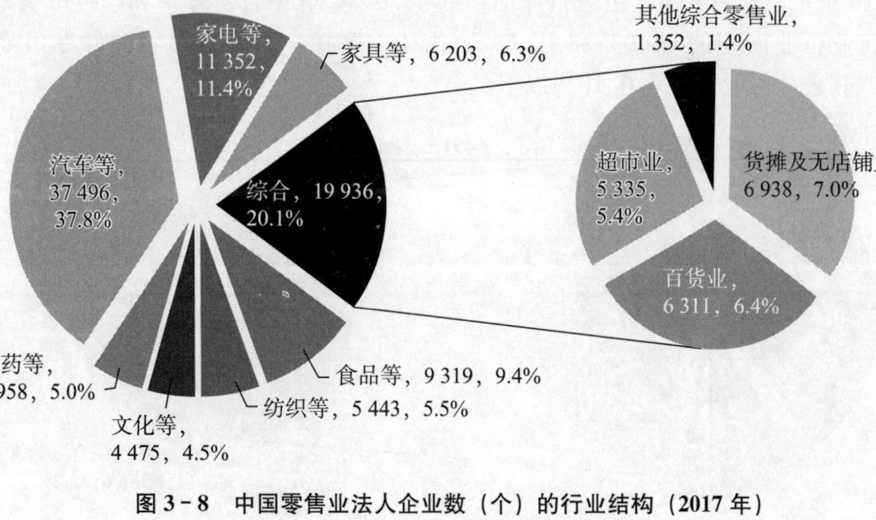

图3-8　中国零售业法人企业数（个）的行业结构（2017年）

3.2.2.2　中国零售业分行业从业人员数量结构分析

2016—2017年，零售业年末从业人数由697.7万人降低至677.5万人。如图3-9所示，综合零售依托其经营特征，在细分行业中保持着最强的就业吸纳能力，该行业2016年末从业人数为262.9万人，占限额以上零售业总体就业人数的38.8%，较2016年有所下降，其中超市业和百货业分别吸纳了全部零售业年末从业人员的17.6%和

14.8%，汽车、摩托车、燃料及零配件专门零售占比达到 25.5%。其余行业年末从业人员占比均低于 10%，结构与 2016 年基本保持一致。

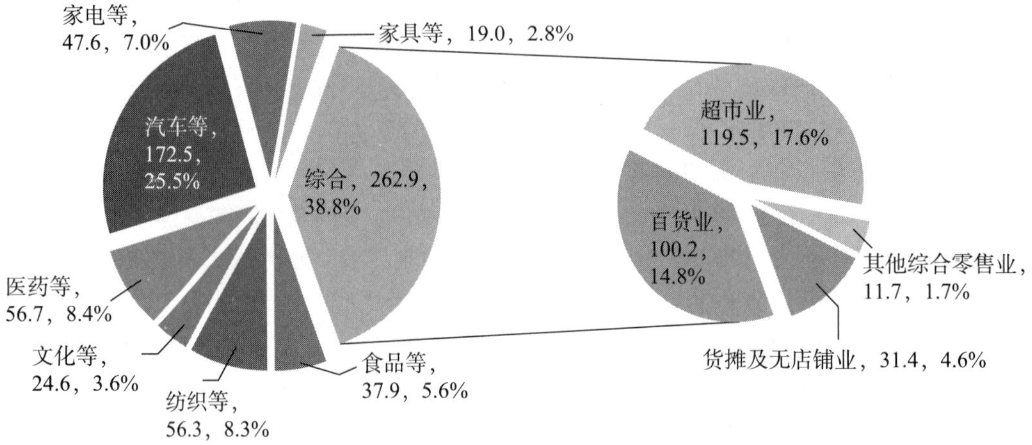

图 3-9　中国零售业年末从业人员（万人）的行业结构（2017 年）

3.2.2.3　中国零售业分行业营业面积总量结构分析

总体而言，2017 年的零售业营业面积较 2016 年有所减少，从 33 905.3 万平方米减少至 33 250.2 万平方米，各分行业结构与 2016 年基本一致。其中综合零售业营业面积达到 14 636.8 万平方米，占总营业面积的 44.0%，其中百货零售和超级市场零售分别占零售业营业面积的 24.0%和 16.6%。汽车、摩托车、燃料及零配件专门零售占 32.7%，其余分行业占比均在 10%以下。

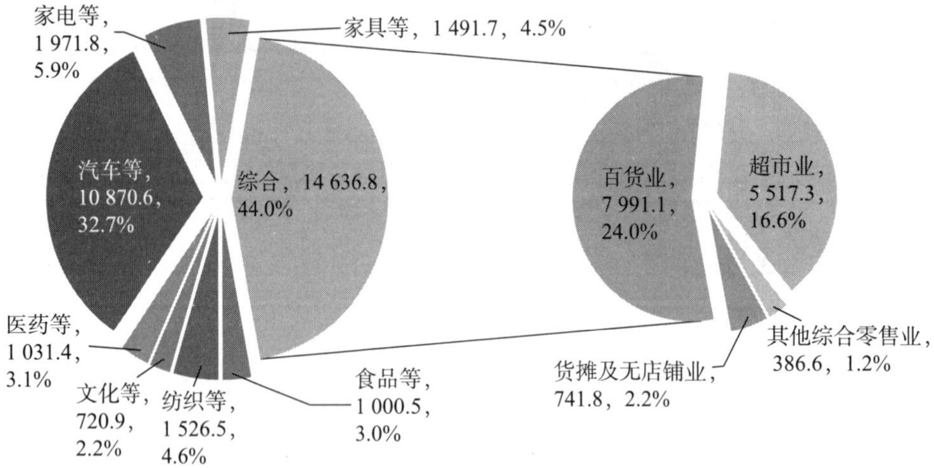

图 3-10　中国零售业营业面积（万平方米）的行业结构（2017 年）

3.2.2.4　中国零售业分行业企业资产规模结构分析

中国零售业各行业的资产总规模相较于 2016 年有所增加，各行业结构保持基本稳定。如图3-11所示，资产规模最大的为汽车、摩托车、燃料及零部件专门零售，占比为零售业资产总额的37.1%，其次是综合零售业，占比为33%，较上年上升3个百分点，究其原因，可能是货摊及无店铺业在2017年的快速扩张，相较于百货业、超市业等其他综合零售业，货摊及无店铺业资产总额在2016—2017年由2 803.8亿元上升为3 478.8亿元，占综合零售业资产总额的比重由4.6%上升至5.7%。百货零售占零售业资产总额的18.7%。家用电器及电子产品专门零售、医疗及医疗器材专门零售在2015—2016年分别由9.30%、6.35%降至8.3%、5.6%，而食品、饮料及烟草制品专门零售占比在2015—2016年由3.32%升至3.6%。

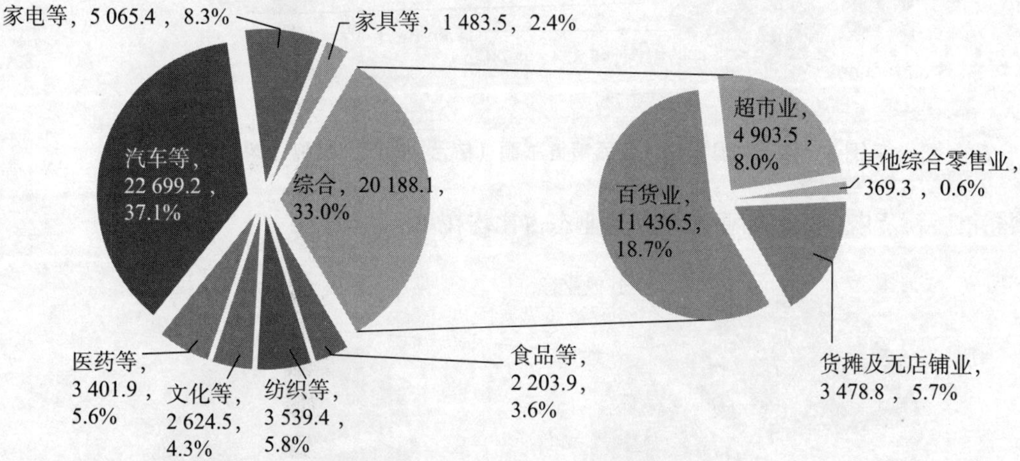

图3-11　中国零售业资产总额（亿元）的行业结构（2017年）

3.2.2.5　中国零售业分行业销售总额规模结构分析

中国限额以上零售业商品销售总额从2016年的126 612.3亿元降低为2017年的123 085.3亿元，销售总额降低2.8%，零售业内部各行业销售总额结构与2016年相比基本保持稳定。如图3-12所示，2017年综合零售业和专业零售业分别占零售业商品销售总额的27.1%和72.9%，商品零售额分别为37 559.0亿元和79 155.9亿元。

3.2.3　中国零售业产业分业态规模与结构分析

本节依据《中国贸易外经统计年鉴》，将中国零售业分为六大业态模式，即超市、大型超市、百货、专业店、专卖店及无店铺零售，并从法人企业数、年末从业人数、营业面积、资产和销售总额5个维度分析零售产业各业态的规模与结构。

3.2.3.1　中国零售业分业态法人企业数结构分析

2017年零售业各业态的法人企业数和2016年结构基本一致，如图3-13所示，专卖店和专业店占比最高，专业店2017年法人企业数为40 294个，占零售业法人企业数的40.6%，专卖店2017年法人企业数为29 798个，占零售业法人企业数的30%，大

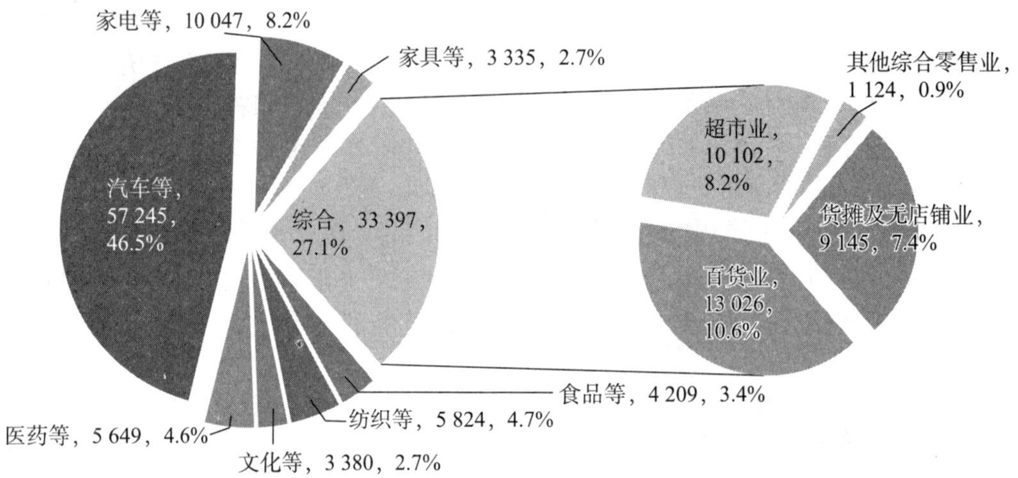

图 3－12　中国零售业商品销售总额（亿元）的行业结构（2017 年）

型超市、百货店、无店铺业态和其他业态占比均在 10%以下。

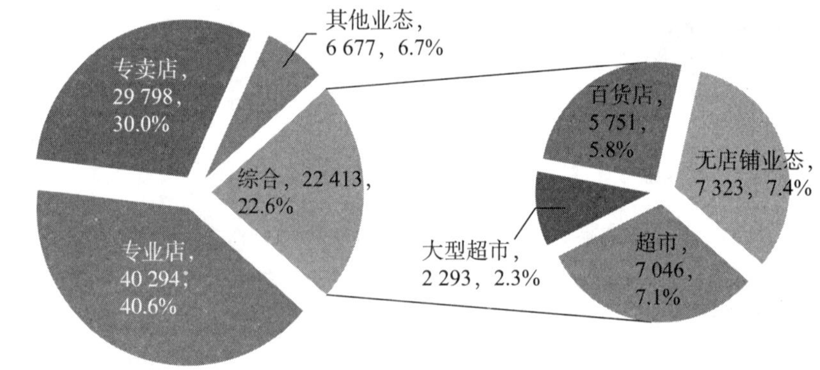

图 3－13　中国零售业法人企业数（个）的业态结构（2017 年）

3.2.3.2　中国零售业分业态从业人员数量结构分析

如图 3－14 所示，专业店、专卖店、大型超市和百货店吸纳了 68.5%的零售业从业人员，共计吸纳从业人员 464 万人。四种业态从业人员占比均高于 10%，这主要是由自身属性要求所决定的，吸纳就业人口最低的零售业态为无店铺零售，占比为 5.8%，较 2016 年有所上涨。

3.2.3.3　中国零售业分业态营业面积总量结构分析

如图 3－15 所示，与从业人员占比结构相似，专业店、专卖店、大型超市和百货店的营业面积占零售业全部营业面积的绝大部分，2017 年占比为 87%，这也从侧面印证了零售业作为劳动力密集型行业，空间与人员之间的紧密联系。百货店和大型超市占比分别为 20.3%和 18.5%，体现出综合零售业态的特点。

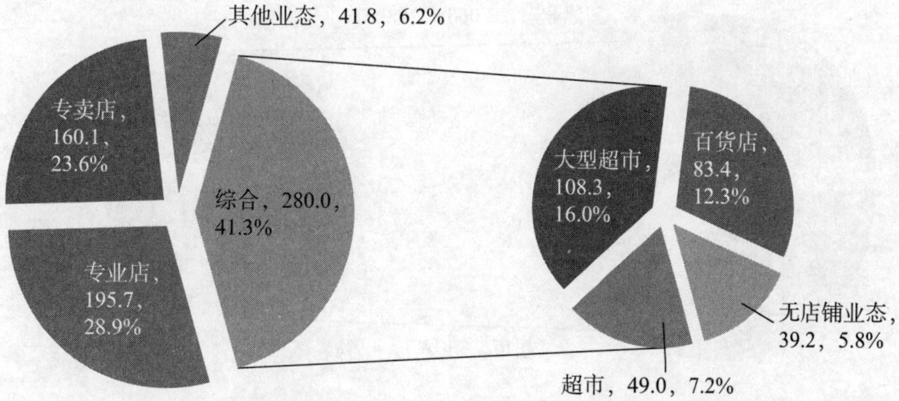

图 3-14　中国零售业从业人员（万人）的业态结构（2017 年）

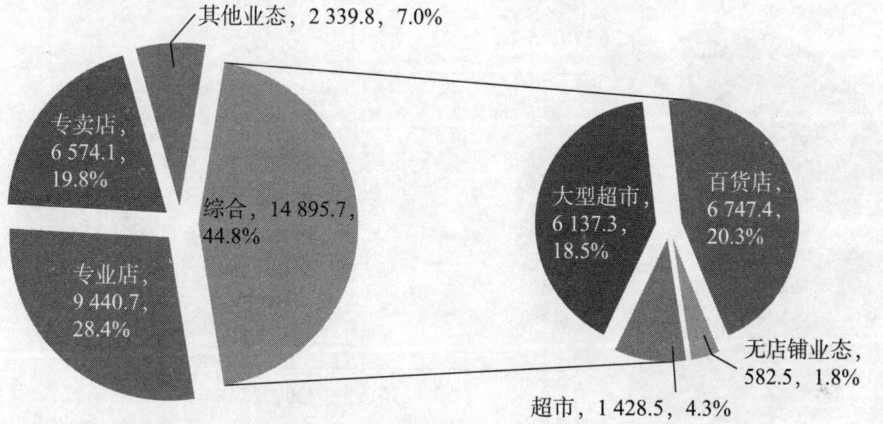

图 3-15　中国零售业营业面积（万平方米）的业态结构（2017 年）

3.2.3.4　中国零售业分业态企业资产规模结构分析

如图 3-16 所示，按照资产从高到低的前三种业态分别为专业店、专卖店和百货店，占比分别为 33.4%、25.4%、15.8%，其中专业店和专卖店 2017 年资产总额分别为 20 442.7 亿元和 15 554.1 亿元。

3.2.3.5　中国零售业分业态销售总额规模结构分析

如图 3-17 所示，2017 年专业零售业态和综合零售业态占商品销售总额的比重分别为 69.5%和 30.5%，商品销售额分别为 85 526 亿元和 37 559 亿元。专业零售业态中，专卖店和专业店 2017 年商品销售额分别为 37 376 亿元和 41 780 亿元，占零售业商品销售总额的比重分别为 30.4%和 33.9%。综合零售业态中，按照占比排序分别为无店铺零售业态、百货店业态、大型超市业态和超市业态，占比分别为 10.0%、9.8%、8.0%、2.7%。与 2016 年相比，专业零售业态和综合零售业态销售总额分别降低 3.6%、1.6%。无店铺零售业态在所有业态中增长率最高，为 23.1%，专业店增长率为 3.0%。

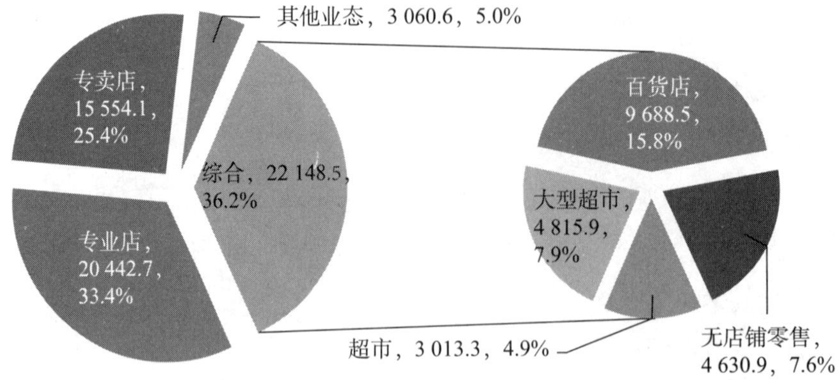

图 3－16　中国零售业资产总额（亿元）的业态结构（2017 年）

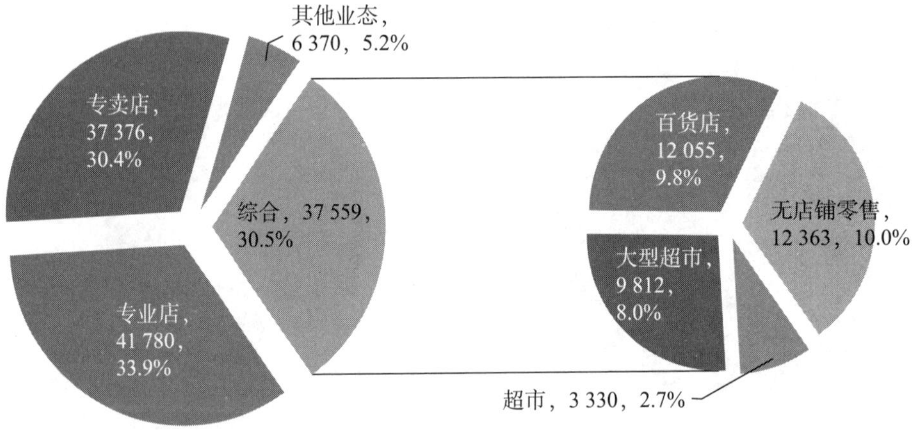

图 3－17　中国零售业商品销售总额（亿元）的业态结构（2017 年）

3.2.4　中国零售产业批零结构分析

3.2.4.1　中国零售产业批零比率的总体分析

本节使用《中国贸易外经统计年鉴 2018》及中经网统计数据，对中国零售产业批零比率（批发额和零售额的比值）做总体分析，由于数据均为限额以上批发和零售企业的商品购、销、存情况中的批发业和零售业，因此本节所涉及的批零比率指标都基于限额以上口径。本节通过 4 种方式比较了批发业和零售业的比例：销售类值、法人企业数、销售总额、从业人员数。

如图 3－18 所示，以 4 种方式度量的批零比率均在 2011—2016 年波动下降，但是 2017 年以销售总额衡量的批零比率为 4.12，较 2016 年有大幅提升，是批发业销售总额（销售额）增加而零售业销售总额（零售额）减少共同作用的结果。从商品销售总额来看，批发额远高于零售额，批发额在 2001—2016 年波动上升，在 2017 年达到 507 095.98 亿元的水平，而零售额有所回落，在 2017 年销售总额为 123 085.28 亿元。

一般而言，批零比率越低，代表商品的流通速度越快、流通效率越高。

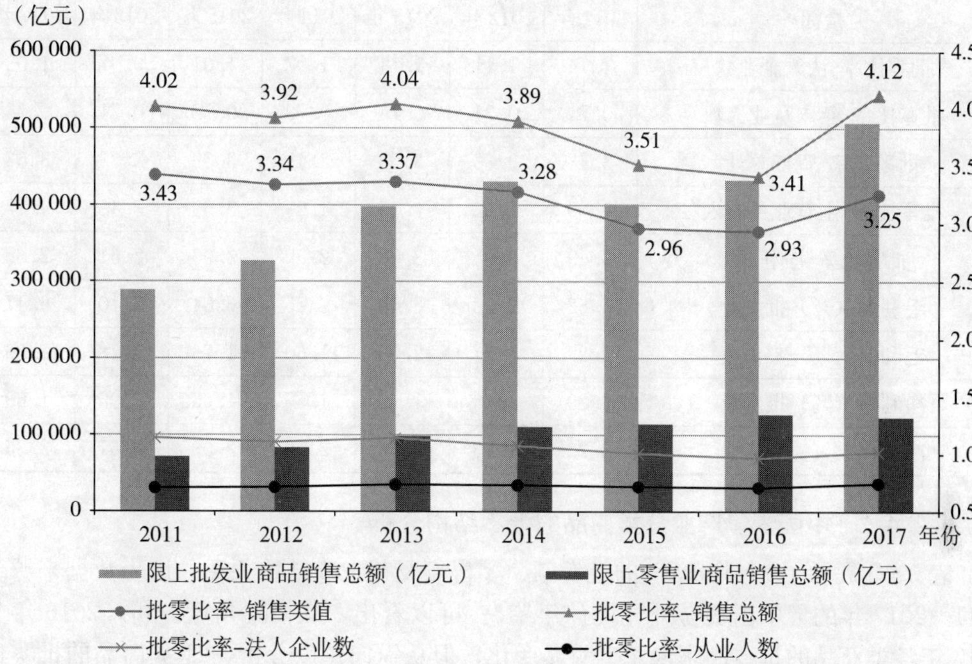

图 3-18　中国限额以上批发业与零售业商品销售总额及批零比率（2011—2017 年）

表 3-4 展示了 2011—2017 年中国限额以上批发业与零售业主要批零指标的对比情况。零售业与批发业的毛利润和净利润在稳定中略有波动，批发业与零售业的毛利率分别围绕 7%和 12%上下波动，二者的净利率均围绕 2%上下波动，零售业的毛利率和净利率均略高于批发业。毛利率与净利率之差反映了企业控制费用的效率，而较低的毛利率和净利率一方面反映了行业差异，另一方面也是竞争加剧的结果。从企业所有制类型角度出发，批零比率-销售总额指标在不同所有制之间表现出明显差异，内资企业该指标在波动中下降，2017 年达到 4.02，港澳台商投资企业和外商投资企业在波动中上升，2017 年分别达到 3.36 和 6.09，反映出向供应链上游整合的趋势。此外，企业法人数、主营业务收入与净利润维度的批零比率指标近年来呈现下降趋势，零售业在流通渠道中的地位凸显。

表 3-4　中国限额以上批发业与零售业主要批零比例指标（2011—2017 年）

指标	2011 年	2012 年	2013 年	2014 年	2015 年	2016 年	2017 年
批零比率-销售总额	4.02	3.92	4.04	3.89	3.51	3.41	4.12
销售总额批零比率-内资企业	4.05	3.94	4.02	3.80	3.39	3.29	4.02
销售总额批零比率-港澳台商投资企业	2.31	2.09	2.55	3.12	3.20	3.08	3.36
销售总额批零比率-外商投资企业	5.00	5.29	5.54	5.77	5.59	5.50	6.09

续前表

指标	2011 年	2012 年	2013 年	2014 年	2015 年	2016 年	2017 年
批零比率-法人企业数	1.14	1.11	1.14	1.07	1.01	0.97	1.02
批零比率-年末从业人数	0.71	0.71	0.74	0.73	0.72	0.71	0.75
批零比率-资产总计	3.48	3.38	3.53	3.47	3.39	3.33	3.63
批零比率-主营业务收入	4.09	4.02	4.15	4.00	3.60	3.48	4.17
批零比率-净利润	3.49	3.95	3.33	2.99	3.00	2.61	2.88
毛利率（%）-批发业	6.62	6.35	6.69	6.25	6.84	7.10	6.47
毛利率（%）-零售业	11.29	11.17	12.06	11.60	11.76	11.78	12.26
净利率（%）-批发业	1.89	1.70	1.97	1.57	1.66	1.96	1.63
净利率（%）-零售业	2.22	1.73	2.45	2.09	2.00	2.61	2.36

3.2.4.2 中国零售产业分类商品的批零结构分析

表 3－5 展示了 21 类商品①的批发额、零售额及其批零结构关系。该表数据来源于 2011—2017 年的《中国贸易外经统计年鉴》。可以看出，从横向角度分析，2016 年与 2017 年各类商品的批零比率未发生明显变化，但从纵向角度分析，21 类商品的批零比率存在明显的商品间异质性。其中，2017 年煤炭及制品类、机电产品及设备类、棉麻类 3 类商品批零比率均高于 14，其中棉麻类批零比率为 72.29，剩余 18 类商品批零比率均小于 8，其中大部分商品批零比率集中在 1～3 的区间内，而化妆品类、五金与电料类、书报杂志类、电子出版物及音像制品类、家具类、汽车类等商品的批零比率均低于 1。批零比率越低，代表越快的商品流通速度与越高的流通效率，这几类商品均具有明显的以厂家直销为主的流通体系特征，中间批发环节较少。

表 3－5 中国零售业分类商品的批零结构（2011—2017 年）

指标	2011 年	2012 年	2013 年	2014 年	2015 年	2016 年	2017 年
1. 粮油、食品、饮料、烟酒类	2.56	2.46	2.40	2.51	2.37	2.23	2.28
（1）粮油、食品类	1.46	1.47	1.54	1.75	1.66	1.62	1.64
＃粮油类	2.71	2.59	2.57	3.27	2.94	2.79	3.06
肉禽蛋类	0.73	0.79	0.87	0.95	1.00	1.09	1.11
（2）饮料类	1.47	1.40	1.43	1.46	1.46	1.26	1.32
（3）烟酒类	6.78	6.00	5.55	5.51	5.25	4.86	4.98

① 根据《中国贸易外经统计年鉴》的商品分类，限额以上批发和零售业商品销售类值应为 25 个大类。但由于其中 4 个大类商品的相关指标存在不同程度的数据缺失，分别是“木材及制品类”“化工材料及制品类”“金属材料类”“种子饲料类”，故在本报告分析中予以剔除。同时，因同样原因被剔除的还有“＃洗涤用品类”“＃化肥类”“＃农机类”3 项二级类目商品。

续前表

指标	2011年	2012年	2013年	2014年	2015年	2016年	2017年
2. 服装、鞋帽、针纺织品类	1.33	1.24	1.28	1.35	1.38	1.37	1.28
（1）服装类	0.92	0.87	0.90	0.87	0.91	0.91	0.77
（2）鞋帽类	1.05	0.95	0.92	1.00	0.94	0.96	0.98
（3）针、纺织品类	4.69	4.36	4.62	5.25	5.35	5.19	5.63
3. 化妆品类	0.62	0.61	0.54	0.57	0.58	0.61	0.62
4. 金银珠宝类	0.80	1.02	1.04	1.20	1.20	1.36	1.46
5. 日用品类	1.09	1.07	1.09	1.24	1.19	1.14	1.25
儿童玩具类	0.64	0.64	0.63	0.64	0.66	0.55	0.62
6. 五金与电料类	3.06	2.71	2.26	2.25	2.26	2.38	2.55
7. 体育、娱乐用品类	2.15	1.91	1.60	1.77	1.64	1.72	1.88
8. 书报杂志类	0.76	0.71	0.73	0.74	0.78	0.86	0.81
9. 电子出版物及音像制品类	0.74	0.73	0.69	0.71	0.66	0.54	0.48
10. 家用电器和音像器材类	1.25	1.25	1.20	1.10	1.04	0.98	1.12
11. 中西药品类	2.20	2.03	2.03	2.04	2.02	2.17	2.04
#西药类	2.24	2.04	2.01	2.03	2.01	2.18	2.05
中草药及中成药类	2.14	2.07	2.05	2.02	2.02	2.10	1.87
12. 文化办公用品类	3.18	3.57	4.14	3.55	3.33	3.19	3.30
13. 家具类	0.36	0.32	0.32	0.35	0.37	0.34	0.31
14. 通信器材类	3.94	3.87	4.13	3.35	3.44	3.37	3.59
15. 煤炭及制品类	31.54	27.62	26.90	23.72	17.93	21.45	36.63
16. 石油及制品类	3.39	3.30	3.45	3.35	2.78	2.82	3.34
17. 建筑及装潢材料类	2.15	1.63	1.56	1.92	1.81	1.85	2.18
18. 机电产品及设备类	16.68	14.59	15.13	14.02	13.09	14.56	17.43
19. 汽车类	0.67	0.74	0.72	0.72	0.67	0.74	0.78
20. 棉麻类	131.00	111.67	110.35	62.03	55.66	46.36	72.29
21. 其他类	9.24	6.94	7.02	6.95	6.45	7.27	7.52

3.3　中国零售业盈利能力分析

本节从毛利率、购销差价比、营业利润率、净利率、净资产收益率以及资本金收益率6个维度对中国零售企业盈利能力进行分析。具体而言，毛利率为主营业务利润率，是主营业务利润与主营业务收入的比值；购销差价比为销售总额与购进总额差价后与销售总额的比值，采用的是流转角度的购销总额数据进行分析；营业利润率为营业利润与销售收入的比值；净利率为净利润与销售收入的比值；净资产收益率为净利润与所有者权益的比值；资本金收益率为净利润与实收资本的比值。本节数据来源于《中国贸易外经统计年鉴 2018》，基于数据统计口径的约束，本节分析依然针对限额以上零售业企业。

如表 3－6 所示，在以主营业务利润率、购销差价比、营业利润率、净利率指标衡量的盈利水平上，港澳台商投资企业和外商投资企业都优于内资企业和国有控股企业，其中前二者的主营业务利润率高出内资企业近 9 个百分点。国有控股企业比内资企业的总体盈利能力更优，2017 年购销差价比为 23.57％，显著高于内资企业的平均水平，略高于港澳台商投资企业和外商投资企业，体现出较强的渠道控制能力。净资产收益率从高到低依次为：外商投资企业、内资企业、国有控股企业和港澳台商投资企业，另外，国有控股企业的资本金收益率最高，2017 年达到 26.88％。

表 3－6　中国零售业主要所有制类型的盈利能力（2017 年）

项目	所有制				
	＃国有控股企业	内资企业	港澳台商投资企业	外商投资企业	限额以上零售业合计
主营业务利润率（％）	12.47	10.72	19.40	19.33	11.80
购销差价比（％）	23.57	14.61	20.77	20.87	15.41
营业利润率（％）	3.87	2.64	4.33	4.42	2.86
净利率（％）	2.75	2.22	3.20	3.41	2.36
净资产收益率（％）	10.51	13.57	6.61	19.42	12.83
资本金收益率（％）	26.88	17.47	8.27	12.52	15.49

3.4　中国零售业费用控制分析

本节将用销售费用率、管理费用率、财务费用率以及总费用率 4 个指标对中国零售业的费用控制情况进行分析。费用率为各项费用占主营业务收入的比重，总费用率为销售费用、管理费用、财务费用之和占主营业务收入的比重。本节数据来源于《中国贸易外经统计年鉴 2018》，全部采用限额以上口径。

3.4.1　中国零售业主要所有制类型费用控制分析

如表 3－7 所示，从绝对额来看，2017 中国零售业费用总额约为 11 225.96 亿元，相较于 2016 年的 10 861.73 亿元有所增加，但同时主营业务收入由 110 428.1 亿元降为 107 015.80 亿元，导致总费用率由 9.84%上升至 10.49%。从结构来看，三大费用率由高到低为销售费用率、管理费用率、财务费用率，分别为 6.77%、3.10%、0.62%，销售费用率和管理费用率较 2016 年均有上升。从不同所有制类型来看，港澳台商投资企业和外商投资企业的总费用率分别为 18.83%和 17.45%，分别高出内资企业 9.44 和 8.06 个百分点，主要是由于其较高的销售费用率和管理费用率所致。

表 3-7　中国零售业主要所有制类型的费用控制（2017 年）

项目	所有制				
	#国有控股企业	内资企业	港澳台商投资企业	外商投资企业	限额以上零售业合计
主营业务收入（亿元）	18 734.60	93 591.10	6 450.50	6 974.20	107 015.80
费用总额（亿元）	1 942.78	8 788.20	1 214.63	1 217.00	11 225.96
总费用率（%）	10.37	9.39	18.83	17.45	10.49
销售费用（亿元）	1 116.58	5 437.64	887.59	910.13	7 244.97
销售费用率（%）	5.96	5.81	13.76	13.05	6.77
管理费用（亿元）	769.99	2732.86	305.11	284.55	3317.49
管理费用率（%）	4.11	2.92	4.73	4.08	3.10
财务费用（亿元）	56.20	617.70	22.58	22.32	663.50
财务费用率（%）	0.30	0.66	0.35	0.32	0.62

3.4.2　中国零售业分行业费用控制分析

如图 3-19 所示，零售业各子行业在各项费用率之间有较大差异，纺织、服装及日用品专门零售，超级市场零售和百货零售是所有子行业中总费用率最高的三个行业，2017 年总费用率分别为 25.16%、16.87%和 15.40%，较 2016 年均有所上升。汽车、摩托车、燃料及零配件专门零售的总费用为 5.89%，在所有子行业中处于最低水平。

在销售费用率指标上，各行业的排序情况与总费用率一致，纺织、服装及日用品专门零售的销售费用率达 17.88%，销售费用率最低的汽车、摩托车、燃料及零配件专门零售为 3.42%，无店铺零售的销售费用为 9.06%。管理费用率方面，纺织、服装及日用品专门零售和汽车、摩托车、燃料及零配件专门零售分别为子行业中最高和最低的行业，管理费用率分别为 6.65%和 1.84%。在财务费用方面，仅有百货零售的财务费用率超过 1%，其余均在 1%以下。汽车、摩托车、燃料及零配件专门零售有较为成熟和稳定的销售渠道，能够更好地管理相关费用率。此外，尽管纺织、服装及日用品专门零售有较高的总费用率，但是其购销差价和毛利率也较高，冲抵了这部分成本的压力。

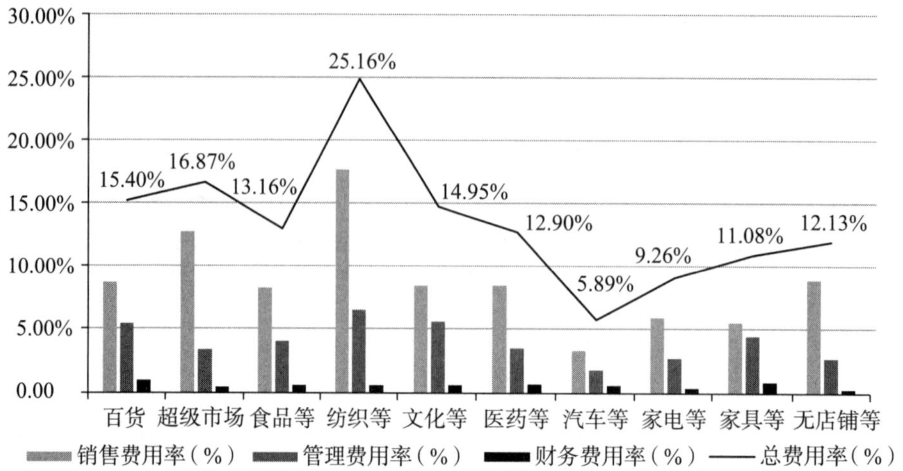

图 3-19　中国零售业分行业费用控制（2017 年）

3.4.3　中国零售业分业态费用控制分析

如图 3-20 所示，2017 年总费用率最高的业态为大型超市，达到 17.21%，专卖店和专业店的总费用率分别为 8.96%和 8.04%，为所有业态中最低水平。专卖店和专业店在费用控制方面表现突出，以百货和超市为代表的综合零售业态虽然有优于专业零售业态的商品宽度和深度，但并没有同时实现规模经济和范围经济。在销售费用率方面，大型超市以 13.28%处于各业态最高水平，主要是激烈竞争导致销售费用高居不下所致。百货店的经营方式使得其管理费用居所有业态之首，达到 5.84%，其余业态均在 3%～4%。在财务费用率上，百货店以 1.11%的财务费用率成为所有业态中财务费用率超过 1%的唯一业态。

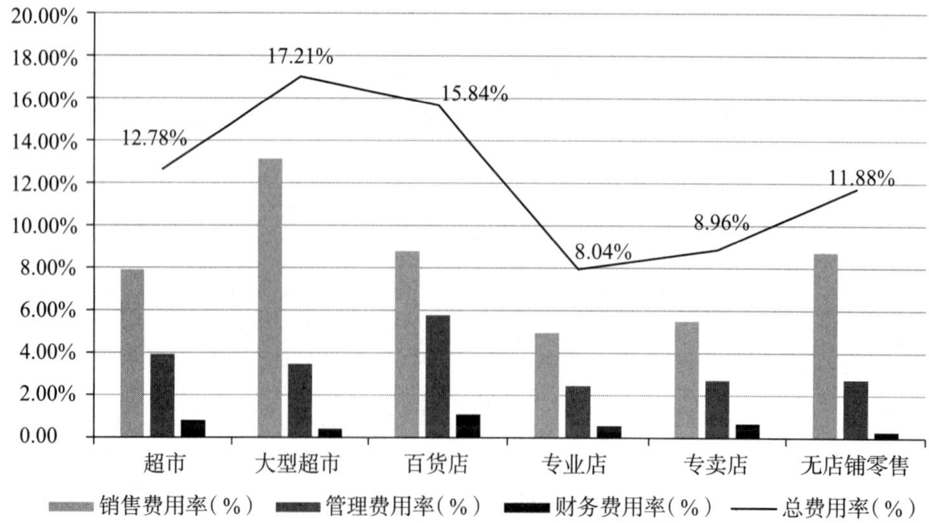

图 3-20　中国零售业分业态费用控制（2017 年）

3.5　中国零售业劳动效率分析

本节将从企业的所有制类型、行业和业态 3 个角度，通过人均销售额、人均营业面积、人均工资和单位工资产出 4 个指标衡量中国零售业劳动效率。其中，人均销售额是考核全员劳动效率的指标，即限额以上零售业商品销售额与年末从业人数的比值；人均营业面积为年末总营业面积与年末从业人数的比值；人均工资为应付职工薪酬与年末从业人数的比值；单位工资产出为人均主营业务收入占人均工资的比例。本节数据均来源于《中国贸易外经统计年鉴 2018》，全部采用限额以上口径。

3.5.1　中国零售业主要所有制类型劳动效率分析

相较于 2016 年，中国零售业的人均销售额、人均营业面积、人均工资在 2017 年均有所上升，单位工资产出略有下降。如表 3－8 所示，内资企业的人均销售额为 182.50 万元，其中国有控股企业的人均销售额为 277.68 万元，高于港澳台商投资企业和外商投资企业。在人均营业面积方面和应付职工薪酬方面，内资企业和港澳台商投资企业、外商投资企业基本持平。在人均工资指标上，港澳台商投资企业和外商投资企业仍然高于内资企业，并相较于 2016 年均有所上升。单位工资产出指标反映出每一单位工资投入对主营业务收入的贡献程度。内资企业和国有控股企业在这一指标上基本持平，且均高于港澳台商投资企业和外商投资企业，限额以上单位工资产出相较于 2016 年略有下降。

表 3－8　中国零售业主要所有制类型的劳动效率（2017 年）

项目	所有制				
	♯国有控股企业	内资企业	港澳台商投资企业	外商投资企业	限额以上零售业合计
人均销售额（万元/人）	277.68	182.50	158.13	196.56	181.68
人均营业面积（平方米/人）	72.18	49.98	40.75	45.79	49.08
人均工资（万元/人）	7.64	5.87	7.25	6.80	6.03
单位工资产出（万元）	29.14	27.08	18.96	24.40	26.22

3.5.2　中国零售业分行业劳动效率分析

如图 3－21 所示，在人均销售额指标上，排名最高的 3 个行业是汽车、摩托车、燃料及零配件专门零售，货摊、无店铺及其他零售业和家用电器及电子产品专门零售，其人均销售额均在 200 万元以上。汽车、摩托车、燃料及零配件专门零售 2017 年的人均销售额为 331.82 万元，虽然较 2016 年有所下降，但仍处于所有子行业的最高水平，这与其相较于其他子行业较高的单品金额和按照销售额考核从业人员销售业绩的管理方式有关，货摊、无店铺及其他零售业较高的人均销售额与快速增长的营业收入与利润以及较少的营业人员有关。

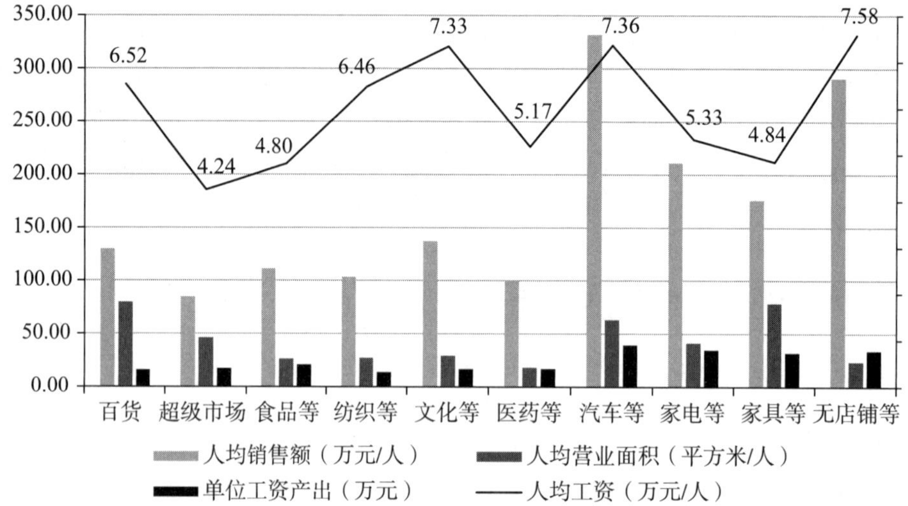

图 3-21　中国零售业分行业劳动效率（2017 年）

在人均营业面积指标上，五金、家具及室内装饰材料专门零售和百货零售位居前两位，人均营业面积分别为 78.71 平方米和 79.74 平方米，这与商品的属性和对展示陈列的需要有关。在单位工资产出方面，汽车、摩托车、燃料及零配件专门零售和家用电器及电子产品专门零售表现突出，分别为 39.36 万元和 34.81 万元，但相较于 2016 均有所下降。单位工资产出最低的两个行业为超级市场零售和纺织、服装及日用品专门零售，分别为 17.31 万元和 13.94 万元，反映出行业的劳动密集型特点以及行业的盈利能力。人均工资排名由高到低居前三位的行业为：货摊、无店铺及其他零售业，汽车、摩托车、燃料及零配件专门零售和文化、体育用品及器材专门零售，人均工资分别为 7.58 万元、7.36 万元和 7.33 万元。各子行业的人均工资和行业盈利水平与分配制度有关，且与人均销售额基本对应。

3.5.3　中国零售业分业态劳动效率分析

如图 3-22 所示，在人均销售额方面，排名居前 3 位的业态为：无店铺零售、专卖店、专业店，其人均销售额分别为 315.27 万元、233.52 万元、213.53 万元。尽管无店铺零售人均销售额仍居所有业态之首，但相较于 2016 年有明显下降。在人均营业面积指标上，百货店和大型超市位居前两位，人均营业面积分别为 80.94 平方米和 56.65 平方米，人均营业面积最低的业态为无店铺，仅为 14.85 平方米。人均营业面积与各业态的经营规模有关，与 2016 年相比，2017 年各零售业态的人均营业面积均有所上升，但相对规模保持不变。在单位工资产出指标上，专业店、专卖店和无店铺 3 种业态表现突出，分别为 30.36、29.72 和 34.48。无店铺零售的高单位工资产出凸显了网络零售的飞速发展，相较于有店铺零售业态，无店铺零售在降低人员成本、净利润和劳动效率方面有突出表现。人均工资与人均销售额基本对应，由高到低依次为：无店铺零售、专卖店、专业店、大型超市、百货店、超市。

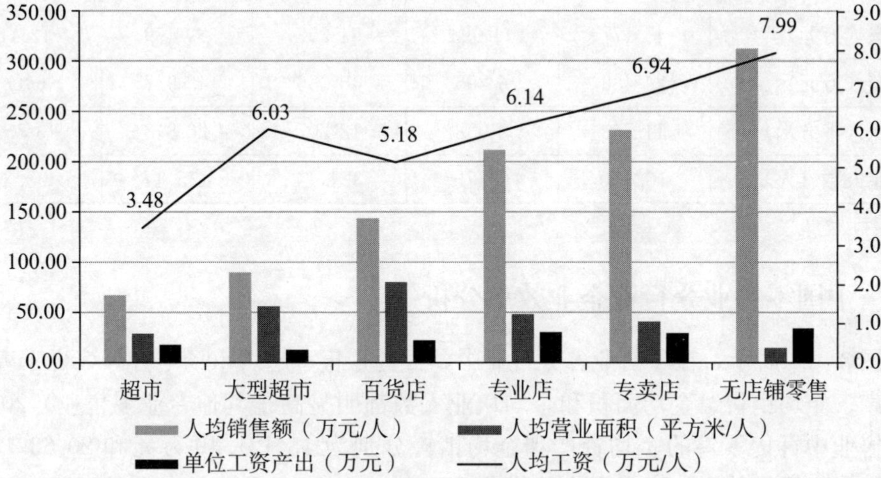

图 3－22　中国零售业分业态劳动效率（2017 年）

3.6　中国零售业企业效率分析

本节将从企业所有制类型、行业和业态 3 个角度，通过企均销售、企均资产、企均从业人数、企均营业面积 4 个指标衡量中国零售业企业效率。其中，企均销售为总销售额与法人企业数的比值，企均资产为行业总资产与法人企业数量的比值，企均从业人数为年末零售业从业人数与法人企业数的比值，企均营业面积为年末营业面积与法人企业数的比值。本节数据均来源于《中国贸易外经统计年鉴 2018》，全部采用限额以上口径。

3.6.1　中国零售业主要所有制类型企业效率分析

如表 3－9 所示，在 4 项企业效率指标上，内资企业都明显低于国有控股、港澳台商投资和外商投资企业。2017 年限上零售业企均销售合计为 12 410 万元，港澳台商投资企业和外商投资企业的企均销售分别为 51 257 万元和 89 469 万元，国有控股企业企均销售水平也高于内资企业平均水平。2017 年限上零售业企均资产为 6 171 万元，港澳台商投资企业和外商投资企业分别为 40 636 万元和 43 937 万元，较 2016 年有明显提升。国有控股零售业企业企均资产为 24 488 万元，显著高于内资企业的平均水平。

表 3-9　中国零售业主要所有制类型的企业效率（2017 年）

项目	所有制				
	#国有控股企业	内资企业	港澳台商投资企业	外商投资企业	限额以上零售业合计
企均销售（万元）	45 177	11 094	51 257	89 469	12 410
企均资产（万元）	24 488	5 295	40 636	43 937	6 171
企均面积（平方米）	11 743	3 038	13 207	20 843	3 352
企均从业人数（人）	162.70	60.79	324.14	455.17	68.31

3.6.2　中国零售业分行业企业效率分析

如图 3-23 所示，在零售业各分行业中，百货零售、超级市场零售等综合零售业的企均资产、企均销售、企均面积和企均从业人数都明显高于其他专业零售业。2017 年综合零售业中百货零售的企均资产和企均销售分别为 18 121.49 万元和 20 639.82 万元，超级市场零售的企均资产和企均销售为 9 191.23 万元和 18 936.14 万元，百货零售是零售分行业中企均销售超过 2 亿元的唯一行业。在专业零售业中，2017 年企均销售超过 1 亿元的有医药及医疗器材专门零售，汽车、摩托车、燃料及零配件专门零售和货摊、无店铺及其他零售等。食品、饮料及烟草制品专门零售的企均销售额最低，与其商品属性、单价以及经营形式有关。

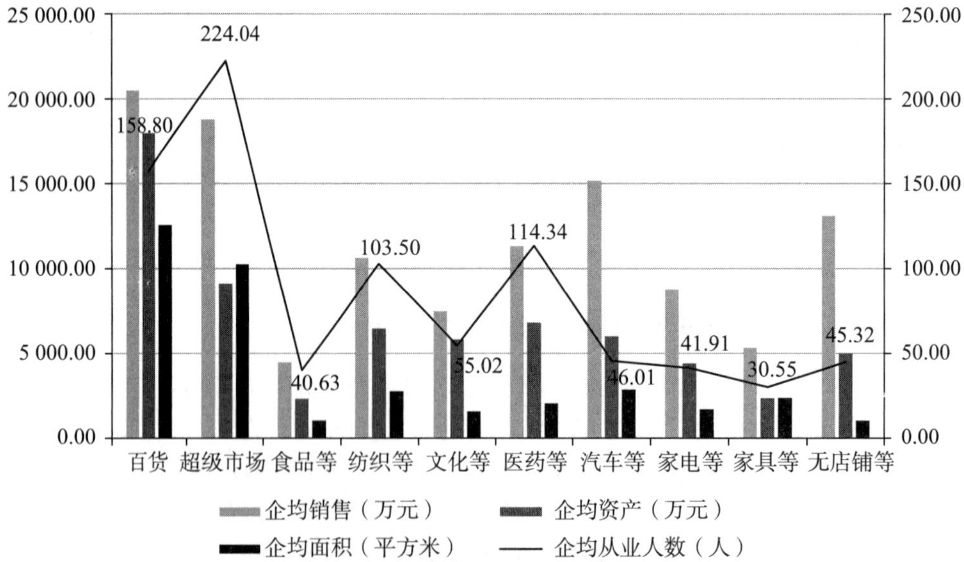

图 3-23　中国零售业分行业企业效率（2017 年）

企均资产和企均销售在排名上基本一致，分行业中企均资产超过 1 亿元的仅有百货零售，2017 年达到 18 121.49 亿元，企均资产最低的为食品、饮料及烟草制品专门零售。纺织、服装及日用品专门零售，文化、体育用品及器材专门零售，家用电器及电子产品专门零售企均资产在 2016—2017 年均有所下降。企均经营面积和企均从业人数基于业态分化的经营形式和规模特点，百货零售和超级市场零售 2017 年的企均面积分别 12 662.25 平方米和 10 341.63 平方米，其他各行业的企均面积均不足3 000 平方米。

3.6.3　中国零售业分业态企业效率分析

如图 3－24 所示，中国零售业企业效率在各业态之间有较大差异。具体而言，在企均销售指标上，大型超市表现得最为突出，2017 年企均销售高达到 42 790 万元，但相较于 2016 年的 44 078 万元下降了 2.9%，大型超市是唯一企均销售超过 4 亿元的零售行业。2017 年各业态的企均销售均有不同幅度的下降。

分业态企均资产与企均销售排名基本一致，大型超市仍居首位，2017 年企均资产超过 2.1 亿元，位居第二的百货店企均资产近 1.68 亿元。专业店、专卖店的企均资产均略高于 5 000 万元，较 2016 年有一定的提升。超市企均资产在所有业态中最少，2017 年为 4 276 万元。在企均面积上，大型超市和百货店远大于其他零售业态，在所有业态中，仅有大型超市的企均面积超过 2.6 万平方米，百货店的企均面积超过 1 万平方米，超市、专业店、专卖店的企均面积均在 2 000 平方米左右，无店铺零售的企均面积为 795 平方米。在企均从业人数方面，大型超市仍然远高于其他业态，2017 年企均从业人数为 472 人、百货店为 145 人。

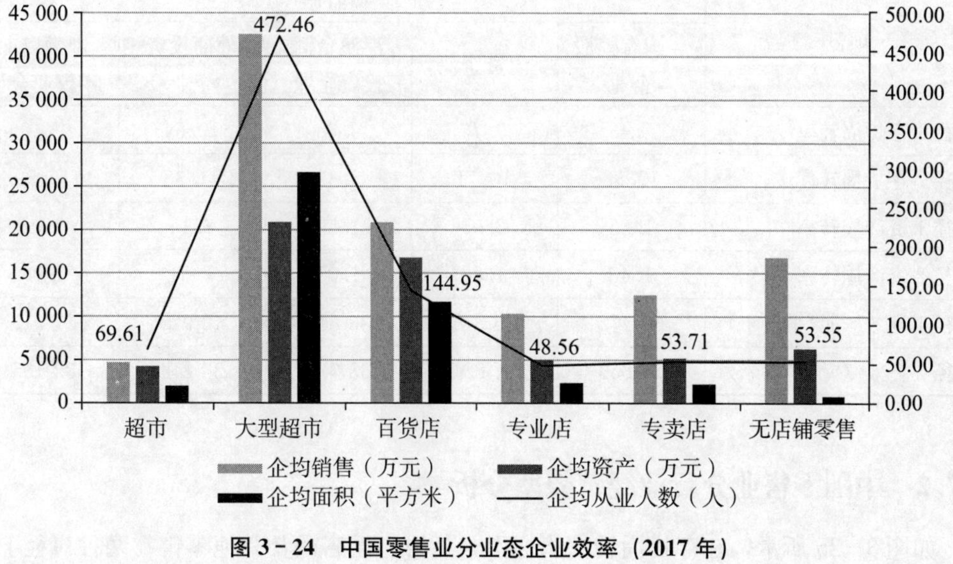

图 3－24　中国零售业分业态企业效率（2017 年）

3.7　中国零售业经营效率分析

本节将从企业所有制类型、行业和业态 3 个角度，通过存货周转率、资产周转率、坪效 3 个指标衡量中国零售业企业效率。其中，存货周转率反映存货流动性高低，不仅可以衡量企业生产经营中的存货运营效率，还可以反映企业经营绩效。本节采用两种口径来度量该指标，商品销售口径利用商品购进额与平均商品库存的比值衡量；存货周转口径利用主营业务成本与平均存货的比值衡量。资产周转率反映了企业整体资产的营运能力，一般而言，周转速度越快，营运能力就越强。该指标度量同样采用两种口径度量，口径 1 为商品销售额与资产总计的比值，口径 2 为主营业务收入与资产总计的比值。坪效为每平方米的销售收入，以反映商场的经营效率，该指标同样从两大口径进行度量，口径 1 为商品销售额与年末零售业营业面积的比值，口径 2 为主营业务收入与年末零售业营业面积的比值。本节数据均来源于《中国贸易外经统计年鉴 2018》，全部采用限额以上口径。

3.7.1　中国零售业主要所有制类型经营效率分析

如表 3－10 所示，两种口径下的企业经营效率指标略有差异，但总体变化趋势一致。在存货周转率指标上，外商投资企业与内资企业水平相近，在两大口径上均明显高于港澳台商投资企业。资产周转率在两种口径下由高到低均依次为外商投资企业、内资企业、国有控股企业和港澳台商投资企业。外商投资企业 2017 年在两种口径下的坪效分别为 4.3 万元和 3.6 万元，均高于内资企业、港澳台商投资企业和国有控股企业。

表 3－10　中国零售业主要所有制类型的经营效率（2017 年）

项目	所有制				
	♯国有控股企业	内资企业	港澳台商投资企业	外商投资企业	限额以上零售业合计
口径 1 存货周转率	7.43	9.26	6.38	10.64	9.10
口径 2 存货周转率	13.88	10.71	8.42	11.38	10.59
口径 1 资产周转率	1.85	2.06	1.50	2.14	2.02
口径 2 资产周转率	1.48	1.80	1.31	1.81	1.76
口径 1 坪效（元/平方米）	38 472	36 514	38 811	42 926	37 018
口径 2 坪效（元/平方米）	30 853	31 821	33 730	36 214	32 185

3.7.2　中国零售业分行业经营效率分析

如图 3－25 所示，在存货周转率指标上，货摊、无店铺及其他零售在两种口径下的存货周转率都居于各行业之首，反映出其轻资产、高周转的经营优势。纺织、服装及日用品专门零售和文化、体育用品及器材专门零售的存货周转率最低，其经营面临较大的库存压力并面临存货占压资金的风险。货摊、无店铺及其他零售在口径 1 下的存货周转率由 2016 年的 18.77 降低至 18.20。在资产周转率方面，无店铺零售、汽车和家电零售业处于行业最高水平，以口径 1 为例，三大零售行业资产周转率分别为 2.91、2.54、1.88。百货零售业的口径 1 资产周转率最低，仅为 1.20，资产运营效率有待提升。在坪效方面，无店铺零售、医药类零售的表现最为突出，以口径 1 为例，两大行业的坪效分别为 123 283.43 元/平方米和 48 281.66 元/平方米。百货、超级市场和家具零售业的坪效最低，分别为 13 173.20 元/平方米、15 912.81 元/平方米和 19 662.38 元/平方米。

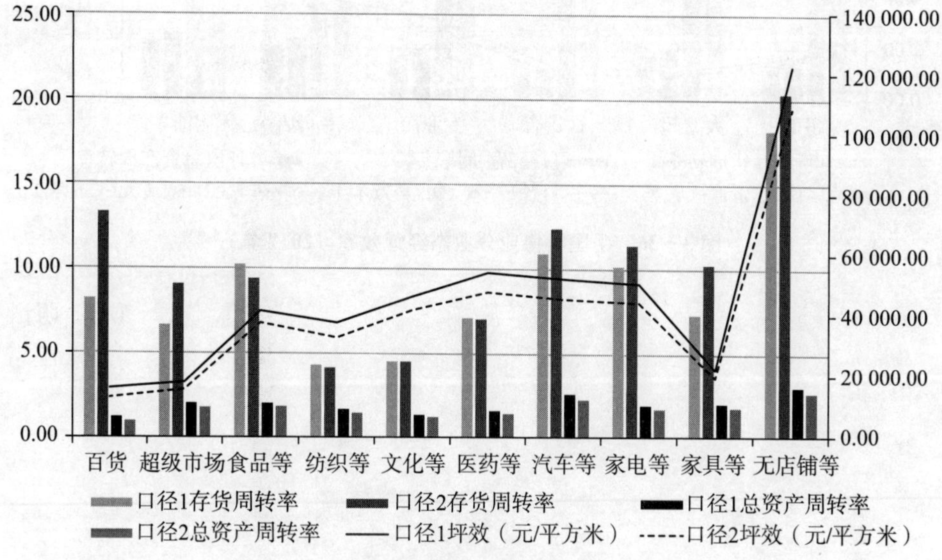

图 3-25　中国零售业分行业经营效率（2017 年）

3.7.3　中国零售业分业态经营效率分析

如图 3-26 所示，无店铺零售的存货周转率和资产周转率都处在各业态首位，口径 1 和口径 2 衡量的存货周转率分别为 15.77 和 13.86，远高于行业 9.10 和 10.59 的平均水平，但同时各业态的存货周转率相较于 2016 年有不同幅度的下降。资产周转率方面，各零售业态由大到小依次按照无店铺零售、专卖店、大型超市、专业店、超市、百货的顺序排列。百货店的资产周转率按照两种口径分别为 1.25 和 1.00。这与百货店需要大规模的营业面积、装修资金等前期投入和流动资产的经营需求有关。在坪效方面，无店铺零售的坪效在两种口径下分别为 212 242 元/平方米和 185 429 元/平方米，远高于行业平均值 37 018 元/平方米和 32 185 元/平方米；其次是专业店和专卖店，在口径 1 下分别为 44 255 元/平方米和 56 853 元/平方米。坪效最低的大型超市和百货店均在 2 万元/平方米以下，2017 年为 15 987 元/平方米。

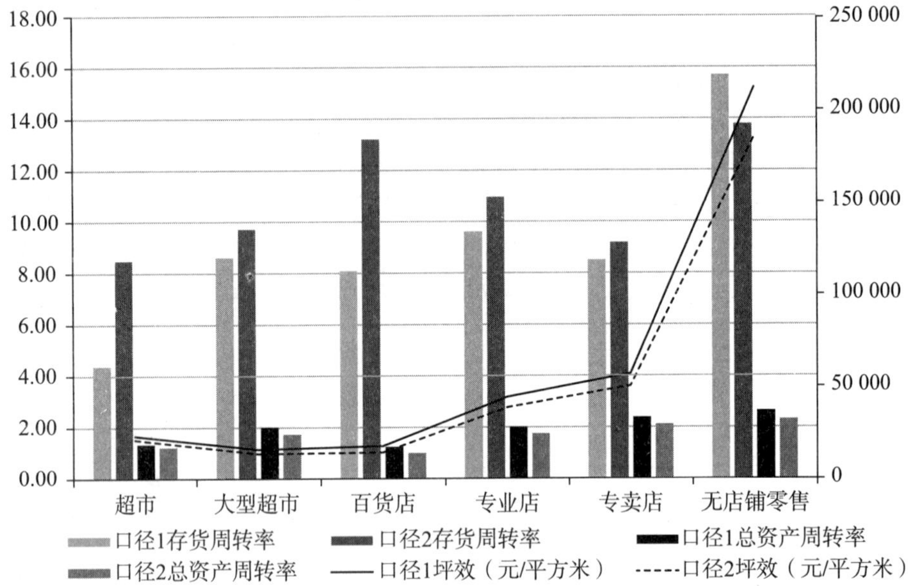

图 3－26　中国零售业分业态经营效率（2017 年）

（杨　萌）

第 4 章　中国零售业地区发展分析报告

本章旨在对中国零售业在全国主要区域层面、省级层面、地级及以上城市层面三大层面的发展情况，以及农村零售业的发展情况进行监测与分析。本章 2018 年数据采用各级政府和统计局 2019 年初官方公布的《2018 年国民经济和社会发展统计公报》及各地统计公报口径数据，本报告其他部分的数据主要采用《中国统计年鉴 2018》《中国城市统计年鉴 2018》《中国贸易外经统计年鉴 2018》、中经网统计数据库、国研网统计数据库、Wind 数据库、EPS 数据平台的 2017 年及以前年份数据。本章共有附表 10 张，请读者朋友扫描本书第 234 页的二维码免费查阅。

4.1　中国经济区零售业发展分析报告

本部分为中国零售业在各主要经济区的发展分析，从人口与国内生产总值（也称生产总值，GDP）分析、社会消费与零售业发展总体分析、零售业发展相对分析三个层次展开横向比较。经济区的划分方法采用两组口径：一是按照国家统计局四大区域口径，即东部（北京、天津、上海、河北、山东、江苏、浙江、福建、广东、海南）、中部（山西、河南、湖北、安徽、湖南、江西）、西部（内蒙古、新疆、宁夏、陕西、甘肃、青海、重庆、四川、西藏、广西、贵州、云南）和东北（黑龙江、吉林、辽宁）四大地区；二是按照国家发改委八大综合经济区口径，即东北综合经济区（黑龙江、吉林、辽宁）、北部沿海综合经济区（北京、天津、河北、山东）、东部沿海综合经济区（上海、江苏、浙江）、南部沿海综合经济区（广东、福建、海南）、黄河中游综合经济区（陕西、山西、河南、内蒙古）、长江中游综合经济区（湖北、湖南、江西、安徽）、大西南综合经济区（云南、贵州、四川、重庆、广西）、大西北综合经济区（甘肃、宁夏、青海、新疆、西藏）八大综合经济区。

4.1.1　中国经济区人口与 GDP 分析

从四大区域角度看，各经济区生产总值、各经济区人均生产总值及年末常住人口如图 4－1 所示。2018 年东部地区、中部地区、西部地区、东北地区的生产总值分别占国内生产总值的 53.43％、21.40％、20.47％、6.30％，相较于 2017 年数据，除东北地区出现下降外，其他三个地区的生产总值占比均有不同程度的提升。各经济区人均生产总值[①]分别为 8.95 万元、5.19 万元、4.86 万元、5.24 万元，相较于 2017 年数据

① 本报告之各经济区人均生产总值指标，系根据各经济区所属省份 GDP 合计值/该经济区年末常住人口合计值求得。

均有所增加。常住人口方面，各经济区常住人口占全国人口比重较之 2017 年的数据整体变化不大。

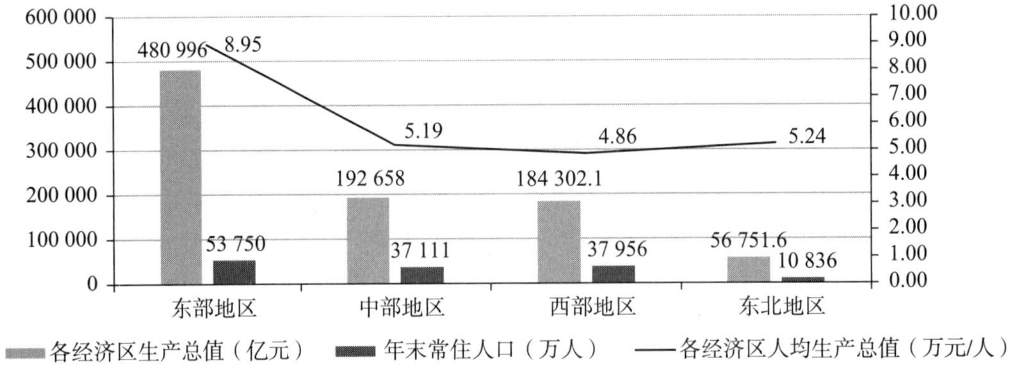

图 4－1　中国四大经济区生产总值、人均生产总值及年末常住人口（2018 年）

2018 年，东部地区、中部地区、西部地区和东北地区四大经济区的生产总值从总体上看均呈现上涨趋势，相较于 2017 年，地区生产总值涨幅分别为 7.40%、9.16%、9.34%和 4.60%，东北地区增速明显低于其他三大经济区。从人口增长看，四大经济区 2018 年人口与 2017 年相比的变化幅度普遍较小，分别为 0.72%、0.57%、0.69%和－0.36%。各地区人均生产总值的变动情况与国内生产总值总量变动类似，涨幅分别为 6.63%、8.55%、8.59%和 4.97%，东北地区明显落后于其他三大区域。

从八大综合经济区角度看，2018 年各综合经济区生产总值、人均生产总值及年末常住人口情况如图 4－2 所示。与 2017 年相比，除东北地区、北部沿海综合经济区生产总值的全国占比略有下降外，其他各综合经济区的生产总值占比均有所上升。八大综合经济区的生产总值占全国生产总值的比重分别为 6.30%、17.95%、20.16%、15.32%、11.84%、14.19%、12.67%、3.16%。从人口情况分析，各综合经济区常住人口占比与 2017 年基本持平，其中大西南和长江中游综合经济区 2018 年末常住人口占全国人口的比重相对其他综合经济区较多，二者均超过了 17%。各个综合经济区的常住人口占全国人口的比重分别为 7.77%、15.28%、11.62%、11.62%、14.13%、17.05%、17.77%、4.84%。

从发展趋势看，相较于 2017 年，各综合经济区生产总值均有一定的幅度上涨，涨幅分别为 4.60%、5.48%、7.85%、9.15%、8.69%、9.78%、8.81%和 10.78%，其中大西北综合经济区的涨幅最大，超过 10%。从人口的变动看，除东北综合经济区外，各综合经济区年末常住人口变动均为正向。南部沿海、大西北综合经济区常住人口增长较快，常住人口变动率分别为 1.34%、1.06%。东北综合经济区常住人口变动率为－0.36%，人口流失问题仍未得到解决。从人均生产总值看，各综合经济区的人均生产总值与生产总值总量相适应，大多呈现良性上涨态势，其中大西北综合经济区的人均生产总值涨幅为 8.37%，在八个综合经济区中位居第一。各综合经济区相较于 2017 年，人均生产总值涨幅分别为 2.69%、3.85%、7.43%、7.49%、8.33%、6.37%、

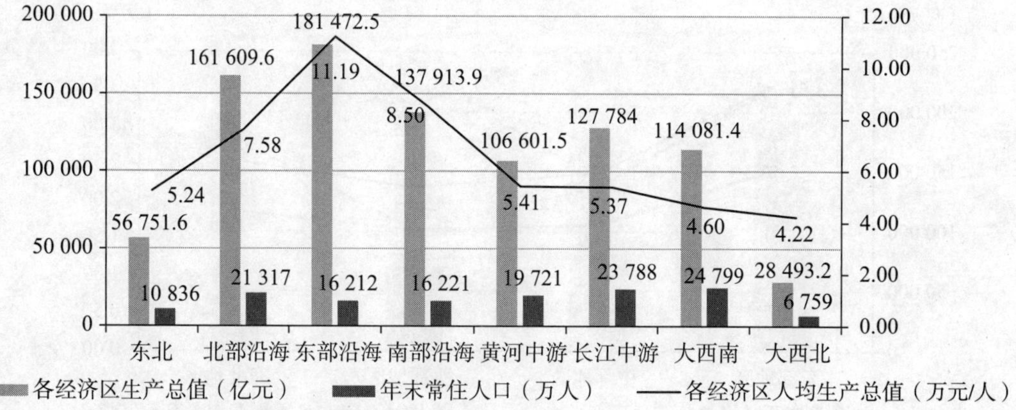

图 4－2　中国八大综合经济区生产总值、人均生产总值及年末常住人口（2018 年）

6.00%、8.37%。东北综合经济区虽然常住人口呈现负增长，但由于地区生产总值增长缓慢，其人均生产总值在八个综合经济区中仍居末位。

4.1.2　中国经济区社会消费与零售业发展总体分析

2018 年四大经济区的社会消费品零售总额如图 4－3 所示，各经济区社会消费品零售总额占全国社会消费品零售总额的比重分别为：50.89%、21.41%、18.52%、8.13%，其中东部地区占比达一半以上。2018 年四大经济区的人均可支配收入①和人均消费性支出②如图 4－3 所示。在这里，各经济区人均可支配收入和人均消费性支出由各省级地区人均可支配收入和人均消费性支出按照人口加权得到。

2018 年八大综合经济区的社会消费品零售总额如图 4－4 所示。各综合经济区社会消费品零售总额占全国社会消费品零售总额的比重分别为：8.13%、17.70%、18.61%、14.58%、11.60%、14.08%、11.90%、2.36%。2018 年八大综合经济区的人均可支配收入和人均消费性支出如图 4－4 所示，其中东部沿海的人均可支配收入和人均消费性支出水平均为最高，分别为 4.47 万元和 2.93 万元；大西北的人均可支配收入和人均消费性支出均为最低，仅有 1.97 万元和 1.54 万元。

4.1.3　中国经济区零售业发展相对分析

从零售业发展集中度看，中国各经济区零售业发展的集中度可以用各经济区社会消费品零售额占比与地区国民生产总值占比的比值，和各经济区社会消费品零售额占

① 本报告之各经济区人均可支配收入指标，系根据（各经济区所属省份人均可支配收入×该省年末常住人口合计值）/该经济区年末常住人口合计值求得。

② 本报告之各经济区人均消费性支出指标，系根据（各经济区所属省份人均消费性支出×该省年末常住人口合计值）/该经济区年末常住人口合计值求得。

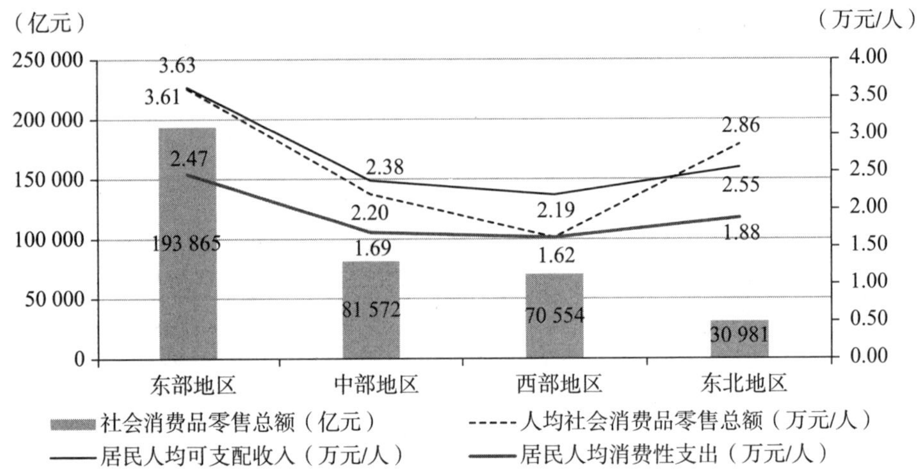

图 4－3　中国四大区域社零额及其人均值、人均可支配收入、消费性支出（2018 年）

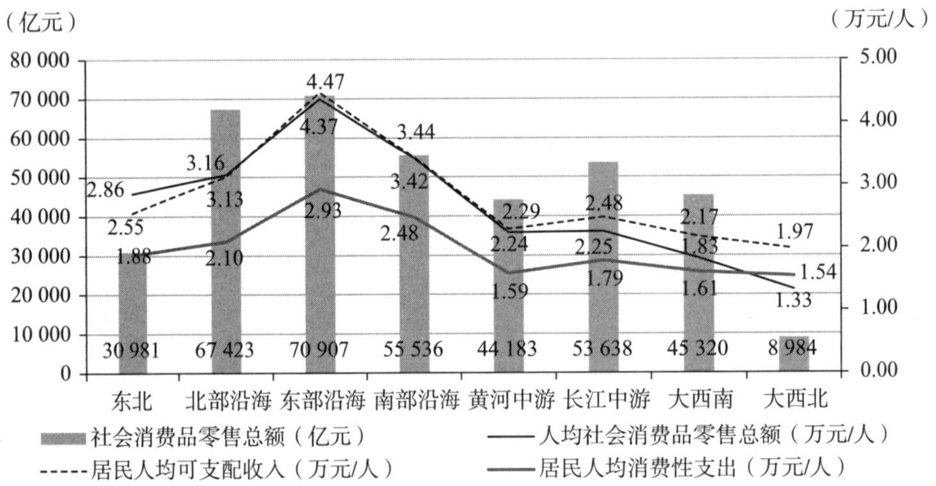

图 4－4　中国八大综合经济区社零额及其人均值、人均可支配收入、消费性支出（2018 年）

比与地区常住人口占比的比值来表示，其比值与 1 相比越大，表示该经济区单位国民生产总值或单位人口基础上的零售业发展的集中度越高。两个比值分别反映了去除生产总值和人口因素影响的相对消费水平。

较之 2017 年数据，2018 年东部地区、西部地区、东北地区零售业发展集中度有小幅下降。东部地区、西部地区居民平均消费倾向较之 2017 年有所下降，中部地区、东北地区略有上升。西部地区的零售业发展集中度较低，但是从居民平均消费倾向[①]看，西部地区排名居首。居民平均消费倾向受到居民收入和支出两方面的影响，本质上反映出各个区域消费意向和能力的不均衡性。由于西部地区的人均可支配收入值在四大

① 本报告之各经济区居民平均消费倾向指标，系根据各经济区所属省份人均消费性支出/该经济区人均可支配收入求得。

经济区中排名最后，但人均消费性支出的水平仍然较高，因此在西部地区存在较高的平均消费倾向。如图 4 - 5 所示。

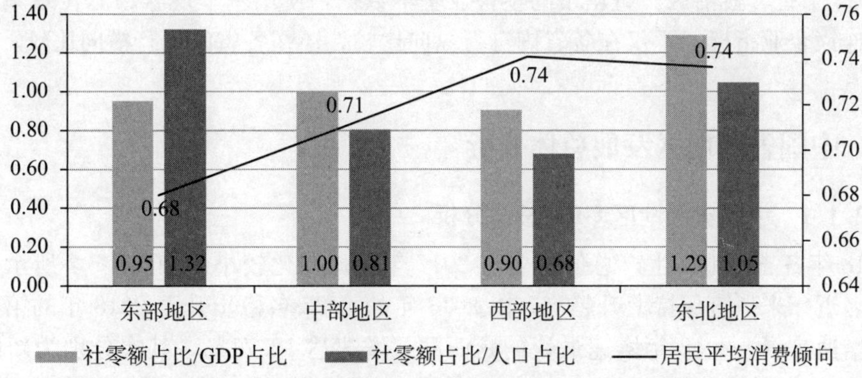

图 4 - 5　中国四大区域零售业发展集中度及居民平均消费倾向（2018 年）

较之 2017 年数据，2018 年中国各综合经济区零售业发展集中度变化不大。以社零额占比与人口占比衡量的零售业发展集中度指标显示，东部沿海经济区仍为八大区中零售业发展集中度最高的地区。其他区域中，东北、北部沿海、南部沿海的零售业发展集中度也较高。八大综合经济区的居民平均消费倾向分别如图 4 - 6 所示，排名最高的为零售业发展集中度排名靠后的大西北经济区，达到了 0.78 的水平，而东部沿海地区排名最低，仅为 0.66。东部地区虽然绝对消费水平更高，但由于收入水平也很高，导致平均消费倾向较低；西部地区绝对消费水平较低，但相对于更低的收入水平，平均消费倾向反而更高。

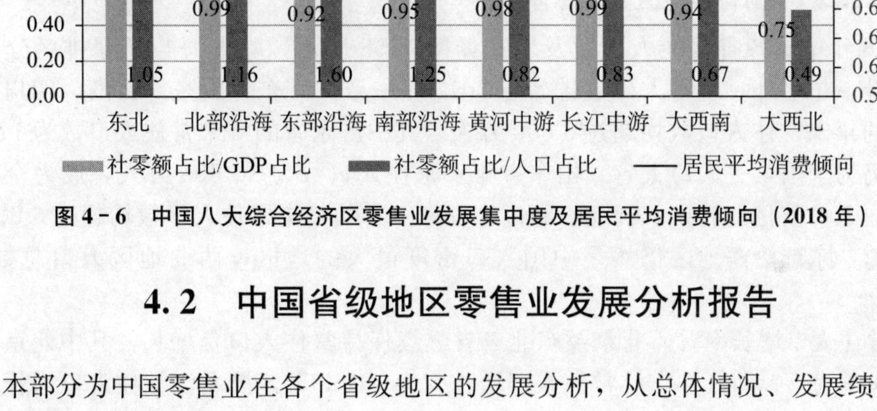

图 4 - 6　中国八大综合经济区零售业发展集中度及居民平均消费倾向（2018 年）

4.2　中国省级地区零售业发展分析报告

本部分为中国零售业在各个省级地区的发展分析，从总体情况、发展绩效水平、连锁零售企业三个方面，从不同公司产权性质、国民经济行业及销售类值划分的零售企业发展状况等多个角度，监测与分析各个省级地区的零售业发展情况。该部分搜集了中国 31 个省、自治区、直辖市的零售业基本数据，使用基本现状、流转效率、经营绩效和连锁企业指标，不仅在各省内进行纵向比较，还在各省间进行横向比较。

4.2.1 中国省级地区发展总体分析

4.2.1.1 中国省级地区 GDP 总体分析

2018 年各省级地区生产总值排名与 2017 年相比变化较小。如图 4－7 所示，重庆市的排名近年来一直保持上升趋势，由 2013 年的第 22 名稳步升至 2018 年的第 17 名。从经济增速来看，2018 年增速最快的是西藏，增速达 12.71％，其次分别为新疆和陕西，增速分别为 12.10％和 11.60％，较 2017 年均有所增加。排名最末的吉林省增速仅为 0.87％，增速不超过 4％的省份还有天津、黑龙江，分别为 1.40％、2.89％。

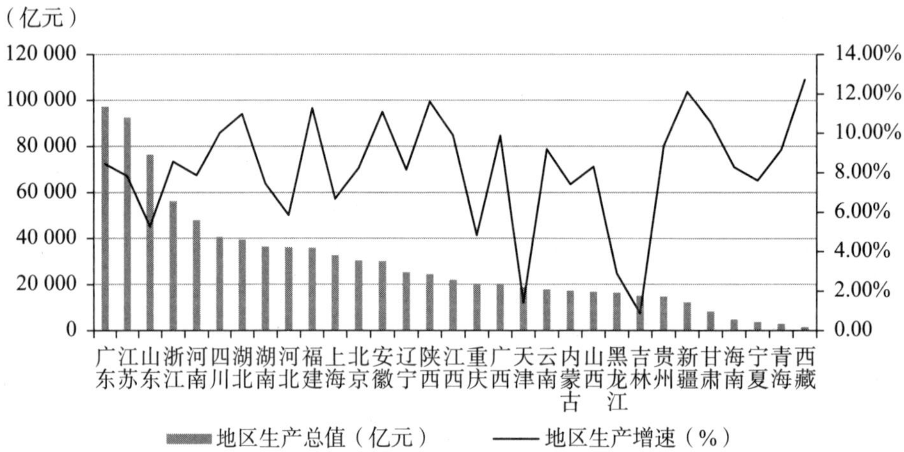

图 4－7　中国省级地区生产总值及其增速（2018 年）

4.2.1.2 中国省级地区人口总体分析

2018 年中国各省常住人口数及增速如图 4－8 所示，除上海与新疆排名分别下降、上升一位之外，各省人口数排名与 2017 年一致。广东、山东、河南、四川、江苏五省的年末常住人口数均超过 8 000 万人。其中广东省的年末常住人口数为 11 169 万人，仍为全国第一人口大省。山东省年末常住人口数为 10 005 万人，成为全国第二个常住人口破亿的省份。河北、湖南、安徽三省的年末常住人口数均超过 6 000 万人。目前，东部沿海地区仍然是中国人口密度最大的地区，西北地区人口总数小、密度低。

从常住人口增长率看，北京及东北三省继续保持常住人口负增长，其中北京常住人口增长率为－0.77％，吉林常住人口增长率为－0.49％，黑龙江常住人口增长率为

－0.41％，辽宁常住人口增长率为－0.23％。考虑到同期北京的人口自然增长因素[①]和老龄常住人口增长[②]因素，其 2018 年的常住人口流失主要发生于年轻劳动力群体中，由于人口疏解等政策导向，其对于年轻劳动力的吸引力明显下降。其余省级地区均有不同幅度的人口上涨，其中西藏常住人口增长率超越新疆成为第一，达到 2.00％。新疆常住人口增长率位列第二，为 1.94％。作为经济发达地区的代表，广东、浙江也拥有较高的常住人口增速，其常住人口增长率分别为 1.55％和 1.20％。

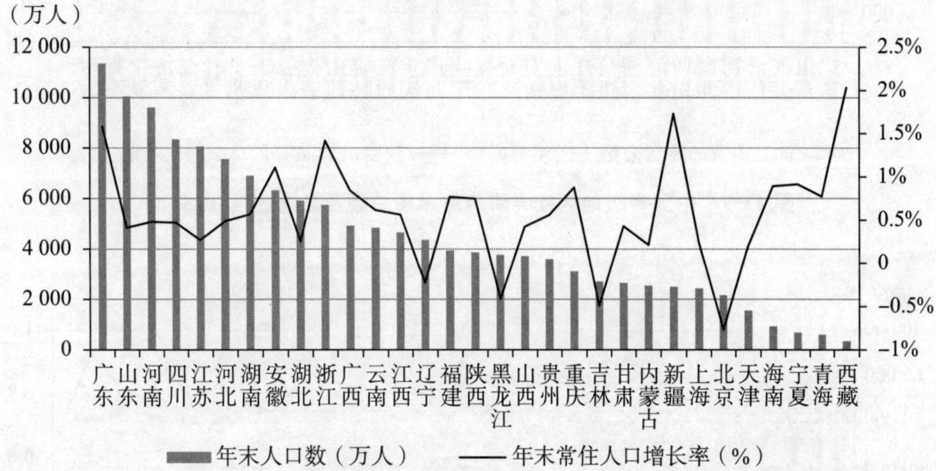

图 4－8　中国省级地区年末人口数及其增速（2018 年）

4.2.1.3　中国省级地区社会消费总体分析

2018 年中国全年社会消费品零售总额 38.1 万亿元，增速持续下降。从各省级地区的发展水平和速度看，2018 年社会消费品零售总额超 1 万亿元的省级地区有 14 个：广东、山东、江苏、浙江、河南、湖北、四川、河北、湖南、福建、辽宁、上海、安徽、北京。从增速上看，如图 4－9 所示，2018 年各省级地区社零额增长率差异较大，超过全国平均水平的省级地区有 15 个，其中西藏增速最快，增长率为 14.20％，增长率超过 10％的省份还有福建。但山东、青海、重庆、天津、吉林、贵州出现负增长，分别为－0.13％、－0.41％、－1.12％、－3.43％、－4.27％、－4.40％。

4.2.1.4　中国省级地区人均收入、支出与消费倾向总体分析

如图 4－10 所示，2018 年人均可支配收入超过 3 万元的省级地区有上海、北京、浙江、天津、江苏、广东和福建，分别为 6.42 万元、6.24 万元、4.58 万元、3.95 万元、3.81 万元、3.58 万元和 3.26 万元。全国的人均可支配收入为 2.82 万元，同比增长了 8.46％，超过全国平均水平的省级地区有 10 个，西藏、甘肃、贵州三地的人均可

① 根据地方统计局 2018 年数据，2018 年北京人口自然增长率为 2.66％。

② 根据地方统计局 2018 年数据，2018 年北京 60 岁及以上常住人口占总人口的 16.9％，比上年提高 0.4 个百分点。

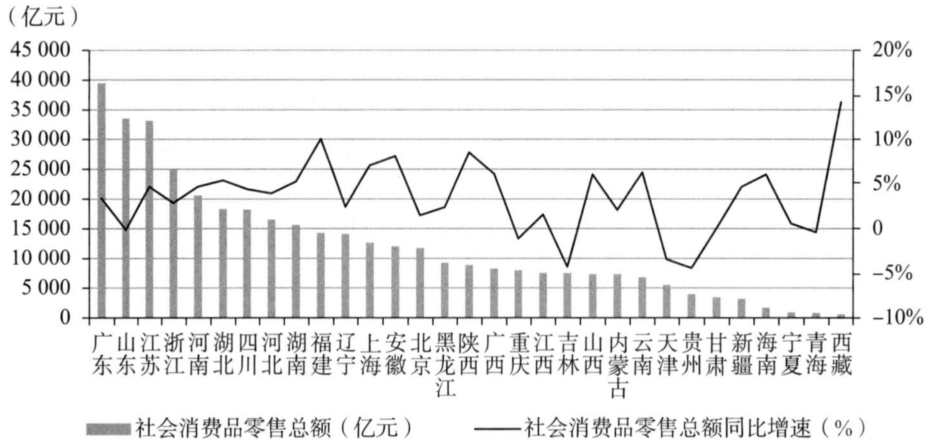

图 4－9　中国省级地区社会消费品零售总额及其增速（2018 年）

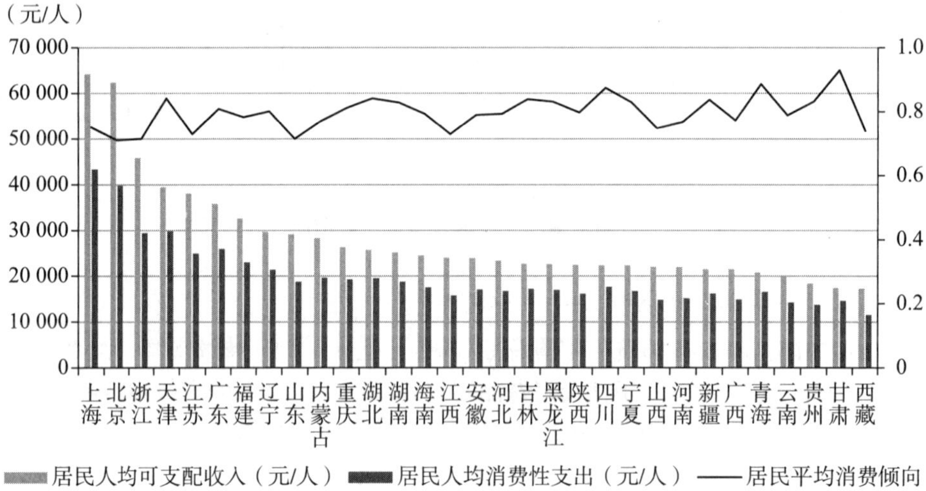

图 4－10　中国省级地区居民人均可支配收入与消费性支出、平均消费倾向（2018 年）

支配收入最低。

人均消费性支出超过 2 万元的省级地区有上海、北京、浙江、天津、江苏、广东、福建和辽宁，其中上海和北京的居民平均消费性支出超过 3 万元，分别为 4.36 万元和 3.98 万元。居民平均消费性支出的全国平均水平为 1.99 万元，同比增长了 8.74%，超过全国平均水平的省级地区有 8 个。

从居民平均消费倾向[①]看，全国大部分省级地区的居民消费倾向与 2017 年相比继续呈现下降趋势，居民平均消费倾向最高的省级地区为甘肃，其居民平均消费倾向为

① 本报告估计的各省级地区居民平均消费倾向指标，系根据各省级地区人均消费性支出/该省级地区人均可支配收入求得。

0.84，青海居民平均消费倾向为 0.80，其余省级地区的居民平均消费倾向均低于 0.80。人均可支配收入较高的上海、北京和浙江的居民平均消费倾向都较低，分别为 0.68、0.64 和 0.64。全国的居民平均消费倾向水平为 0.70，同比下降了 0.94%。

4.2.2　中国省级地区零售企业基本分析

本节及以后本章各小节数据，主要来源于《中国贸易外经统计年鉴 2018》、国研网统计数据库、中经网统计数据库发布的各省级地区限额以上零售企业的基本情况数据、商品流转数据、财务数据三类数据。鉴于统计数据公布的时效，本节及以后本章各小节使用的都是 2017 年数据。

4.2.2.1　中国省级地区零售法人企业分析

2017 年中国限额以上零售企业商品销售总额为 12.3 万亿元，全国限额以上零售企业法人单位数为 99 182 个，企业平均商品销售额[①]为 1.24 亿元。如图 4－11 所示，其中广东登记注册法人企业最多，为 8 954 个，占全国限额以上零售企业法人单位数的 9.03%；江苏次之，为 8 411 个，与 2016 年比有所上升，占全国限额以上零售企业法人单位数的 8.48%。此外，山东、河南、湖北、浙江、福建、安徽、四川、湖南登记注册法人企业数均超过 4 000 个。全国限额以上零售企业法人单位集中分布在华北、华中、华南地区，西部地区企业法人单位数明显偏少，其中限额以上零售企业法人单位数最少的省级地区为西藏，仅有 86 家。2017 年限额以上零售企业平均商品销售额最高的是北京，实现平均商品销售额 4.33 亿元。企业平均商品销售额排名前五位的省级地区分别为北京、上海、海南、天津和西藏，平均销售额均超过 1.5 亿元，西藏取代辽宁排名前五。甘肃、贵州、江西、福建、安徽、广西、河南、湖南八省限额以上零售企业平均商品销售额低于 1 亿元，其零售企业规模较小。

4.2.2.2　中国省级地区零售从业人员分析

2017 年中国限额以上零售企业年末从业人员总数为 677.48 万人，限额以上就业人数前三名是广东、山东和江苏三省，分别为 69.70 万人、54.41 万人和 52.23 万人。2017 年全国限额以上零售企业人均商品销售额[②]为 181.68 万元，如图 4－12 所示，2017 年限额以上零售企业人均商品销售额最高的是天津，实现人均商品销售额 264.08 万元。西藏、贵州、海南这些社会消费品零售总额较小的省级地区，人均商品销售额却排名相对靠前。2017 年中国限额以上零售企业人均商品销售额超过 200 万元的地区有天津、北京、吉林、上海、江苏、福建、海南、浙江、贵州和西藏。2017 年限额以上零售企业人均商品销售额不足 120 万元的有河南和宁夏。

---

① 本报告之企业平均商品销售额指标，系根据限额以上零售企业商品销售总额/限额以上零售企业法人单位数求得。

② 本报告之人均商品销售额指标，系根据各省零售企业商品销售总额/该省零售企业年末从业人数求得。

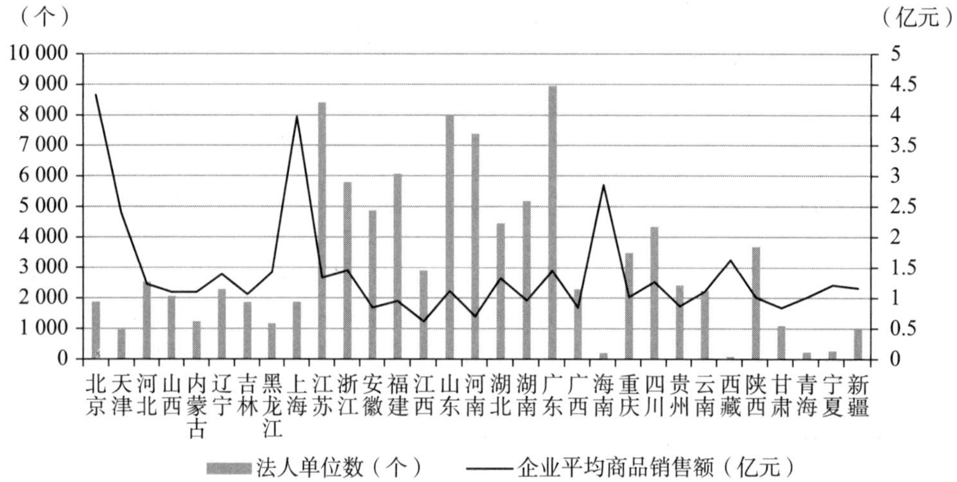

图 4-11　各省级地区限额以上零售企业法人单位数及企业平均商品销售额（2017 年）

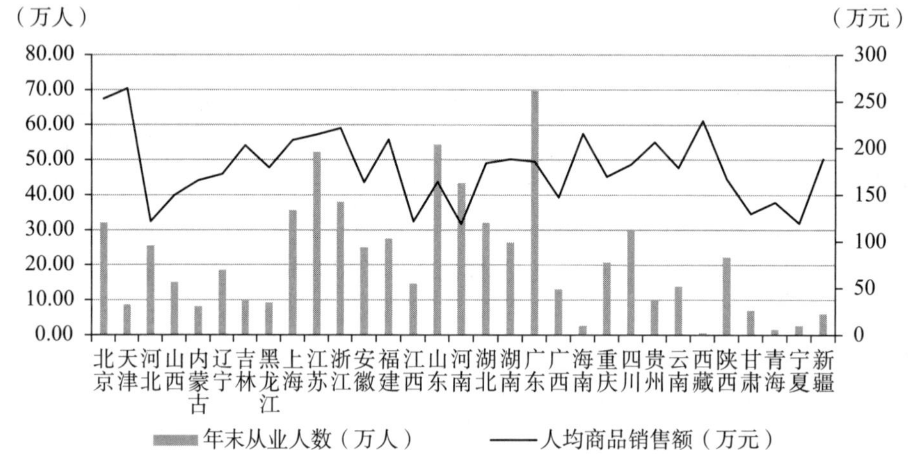

图 4-12　各省级地区限额以上零售企业年末从业人数及人均商品销售额（2017 年）

4.2.2.3　中国省级地区零售企业商品购销分析

2017 年中国限额以上零售企业商品购进额为 10.41 万亿元，中国各省级地区限额以上零售企业的商品销售额、购进额和存货周转率如图 4-13 所示。从商品购销规模来看，广东、江苏、北京、浙江、上海、福建、山东、湖北、湖南、河南等的商品流转规模明显超过其他省级地区，商品购进额和商品销售额均超过 4 000 亿元。总体来说，经济发达的北京、上海、江苏、浙江等省级地区的商品流转规模较大，而西部地区的商品购销规模则与东部沿海地区有极大的差距。存货周转率反映了存货的流动性及存货资金占用量是否合理。2017 年中国限额以上零售企业存货周转率[①]大约为 10.76 次，

① 本报告之存货周转率指标，系根据各省销售额/平均库存额求得。平均库存额为期初库存与期末库存的平均值，其中期初库存用上年的期末库存近似替代。

相较于 2016 年有了较大的提升。其中，存货周转次数最多的省级地区为福建，达到 16.46 次。此外，存货周转次数超过 14 次的省级地区还有天津和重庆，这些地区存货周转速度较快。中国大部分省级地区的限额以上零售企业存货周转率都超过 10 次，但最低的江西存货周转次数还不足 6 次。

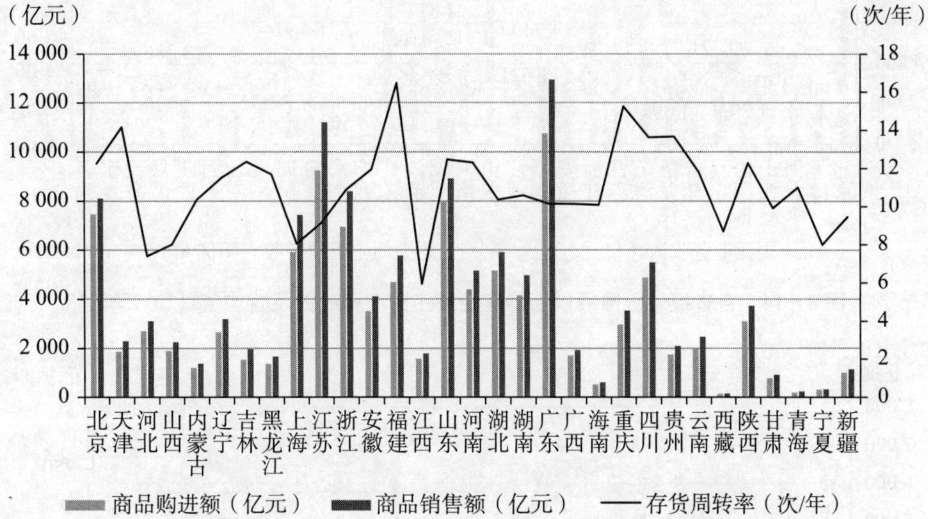

图 4-13　各省级地区限额以上零售企业商品购进额、商品销售额及存货周转率（2017 年）

4.2.3　中国省级地区零售企业绩效分析

4.2.3.1　中国省级地区零售企业主营业务收入分析

2017 年中国限额以上零售企业主营业务收入总额为 10.70 万亿元，与 2016 年相比下降 3.10%。全国企业平均主营业务收入①为 1.08 亿元。如图 4-14 所示，2017 年全国限额以上零售企业平均主营业务收入排名中，北京依旧处于第一位，平均主营业务收入 3.81 亿元。北京、上海、海南、天津、西藏、广东等的限额以上零售企业平均主营业务收入超过 1.2 亿元。甘肃、贵州、山东、安徽、广西、福建、河南等的限额以上零售企业平均主营业务收入不到 8 000 万元，其中河南限额以上零售企业平均主营业务收入为 6 117 万元，仍为企业平均主营业务收入最低的省级地区。

4.2.3.2　中国省级地区零售企业资产效率分析

2017 年中国限额以上零售企业年末资产总计 6.12 万亿元，零售企业资产明显集中在几个发达省级地区，如图 4-15 所示，2017 年广东限额以上零售业资产总额为

① 本报告之企业平均主营业务收入指标，系根据各省限额以上零售企业主营业务收入/限额以上零售企业法人单位数求得。

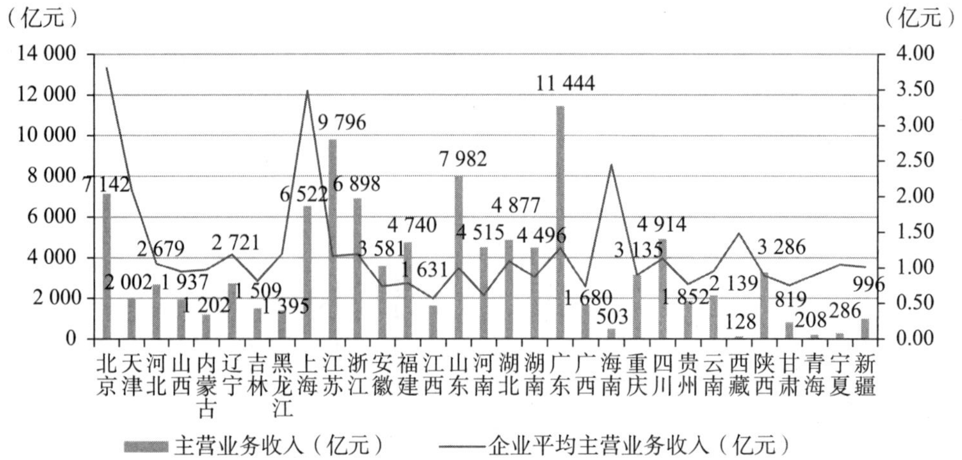

图 4-14　各省级地区限额以上零售企业主营业务收入及企均值（2017 年）

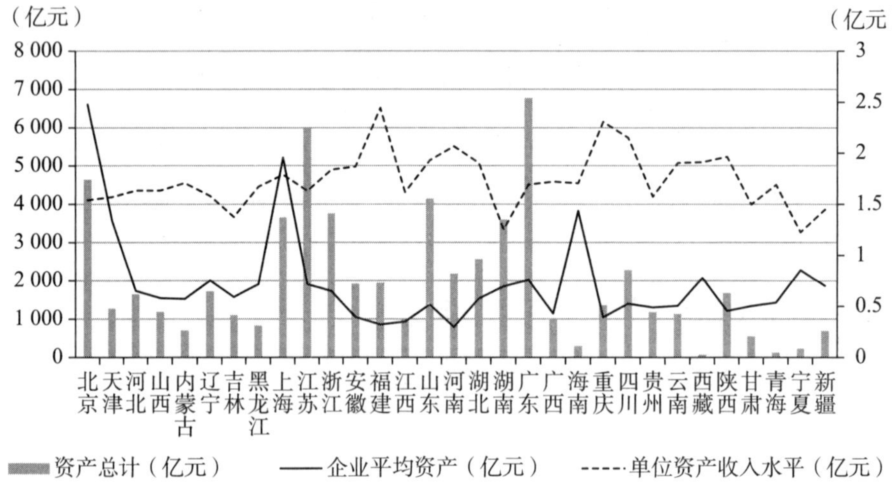

图 4-15　各省级地区限额以上零售企业资产总计、平均资产、单位资产收入水平（2017 年）

6 767.84 亿元，位列全国第一，江苏、北京、山东、浙江、上海等省级地区的限额以上零售业资产总额超过 3 000 亿元。

从企业平均资产规模来看，中国零售企业平均资产[①]为 6 171 万元。2017 年北京限额以上零售企业平均资产达到 2.48 亿元，居全国首位。上海、辽宁、黑龙江、江苏、广东、海南、西藏、宁夏、新疆等的零售企业平均资产均已超过 7 000 万元，这些省级地区的限上零售业市场主要由大型零售企业主导，企业规模和资产集中度较高。

① 本报告之企业平均资产指标，系根据各省限额以上零售企业年末资产总计/限额以上零售企业法人单位数求得。

2017 年中国限额以上零售企业单位资产收入水平[①]为 1.75，与 2016 年相比下降了 4.37%。就单位资产收入水平而言，有 12 个省级地区高于全国平均水平。单位资产收入水平最高的省级地区是福建，为 2.44。整体而言，零售业比较发达、行业资产规模较大的天津、北京、上海等地区的限额以上零售企业单位资产收入水平都只处于中等水平。

4.2.3.3　中国省级地区零售企业人员效率分析

2017 年中国限额以上零售企业年末从业人员总数为 677.48 万人，人均主营业务收入[②]为 157.96 万元，如图 4－16 所示，其中天津限额以上零售企业人均主营业务收入为 230.75 万元，依旧保持全国最高水平。全国共有 13 个省级地区的限额以上零售企业人均主营业务收入高于全国平均水平。宁夏限额以上零售企业人均主营业务收入为 103.53 万元，为零售企业人均主营业务收入最低的省级地区。

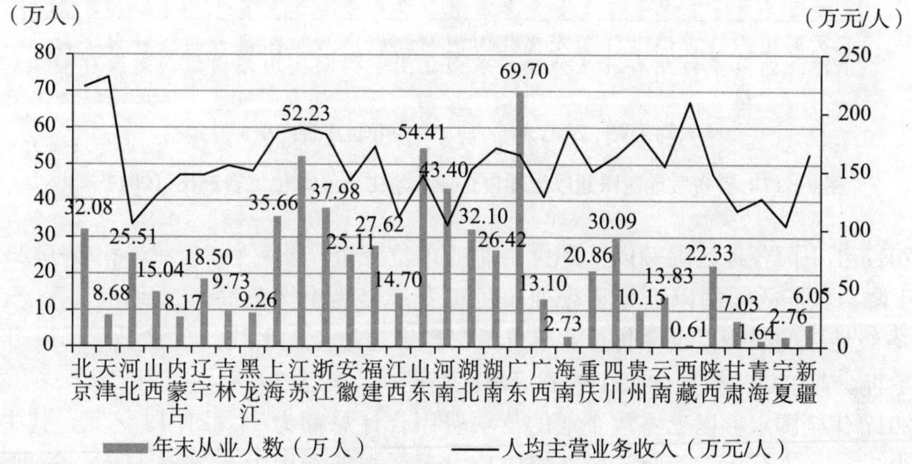

图 4－16　各省级地区限额以上零售企业年末从业人数及人均主营业务收入（2017 年）

4.2.3.4　中国省级地区零售企业工资和费用控制分析

作为劳动密集型服务类产业，用工成本是零售业运营过程中需要考虑的重要因素。2017 年中国各地区限额以上零售企业应付职工薪酬总额为 4 081.91 亿元，人均职工薪酬[③]为 6.03 万元/年，相较于 2016 年上升了 11.46%。如图 4－17 所示，2017 年中国所有省级地区限额以上零售企业人均工资均超过 3 万元/年，其中湖南、北京、上海、浙

① 本报告之企业单位资产收入指标，系根据各省级地区限额以上零售企业主营业务收入/限额以上零售企业资产总计求得。

② 本报告之人均主营业务收入指标，系根据各省级地区限额以上零售企业主营业务收入/限额以上零售企业年末从业人员数求得。

③ 本报告之人均职工薪酬指标，系根据各省级地区限额以上零售企业应付职工薪酬/限额以上零售企业年末从业人员数求得。

江、天津五地超过了 8 万元/年，分别达到 11.48 万元/年、9.55 万元/年、8.40 万元/年、8.26 万元/年、8.06 万元/年的水平，而零售企业人均工资最低的省级地区是河南，仅为 3.44 万元/年，零售业内部用工成本在不同省份间存在较大差异。

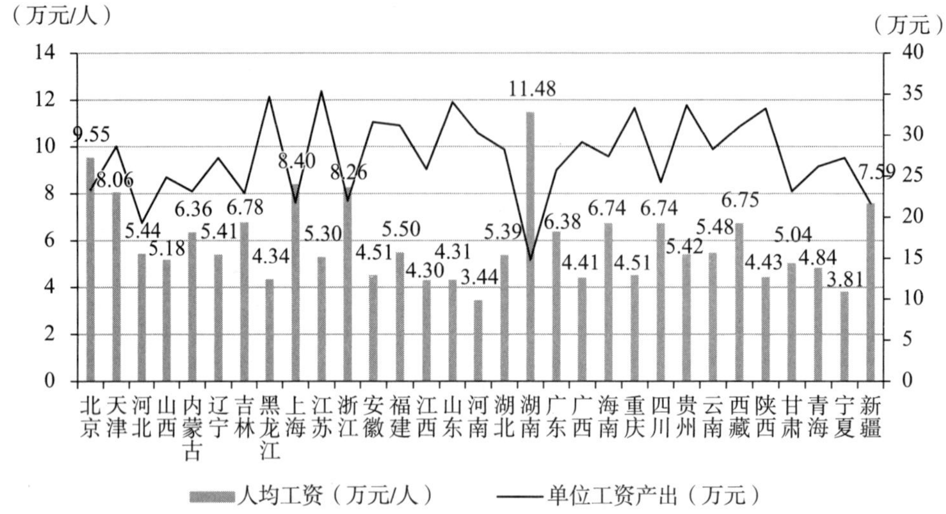

图 4-17 各省级地区限额以上零售企业人均工资及单位工资产出（2017 年）

2017 年中国各地区限额以上零售企业的单位工资产出[①]为 26.22，相较于 2016 年略有下降。江苏的限额以上零售企业单位工资产出为全国最高，达到 35.37。全国有 17 个省级地区的限额以上零售企业单位工资产出超过全国平均产出水平。2017 年限额以上零售企业单位工资产出最少的省级地区是湖南，仅为 14.82。

2017 年全国限额以上零售企业的三项费用合计总额为 11 221.43 亿元，其中销售费用为 7 239.70 亿元，管理费用 3 319.13 亿元，财务费用为 662.61 亿元，管理费用、财务费用总额与 2016 年相比有所下降。三项费用比率[②]分别为 6.77%、3.10%、0.62%，三项费用合计占主营业务收入的 10.49%，费用比率与 2016 年相比有所上升。三项费用比率在一定程度上反映一个地区限额以上零售企业在运营过程中的费用控制水平。就各省级地区而言，如图 4-18 所示，上海、青海、北京、广东、天津、宁夏、海南、辽宁、新疆、浙江的三项费用比率高于全国平均水平，其中上海最高，三项费用比率分别为 13.21%、5.38%、0.31%，合计为 18.89%。2017 年各省级地区中限额以上零售企业三项费用比率最低的是西藏，分别为 4.22%、2.51%、0.15%，合计为 6.88%。

---

① 本报告之单位工资产出指标，系根据各省级地区限额以上零售企业主营业务收入/限额以上零售企业应付职工薪酬求得。

② 本报告之三项费用比率指标，系根据各省级地区限额以上零售企业销售费用/限额以上零售企业主营业务收入、限额以上零售企业管理费用/限额以上零售企业主营业务收入、限额以上零售企业财务费用/限额以上零售企业主营业务收入求得。

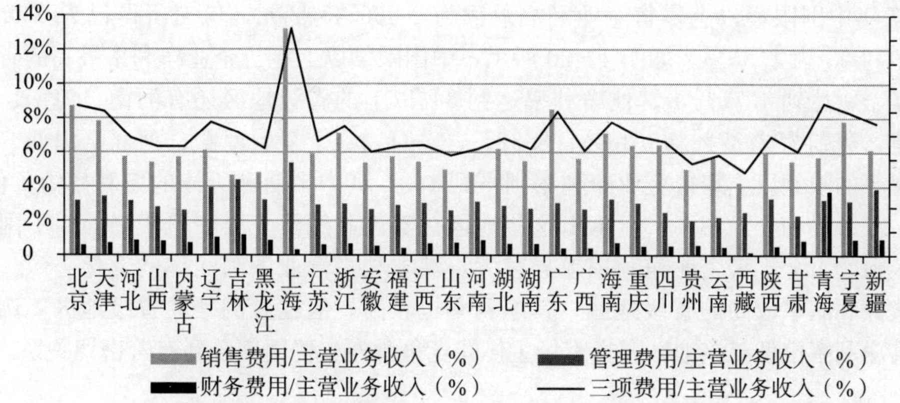

图 4－18　各省级地区限额以上零售企业三项费用比率（2017 年）

4.2.3.5　中国省级地区零售企业经营效益分析

2017 年全国限额以上零售企业平均毛利率[①]为 12.26%，如图 4－19 所示，其中上海的毛利率为 19.91%，为全国最高。高于全国平均水平的有上海、海南、广东、河南、陕西、重庆、宁夏、湖北 8 个省级地区。山西的毛利率仅为 7.25%，为全国最低。

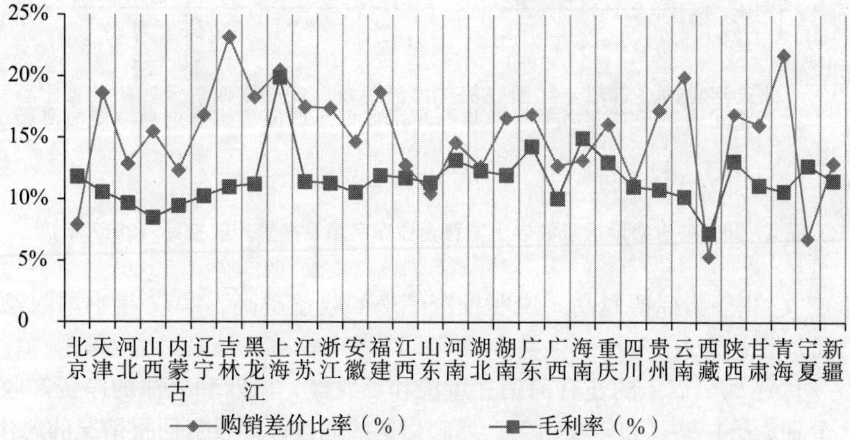

图 4－19　各省级地区限额以上零售企业毛利率、购销差价比率（2017 年）

2017 年全国限额以上零售企业平均购销差价比率[②]为 15.41%，购销差价水平超过全国平均水平的省级地区有 17 个。其中，吉林的购销差价比率为全国最高，达到了 23.19%，零售企业有着较强的议价能力。

---

①　本报告之毛利率指标，系根据各省级地区限额以上零售企业毛利润/限额以上零售企业主营业务收入求得，其中毛利润为主营业务收入与主营业务成本的差值。

②　本报告之购销差价比率指标，系根据（各省级地区限额以上零售企业商品销售额－限额以上零售企业商品购进额）/限额以上零售企业商品销售额求得。

2017年中国限额以上零售企业利润总额为2 866.45亿元，应交所得税为530.96亿元，净利率[①]为2.36%。如图4-20所示，中国限额以上零售企业净利率最高的省级地区为辽宁，达到4.71%，其他净利率达到3%以上的省级地区还有河南、海南、广东、福建，分别为3.87%、3.48%、3.32%、3.11%。宁夏、西藏、河北、山西、天津、新疆等的限额以上零售企业净利率则不到1%，其中山西和天津的净利率为负值，分别为−0.21%和−1.03%，显示出这些地区在零售业经营上面临严峻局面。中国各省级地区限额以上零售企业净利率差异较大，基本与主营业务利润率的变化一致。一般主营业务利润率较高的省级地区，其净利率也较高。但也有例外的省级地区，例如上海，其净利率偏低与该地区零售市场主体间竞争激烈、费用率较高有着密切关系。

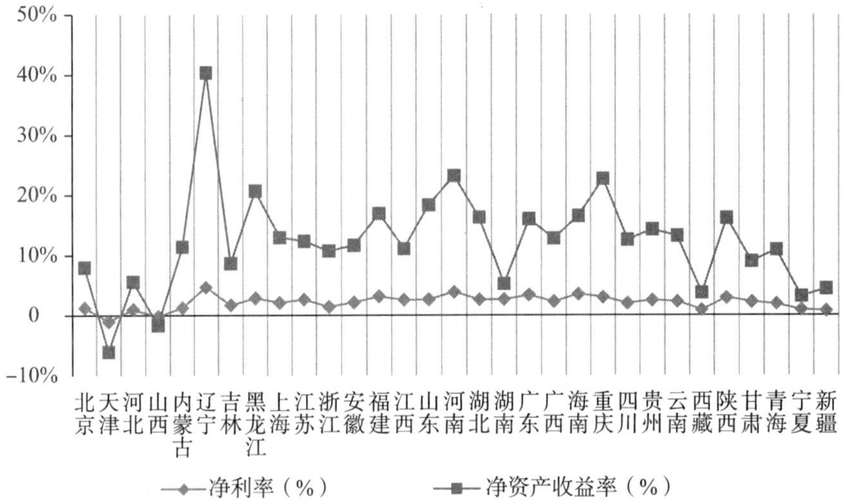

图4-20 各省级地区限额以上零售企业净利率及净资产收益率（2017年）

净资产收益率[②]指标值越高，说明投资带来的收益越高。2017年中国限额以上零售企业净资产收益率为12.83%，其中辽宁的净资产收益率最高，为40.39%。其他净资产收益率达到20%以上的还有河南、重庆和黑龙江。山西和天津的净资产收益率出现负值，分别为−1.63%和−6.04%，反映出这些地区整体投资回报情况的恶化。

4.2.4 中国省级地区连锁零售企业发展分析

2017年中国连锁零售企业实现商品销售额3.56万亿元，相较于2016年下降了0.82%。从业人员为234.92万人，比2016年减少了4.29%。门店总数有所增长，但

① 本报告之净利率指标，系根据各省级地区限额以上零售企业净利润/限额以上零售企业主营业务收入求得，其中净利润由利润总额扣除应交所得税得到。

② 本报告之净资产收益率指标，系根据各省级地区限额以上零售企业净利润/限额以上零售企业所有者权益合计求得。

营业面积有所下降。连锁企业门店总数达到 23.61 万家，较 2016 年增加了 3 659 家，增长了 1.58%。营业面积为 1.73 亿平方米，比 2016 年降低了 3.51%。

从行业口径看，综合零售行业的四项规模指标最高，商品销售额达 13 070.4 亿元，相较于 2016 年降低了 0.78%。门店总数最多，达到 67 642 家，营业面积达 8 965.06 万平方米，从业人数达 130.16 万人。从业态口径看，连锁零售企业中门店数总量超过 1 万家的业态有超市、专卖店和便利店，以及超过 12 万家的专业店（其中包括 33 321 家加油站）。

中国各省级地区的连锁零售业发展与运营基本情况数据见附表 4 - 3“中国各省级地区连锁企业运营情况基本数据（2017）”。

4.2.4.1　中国省级地区连锁零售企业门店分析及单店销售分析

2017 年中国连锁零售企业在各省级地区的分布很不均匀，如图 4 - 21 所示，各省级地区的门店数量差异很大，广东、浙江、江苏、上海、山东、重庆、四川、福建拥有 1 万家以上连锁零售企业门店。其中，广东的连锁零售企业门店数量最多，为 27 542 家。而海南、内蒙古、青海、西藏等地的连锁零售企业门店数量尚未到 1 000 家。2017 年中国连锁零售企业单店销售额[①]全国平均值为 1 509 万元。超过 3 000 万元的省级地区有陕西、北京。其中，陕西的连锁零售企业发展呈现出门店数量少但单店销售额较大的特点。2017 年中国各省级地区中连锁零售企业单店销售额最低的 5 个省级地区为内蒙古、贵州、四川、重庆、西藏。

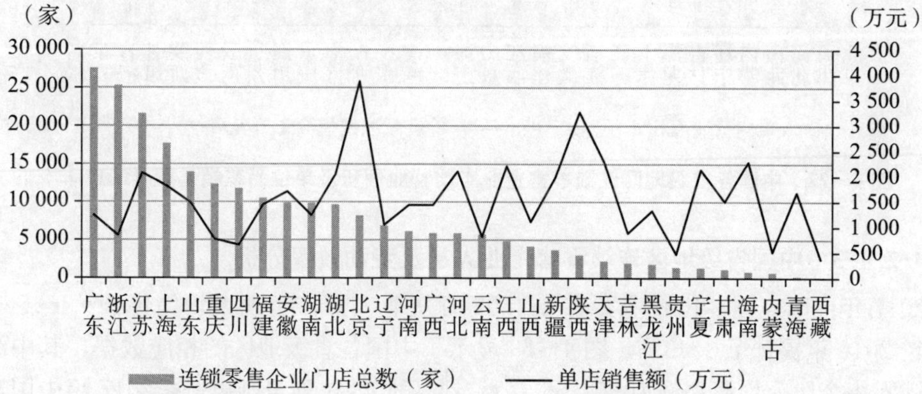

图 4 - 21　中国各省级地区连锁零售企业门店总数及单店销售额（2017 年）

4.2.4.2　中国省级地区连锁零售企业营业面积及坪效分析

2017 年中国连锁零售企业营业面积为 1.73 亿平方米，连锁零售企业店均营业面积[②]为 733.99 平方米。如图 4 - 22 所示，中国各省级地区连锁零售企业店均营业面

① 本报告之单店销售额指标，系根据各省级地区连锁零售企业销售额/连锁零售企业门店数求得。

② 本报告之店均营业面积指标，系根据各省级地区连锁零售企业营业面积/连锁零售企业门店数求得。

积超过 1 000 平方米的有宁夏、山东、河北、北京、福建、江苏、青海 7 个省级地区，其中店均营业面积最高的省级地区为宁夏。店均营业面积低于 500 平方米的省级地区有黑龙江、西藏、海南、浙江、云南、重庆、吉林、四川、贵州 9 个省级地区，其中吉林的连锁零售企业企均营业面积仅为 304.18 平方米，连锁零售企业经济规模较小。

从坪效指标看，2017 年中国连锁零售企业单位面积销售额①为 2.06 万元/平方米，较 2016 年有所回升。图 4－22 显示了中国各省级地区的相应数据，其中海南的单位面积销售额为全国最高，达 4.84 万元/平方米，地区连锁零售企业发展差异较大，这与当地的经济发展程度、居民购买力水平、开店及用工成本、消费品偏好及购买行为密切相关，中国大部分地区的连锁零售企业销售能力和获利能力都有待提高。

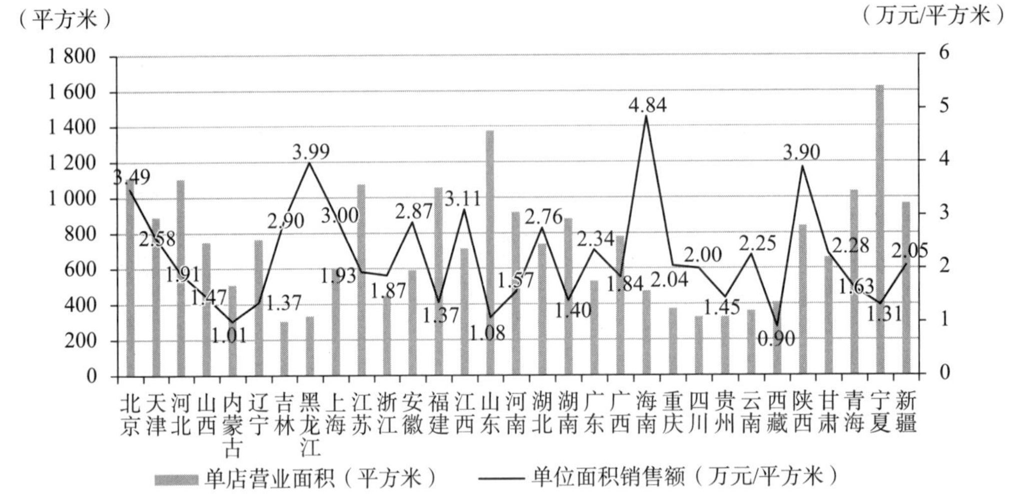

图 4－22　中国各省级地区连锁零售企业店均营业面积及单位面积销售额（2017 年）

4.2.4.3　中国省级地区连锁零售企业人员及劳动效率分析

2017 年中国连锁零售企业共有 234.92 万从业人员，实现人均销售额② 151.66 万元，较 2016 年提升了 3.43%。图 4－23 显示了中国各省级地区的相应数据，其中海南的连锁零售企业人均销售额为 347.56 万元，取代陕西位列全国第一。2017 年中国连锁零售企业人均销售额高于 200 万元的省级地区还有陕西、江西、河北和新疆。但是，四川、贵州、内蒙古、青海、西藏等的连锁零售企业人均销售额都低于 100 万元，其中西藏连锁零售企业人均销售额仍为最低，仅 34.13 万元。各省级地区人均销售额的标准差由 2016 年的 53.50 上升为 63.20，省际劳动效率差异进一步扩大。

① 本报告之单位面积销售额指标，系根据各省级地区连锁零售企业销售额/连锁零售企业营业面积求得。

② 本报告之人均销售额指标，系根据各省级地区连锁零售企业销售额/连锁零售企业从业人员数求得。

2017 年中国连锁零售企业单店从业人数[①]平均为 10 人。除北京、青海外，其余大部分省级地区的单店从业人员数都在 20 人以下。单店从业人员数最少的省级地区是浙江，仅为 6 人左右，其人均销售额为 149.66 万元/年。

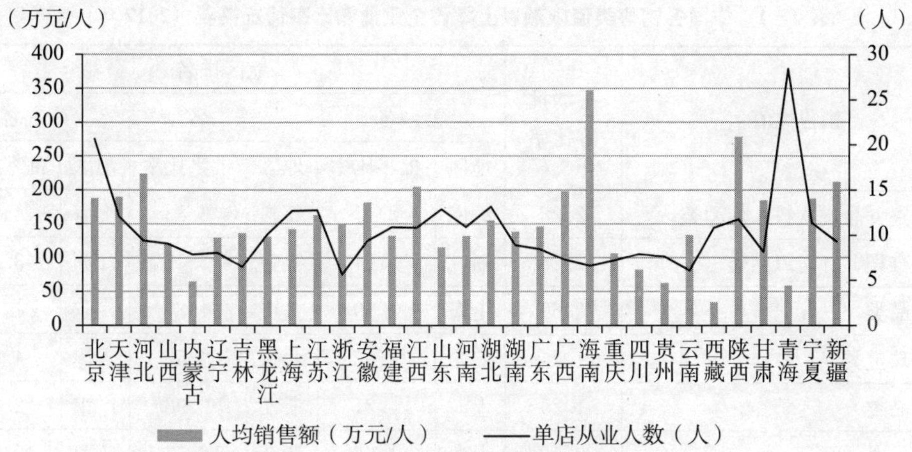

图 4－23　中国各省级地区连锁零售企业人均销售额及单店从业人数（2017 年）

4.2.5　中国省级地区类别商品及零售分行业发展分析

本部分主要搜集整理了中国 31 个省、自治区、直辖市的限额以上零售业的按登记注册类型和国民经济行业划分的不同零售类别的法人企业数、年末从业人数、购进总额、销售总额、期末商品库存额、资产合计及主营业务收入，以及按照销售类值划分的 14 种主要零售类别商品的批发额、零售额及批零比率[②]。本部分重点监测了包含综合零售、食品、纺织、医药、家用电器等在内的 9 个国民经济行业的限额以上零售企业分省区的基本情况、流转效率、资产规模和利润状况。

4.2.5.1　中国省级地区主要类别商品批零比率分析

批零比率可以反映各省级地区在主要类别商品方面的流通渠道状况和商业辐射能力。2017 年中国各销售类值限额以上零售企业批零比率情况摘要如表 4－1 所示，完整数据可见附表 4－4“中国各省级地区限额以上零售企业各销售类值批零比率（2017 年）”。

表 4－1 为 2017 年中国各销售类值限额以上零售企业批零比率情况摘要。就平均批零比率而言，2017 年各销售类值中最高的为通信器材类，达到 3.59。最低的为家具类，仅为 0.31。各销售类值平均批零比率的差异反映了不同类型商品适应的不同流通结构，通信器材类和文化办公用品类等以批发为主，家具类、化妆品类和电子出版物

① 本报告之单店从业人数指标，系根据各省级地区连锁零售企业从业人员数/连锁零售企业门店数求得。

② 本报告之批零比率指标，系根据各省级地区各类值零售企业批发额/零售额求得。

及音像制品类等以零售为主。就地区排名而言，各销售类值批零比率排名前三的名单中，上海和广东都出现了8次，浙江出现了6次，北京出现了4次，这反映了这些省级地区综合而强大的商贸辐射能力。

表4-1 中国各销售类值限额以上零售企业批零比率情况摘要（2017年）

销售类值	平均批零比率	地区排名					
		第一名		第二名		第三名	
		地区	批零比率	地区	批零比率	地区	批零比率
粮油、食品、饮料、烟酒类	2.28	海南	8.07	新疆	5.83	上海	4.93
服装鞋帽、针纺织品类	1.28	浙江	3.91	福建	3.46	江苏	3.15
化妆品类	0.62	上海	1.99	重庆	1.87	广东	1.33
金银珠宝类	1.46	广东	5.02	北京	4.52	天津	4.21
日用品类	1.25	上海	4.21	浙江	2.98	广东	2.87
五金、电料类	2.55	上海	64.67	浙江	16.67	广西	13.00
体育、娱乐用品类	1.88	北京	6.23	上海	4.87	重庆	1.95
书报杂志类	0.81	青海	2.03	广东	1.65	北京	1.56
电子出版物及音像制品类	0.48	浙江	2.86	上海	2.19	云南	1.33
家用电器和音像器材类	1.12	北京	2.97	广东	2.09	浙江	2.01
中西药品类	2.04	海南	25.97	西藏	22.56	天津	18.50
文化办公用品类	3.30	广东	7.50	上海	7.36	安徽	4.01
家具类	0.31	天津	2.46	浙江	1.91	广东	1.67
通信器材类	3.59	上海	7.41	广东	7.16	贵州	4.81

4.2.5.2 中国省级地区零售分行业发展分析

2017年中国各省级地区分行业限额以上零售企业发展情况摘要如表4-2所示。各指标的具体情况详见附表4-5“中国各省级地区分行业限额以上零售企业库存占销售额比重（2017年）”、附表4-6“中国各省级地区分行业限额以上零售企业平均销售额（2017年）”、附表4-7“中国各省级地区分行业限额以上零售企业人均销售额（2017年）”、附表4-8“中国各省级地区分行业限额以上零售企业净利率（2017年）”。

从存货周转情况看，2017年中国各零售子行业中限额以上零售企业的库存占销售额比重最小的为无店铺及其他行业，仅为4.56%，占比最大的为文化、体育用品及器材行业，达到19.70%。库存占销售额的比重越小，代表零售企业的存货周转情况越好。

从企业平均销售额看，2017年中国限额以上零售企业平均销售额最高的零售子行业为综合零售行业，达到18 658.20万元，最低的食品、饮料及烟草制品行业仅为4 516.74万元。

从人均销售额来看，2017年中国限额以上零售企业人均销售额最高的零售子行业为汽车、摩托车、燃料及零配件行业，达到331.82万元，最低的医药及医疗器材行业为99.64万元。

从净利率来看，2017中国限额以上零售企业净利率最高的零售子行业为食品、饮料及烟草制品行业，达到5.76%，最低的无店铺及其他行业为1.60%。

表4-2　中国各省级地区分行业限额以上零售企业发展情况（2017年）①

零售子行业	库存占销售额比重①			平均销售额（万元）		
	全国平均值	最低值		全国平均值	最高值	
		地区	数值		地区	数值
综合零售	11.90%	北京	4.95%	18 658.20	北京	75 622.06
食品、饮料及烟草制品	7.73%	湖北	4.76%	4 516.74	西藏	14 880
纺织、服装及日用品	16.82%	福建	5.14%	10 699.07	上海	54 843.94
文化、体育用品及器材	19.70%	云南	6.41%	7 553.77	北京	33 365.33
医药及医疗器材	11.73%	广西	8.06%	11 392.90	北京	35 176.85
汽车、摩托车、燃料及零配件	8.22%	湖南	5.49%	15 266.97	海南	50 099.05
家用电器及电子产品	9.12%	上海	5.52%	8 850.27	北京	85 963.58
五金、家具及室内装饰材料	6.83%	青海	0.001 3%	5 376.81	新疆	20 319.15
无店铺及其他	4.56%	天津	0.61%	13 180.59	上海	100 992

零售子行业	人均销售额（万元）			净利率		
	全国平均值	最高值		全国平均值	最高值	
		地区	数值		地区	数值
综合零售	104.77	吉林	215.33	2.28%	海南	5.99%
食品、饮料及烟草制品	111.17	西藏	346.05	5.76%	广东	13.65%
纺织、服装及日用品	103.38	西藏	810.03	3.86%	西藏	37.61%
文化、体育用品及器材	137.28	福建	310.64	4.34%	安徽	9.49%
医药及医疗器材	99.64	北京	310.09	5.25%	辽宁	64.70%
汽车、摩托车、燃料及零配件	331.82	上海	470.20	1.64%	广东	2.98%
家用电器及电子产品	211.20	北京	412.11	1.67%	河南	4.23%
五金、家具及室内装饰材料	175.99	青海	551.40	5.37%	山西	10.08%
无店铺及其他	290.86	辽宁	608.07	1.60%	云南	18.38%

①本报告之库存占销售额比重指标，系根据各省级地区各类值零售企业期末商品库存额/商品销售额求得。

4.3 中国地级及以上城市零售业发展分析报告

本部分监测分析中国各省份（不含港澳台地区）全部的地级及以上城市零售业基本数据，使用宏观经济状况、城市及市辖区消费市场规模、居民收入状况、用工成本、零售业发展集中度等指标，在城市间进行横向与纵向比较，以分析中国零售业在地级及以上城市发展所处的经济环境及发展状况。本部分数据的主要来源是国研网城市数据库，本报告据此编制了附表 4－9“中国地级及以上城市零售与消费发展基本数据（2017 年）”。

2017 年中国地级及以上行政区划（不含港澳台地区）共有 338 个。本报告今年监测分析了其中 288 个地级及以上城市的相关数据。附表 4－9 显示的是中国地级及以上城市的 GDP、人均 GDP、社会消费品零售总额、人均社会消费品零售总额、人口以及城镇居民人均可支配收入等核心数据在不同水平上的分布情况。其中，人口数据以各地级及以上城市的年末常住人口数为准。附表 4－10“中国地级及以上城市发展基本情况及区间分组表（2017 年）”、附表 4－11“中国地级及以上城市排名（前 30 名）（2017 年）”则分别反映了这些核心数据的区间分组情况和前 30 名的排名情况。

4.3.1 中国地级及以上城市 GDP 发展分析

4.3.1.1 中国地级及以上城市 GDP 发展总体分析

2017 年中国地级及以上城市 GDP 基本情况及区间分组见附表 4－10“中国地级及以上城市发展基本情况及区间分组表（2017 年）”。城市 GDP 处于万亿级别的有上海、北京、深圳、广州、重庆、天津、苏州、成都、武汉、杭州、南京、青岛、长沙、无锡 14 个城市，比 2016 年增加 2 个，这些城市 GDP 总和占全国 GDP 的 29.44%，相较于 2016 年，其比重上升了 5.27 个百分点。2017 年上海 GDP 仍居全国城市 GDP 榜首，达到 3.06 万亿元。中国 GDP 水平在 8 000 亿～10 000 亿元的城市有 3 个，分别是宁波、佛山和郑州，占全国 GDP 的 3.48%。中国 GDP 水平在 5 000 亿～8 000 亿元的城市有 22 个，占全国 GDP 的 17.43%。中国 GDP 水平在 2 000 亿～5 000 亿元的城市有 82 个，占全国 GDP 的 29.99%。其余地级市 GDP 水平在 2 000 亿元以下，其中 76 个城市的 GDP 水平在 1 000 亿元以下，比 2016 年减少了 5 个。2017 年，中国城市 GDP 不足 250 亿元的城市仅有 3 个，分别是嘉峪关、金昌和七台河，其中嘉峪关仍为最少，仅有 210.99 亿元。

就人均 GDP 而言，2017 年人均 GDP 超过 10 万元的城市共 33 个，其中人均 GDP 超过 15 万元的城市为 3 个，深圳人均 GDP 居首位，为 17.95 万元。东营和鄂尔多斯紧随其后，分别为 17.64 万元和 17.30 万元。2017 年人均 GDP 在 5 万～10 万元的城市有 103 个，较 2016 年减少了 2 个。其余地级市人均 GDP 水平均在 1 万～5 万元。

4.3.1.2　中国城市 GDP 排名前 30 位的地级及以上城市分析

2017 年中国地级及以上城市 GDP 及人均 GDP 排名（前 30 名）见附表 4 - 11“中国地级及以上城市排名（前 30 名）（2017 年）”。2017 年中国 GDP 排名前 10 位的城市，分别是上海、北京、深圳、广州、重庆、天津、苏州、成都、武汉和杭州。前 10 位城市的 GDP 总和占全国 GDP 的 24.10%，比重较 2016 年上升了 2.41%。2017 年中国 GDP 排名前 10 位的城市 GDP 均值为 1.98 万亿元，是全国各地级及以上城市 GDP 均值的 6.78 倍。2017 年中国 GDP 排名前 30 位的城市，其 GDP 总和占全国 GDP 的 44.23%，较 2016 年上升了 4.63%。

2017 年中国人均 GDP 排名前 10 位的城市，分别是深圳、东营、鄂尔多斯、克拉玛依、苏州、无锡、广州、珠海、包头、南京。2017 年中国 GDP 排名前 10 位城市的人均 GDP 均值为 15.90 万元，是全国各地级及以上城市人均 GDP 均值的 2.76 倍，其中人均 GDP 最高的城市深圳的人均 GDP 是全国各地级及以上城市平均水平的 3.11 倍。

4.3.1.3　中国地级城市市辖区 GDP 分析

2017 年中国地级城市市辖区 GDP 超过万亿元的城市有上海、北京、深圳、广州、重庆、天津、武汉、南京、杭州和成都，分别为 3.06 万亿元、2.80 万亿元、2.25 万亿元、2.15 万亿元、1.94 万亿元、1.85 万亿元、1.34 万亿元、1.17 万亿元、1.16 万亿元和 1.10 万亿元。市辖区 GDP 最低的城市仍为黑河，仅为 34.95 亿元。2017 年中国地级城市市辖区 GDP 占城市 GDP 比重[①]总体较高，如图 4 - 24 所示，115 个城市的市辖区 GDP 占城市 GDP 比重在 50%以上，而市辖区 GDP 占城市 GDP 比重不到 20%的城市只有 19 个，占全国城市比重的 6.62%。

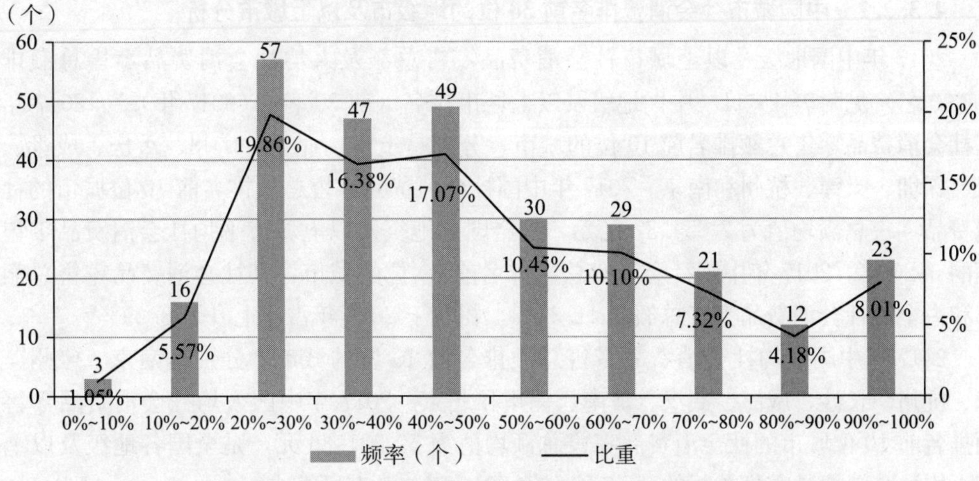

图 4 - 24　中国地级城市市辖区 GDP 占全市比重的频率分布（2017 年）

① 本报告之市辖区 GDP 占城市 GDP 比重指标，系根据各市市辖区生产总值/全市生产总值求得。

4.3.2 中国地级及以上城市社会消费分析

4.3.2.1 中国地级及以上城市社会消费总体分析

2017 年中国地级及以上城市社会消费基本情况及区间分组见附表 4 - 10 “中国地级及以上城市发展基本情况及区间分组表（2017 年）”。社会消费品零售总额超过 6 000 亿元的城市为上海、北京、广州、重庆、成都、武汉、深圳，7 个城市合计占全国社会消费品零售总额的 16.24%。2017 年社会消费品零售总额在 4 000 亿～6 000 亿元的城市有 12 个，分别是天津、杭州、南京、苏州、长沙、青岛、西安、福州、济南、郑州、宁波、哈尔滨，占全国社会消费品零售总额的 15.40%。社会消费品零售总额在 1 000 亿～4 000 亿元的城市有 74 个，占全国社会消费品零售总额的 37.38%。2017 年中国有 195 个城市的社会消费品零售总额低于 1 000 亿元，其中社会消费品零售总额低于 500 亿元的城市有 91 个。社会消费品零售总额的大小不仅仅取决于当地的经济状况和人口总量，也和当地流通产业的发展情况密切相关。

2017 年中国人均社会消费品零售总额①最高的城市是南京，为 67 242.47 元。全国有 109 个城市的人均社会消费品零售总额超过全国人均社会消费品零售总额水平，264 个城市的人均社会消费品零售总额超过 10 000 元。但中国各城市之间的零售业发展仍存在明显的差距，有 3 个城市的 2017 年人均社会消费品零售总额低于 5 000 元。总体来看，随着越来越多城市的人均社会消费品零售总额进入万元时代，消费对经济增长的拉动作用将更为显著。中国消费品市场将进入更加广阔、容量更加巨大的发展空间，居民消费需求将呈现升级、丰富、多元的特征，市场将充满更多商机。

4.3.2.2 中国城市社会消费排名前 30 位的地级市及以上城市分析

2017 年中国地级及以上城市社会消费品零售总额及人均社会消费品零售总额排名（前 30 名）见附表 4 - 11 “中国地级及以上城市排名（前 30 名）（2017 年）”。2017 年中国社会消费品零售总额排名前 10 位的城市，分别是上海、北京、广州、重庆、成都、武汉、深圳、天津、杭州和南京。2017 年中国社会消费品零售总额排名前 10 位城市的社会消费品零售总额均值为 7 654.37 亿元，是全国各地级及以上城市平均社会消费品零售总额的 6.26 倍。2017 年中国社会消费总量排名前 30 位的城市，其社会消费品零售总额的总和占全国社会消费品零售总额的 41.34%，相较于 2016 年占比上升了 3.29%。

2017 年中国人均社会消费品零售总额排名前 10 位的城市，分别是南京、广州、珠海、杭州、长沙、威海、武汉、济南、福州和北京。2017 年中国人均社会消费品零售总额排名前 10 位城市的社会消费品零售总额均值为 59 231.86 元，是全国各地级及以上城市人均社会消费品零售总额的 2.53 倍，较 2016 年差距有所缩小。

---

① 本报告之人均社会消费品零售总额指标，系根据各市社会消费品零售总额/该市年末常住总人口求得。

4.3.2.3　中国地级城市市辖区社会消费分析

2017 年市辖区社会消费品零售总额在 6 000 万元以上的城市有上海、北京、广州、重庆、武汉、深圳，其社会消费品零售总额分别为 11 830.30 万元、11 575.40 万元、9 402.59 万元、7 082.40 万元、6 196.30 万元和 6 016.19 万元。2017 年中国有 148 个城市市辖区的社会消费品零售总额占城市社会消费品零售比重[①]在 50%以上，而中国城市的市辖区社会消费品零售总额占城市社会消费品零售比重低于 20%的城市有 10 个[②]。

4.3.3　中国地级及以上城市人口、工资与消费倾向分析

4.3.3.1　中国地级及以上城市人口、工资与消费倾向总体分析

2017 年中国地级及以上城市人口、工资与消费倾向基本情况及区间分组见附表 4-10 “中国地级及以上城市发展基本情况及区间分组表（2017 年）”。2017 年年末全国总人口（不含港澳台地区）为 13.90 亿人，其中重庆有 3 075.16 万人，为全国年末常住人口最多的城市。2017 年年末常住人口超过 1 000 万人的城市有 14 个，人口总数占全国人口总数的 15.18%。中国地级及以上城市年末总人口低于 100 万人的城市有 9 个，其中嘉峪关的年末常住人口仅为 24.98 万人，为年末常住人口最少的地级城市。已有地级及以上城市的数据显示，中国地级及以上城市的平均年末常住人口为 461.16 万人，城市总体人口规模较大[③]。

2017 年中国地级及以上城市的职工平均工资超过 9 万元的有 14 个，其中北京的职工平均工资为 13.50 万元，为全国最高，上海、拉萨、牡丹江、南京、深圳的职工平均工资也超过 10 万元。2017 年中国地级及以上城市的职工平均工资的均值为 6.50 万元，其中全国有 120 个城市的职工平均工资高于全国平均水平。伊春为全国职工平均工资最低的城市，其职工平均工资仅为 3.87 万元。

2017 年中国地级及以上城市的平均消费倾向[④]为 0.35，该指标采用人均社会消费品零售额与职工平均工资的比值近似得到。全国有 126 个地级及以上城市的消费倾向超过全国平均水平，其中威海、珠海、呼和浩特、淄博、包头、福州、武汉 7 个城市的消费倾向超过 0.7，而中卫、普洱、毕节、铜仁、陇南、固原、定西、昭通 8 个城市的消费倾向则不足 0.1，消费倾向偏低。

---

① 本报告之市辖区社会消费品零售总额占城市社会消费品零售总额比重指标，系根据各市市辖区社会消费品零售总额/全市社会消费品零售总额求得。

② 由于统计数据缺失，本报告中的市辖区社会消费品零售总额指标不含东莞、中山、齐齐哈尔、嘉峪关 4 个城市的相关数据。

③ 由于统计数据缺失，本报告中的地级市年末常住人口指标暂不含长春、吉林、四平、辽源、通化、松原、白城、齐齐哈尔、鸡西、鹤岗、双鸭山、大庆、佳木斯、七台河、牡丹江、绥化共 16 个城市的相关数据。

④ 本报告之平均消费倾向指标，系根据各市人均社会消费品零售额/该市职工平均工资求得。

4.3.3.2 中国城市估计消费倾向排名前 30 位的地级市及以上城市分析

2017 年中国地级及以上城市估计消费倾向排名（前 30 名）见附表 4－11“中国地级及以上城市排名（前 30 名）（2017 年）”。2017 年中国城市估计消费倾向排名前 10 位的地级及以上城市分别是威海、珠海、呼和浩特、淄博、包头、福州、武汉、长沙、烟台和济南，其估计消费倾向均值为 0.74，是前 30 名城市估计消费倾向均值 0.66 的 1.13 倍，是全国城市估计消费倾向均值 0.35 的 2.09 倍。城市间的巨大差异，反映了中国零售业地域发展的不平衡性。

4.3.3.3 中国地级城市市辖区人口及零售业发展集中度分析

2017 年全国市辖区年末常住人口①超过 1 000 万人的城市有上海、重庆、北京、天津、广州、深圳和武汉，市辖区年末常住人口分别为 2 418.33 万人、2 223.37 万人、2 170.70 万人、1 556.87 万人、1 450 万人、1 252.83 万人和 1 089.29 万人，人口密度较大。市辖区年末常住人口最少的城市为丽江，人口仅有 16.78 万人。如图 4－25 所示，2017 年中国地级城市市辖区户籍人口占全市年末总户籍人口的比重②中有 64 个城市超过 50%③，而该比重不足 20%的城市有 68 个，占全国城市的比重为 23.94%。

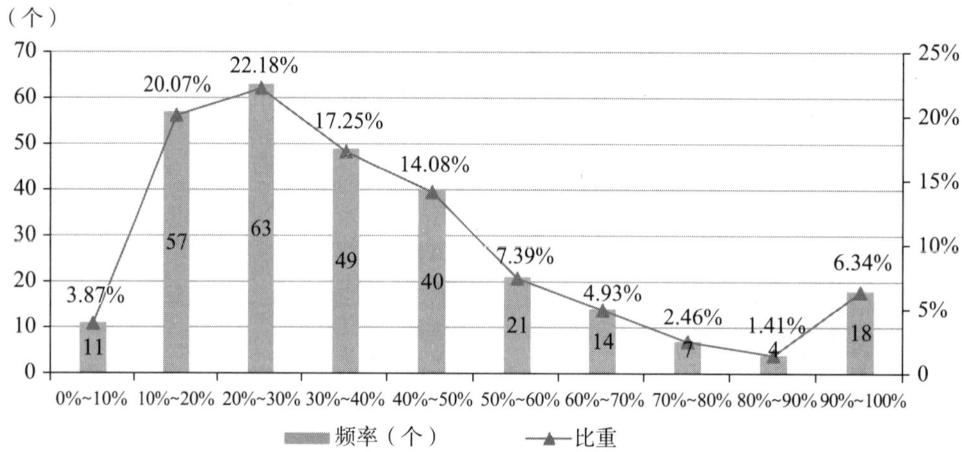

图 4－25 中国地级城市市辖区年末户籍人口占全市比重的频率分布（2017 年）

本报告使用各地级市市辖区社会消费品零售额占比与年末常住人口占比的比值表示该市辖区零售业发展的相对集中度，其中比值越大于 1，表示该经济区单位人口基础

---

① 本报告之市辖区年末常住人口指标，是一个近似推断性指标，系根据各市年末常住人口×市辖区户籍人口占全市年末户籍人口比重求得。

② 本报告之市辖区户籍人口占全市年末户籍人口比重指标，系根据各市市辖区年末户籍人口/全市年末户籍人口求得。

③ 由于统计数据缺失，本报告中的市辖区户籍人口指标不含青岛、东莞、中山、嘉峪关 4 个城市的相关数据。

上的零售业发展的集中度越高。2017年各地级市市辖区社会消费品零售额占比与年末总人口占比的比值的均值为1.66。如图4-26所示，地级城市市辖区零售业发展集中度主要在1.00～2.00，占地级城市总数的68.66%。市辖区零售业发展集中度不到1.00的城市数目较少，仅占9.33%。这说明在除去人口分布的因素以外，大部分城市的市辖区仍具有较大强的消费吸引力，同时零售业发展集中度也较高。2017年中国城市市辖区集中度排名前10位的地级及以上城市分别是怀化、六盘水、丽江、普洱、百色、衡阳、河源、郴州、晋城和长治，位居前30位的地级及以上城市名单可见附表4-11“中国地级及以上城市排名（前30名）（2017年）”。

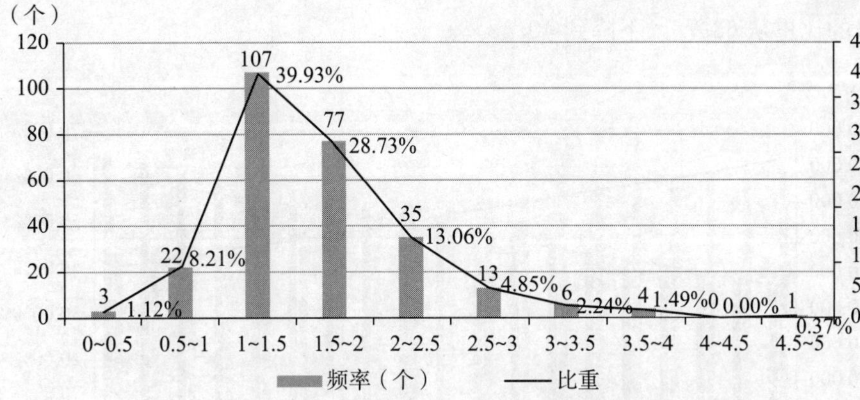

图4-26　中国地级城市零售业发展集中度的频率分布（2017年）

4.3.4　中国地级及以上城市商业贸易辐射能力分析

4.3.4.1　中国地级及以上城市商业贸易辐射能力两极分化严重

2017年中国地级及以上城市的商业贸易辐射能力[①]的均值为1.08，该指标反映的是超出本地消费需求的商品流通能力，即辐射能力。全国有90个地级及以上城市的商业贸易辐射能力超过全国平均水平，其中厦门的商业贸易辐射能力位居第一，为8.12。全国有192个地级及以上城市的商业贸易辐射能力不到1，其中汉中的商业贸易辐射能力仅为0.13，为全国最低。

4.3.4.2　商贸辐射能力排名前10位的城市具有公认的区域流通中心地位

2017年中国商业贸易辐射能力位居前10位的地级及以上城市，分别是厦门、上海、北京、天津、宁波、深圳、乌鲁木齐、舟山、杭州和鄂尔多斯，区域商贸流通中心地位显著。2017年中国商业贸易辐射能力位居前30位的地级及以上城市，如附表4-11“中国地级及以上城市排名（前30名）（2017年）”所示。

① 本报告之商业贸易辐射能力指标，系根据各市限额以上批发零售贸易业商品销售总额/该市社会消费品零售总额求得。

4.4 中国农村零售业发展分析报告

4.4.1 中国农村地区人口与收支分析

中国城镇化水平不断提升。如图 4－27 所示，2018 年，中国年末总人口（不含港澳台地区）为 13.95 亿人，其中农村人口为 5.64 亿人，城镇人口为 8.31 亿人。2000 年以来，中国城镇化水平不断提升，从 2000 年的 36.22%，逐年提升到了 2018 年的 59.58%。中国农村人口数量从 2000 年的 8.08 亿下降到 2018 年的 5.64 亿，农村人口占总人口的比重从 63.78%下降到 40.42%。

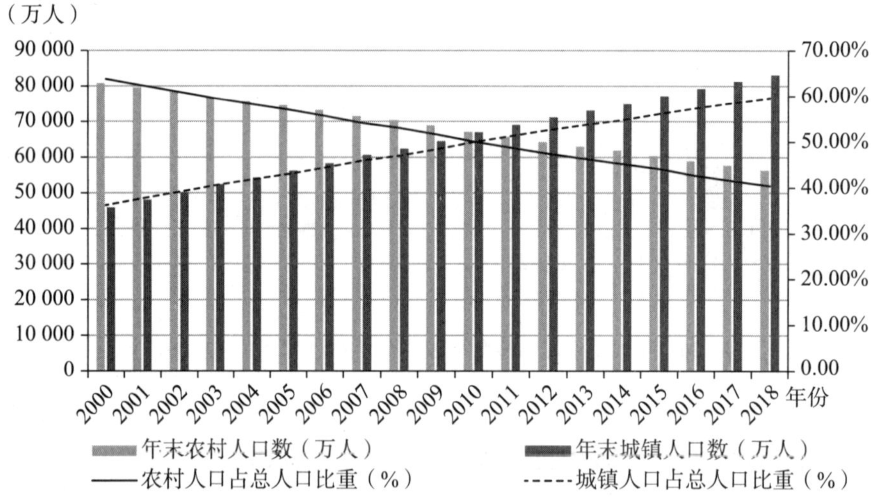

图 4－27 中国农村人口变动及城市化率（2000—2018 年）

2018 年中国农村居民家庭人均可支配收入首次突破 1.4 万元大关，达到 14 617 元，较 2017 年上涨了 8.82%，增速略有增加，农村消费市场潜力进一步释放。如图 4－28 所示，2018 年城镇居民家庭人均可支配收入为 39 251 元，城乡差距为 2.46 万元，城乡收入比为 2.67。就城乡收入差距而言，自 2014 年以来，中国农村居民家庭人均纯收入增长率始终高于中国城镇家庭人均可支配收入增长率，城乡收入差距持续缩小。

如图 4－29 所示，2018 年中国农村居民人均消费性支出为 1.21 万元，同期中国城镇居民家庭人均消费性支出为 2.61 万元。自 2014 年以来，农村居民消费性支出增长率一直高于城市 2～3 个百分点，整体城乡消费支出差距明显缩小。从城乡差距值看，中国城镇居民家庭人均消费性支出与农村居民人均消费性支出的比值由 2005 年的 3.07 逐渐下降为 2018 年的 2.15。中国农村居民消费性支出的持续快速增长，带来了中国农村商业和零售的持续繁荣。

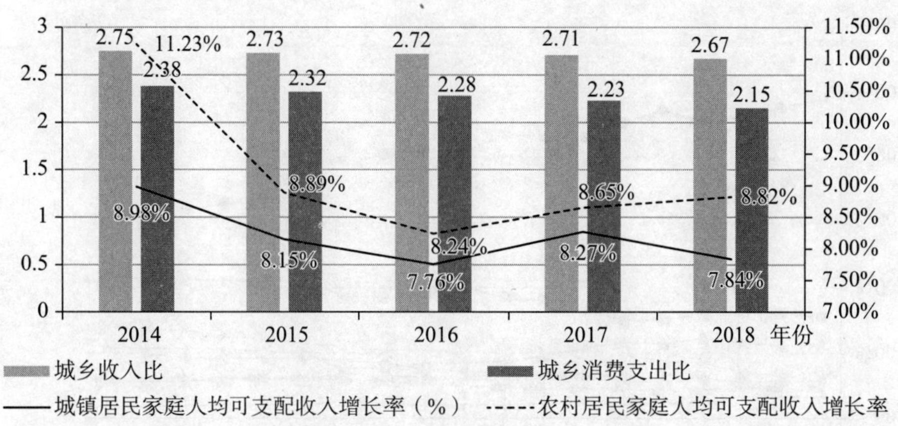

图 4－28　中国城乡居民收入增长率及城乡收、支比（2014—2018 年）

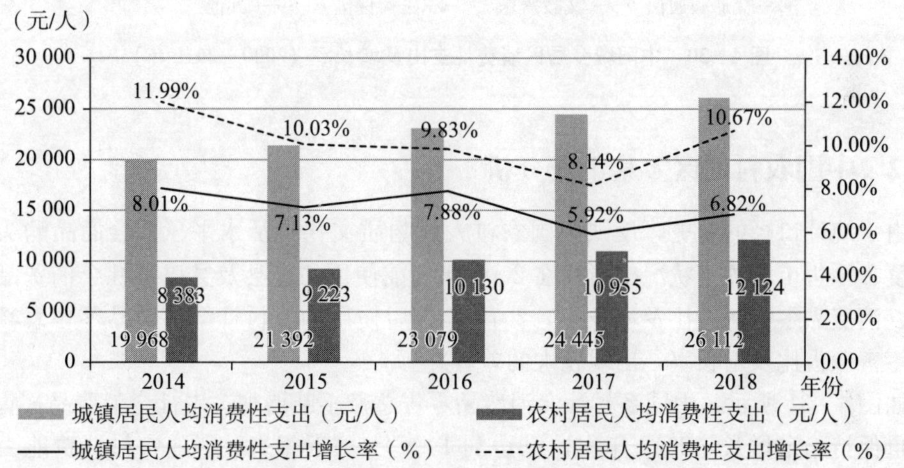

图 4－29　中国城乡居民消费性支出及增长率（2014—2018 年）

农村居民消费结构[①]明显升级。2000—2018 年，中国农村居民食品支出的比重从 49.13%下降到 30.07%，反映出农村居民的恩格尔系数逐渐降低，生活水平有所提高。家庭设备及服务支出的比重从 4.52%上升到 5.94%，居住支出的比重从 15.47%上升到 21.95%，医疗保健支出的比重从 5.24%上升到 10.23%，交通通信支出的比重从 5.58%上升到 13.94%，衣着支出的比重从 5.75%下降到 5.34%，教育文化娱乐服务支出的比重则从 11.18%下降到 10.74%。如图 4－30 所示，农村居民消费支出比重排序从食品、居住、教育文化娱乐、衣着、交通通信、家庭设备及用品、医疗保健，转变成了食品、居住、交通通信、教育文化娱乐、医疗保健、家庭设备及用品、衣着。未来中国农村居民的消费结构将进一步升级。

① 本报告之消费结构指标，系使用各项消费占总消费比重衡量。

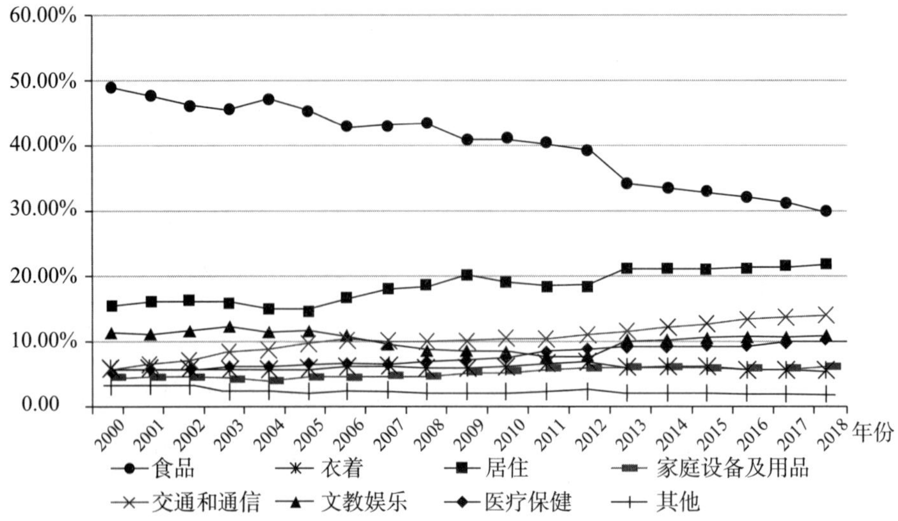

图 4-30　中国城乡居民消费性支出及增长率（2000—2018 年）

4.4.2　中国农村地区零售消费分析

由于统计口径的变更，反映中国农村人民物质文化生活水平、社会商品购买力实现程度、零售市场规模状况的指标在 2009 年之前使用的是县及县以下社会消费品零售总额、消费品零售额占比及增长率，2010 年以后使用的乡村社会消费品零售总额、消费品零售额占比及增长率，出现较大的差异。

如图 4-31 所示，中国乡村社会消费品零售总额不断增加，占社会消费品零售总额的比重保持稳定增长，2018 年占比已达到 14.53%。近年来，伴随农村消费能力增长和国家的大力支持，农村社会消费品零售总额增长率自 2012 年开始一直高于城市。虽然随着市场规模基数的扩大，农村消费品零售额的增速在近几年也呈现波动下降的趋势，但其绝对增量一直稳定在每年 5 000 亿元左右，2018 年总量达 55 350 亿元。

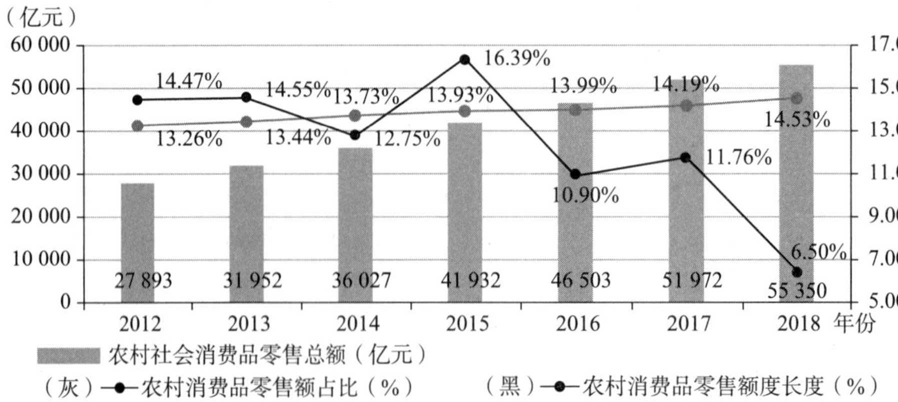

图 4-31　中国农村社会消费品零售总额及增速（2012—2018 年）

从中国农村市场的商业就业发展情况看，本报告根据《中国统计年鉴》中公布的就业数据"各地区按行业分民营企业和个体就业人数"扣减其中的城镇部分，作为农村地区的批发和零售业从业人员数量的近似值。如图 4 - 32 所示，2017 年的农村地区批发和零售业就业人数[①]约 3 910.8 万人，较 2016 年增长了 10.90%。2017 年中国农村地区的商业从业人员的劳动效率，即从业人员实现的人均社零额[②]为 13.29 万元，相较于 2016 年增长了 0.76%。

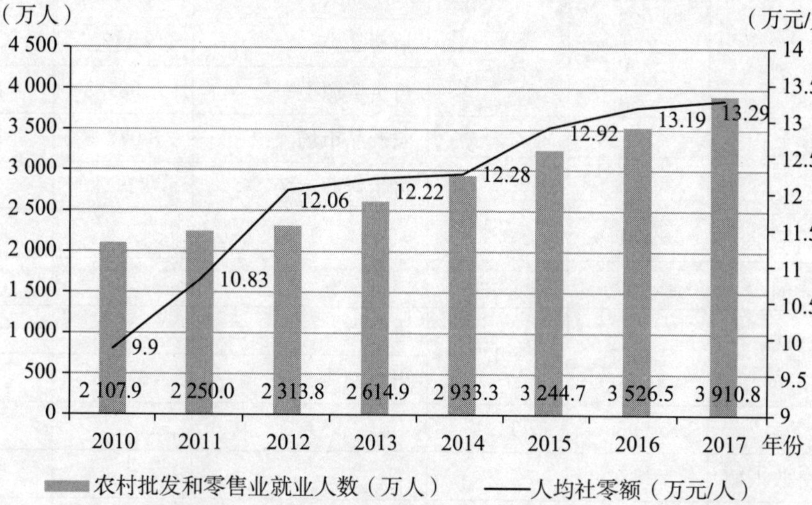

图 4 - 32　中国农村地区批发和零售业就业人数、从业人员实现人均社零额（2010—2017 年）

总体而言，随着农村消费潜力的释放和消费结构的优化，农村商业呈现越发旺盛的生命力，批发和零售业就业人数的大幅上涨正是农村零售业快速发展的写照，农村零售业已经成为现代零售业发展越来越重要的一环。

4.4.3　供销合作社发展分析

2018 年全国供销合作社系统（以下简称全系统）实现销售总额 58 925.9 亿元，同比增长 8.7%，是 2012 年的 2.3 倍。分类别看：农产品类销售额为 21 054.1 亿元，增长 14.3%，表现特别突出；农业生产资料类销售额为 9 191.9 亿元，增长 4.1%；消费品类销售额为 19 142.7 亿元，增长 8.8%；再生资源类销售额为 2 989.3 亿元，增长 10.3%。各项销售和交易的具体情况详见表 4 - 3。2018 年全系统实现利润 468 亿元，是 2012 年的 1.8 倍，同比增长 6%；资产总额为 1.6 万亿元，是 2012 年的 1.6 倍，同

① 本报告之农村地区批发和零售业就业人数指标，系根据民营企业和个体就业人数－城镇民营企业和个体就业人数所得。

② 本报告之农村地区从业人员实现人均社零额指标，系根据农村地区社会消费品零售总额/农村批发和零售业就业人数求得。

比增长 6.7%，综合实力进一步增强。

表 4-3　全国供销合作社系统综合经营情况（2018 年）

<table>
<tr><th>综合经营情况</th><th>金额（亿元）</th><th>同比增长（%）</th><th>分类经营情况</th><th>金额（亿元）</th><th>同比增长（%）</th></tr>
<tr><td rowspan="4">销售总额</td><td rowspan="4">58 925.9</td><td rowspan="4">8.7</td><td>农业生产资料类</td><td>9 191.9</td><td>4.1</td></tr>
<tr><td>农产品类</td><td>21 054.1</td><td>14.3</td></tr>
<tr><td>消费品类</td><td>19 142.7</td><td>8.8</td></tr>
<tr><td>再生资源类</td><td>2 989.3</td><td>10.3</td></tr>
<tr><td rowspan="2">商品交易（批发）市场交易额</td><td rowspan="2">10 089.1</td><td rowspan="2">9.7</td><td>农产品市场</td><td>8 077.5</td><td>11.5</td></tr>
<tr><td>再生资源市场</td><td>828.4</td><td>9.9</td></tr>
<tr><td>连锁配送销售额</td><td>10 851.9</td><td>8.1</td><td></td><td></td><td></td></tr>
<tr><td>电子商务销售额</td><td>2 998</td><td>28.5</td><td></td><td></td><td></td></tr>
<tr><td rowspan="2">进出口额</td><td rowspan="2">670.7</td><td rowspan="2">−1.7</td><td>进口额</td><td>295.1</td><td>5.4</td></tr>
<tr><td>出口额</td><td>375.6</td><td>−6.7</td></tr>
<tr><td>农产品购进额</td><td>15 996.6</td><td>11.1</td><td></td><td></td><td></td></tr>
<tr><td>农业生产服务收入额</td><td>158</td><td></td><td></td><td></td><td></td></tr>
<tr><td>金融服务营业额</td><td>970.5</td><td></td><td></td><td></td><td></td></tr>
<tr><td rowspan="4">综合服务营业额</td><td rowspan="4"></td><td rowspan="4"></td><td>居民生活服务业营业额</td><td>164.1</td><td>4.6</td></tr>
<tr><td>物流业营业额</td><td>57.5</td><td>30.9</td></tr>
<tr><td>资产经营额</td><td>164.8</td><td>30.7</td></tr>
<tr><td>房地产开发经营额</td><td>218.7</td><td>26.3</td></tr>
</table>

数据来源：全国供销合作社系统 2018 年基本情况统计公报。

截至 2018 年末，全系统有县及县以上供销合作社机关 2 783 个，其中，省（区、市）供销合作社（以下简称省社）32 个，省辖市（地、盟、州）供销合作社（以下简称省辖市社）342 个，县（区、市、旗）供销合作社（以下简称县社）2 408 个。2018 年末，全系统有基层社 31 792 个，比上年增加 1 511 个。全系统组织农民兴办的各类专业合作社有 193 587 个，比上年增加 7 653 个；入社农户 1 596 万户。2018 年末，全系统共有各类法人企业 22 474 个（不含基层社）。其中，省社所属企业 1 263 个，省辖市社所属企业 3 091 个，县社所属企业 16 436 个。2018 年末，各级供销合作社所属事业单位 266 个。其中，省社所属事业单位 64 个，省辖市社所属事业单位 71 个，县社所属事业单位 112 个。2018 年末，全系统主管、领办各类社会组织 17 779 个，会员 266.9 万个（人）。2018 年末，全系统共有职工 344.6 万人，其中，实际从业人员 219.6 万人，离开本单位仍保留劳动关系的人员 29 万人，离退休人员 95.9 万人。

2018 年，全系统主动服务乡村振兴战略，积极争取将供销合作社工作纳入《乡村振兴战略规划（2018—2022 年）》，承担 20 多项任务。研究制定《行业扶贫三年行动方案》和《定点扶贫三年行动计划》，先后召开 2 次脱贫攻坚工作座谈会，推动全系统积极参与精准扶贫、精准脱贫。推动供销合作社将流通服务拓展到为农服务各领域、农民生产生活各方面，表现为以土地托管为主要形式的农业社会化服务加快推广，以生产、供销、信用"三位一体"为主要内容的综合合作深入推进，以满足农民美好生活需要为导向的社区综合服务广泛开展。同时，大力发展农村电子商务，成立"供销 e 家"全国电商平台，加快基层经营服务网点信息化改造，打造"网上供销社"，使得农村流通服务现代化水平明显提高。

4.4.4　农村电子商务发展分析

2018 年，农村电商继续呈现井喷态势，在数量和质量上不断刷新纪录，实现新的突破。当前，农村电商已然成为深化农村供给侧改革、培育农村发展新动能、推动社会主义新农村建设的重要力量，并且在精准扶贫领域发挥着不容忽视的作用。

4.4.4.1　政府新政策

2018 年中央一号文件《关于实施乡村振兴战略的意见》指出，要重点解决农产品销售中的突出问题，加强农产品产后分级、包装、营销，建设现代化农产品冷链仓储物流体系，打造农产品销售公共服务平台，支持供销、邮政及各类企业把服务网点延伸到乡村，健全农产品产销稳定衔接机制，大力建设具有广泛性的促进农村电子商务发展的基础设施，鼓励支持各类市场主体创新发展基于互联网的新型农业产业模式，深入实施电子商务进农村综合示范，加快推进农村流通现代化。

财政部、商务部、国务院扶贫办发布《关于开展 2018 年电商进农村综合示范工作的通知》，提出要全面贯彻落实党中央打赢打好脱贫攻坚战和实施乡村振兴战略的新部署、新要求，聚焦贫困地区，深入建设和完善农村电子商务公共服务体系，培育农村电子商务供应链，促进产销对接，加强电商培训，带动贫困人口稳定脱贫，推动农村电子商务成为农村现代化的新动能、新引擎。

国务院发布《关于推进电子商务与快递物流协同发展的意见》，要求有关部门加强规划协同引领。综合考虑地域区位、功能定位、发展水平等因素，统筹规划电子商务与快递物流发展。针对电子商务全渠道、多平台、线上线下融合等特点，科学引导快递物流基础设施建设，构建适应电子商务发展的快递物流服务体系。同时，加强基础设施网络建设，优化农村快递资源配置，健全以县级物流配送中心、乡镇配送节点、村级公共服务点为支撑的农村配送网络。

中共中央、国务院《关于打赢脱贫攻坚战三年行动的指导意见》指出，要多渠道拓宽农产品营销渠道，推动批发市场、电商企业、大型超市等市场主体与贫困村建立长期稳定的产销关系，支持供销、邮政及各类企业把服务网点延伸到贫困村。加快推进"快递下乡"工程，完善贫困地区农村物流配送体系，加强特色优势农产品生产基地冷链设施建设。实施电商扶贫，优先在贫困县建设农村电子商务服务站点。继续实施电子商务进农村综合示范项目。动员大型电商企业和电商强县对口帮扶贫困县，推进电商扶贫网络频道建设。

国务院印发《乡村振兴战略规划（2018—2022 年）》，提出要深入实施电子商务进农村综合示范，建设具有广泛性的农村电子商务发展基础设施，加快建立健全适应农产品电商发展的标准体系。研发绿色智能农产品供应链核心技术，加快培育农业现代供应链主体。加强农商互联，密切产销衔接，发展农超、农社、农企、农校等产销对接的新型流通业态。

商务部发布《关于推进农商互联助力乡村振兴的通知》，要求各地引导构建长期稳定产销衔接机制、发展新型农业经营主体、培育打造农产品品牌、打造全产业链条标准体系、扶持贫困地区农产品产销对接、加强农产品流通基础设施建设，从而推动农产品流通企业与新型农业经营主体建立利益紧密联结、产销密切衔接的新型农产品产销关系，不断提高订单农业、产销一体、股权合作等长期稳定的农产品流通模式在农产品流通中的比重，让农产品不仅产得出、产得好，而且卖得出、卖得好。

商务部发布《关于进一步突出扶贫导向全力抓好电商扶贫政策贯彻落实的通知》，从准确把握电商扶贫工作定位、因地制宜落实好精准要求、坚持问题导向等方面进一步强化扶贫导向，落实好精准要求，推动电商扶贫各项政策措施贯彻落实。

4.4.4.2 企业新动向

2018 年，民营企业 500 强积极响应中共中央关于打赢三大攻坚战的号召，有 227 家企业参与了精准脱贫攻坚战。

2018 年，国家级贫困县在阿里巴巴平台网络销售额超过 630 亿元。针对贫困地区的不同情况，阿里巴巴通过平台模式、“一县一品”模式和直播模式，帮助贫困地区培育并发展优势产业。阿里巴巴共有超过 1 000 名员工投入脱贫业务，实地走访贫困县超过 100 个。截至 2018 年底，中国扶贫基金会联合阿里巴巴公益和蚂蚁金服公益“顶梁柱健康扶贫公益保险项目”，通过阿里巴巴、蚂蚁金服公益平台获得公益捐款 1.36 亿元，帮助 425 万人次建档立卡贫困户获得健康保险。

2018 年，京东扶贫进入“3.0 时代”，以品牌化为核心，进一步发挥规模经济和网络效应的优势，从 6 个方面进行扶贫“助力”，即品牌打造助力产业升级、创业就业助力富民增收、科技赋能助力深度参与、物流布局助力渠道畅通、金融支持助力服务保障、公益创新助力社会联动。2018 年 10 月，京东赞助“脱贫攻坚战——星光行动”，并上线“中国特产·星光行动明星扶贫馆”，助力贫困县农产品上行。截至 2018 年底，京东上线贫困地区商品超 300 万种，实现销售额超 500 亿元，直接带动 70 万户建档立卡贫困户增收。

作为首家和国务院扶贫办签署了全国农村电商精准扶贫战略合作协议的民营企业，苏宁在 2018 年积极参与商务部、财政部、国务院扶贫办和央视发起的“中国电商扶贫行动”，创新打造了“输血造血结合，线上线下联动”的扶贫模式。此外，苏宁在全国特创扶贫实训店模式，通过对建档立卡贫困户及低收入家庭进行定点定向实训实现教育扶贫，截至 2018 年底，苏宁电商扶贫实训店落地全国 100 个贫困县，2018 年全年带动脱贫人数超过 3 500 人，开展农村电商培训超 40 万人次。

4.4.4.3　发展新成果

根据商务部网站信息[①]，2018 年全国农村实现网络零售额 1.37 亿元，同比增长 30.4%。全国农产品网络零售额达 2 305 亿元，同比增长 33.8%，农村电商迅猛发展。2018 年，电子商务进农村综合示范新增 238 个国家级贫困县，覆盖率达 88.6%。通过开展产销对接活动，采购了贫困地区出产的农产品 53.7 亿元。家政扶贫安排就业 10 万人，对外劳务扶贫新安排就业 3.5 万人。广交会共为 1 018 家贫困地区企业减免展位费，累计成交额达 60 亿元。建设县域公共服务和物流配送中心 1 000 多个，村级电商站点 7 万多个，覆盖 2.6 万个建档立卡贫困村。促进农村产品上行和工业品下行双向流通，组织电商扶贫频道企业对接超过 500 个贫困县，带动贫困户稳定增收。扶贫与扶智相结合，指导各地加强电商扶贫典型经验模式的总结推广。

由商务部指导，29 家单位成立的中国电商扶贫联盟，帮扶 351 个贫困县的 487 家企业开展网上销售，遴选出 185 个重点扶持农特产品，推动企业为贫困地区农产品开展“三品一标”认证，提升品牌化、标准化水平，促进农产品上行取得新进展。在跨境电商领域，向全国复制推广综试区以“六体系两平台”为核心的管理制度，带动产业园区和企业转型升级。

电子商务与物流快递协同发展试点取得显著成效。11 个试点城市扫除了协同发展的制度障碍，形成五大体系共 17 个方面的典型经验，推动国务院办公厅出台《关于促进电子商务与快递物流协同发展的意见》。电子商务示范创建引领新经济集聚发展。示范基地辐射带动作用不断增强，100 个示范基地共入驻电商企业 3.9 万家，从业人员数量达 91 万，孵化企业 7 400 多个。同时，扎实开展电子商务“十三五”发展规划中期评估，加强数字商务顶层设计，推动商务领域数字化、网络化、智能化、融合化发展。

（王晓彤）

① 商务部 2018 年商务工作年终综述。

第 5 章　中国综合零售业发展分析报告

本章旨在对 2018 年中国综合零售行业及其各业态的发展情况进行监测与分析。本报告从综合零售发展全景、五大类代表性综合零售行业（即百货、超市、购物中心、便利店、无店铺零售）发展，以及行业内代表性企业三个层次进行分析。主要监测的指标有规模、扩张情况、开关店情况、效益效率、代表性零售企业 2018 年经营动态等。本章共有附表 10 张，请读者朋友扫描本书第 234 页的二维码免费查阅。

5.1　综合零售业全景分析

5.1.1　本报告综合零售业数据及分类说明

本报告监测与分析所选取的企业以各地区、各行业、各业态的代表性大中型零售企业为主①，以中国连锁经营协会公布的“2018 年中国连锁百强”“2018 年中国快速消费品（超市/便利店）连锁百强”榜单企业为辅，监测和分析它们在 2018 年的各项经营动态情况。代表性企业的数据与信息主要来自企业官方网站及其官方授权的机构所公布的业务数据和经营动态信息（含上市公司年度报告信息、董事会报告信息与其他相关数据），同时参考了中国商业联合会、中国连锁经营协会、联商网等行业协会及业内专业网站关于行业和代表性企业的资讯信息。

对于涉及行业和业态的宏观统计数据，本报告保持与国家统计局统计口径的一致性，整体上继续使用《中国贸易外经统计年鉴 2018》和中经网统计数据库、国研网统计数据库等公布的数据，受统计数据公布时间的限制，本报告使用的数据均截至 2017 年底。

本报告对综合零售业的分类方法，在国家统计局的两种口径划分方法的基础上做了适当的调整，具体如下：

一是行业口径，即按照国家统计局现行的国民经济行业划分，对限额以上零售业，分为综合零售、七大类专业零售和货摊、无店铺及其他零售业共计九大类。其中，综合零售类别之中，又划分出百货零售和超级市场零售两类；货摊、无店铺及其他零售业之中，又划分出互联网零售。本报告的限额以上口径综合零售业，调整为包含上述综合零售（含百货零售和超级市场零售）、无店铺及其他零售业（含互联网零售）两类合计。

---

① 本报告监测的中型企业系中国连锁经营协会公布的“2018 年中国连锁百强”“2018 年中国快速消费品（超市/便利店）连锁百强”榜单企业之外的企业，即“百强”之外的各地区、各行业、各业态的代表性中型企业。

此外，国家统计局还公布了连锁零售企业口径的数据，其按国民经济行业划分，也分为综合零售、七大类专业零售和货摊、无店铺及其他零售业共计九大类。本报告的连锁零售企业口径综合零售业，调整为包含上述综合零售、无店铺及其他零售业两类合计。

二是业态口径，即按照国家统计局现行的零售业态划分，把限额以上零售业分为有店铺零售和无店铺零售。其中，有店铺零售又划分为超市、大型超市、百货商店、专业店、专卖店等。本报告的限额以上口径综合零售业态，调整为包含上述超市、大型超市、百货店、无店铺零售四类合计。

此外，国家统计局还公布了连锁零售企业口径的数据，其按零售业态划分，分为便利店、折扣店、超市、大型超市、仓储会员店、百货商店、专业店（含加油站）、专卖店、家居建材商店、厂家直销中心、其他共计十一类。本报告的连锁零售企业口径综合零售业态，调整为包含上述便利店、折扣店、超市、大型超市、仓储会员店、百货商店、厂家直销中心七类合计。

5.1.2　综合零售业销售规模分析

2018年，消费对于我国经济增长的贡献率仍在持续提升，消费规模逐步扩大，消费模式不断创新，消费升级的趋势也在持续。我国消费市场潜力大、韧性强、活力足、成长性好，从社会消费品零售总额的规模看，我国稳居世界第二位，与美国的差距进一步缩小。

但伴随经济的发展，我国长期以来积累的矛盾和风险进一步凸显，国民经济虽然总体增长，但是增幅较上年下降了0.3个百分点，跌落至6.6%，创十年新低。受经济形势的拖累，消费品零售总额38.1万亿元，虽较2017年增长了9.0%，但扣除价格因素后实际增长了6.9%，这也是多年以来增速较慢的一年。

总体来看，综合零售业新旧更替、风云变幻，新业态崛起，传统业态面临变革，百货商超持续关店调整，各业态增速普遍放缓，正在经历痛苦的转型期，但新零售发展低于预期，线上线下均面临较大的压力。

一方面，从总体规模看，如图5-1所示，2017年，行业口径、业态口径、连锁行业口径、连锁业态口径统计的综合零售业商品销售额分别为33 397亿元、37 559亿元、13 083亿元、12 511亿元。无论是按哪种口径，中国综合零售业在2016—2017年间销售总量都出现了下降。另一方面，综合零售业占零售行业的比重基本持平。按业态口径之销售额占比①，多年来该数值一直在30%上下浮动，而在2017年该比例浮动至30.5%。

便利店成为零售业一个最佳流量入口，吸引了阿里巴巴、腾讯、苏宁等巨头“围

① 本报告之销售额占比指标，系根据不同口径综合零售业商品销售额/限额以上零售业商品销售总额分别求得。

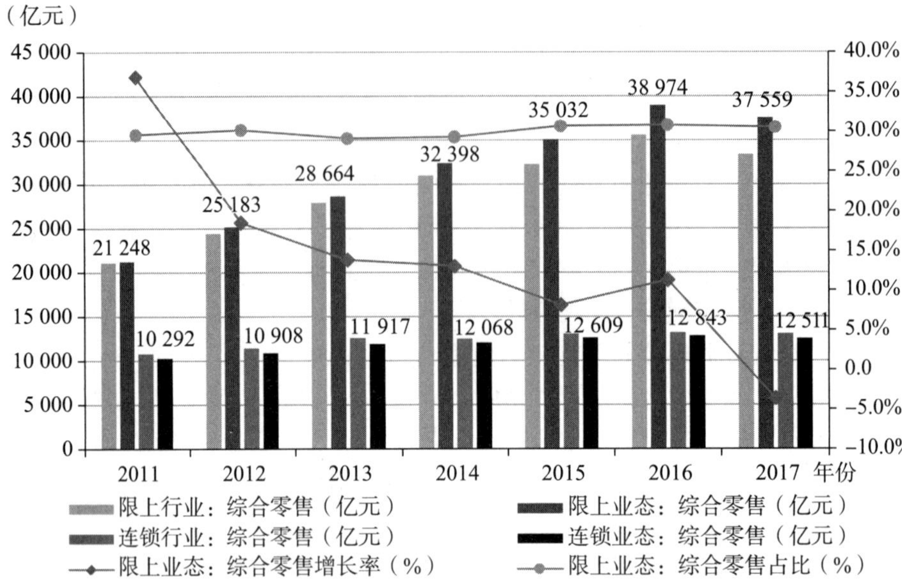

图 5－1　中国综合零售合计销售额及其增长率（2011—2017 年）

猎”，同时吸引了各路狂热的资本。据不完全统计，从 2017 年至今，便利店行业融资已达 60 余起，资金涌入超过 80 亿元。2018 年，便利店百强企业销售额的平均增长率为 21.1%，门店的增长率则为 18%，而整个零售百强的销售增长率和门店增长率仅分别是 7.7%和 9.1%。从总体看，便利店是本报告所研究业态中唯一逆势而起的，相比之下，其他业态增长乏力，甚至出现规模萎缩的现象。

5.1.3　综合零售业扩张情况分析

按照行业口径统计，如图 5－2 所示，2017 年限额以上综合零售业的法人企业数达到 22 413 个，同比增加 2.75%。营业面积略降至 14 895.66 万平方米，比上年减少了 2.81%。在零售业内部转型升级、提高效率的影响下，从业人数同样出现了下滑，从 2016 年的 295.1 万人下降到 2017 年的 262.9 万人。从业态口径的数据看，虽然法人企业数有所回落，但这些年从业人数和营业面积总量都在增加，零售实体的转型之痛正逐渐凸显。

从连锁零售企业的角度看，一方面，总体而言，2017 年连锁综合零售业态的门店数、营业面积都有所增加，分别为 67 501 家和 8 790 万平方米，但从业人数在业态上延续了微幅下降趋势，从 2013 年的顶峰 139.5 万人下降到 2017 年的 127.8 万人。按行业口径，2017 年连锁零售业门店总数为 68 348 家，年末营业面积为 8 977 万平方米，两者都在不断增加，但年末从业人数为 130.6 万人，相较于 2015 年的高点减少了 8.2 万人。

另一方面，横向对比的结果表明各业态的发展继续呈现分化的局面。从业态角度看，便利店门店数量和从业人数同步增长，增长率分别为 29.44%和 6.77%。超市的

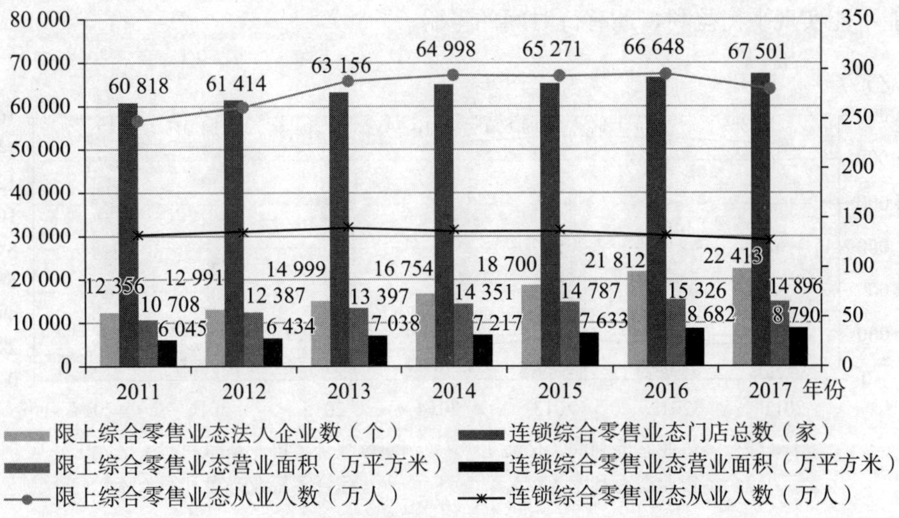

图 5-2　中国综合零售业态扩张情况（2011—2017 年）

从业人数下降了 2.7 万人，大型超市的从业人数下降了 4.6 万人。百货行业从业人数下降了 12.3 万人。这也与各业态整体发展趋势相关，便利店近年来快速扩张，购物中心、超市增长面临转型，而百货店则面临衰退的趋势。

连锁经营协会公布的连锁百强情况也印证了这一趋势。2018 年连锁百强销售规模为 2.4 万亿元，同比增长 7.7%，占社会消费品零售总额的 6.3%，比上年增长 0.3 个百分点。连锁百强门店总数 13.8 万家，同比增长 16.0%。2018 年百强百货店总销售额同比增长 3.5%，门店数同比增长 3.9%，线上销售增长 46.1%，均低于百强平均水平，毛利率 17.4%，比上年下降 0.2 个百分点。便利店百强企业销售规模同比增长 21.1%，门店数量增长 18.0%，新增门店 11 944 家，占百强新增门店总数的 62.5%，相较于 2017 年百强企业新增门店 9 197 家，继续保持了较大幅度的增长。

对于零售业的经营效益，本报告选取了毛利率①和净利率②两个指标。如图 5-3 所示，从整体趋势上看，从 2011 年至 2017 年，这两个指标的变化幅度都比较小。数据显示，综合零售业的毛利率近年来维持在 14.5%左右，净利润基本在 2.0%左右徘徊。2017 年毛利率虽然有所回升，但净利率在下降，分别为 14.7%和 1.9%。经过多年发展，传统零售业的经营模式基本定型，利润分配也趋于均衡，作为“新零售”元年的 2017 年，转型刚刚起步，力量尚不能从本质上撼动相应的传统综合零售业。延续至 2018 年，转型的势头愈演愈烈，资本与市场都充满狂热，大量新模式、新物种不断浮现，同时又有很多模式和物种在消失。仍存续的也面临利润问题——耗资巨大的尝试

① 本报告之毛利率指标，系根据限额以上零售企业毛利润/限额以上零售企业主营业务收入求得，其中毛利润为主营业务收入与主营业务成本的差值。

② 本报告之净利率指标，系根据限额以上零售企业净利润/限额以上零售企业主营业务收入求得，其中净利润由利润总额扣除应交所得税得到。

最终能不能实现平衡盈利，还有待时间的考验。

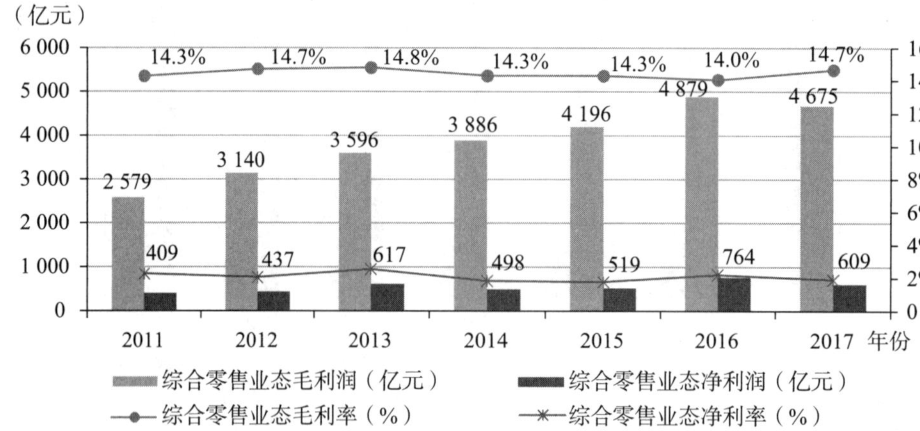

图 5-3　综合零售业利润情况（2011—2017 年）

为分析零售业的经营效率，本报告选取人效①和坪效②两个指标。按行业口径，2017 年综合零售业人效为 127.0 万元/人，相较于上年略降 0.5 万元/人，坪效有类似变化，为 2.28 万元/平方米，下降 0.05 万元/平方米。按业态口径，如图 5-4 所示，2017 年综合零售业态人效为 134.2 万元/人，同比上升 1.59%，为效率评价指标中唯一实现正向增长的指标，但相较于多年来的高增速，仍不理想。坪效为 2.52 万元/平方米，相较于 2016 年略微下降。从趋势上看，总体来说，效率指标自 2017 以来停止了增长，呈现转折态势。

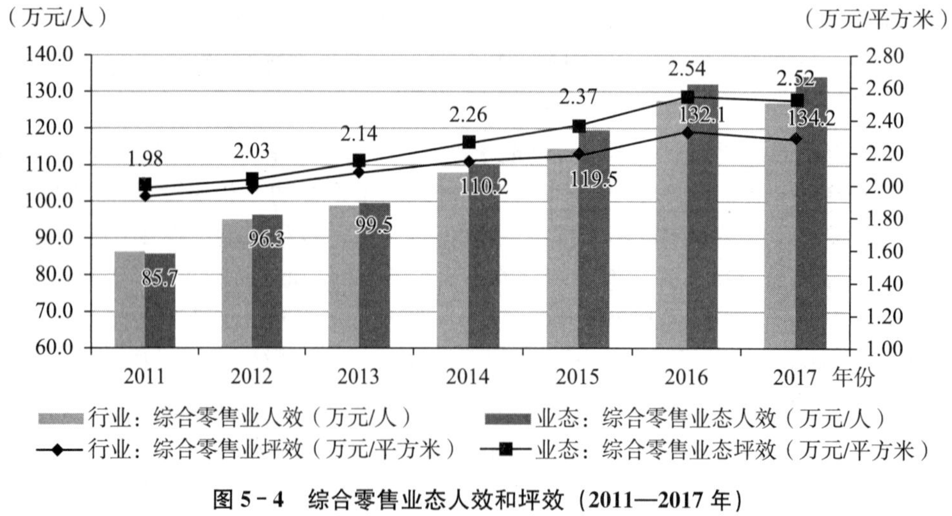

图 5-4　综合零售业态人效和坪效（2011—2017 年）

① 本报告之人效指标，系根据零售企业销售额/零售企业从业人员数求得。

② 本报告之坪效指标，系根据零售企业销售额/零售企业营业面积求得。

从中国连锁经营协会公布的百强企业的数据来看，2018 年百强企业平均人效为 198 万元/人，比上年提高了 3.0%。2018 年百强企业平均毛利率由上年的 17.9%提高到 18.3%，中位数为 18.1%，与上年持平。大型超市坪效平均下降了 8.0%，但人效提高了 4.9%，毛利率提高了 0.5 个百分点，达到 21.5%，大型超市通过组织管理的优化，完成了减员增效工作。在百强企业中，便利店的发展增速较总体来讲更为明显。[①]

5.1.4 综合零售业发展综述

2018 年，零售转型之痛仍未结束，百货商超持续关店调整，百货摒弃单一业态谋求新出路；商超结盟阿里巴巴、腾讯，线上线下融合加速；行业转型初现成效，新物种频现，但发展不如预期；资本间深度整合，并购重组案例增加，出现行业集中化趋势；国际快时尚品牌式微，多家外资品牌退出中国市场。

近两年零售行业的转型中，百强企业在行业中的主导作用逐渐凸显，从效率上来说，百强连锁企业的效率要明显高于平均值，门店数量增长迅速，开关店频繁，在大量涌入资本的支持下，各种业态不断试错，在“新零售”上做足了文章，虽然总体来说发展并不如预期，但也让我们看到了零售业正在发生的如火如荼的变革。大型企业在这场角逐中逐渐占据了优势，虽然说零售业整体的市场集中度截至 2017 年仍在下降，但可预期的市场集中化正在发生，百强口径、超市和便利的集中度指标在多年低位徘徊后终于在 2018 年发生了转折倾向，而这些领域正是在转型中角逐最激烈的赛场，市场正在挑选优质企业主导行业，更大的变化正在酝酿。

5.1.4.1 消费者需求转变明显

这次转型是人、货、场多方面的共同变革。根据中国互联网络信息中心（CNNIC）发布第 43 次《中国互联网络发展状况统计报告》，我国网民规模达 8.29 亿，超 6 亿用户在网上购物，在数字经济的驱动下，消费升级全面开启，中国经济迎来了迈向消费拉动增长的关键节点。随着购买力的提高，人们的消费模式发生了巨大变化，也逐渐适应了新的市场规则，在消费多样化的同时，保持了消费理性，零售商和消费者之间权力关系正在发生转变，并且在未来消费的主战场——互联网消费中，消费者作为消费主导者，其重要地位日益突出。即时消费、个性化消费、数字交往等关键词出现在消费者价值观中。卖方市场正在逐步变为买方市场。

与此同时，人也在逐渐被商业贴上符号化的标签。2018 年，微信小程序、各类 App 的低成本化，配合数字化工具，让社群、拼团在技术上成为可能，更多企业从这里入手获取顾客、锁定顾客，信息优势成为未来企业拉开差距的关键性因素。网络效应和信息利用自然形成辨别企业的工具，未来的优秀企业一定是可以高效利用数字化消费者信息的企业。

① 数据来源：http://www.ccfa.org.cn/portal/cn/view.jsp?lt=31&id=438636.

5.1.4.2 商品类型趋于多元

零售业的商品结构、商品外观、包装陈列风格都在迅速发生变化，千店千面的景象正在形成，供应链升级仍在进行时，去中间化、上下游延伸、规模整合、平台化、去库存等正在加速。在“自营”一词重回视野后，新产品正呈井喷式增长，越来越多的零售企业意识到：回归零售本质，聚焦主业才是正途。不少零售商开始了自营实践以寻求出路，因联营模式饱受诟病多年的百货业首当其冲。其中，百盛的自营业务已逐渐升至 20%左右，其他领头企业也在积极进行实践。对于新生代消费者向往的更独特、个性化产品，自有品牌项目于 2018 年也犹如雨后春笋般冒出。

根据 TJI Research 的数据，截至 2019 年初，亚马逊目前拥有 559 个独家产品和自有品牌产品；众所周知的 7 - ELEVEn，其所售产品的 60%以上是自有品牌；年度客流量达 3 亿人、2018 年销售额超过 500 亿人民币的日本折扣店唐吉诃德，虽然其核心竞争策略就是低价原则，但自有品牌为其贡献了大约 16%的毛利润；零售巨头沃尔玛近年来也在努力推动自有品牌发展，2019 年初有消息称它正在研发自己的平板电脑，这将与苹果的产品展开竞争。

在 2018 年末，由全球自有品牌产品亚洲展组委会主办的中国自有品牌评选颁奖晚宴上，步步高、天虹、金好来等纷纷斩获各类奖项。在本土零售商中，以永辉优选为主要战略的永辉超市在自有品牌上独占鳌头，其他大型零售商也或多或少有部分尝试。虽然主要领域集中在日用品以及生鲜上，但可以看到的是，发展自有品牌已成为零售渠道变化的一个趋势，品牌商跟零售商会从相互博弈转化为相互融合。也许，未来很难分清楚谁是绝对的零售商，谁是绝对的品牌商。这也让零售商和供应商之间的关系发生了改变，从最初的合作关系，逐步通过自有品牌形成竞争关系，在以后的发展中，以消费者为核心合作开发品牌以实现合作共赢将会是更好的方向。

5.1.4.3 新零售持续加码

针对不同的消费群体创新场景，新业态、新模式将场与场之间的界限逐渐模糊。在线上线下，银泰、三江购物、百联集团、联华超市、新华都和高鑫零售都已加入阿里系，永辉、步步高、家乐福、华润万家、沃尔玛、天虹、利群等则加入京腾系，实体企业借助线上力量加速融合。

单一业态发展模式将逐渐失去竞争力，多业态、多领域、协同发展成为新的主题。线上线下、业态之间、渠道之间、平台之间的界限逐渐模糊。这种消费者多渠道、全时空的接触，为企业带来了数不胜数的运营模式，但这其中，有的旧场改造叫好不叫座，有的新场生命周期极短，如 2017 年开始发展后迅速死亡的无人零售、新技术体验店等。“烧钱”成为新零售发展的重要特点，也是一大痛点，在高投入、低利润的现状下，成功者并不多，大部分实践者还在路上。很多并不具备条件的企业进行的数字化仅仅停留在浅层面上，高成本的线下流量正在一步步贬值，企业耗费巨资购买流量，却只产生了零售商、品牌商和电商平台之间流量再分配的结果，并没有解决实质问题。新技术的出现为零售业创新提供了巨大机会，对于如何突破瓶颈，真正将技术应用于商业模式中，切实为零售创新、零售效率提供支撑的问题，企业仍在探索。

新零售元年之后，虽然 2018 年又迎来了一波开业潮，盒马鲜生新开了 80 余家新店，超级物种新开 40 余家新店，京东 7FRESH、苏宁极物、小象生鲜、地球港均有多家新店布局，但这与年初各品牌成百上千家门店的拓展计划差距甚大。2018 年上半年被称为新零售“黑马”的地球港，全国 5 家门店在第四季度全部停业，其他品牌除个别门店外，经营情况也不甚理想，如何使门店摆脱资本补贴进入盈利空间，是新物种们在未来需要解决的问题。

与地产商结盟，也是巨头们迅速扩张的战略之一。盒马鲜生与新城控股达成战略合作后，又一口气签了 13 家地产商——印力、新城、恒大、碧桂园、融创、世茂、佳兆业、中海、复地、银泰、合景泰富、居然之家、嘉豪商业。京东 7FRESH 则与保利、大悦城、万科、越秀、绿地等 16 家地产商进行项目落地合作签约，并同步启动北京、上海、广州、深圳、成都等城市开店进程，计划在未来 3～5 年将在全国范围内开设 1 000 家门店。

5.1.4.4　零售业上市公司分化严重

结合联商网搜集公布的中国零售上市营收百强榜①，观察到零售行业中的盈亏大户皆在电商行业。2018 年阿里巴巴实现净利润达 900 多亿元，在零售行业中独占鳌头，但美团点评与拼多多则分别亏损 115.47 亿元和 102.2 亿元。

头部企业越来越大，行业的集中趋势越来越明显，前百强企业的营收均值从 2016 年的 167 亿元、2017 年的 199 亿元增加到 2018 年的 261 亿元。百强企业的门槛值也水涨船高，上升到了 27.33 亿元，前十强企业的涨幅更为明显。虽然上市公司整体的业绩随着零售业整体的转型而有所下滑，但是类似现象在巨头身上的表现并不明显，正可谓几家欢喜几家忧。2018 年，京东的营收仍然排名第一，但净利润下降 30％；阿里巴巴位居第二，仍然保持营收与净利润的“双增”，虽然营收增幅有所下降，但仍保持在 50％以上；唯品会虽然营收有所下降，但是净利润大幅提高；小米集团营收增幅达 62.6％，净利润增幅达 130.93％；位于连锁百强名单之首的苏宁，净利润则增加了 216.38％。

总的来说，2018 年，随着消费者标签符号的细化，零售企业依据新技术产生了更多的细分市场，这也是对差异化需求的满足；品牌开始聚合，头部企业的整合进一步加深，行业集中度有加深趋势；边界模糊，无论是线上线下，还是经营的边界都在逐渐融合，多业态、多模式频出；全渠道趋向，消费者开始适应即时消费、到家服务，各行业在采购、销售方法上都越来越多元化。但不变的是，自零售行业的变革开始以来，这场转型之战就注定愈演愈烈，在大洗牌后留存下来的，才是能真正引导整个行业的优秀企业。

---

①　数据来源：http://www.linkshop.com.cn/web/archives/2019/425133.shtml?sf=wd_search.

5.2 百货店发展分析报告

5.2.1 百货业全景分析

2018 年，电商的冲击越发凶猛，继新零售元年后，阿里巴巴、京东等互联网巨头在新零售领域的竞争也愈演愈烈，加之经济疲软，在这一年中百货行业洗牌加速，转型之战已然打响，并购重组持续深化，模式探索深入进行。

近些年来，零售市场跌宕起伏，伴随电商对人们生活各个领域的渗透，网购成为大部分消费者的主流消费方式，传统百货店出售的商品在价格与服务方面均处于竞争劣势。因互联网技术而获得的信息使得话语权逐渐落入消费者手中，零售业正从传统买方市场向数字化买方市场转变，并且随着消费者需求多样性的日益增加，单一市场的增长日渐微弱。

从总量上看，如图 5-5 所示，2017 年全国限额以上百货店的商品销售仍然延续了下降态势，其中百货店业态口径统计的数据为 12 055 亿元，百货零售行业口径统计为 13 026 亿元。另外，全国连锁口径的百货店商品销售总额为 3 778 亿元。按照行业口径计算，限额以上百货行业占全部限额以上零售业的比例约为 10.6%。

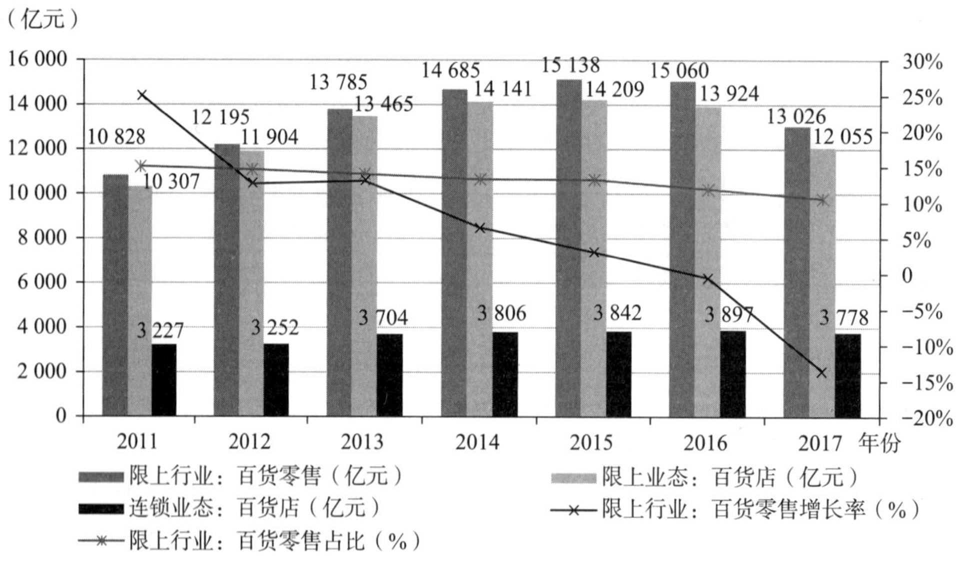

图 5-5 百货业销售额情况（2011—2017 年）

从发展趋势看，受到购物中心和网购冲击的百货店的增速自 2012 年以来不断减慢，从 2011 年的 25.23% 降至 2015 年的 3.08%，2016 年首次出现负增长，为 −0.5%，而 2017 年限上行业增长率持续下滑，为 −13.5%。另据赢商网统计的 50 家百货上市企业 2017 年度业绩，2017 年度 50 家百货上市企业营业收入总额约为 4 185.89 亿元，同比增长 8%，净利总额约 172.86 亿元，同比增长 51.76%。50 家企业中有 46

家实现盈利，仅 4 家亏损。但上市百货企业业绩增长的主要因素来自多元化业务及非主营业务，百货零售业务本身增长乏力，甚至持续减弱。此外，大量进行的“新零售”尝试还未定型，很多项目仍处于亏损阶段，这成为行业出现负增长的另一重要成因。

百强企业在 2018 年中，销售额和门店数出现下降的，以百货店为主营业务的企业占到了一半，百货业整体业绩不是很乐观。但在同时，百货行业内企业分化逐渐明显，在百货业进退激荡中，仍有部分百货企业在百货业整体业绩平平的情况下表现出了较好的发展势头。2018 年共有十余家企业实现销售额和门店数的同步增长，一直在质疑声中调改前行的实体百货，如今，业态调整的作用正在凸显，这势必会给部分抓住机会的企业带来新的发展机遇。

从扩张情况看，营业面积数据反映出百货行业的总体规模多年来首次下降，从 2016 年的 8 352.5 万平方米降低到 2017 年的 7 991.1 万平方米。从业人数则继续上年的下滑趋势，从峰值 2013 年的 117.86 万人下降到 2017 年的 100.2 万人。在劳动效率未有明显变化的情况下，从业人员的减少情况基本对应行业的整体规模萎缩情况。

从经营效益和效率情况看，如图 5-6 所示，近年来从业态角度看，百货店整体发展情况一直恶化，虽然利润率多以固定值上下浮动，按业态口径统计的毛利率 2017 年为 15.22%，净利率为 3.35%，但从连锁百货店的单店销售情况看，2017 年单店销售额[①]有明显的下降，从峰值 2013 年的 8 206 万元下降到 2017 年的 6 145 万元，并较 2016 年大幅下滑了 1 668 万元。一方面，百货业的经营面临多重压力，除了普遍存在的租金和人工外，门店增改利用新技术的成本也在不断提升，利润空间不断被压缩；另一方面，对新商业模式的探索进入深水区，风险高，难度大，很多企业在转型期间由于体制、体量等各种原因，遇到了瓶颈压力。

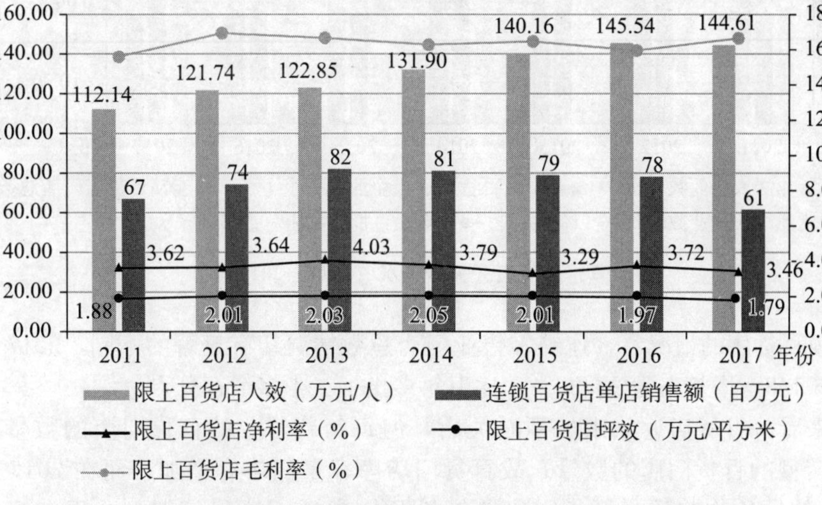

图 5-6　百货店经营效益与效率情况（2011—2017 年）

① 本报告之单店销售额，系连锁零售企业销售额/连锁零售企业门店总数求得。

百货店的经营效率表现也不容乐观。劳动效率方面，业态口径数据显示，2017 年百货店的平均人效达到 144.61 万元/人，较上年略低，行业口径的人效仅为 129.97 万元/人；坪效方面，2017 年百货店为 1.79 万元/平方米，呈继续下降趋势，行业口径的坪效也从 2015 年的 1.88 万元/平方米下降到 2017 年的 1.63 万元/平方米。

5.2.2 百货店开关店监测与分析

从行业整体情况看，如图 5-7 所示，在近年来中国百货业的法人企业数持续增长的情况下，2017 年首次出现了负增长。具体来看，2017 年按业态口径限上百货店法人企业数总计有 5 751 个，比上年减少了 824 个，按行业口径法人企业数则达到 6 311 个，比上年减少了 540 个。限上百货零售法人企业数的年增长率有较大的变化幅度，其中 2010 年、2013 年分别实现了 17.57%、14.64%的增长，反映出国内经济增长和消费能力提高，社会资本对百货业的进入热情较高。但是自 2014 年以来，受到网络零售的冲击以及中国经济进入“新常态”的影响，百货行业整体面临“关店潮”的威胁。限上百货店零售法人企业数增长率急速下降到 2014 年的 6.75%、2015 年的 4.81%、2016 年的 4.88%，直至 2017 年的−7.88%。

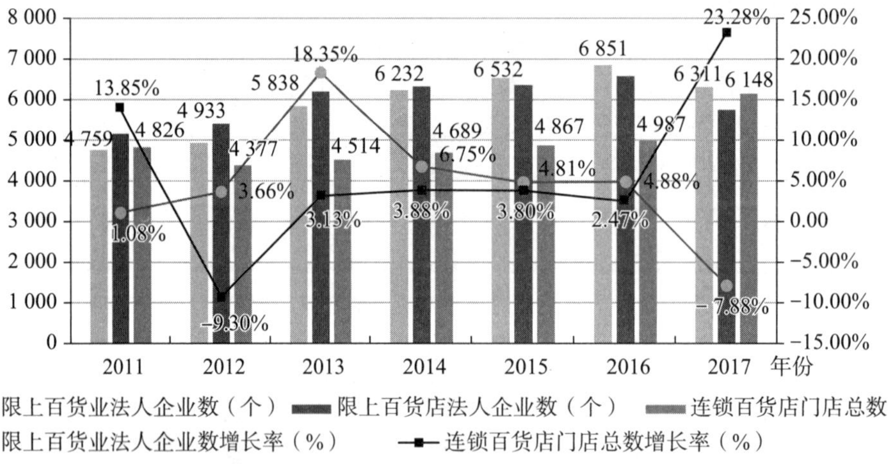

图 5-7 百货店开关店情况（2011—2017 年）

从连锁百货店的情况看，连锁零售业门店总数情况却有显著的不同，2017 年该数目激增至 6 148，增长率为 23.28%，比上年多出了二十多个百分点。

综合来看，百货店近年来虽不断关店，但每年新开业的百货门店的数量仍略多于停业或转型的百货门店的数量，故百货门店净存量仍略有增加，而在 2017 年，在“新零售”的号角吹响后，百货零售业纷纷开始尝试实体零售转型，迈向多业态布局，积极扩展自营业务，而连锁企业由于其体量优势，后备资金充足，更有实力尝试新型的商业模式。其中，旧店由于体制缘故，多以改建为主，新店则如雨后春笋般冒出。但在激流勇进中，有的企业和模式破出重围，有的则被淹没于时代的洪流中，在“新零售”的不断实践中，新的模式未成熟之际，百货行业总体的毛利率、净利率以及效率势必会受到影响，这也在一定程度上解释了上文中相关数据于 2017 年出现明显转折的原因。

与此同时，自转型开始以来，并购重组案例多发，在 2018 年发生的亿元级的近 20 例大型零售并购重组案例中，与百货行业相关的超过了一半，行业集中化加速，并且从长远看，相关案例还将继续增加。在市场不乐观的情况下，目前市场增量十分有限，进行资源整合，扩大规模，会使企业占据更为主动的地位。除了百货业外，中国零售业的集中度依然很低，对比欧美发达国家的零售业，集中化是必然趋势。在之后的行业发展中，真正具有能力的实体企业将会持续扩大优势，并在后续的并购重组中发挥重要的作用，从而推进整个行业的发展。

5.2.3　代表性百货企业监测与分析

2018 年，电商持续凶猛、经济疲软，阿里巴巴、京东等互联网巨头在新零售领域动作频频，大变局之下的百货企业也不再沉默，转型之战早已打响。

5.2.3.1　百货资本深度整合

2018 年，百货行业内企业大型并购重组案例频发，这其中既有强强联合，也有弱肉强食。例如：银泰百货全资收购开元商业、广百与友谊合并、首旅集团整合王府井、苏宁收购万达百货、茂业商业收购茂业百货等。对于百货行业，除了行业集中化加速外，整合也向渠道上游延伸，除王府井认购千百度部分股权外，还有大商集团投资澳洲食品公司等事件。

5.2.3.2　线上线下加速融合

实体零售经历了电商、O2O、移动电商、社交电商等多个阶段后，由于百货公司普遍采用的联营模式，早期百货业实体企业的线上线下结合业务举步维艰，但目前，随着新零售发展，百货使用线上工具的空间十分广泛，人、货、场的连接都需要线上工具的支持。线下企业在这一年中加速与“新零售巨头”合作，银泰利用阿里系 App，实现线上商品查询、订购、物品配送；欧亚集团则在与腾讯的合作中，建设起欧亚微店的公众号以及欧亚会员小程序，销售稳步提升。此外，主要百货企业，如王府井、北国人百、天虹等，都在全渠道上实践了自身方案。

除了宣布逐渐向互联网公司靠拢、并于 2018 年推出中国百货业第一个付费会员体系的银泰百货外，越来越多的百货企业结合快速发展的互联网技术，增强了自身的会员管理能力。在苏宁收购的万达百货的 37 家店中，包含会员超 400 万人，也是其资产的重要组成部分；步步高在数字化上，提出了于 2019 年发展 1 000 万会员的目标。

5.2.3.3　自营模式深入探索

中国百货业的联营模式已被诟病多年，由于传统百货业大都采用联营出租经营模式，自主的商业职能正逐步丧失，自营占比不超过 5%。面对入驻品牌的同质化和千店一面的趋势，加大品牌自采、设立买手店、开发自营品牌成为百货业变革的特点。百盛的自营业务已逐渐升至20%左右，其独立美妆概念店 Parkson Beauty 于 2018 年 5 月开店；王府井推出的“梦工厂”项目也在积极开展，该集团旗下打造的首个以生活方式为主的自营集合店“尚府”也于 2018 年 12 月开业；汉光百货也从化妆品入手开始了自营实践。

开发自有品牌，提高企业品牌形象，形成差异化品牌识别也是百货企业为满足消费者，赢得更高毛利率和利润的又一尝试。很多大型百货商近年来都在大力拓展相关业务，如：金鹰商贸集团的 G·LIFE 系列，SKU 从 2017 年底的 90 个左右迅速增长到 2018 年 6 月的 210 个；新世界集团在自营品牌业务上也在不断加码，积极拓展旗下的 N+系列和 LOL 原创生活概念店。但是，并非所有企业都具备开展自有品牌业务的能力，占用资金多、压力大、缺少人才、获得市场认可时间长等，都是企业所要面临问题。

5.2.3.4 多业态布局积极发展

经过长时间发展已经接近饱和的百货行业，其内部的竞争十分激烈，单一业态的发展空间正被逐步压缩，越来越多的百货企业已朝着多业态、多领域的方向发展，以顺应消费者需求的转变。特别是大型百货店与购物中心的界限越来越模糊，太原茂业天地实施了“购物中心+百货”的经营模式，带动了客流和购买率的进一步提升。部分百货以聚客及提效为目的，也在专业店基础上衍生出了集合店，如银泰的生活选集、金鹰的 G·BEAUTY、百盛的 Parkson Beauty 等。此外，超市业态也为一些百货企业所青睐并纷纷涉足，如 2018 年 11 月伊藤洋华堂在国内开出首家食品生活馆；王府井与首航集团联手打造的王府井首航超市也宣布进入生鲜社区超市市场；百联首个城市奥特莱斯项目 UMAX 也在 2018 年 1 月开业。

5.2.3.5 外资品牌撤离市场

在 2018 年中国零售模式的快速变革之中，受影响的不仅仅是本土企业，多家外资企业在中国接连失利，并宣布退出中国市场，包括梅西百货、马莎百货、乐天百货等。在零售洗牌的大环境下，如何在中国百货市场的激烈竞争中存活下来，抓住需求不断转变的中国消费者，是国外百货巨头需要研究的问题。

从整体上来说，近年来零售业已经告别了高速增长的时代，面临业绩下滑、盈利水平下降以及关店等问题，零售转型遭遇阵痛。线上销售冲击实体百货店，很多百货店被迫进行品牌结构调整、优化供应链、增加利用各类平台开展营销的力度，如何根据消费的发展趋势做好品牌和品类规划，是决定其在百货业内存续与否的关键性问题。

5.3 超级市场发展分析报告

5.3.1 超级市场全景分析

从销售规模上看，如图 5-8 所示，按行业口径，2017 年限额以上超级市场零售业商品销售额达到 10 102 亿元，占整个零售业的 8.2%[①]；按业态口径，将大型超市和中小型超市的销售额加总，得到 2017 年超市业态合计销售额 1.3 万亿元，在整个零售业中的占比达到 10.7%[②]。从业态口径的内部构成看，大型超市和中小型超市的销售规模存在较大差距，就 2017 年而言，大型超市的销售额达到 0.98 万亿元，约为中小型超市销售额的 3 倍多。

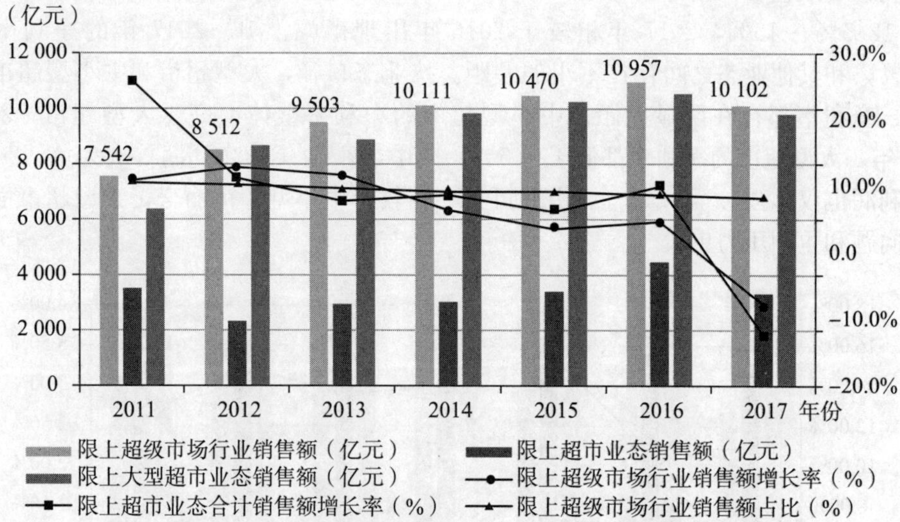

图 5－8　超级市场零售销售额情况（2011—2017 年）

从趋势上看，按照行业口径数据，超级市场零售行业整体的销售规模呈现稳步上升的态势，但每年增长率的波动幅度较大：2010 年实现了 19.35%的增长，达到顶峰；从 2012 年以后逐年递减，到 2014 年，销售额增长率降为 6.4%，2015 年仅为 3.6%，2016 年略有回升，达到 4.7%，但是到了 2017 年，该数值骤减至－7.8%。另外，按照业态口径数据，该数值也于 2017 年跌至谷底，出现负增长，为－12.5%。

不可否认，虽然近年来传统零售业有些低迷，但致力于转型升级的零售企业并没有放弃。以超市业态为例，开发新业态、旧店铺改造、打造自有品牌等，经过几年的摸索，不少超市在转型升级方面成效显著，但有的企业的业绩则不够理想，行业内部分化越发明显。总体来看，2017 年是超市发展的迷茫期。

从扩张情况看，整体而言，除 2017 年外，超级市场行业的门店规模逐年扩大，年末营业面积呈上升趋势，从业人数方面则出现持续下降。按行业口径，超级市场零售业 2017 年年末营业面积达到 5 517.3 万平方米，从业人数为 119.5 万人，比

① 本报告之超级市场零售销售额占比指标，系根据限额以上超级市场零售商品销售额/零售业商品销售总额求得。

② 本报告之超市业态零售销售额占比指标，系根据限额以上（大型超市商品销售额＋中小型超市商品销售额）/零售业商品销售总额求得。

2016 年末下降 7.8 万人；按业态口径，大型超市和中小型超市加总的营业面积仅为 7 565.7 万平方米，比上年减少了 248.3 万平方米，从业人数总计 157.4 万人，比上年减少了 7 万人。同时，从业态口径的数据看，中小型超市和大型超市还存在较大的差距，而且差距不断拉大。无论是营业面积还是从业人数，大型超市的规模都远远超过中小型超市的规模。

从经营效益看，按行业口径，如图 5－9 所示，超级市场零售业的毛利率近年来稳定在 12.5%～15%，2017 年相较于 2016 年出现微幅上升。2017 年的净利率仅为 1.25%，和其他业态之间存在不小的差距。按业态口径，大型超市和中小型超市的毛利率、净利率都存在明显差距。中小型超市的净利率整体上高于大型超市。2011—2017 年，大型超市的净利率都低于 1.5%。其中，2014 年的净利润首次为负，2017 年的净利润也仅勉强升至 1.11%。由此可见，相较于中小型超市而言，大型超市面临的成本问题和盈利压力更大。

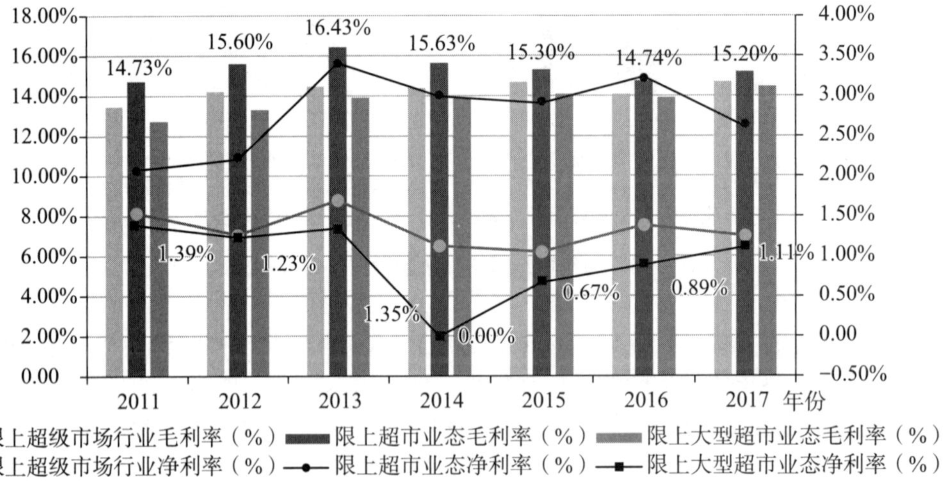

图 5－9　超市零售经营效益情况（2011—2017 年）

在劳动效率方面，如图 5－10 所示，从行业口径的数据看，就 2017 年的状况而言，除了连锁超市的人效（83.86 万元/人）较上年有了较大的提升之外，其他所有口径下的人效均有一定的下降。从业态角度看，限上中小型超市业态人效 2017 年为 67.88 万元/人，而大型超市是 90.57 万元/人，行业转型的实际效果已经初步展现，超市行业已经开始洗牌。

在坪效方面，如图 5－11 所示，从行业口径的数据看，就 2017 年的状况而言，超级市场零售业 2017 年坪效为 1.83 万元/平方米。大型超市的人效高于整体水平，但坪效低于行业均值，中小型超市的情况恰恰相反。从趋势上看，从 2011—2017 年，行业的平均坪效先上升后基本保持稳定：中小型超市的坪效也是先快速上升，到 2012 年达到峰值后保持稳定；大型超市的坪效呈先上升后下降的趋势，多年来始终在 1.6 万元/平方米上下波动，而且自 2012 年以后，连锁口径大型超市的坪效远

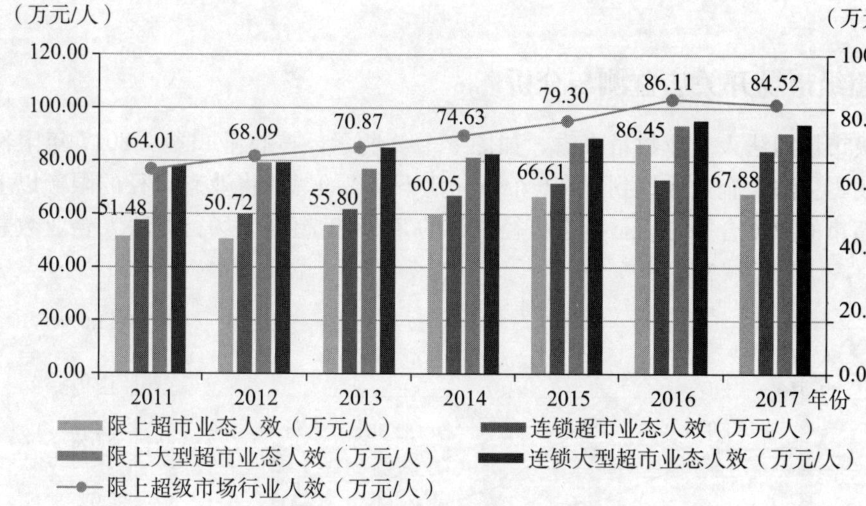

图 5-10　超市零售经营劳动效率（2011—2017 年）

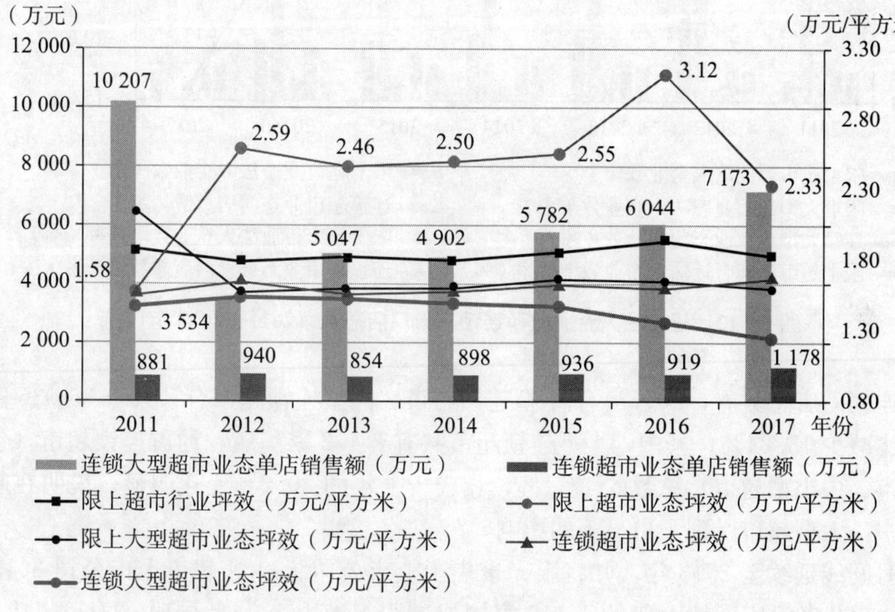

图 5-11　超市零售经营坪效与单店销售额（2011—2017 年）

远低于中小型超市的坪效水平。这也反映出店面过大在一定程度上会给超市经营带来负面影响。

从连锁超市企业的单店销售额数据看，如图 5-11 所示，大型超市和中小型超市的单店销售状况也存在显著的差异。整体而言，大型超市的单店销售额远大于中小型超市的水平。在变化趋势上，大型超市的单店销售额除去异常年份后，整体呈现上升趋势，2017 年达到 7 173 万元/店；中小型超市自 2011 年以来基本维持在单店 900 万元的水平上下波动，2017 年有较大增长，达到 1 178 万元/店。

5.3.2 超级市场开关店监测与分析

从超级市场的法人企业数量来看，如图 5－12 所示，按行业口径，2017 年限额以上超级市场零售法人企业数达到 5 355 个，同比下降 2.9%。将业态口径的限额以上超市和大型超市的数据合并之后，业态口径统计的 2017 年超级市场行业法人企业数总计为 9 399 个，比上年减少了 305 个。

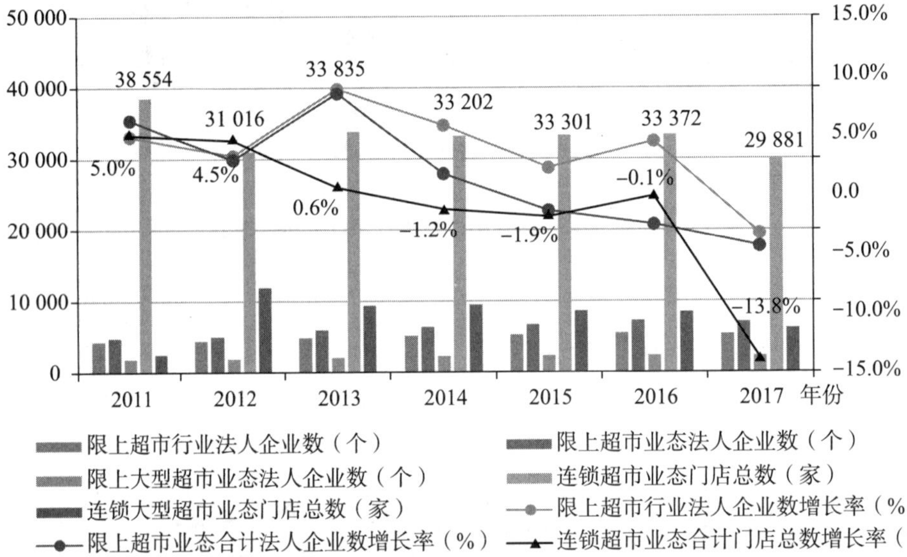

图 5－12 超市法人企业数和连锁超市门店总数（2011—2017 年）

从连锁门店总数看，2017 年中小型连锁超市、大型连锁超市合计共有 36 036 家门店，同比减少 13.84%。其中，大型连锁超市共有 8 452 家门店，约占连锁超市（包括大型超市、中小型超市）总数的 17.1%，相较于上年的 20.2%变化明显，说明在超市关店潮中，大型超市受到了更显著的影响。

将时间线延续至 2018 年，并将眼光聚焦于上市公司。14 家超市上市公司 2018 年共新开 1 022 家门店，较上年的 1 119 家同比减少 8.67%；与此同时，关闭门店 562 家，较上年的 828 家同比减少 32.13%。从这个视角来看，在做足增量上，各大超市近两年快速抢占市场，扩大门店网络布局，同时探索创新型门店和模式；在优化存量上，一方面处置严重亏损且扭亏无望的门店，另一方面加快门店转型升级，个别企业表现尤为明显。尽管开关店数量同处高位，但就 2018 年来看，上市公司的关店数量已经明显低于上年数量，行业内的转型已经初见成效。随着消费市场的变化，大型超市同百货店面临一样的问题，大卖场业态受压缩。为此，超市企业在不断进行新的探索和尝试，门店业态也日趋多元化，精品超市、社区超市以及新零售物种等“小而精”业态增长迅速。

5.3.3　代表性超市企业监测与分析

2018 年，在延续了上年砍掉“包袱”的关店潮的基础上，以存量为基础，做足增量，依靠创新转型抢占市场仍是企业规划的主要目标。与此同时，“社区”的概念也开始被企业重视，超级市场业态开始推进社区生鲜、社区便利和精选超市这 3 种店型的进一步探索和定型。目前，全国性的、国际性的巨头仍停留在一二线城市，但相信在不久之后，这场风波也会蔓延到各地超市的头上。

5.3.3.1　新零售扩张布局

回顾 2018 年，超市行业在经历了 2017 年的迷茫后，新零售已经逐渐步入正轨，而超市正是新零售的主要舞台之一。这一年，主要的 7 家国内新零售品牌共新开了 184 家店，其中盒马鲜生 92 家、超级物种 46 家、鲜食演义 18 家、sp@ce 12 家、7FRESH 7 家、小象生鲜 6 家、苏鲜生 3 家，到 2018 年末全国共有新零售超市 267 家。

除此之外，旧的门店迅速改造，门店线上线下融合迅猛，2018 年“双 11”活动前，大润发及欧尚的 484 家门店全部接入线上；京东“一小时达”服务业已拓展至全国 250 多家沃尔玛门店；华润万家也于 2019 年初与饿了么达成深度合作，超 2 000 家门店开始开展线上业务。大型连锁超市纷纷加入 O2O 浪潮，在 3～5 千米内划出自己的“半小时达”和“一小时达”领域，并通过对 ERP 的改造，加强接入线上后的数据处理与消化能力。

盒马鲜生作为阿里巴巴新零售的代表，不考虑总部成本分担，盒马上海或部分外域城市已经盈利[①]，但是同新零售的很多其他品牌一样，现在最缺的人才是真正的买手。技术不能代替管理，数据要能接地气，要有业务逻辑和人文逻辑，无论开展新零售与否，在这场转型中，人才是必需品。

5.3.3.2　上市公司静中有变

2018 年，15 家连锁超市公司实现营收 3 192.61 亿元，同比增长 4.85%，净利润 51.81 亿元，同比下降 3.25%。连锁超市公司处于平稳增长、业绩下降的通道。在超市板块营收排名第一的高鑫零售，出现了营收与净利润“双跌”的现象，营收微跌 0.98%，净利润下跌 7.30%。

2018 年营收排名前五位的公司（高鑫零售、永辉超市、联华超市、步步高、中百集团）与 2017 年的完全一致，位于“排名中位”的利群股份、卜蜂莲花、人人乐与位于“排名尾端”的利亚零售、三江购物这五家公司的排名也与 2017 年的完全一致，家家悦、红旗连锁排名略有上升，北京京客隆、华联中超、新华都的排名略有下降。

总体来说，排名基本稳定。但是，排名第二的永辉超市与排名第一的高鑫零售之间的营收差距在缩小，2017 年两家公司的营收差距是 437.29 亿元，2018 年这一差距

① 数据来源：https://36kr.com/coop/retail/post/5153643.html.

则是 307.98 亿元。原因是高鑫零售营收出现了微幅下降，而永辉超市的营收增幅则比 2017 年增加了 1.34 个百分点，同比增幅达到 20.35%，这也是 15 家超市上市公司中唯一一家营收同比增幅超过 20%的公司。同时，永辉超市与排名第三的联华超市的营收差距则进一步扩大，从 2017 年的 333.66 亿元增至 2018 年的 451.19 亿元。永辉超市的发展呈现出一种力争上游的“夺冠”态势。纵观一整年的超市行业资讯，“永辉”二字是出现频率最高的词，无论是其在创新模式上的动作频频，还是在利润上的耀眼表现，似乎都在预示着新的行业引导企业的诞生。

5.3.3.3 数字化潮流依旧

同百货业一样，实体超市行业巨头也基本完成了与互联网巨头的联姻，向线上线下一体化的方向迈进。步步高将围绕“存量里做增量”、供应链整合、流量变现三方面进行创新经营，释放发展动能；永辉超市将组建大科技部，重构到店体系、新建到家体系；三江购物计划制定宁波大市区网点布局规划，实现数据选址能力（100%门店通过数据选址），阿里巴巴也上线了“地动仪”产品，城市热力图、顾客画像进一步帮助企业精准选址。

以步步高为例，据董事长王填介绍，从 2013 年到 2018 年，步步高跟大多数线下企业一样，来客数因受线上零售的冲击而持续减少，每年都降低 1 个多百分点，有的年份可能降低 2 个多百分点。自从与腾讯合作打造“智慧零售”后，其来客数 6 年来首次实现了正向增长，这是一个非常重要的风向标。线下企业重新获取流量，离不开线上渠道的帮助，门店要想实现千店千面的营销，数字化是必不可少的渠道。

在数字化升级中，外资巨头也不甘示弱。2018 年末，家乐福中国所有门店推出自助结账功能，沃尔玛则眼光更为长远，于 2019 年 1 月推出“Omega 8”（Ω8）项目。该项目已经汇集了 50 多家初创企业，沃尔玛将以更敏捷的模式与这些零售技术服务商开展合作，为投身于黑科技的科创企业提供技术应用平台，共同探索数字化创新以及技术应用的零售解决方案。在风口上，没有企业肯在数字化建设上懈怠。

5.4 购物中心发展报告

5.4.1 购物中心全景分析

零售业中各个业态，包括购物中心，线上与线下的关系早已从互斥转为融合，由对立转为协作共赢。已经问世两周年的新零售（包括无界零售和智慧零售）是线上服务、线下体验以及物流深度融合的产物，通过大数据、云计算等人工智能技术对商品的生产、流通与销售的过程进行升级改造，都以用户为中心，通过大数据重构人、货、场，全面打通线上与线下。2018 年，购物中心无论从资本上还是经营上，都发生了巨大变革。

购物中心近三年来零售占比下降，体验业态上升，购物中心存量持续增长。在赢商网大数据中心重点监测的全国 23 个典型一二线城市中，购物中心存量近三年年均增长率为 22.4%。其中，截至 2017 年底，上海、北京、重庆的购物中心存量分别达 100 个以上；成都、苏州、广州、深圳、武汉、杭州、天津、佛山、西安的购物中心存量在 50～80 个。一线与新一线城市的商业竞争更加激烈。

零售业态占比下降，体验业态占比上升。在上述重点监测的 23 个城市的 5 万平方米以上的典型购物中心中，近三年购物中心零售业态占比整体呈下降趋势；餐饮、亲子体验、生活服务、文创业态占比整体呈上升趋势；休闲娱乐业态占比相对平稳。据统计，零售占比从 2015 年的 60%下降到 2017 年的 51%，餐饮占比从 2015 年的平均 20%上升到 2017 年的平均 30%。

更多购物中心开始重视体验，追求便捷、娱乐、社交及情感的需求。数字技术的发展放大了中国消费群体的购买力，裂变出了全新的消费市场结构和消费行为，从而让消费产生了结构性变化。物质层面已经满足，已经更新的消费者正在倒逼购物中心进行变革，从单纯满足物质层面的需求，转变为开始更多考虑精神层面的需求，更为重视体验，追求便捷与娱乐、社交及情感的需求。在以往，购物中心的作用是将商品“推”给消费者；而在未来，购物中心将作为一个平台，“拉”动更多价值观和兴趣爱好相仿的消费者，将他们聚集在一起，利用社群，在他们喜好的场景下促成消费与购买。

在实体商业中，技术的创新和消费升级驱动整个行业走向拐点，线上运营的思路与玩法也为线下运营带来了很多启迪。小程序、App、线上商城、会员互动营销等新工具的应用，可以看出实体商业正由“重开发”向“重运营”再向“重数据”转变。线上线下融合、消费场景再造、新技术的应用，让实体商业焕发出蓬勃的创新活力。购物中心的本质是线下流量分发平台，客流数据是衡量其核心运营指标的关键数据。随着线上商业不断演进，线下购物中心追逐主力店、首店的招商运营逻辑在未来几年可能会逐渐失效，社群经济将有可能成为未来商业空间争夺的重点。

在销售业绩上，本报告汇总了联商网、赢商网等公开发布的资讯，是根据数据可获得性进行的不完全统计，如表 5-1 所示。从趋势上看，即使在零售业处于转型的发展低谷期，2018 年主要的购物中心大多也都保持了较高的销售增长率。

表 5-1　中国主要购物中心销售额（2017—2018 年）

购物中心	企业	2018 年销售额（亿元）	2017 年销售额（亿元）
北京 SKP	华联集团	135	125
南京德基广场	德基集团	100	90
北京国贸商城	中国国际贸易中心	90.8	79.6
武汉国际广场	武商集团	89.7	87.3
深圳万象城	华润置地	85	77
西安赛格国际购物中心	西安赛格集团	70.8	58.5

续前表

购物中心	企业	2018 年销售额（亿元）	2017 年销售额（亿元）
成都 IFS 国际金融中心	香港九龙仓	60	49
上海恒隆广场	恒隆地产	60	48.5
广州天河城	广东天河城（集团）股份有限公司	58	60
成都远洋太古里	远洋集团、太古地产	56	43
郑州丹尼斯·大卫城	丹尼斯集团	53	33
沈阳万象城	华润置地	45	40
杭州湖滨银泰 in77	银泰裕盛	45	37
北京朝阳大悦城	中粮置业	44.1	42.4
北京西单大悦城	中粮置业	43	41.4
北京三里屯太古里	太古地产	41.9	35.5
深圳海岸城	海岸城	32	34.8

资料来源：根据联商网、赢商网数据整理。

5.4.2 购物中心开关店监测与分析

2018 年，全国商业地产市场风起云涌。一方面，万达、凯德等商业地产开发大鳄相继发力，或甩卖资产应对危机，或持续增大优质商业供应；另一方面，百联、东百等企业升级物业，转型突围。虽然有不少商业项目被迫延期，但全国新增购物中心的开业成绩仍然可圈可点。据中购联网站[①]统计，2018 年新开购物中心各类商业项目 533 个（单体商业建筑面积在 2 万平方米以上，不含专业市场、酒店及写字楼，部分为存量改造项目），新增商业建筑面积 4 811.35 万平方米，项目平均体量约 9 万平方米。

上文中也提到，在 2017 年，“新零售”概念兴起之后，传统综合业态，特别是百货店也有向购物中心方向发展的意愿，一些企业甚至已经付诸实践，共同推动了我国购物中心的快速发展。2017—2018 年，购物中心全年开业数量均超过 500 家，较 2016 年及以前有了显著的增加，且 2018 年达到开业峰值。

从区域上看，新开购物中的分布区域以沿海城市为主，这些东南沿海地区经济发达、人口密集、消费潜力大，一直都是商业地产非常活跃的地区。其中，华东以上海为代表，联合浙江和江苏并称“三驾马车”，使得华东地区共贡献了 234 个商业项目，远远领先于其他区域，占比高达 43.9%。而在所有的项目中，万达最为抢眼，以 52 个开业量蝉联企业活跃榜榜首。

① 数据来源：http://www.mallchina.org/News/NewsDetail/10131203161835/1001.

从单个城市上看，上海最为活跃，开业 49 家，问鼎全国大型开业购物中心数量之冠；杭州开业 24 家，位列第二；深圳和西安以 19 个并列第三；其他开业量在 10 个以上的城市依次是长沙、广州、北京、重庆、合肥、郑州、成都和南京。另外，武汉、佛山、温州、贵阳、苏州、东莞、青岛、昆明、厦门、南昌和遵义均上榜。

虽然统计口径中没有购物中心业态的销售数据，但我们仍然可以从其他相关数据中窥出行业概貌，若以商业营业用房投资额为衡量标准，实际上全年商业不动产投资额、新开工面积、销售规模等主要指标较 2017 年均出现下降，大宗商业不动产并购同零售业整体趋势相似，在 2018 年均有所增加，这意味着，虽然行业整体仍处于高供应阶段，但随着资金进入，整体发展已经进入平稳期，结构转化趋势突显。与此同时，我国购物中心经营两极分化的现象越来越严重，一方面，资源丰富、实力雄厚的华润、凯德、龙湖、大悦城等优质购物中心品牌客流旺盛、经营红火，调整、创新得心应手，不断试错，采用新型商业模式，引入新业态，积极进行线上下整合；另一方面，大量规模不大、实力不强、专业经验不足的“散兵游勇”式购物中心则苦苦支撑、生存困难。

近年来，商业地产行业的市场份额、资金正在加速向头部企业集中，而中小型企业则面临缺项目、缺资金、缺地的困局，市场份额不断受到挤压。商业地产行业正在走向洗牌和整合，龙头逐渐走向垄断，“大鱼吞小鱼”趋势越加明显。

根据《2018 购物中心年度发展报告》，2019 年全国购物中心拟开业数量约 982 个，总体量达 8 608 万平方米，知名开发商加速开展新项目。表 5－2 为知名开发商 2019 年拟开业项目数量。

表 5－2 知名开发商 2019 年拟开业项目数量

企业	项目数量（个）
万达	50
新城控股	＞22
爱琴海商业集团	9
奥园集团	11
龙湖集团	＞10
华润置地	10
保利	8
宝龙	8
印力集团	5

数据来源：《2018 购物中心年度发展报告》。

5.4.3 代表性购物中心监测与分析

相较于其他零售行业，购物中心虽然顺应时代特点，打造体验化购物，在零售业整体发展不佳的情况下，发展还算良好，但是近两年的快速扩张和同行业间的激烈竞争也让很多购物中心面临巨大经营压力。

5.4.3.1 融资模式获得突破性进展

2018 年，在政策调控、融资渠道持续收窄的情况下，开发企业面临“融资难”“融资贵”的困境，积极尝试了各项融资举措，拆分物业上市、赴港 IPO、CMBS、优先票据、公司债券、类 REITs 等融资举措屡见不鲜。

房地产信托投资基金（REITs）是房地产证券化的重要手段。房地产证券化就是把流动性较低、非证券形态的房地产投资，直接转化为资本市场上的证券资产的金融交易过程。商业房地产抵押贷款支持证券（CMBS），则是债权银行以原有的商业抵押贷款为资本发行证券。

截至 2018 年 12 月 28 日，我国共发行类 REITs 产品 43 只，发行金额累计 903.21 亿元。已发行类 REITs 持有物业类型主要包括写字楼、购物中心、零售门店、租赁住房、酒店、物流仓储中心、书店、社区商业等。其中，排名前三的物业类型为购物中心、写字楼和零售门店，分别占比 27%、26%和 18%。在政策调控和资本寒冬下，中国商业不动产正在经历一场史无前例的“资产大迁徙”。以商业不动产运营能力和金融创新能力为引擎，笨重的商业不动产开始以类 REITs 和 CMBS 的方式，逐渐驶入“金融高速公路”。其中，印力已成功发行两单 CMBS 及一项类 REITs 产品，融资总额超过 80 亿元；远洋集团于 2018 年 12 月发行了类 REITs 产品，规模为 32.03 亿元；恒大地产以重庆中渝市场为基础资产发行了 12.1 亿元的类 REITs 产品。此外，苏宁、红星美凯龙等也都在房地产金融市场有所动作。

5.4.3.2 轻资产化趋势明显

随着经济的快速增长，拿地成本越来越高，尤其是一线城市、新一线城市和省会城市的市中心地区，可谓“寸土寸金”，5 万平方米以下的小体量商业逐渐增多，而对经济欠发达的三四线城市而言，受人口消费力较弱的影响，辐射范围较小，往往以社区类商业为主。这些小而美的社区邻里型购物中心由于更靠近社区居民，因此具有黏性高的优势，且无需高额营销费用，被广泛看好。

并且，在 REITs 等金融工具推出后，追求高收益的房企将负责商业地产的前期开发和培养，待物业成熟后再出售给 REITs，追求稳健收益的投资者将通过持有 REITs 获得持续稳定的租金分红收益。这不仅降低了房企以往巨大的资金沉淀压力，也提升了其开发商业地产的积极性，从而为轻资产模式提供了工具。

万达、新城控股、大悦城地产、爱琴海商业、宝龙地产、华润置地、凯德、光大安石、花样年、星河商置、保利商业等均动了轻资产的心思，近年来纷纷推出资产管理项目。例如：上海中信泰富万达广场、昆明螺蛳湾万达城一期、赣州中创花生唐、青岛吾悦广场、上海青浦吾悦广场等轻资产商业均在 2018 年开业。据了解，万达 2019 年商管收入 438 亿元，43 个广场开业，轻资产项目多达 19 个；苏宁商业管理公司首个资产输出项目落地徐州，与和信集团完成合作。

5.5　便利店发展报告

5.5.1　便利店全景分析

在零售业整体低迷的 2018 年，便利店经受住了市场的考验。总体来看，便利店的发展不仅没有低迷，反而一路高歌猛进，成为零售业的一个最佳流量入口，不仅吸引了阿里巴巴、腾讯的关注，还受到了资本的关注，大量资本开始进入便利店行业。更多资金的注入虽然在一定程度上助推了行业的发展，但同时催生了一些行业泡沫。2018 年，资本 P2P 爆雷现象引发了一系列的便利店关店危机，无人店和无人货架的失败尝试也对便利店行业造成了一定的负面影响，但便利店正向增长的发展情况，却在零售业中一枝独秀。

如图 5－13 所示，截至 2017 年末，连锁便利店的商品销售额达到 482.89 亿元，同比增长 14.31%，营业面积达到 190.79 万平方米，同比增长 17.59%，门店数总计 24 060 家，比 2016 年多出 5 472 家，年末从业人数为 8.99 万人，这些数字见证了便利店行业在 2017 年中的井喷式增长。

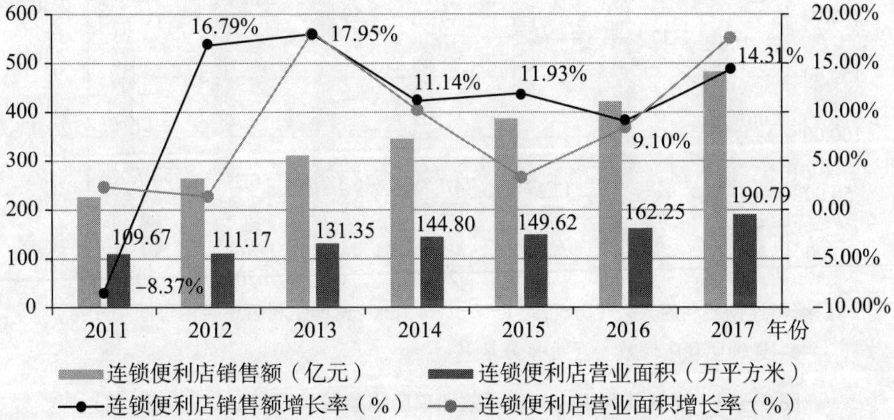

图 5－13　连锁便利店商品销售额和营业面积（2011—2017 年）

仅从数据上来看，中国便利店的数量是十分庞大的，但便利店的繁荣程度远不及我国台湾地区以及日本。在便利店业态发展较成熟的日本，平均每一家便利店覆盖 1 500 人；在我国台湾地区，每一家便利店覆盖 2 000 人；而在中国大陆的 26 个重点城市，平均每一家便利店则覆盖 1.2 万人。密度是便利店取胜的重要因素之一，而当前中国式便利店只能做到区域性密集，而大范围内的覆盖还远未达到。

根据中国连锁经营协会发布的"2019 中国城市便利店指数"，各城市之间的便利店发展差距在逐渐拉大，2018 年便利店增长率超过 10%的城市占所调查城市总数的 55.6%，大部分城市便利店的发展保持了较快的发展速度，但一线城市便利店市场趋于饱和，发展空间较大的城市多为二三线城市。

便利店在中国的发展是十分不均匀的，南方地区的便利店数量普遍多于北方地区。例如，东莞每 944 人就有一家便利店，深圳的这一数值也仅是 2 158，而北京，则每 9 854 人才拥有一家便利店。由此可看出便利店的发展现状：城市分布不均，区域化明显，发展潜力仍很巨大。由于中国南北跨度较大，受气候、生活习惯等因素的影响，24 小时便利店的区域性特点较为明显，南北方 24 小时便利店的比例存在明显差异。南方地区 24 小时便利店的比例普遍高于北方地区。从全国范围来看，24 小时便利店的平均占比较低。

总的来看，便利店行业除了总量在不断扩大外，经营效率也有所提高。如图 5－14 所示，连锁便利店的人效从 2016 年的 50.2 万元/人增长到 2017 年的 53.7 万元/人，但是坪效都从 2.6 万元/平方米回落到 2.53 万元/平方米。纵观 2011—2017 年，2017 年的水平大约为 2011 年的 1.5 倍。但是两个指标的增长率波动较大且出现分化，2011 年之前，坪效提升得较快，而 2011 年以后，人效的增速明显快于坪效，并且 2018 年便利店在完成了大量的增量工作后，店铺模式仍有待成熟，预计未来坪效的提升，无论是增长率还是总量，都仍有很大的上升空间。

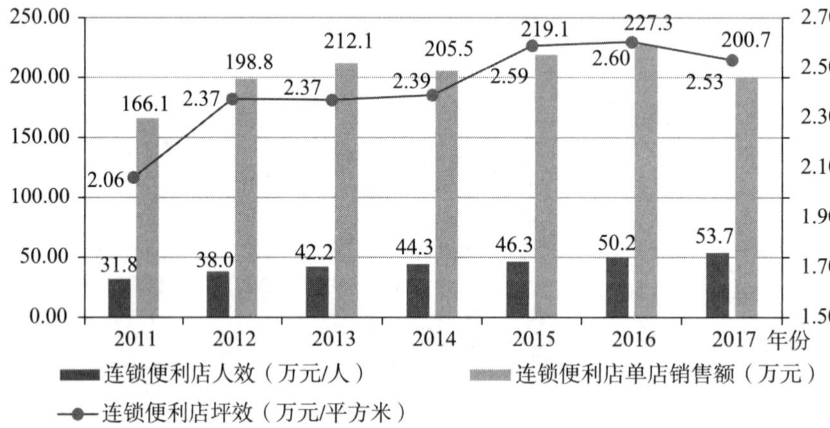

图 5－14　连锁便利店人效、坪效和单店销售额情况（2011—2017 年）

从单店销售状况看，连锁便利店的单店年平均销售额波动上升。2012—2016 年单店销售额变化不大，但 2017 年，单店销售额同坪效一起发生了下降，不同店铺经营模式仍存在很多的探索空间。

5.5.2　便利店开关店监测与分析

如图 5－15 所示，2017 年连锁便利店的门店总数达到 24 060 家，同比增长 29.44%。从趋势上看，门店数呈先上升后下降再上升的状态。2017 年门店数量基本呈爆炸式增长。

参考国外便利店的发展情况，当人均国民收入达到 3 000 美元时，便利店业态进入

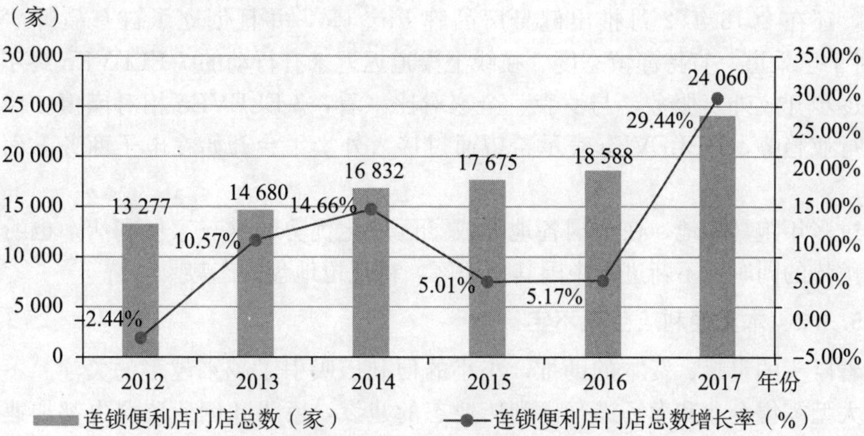

图 5-15　连锁便利店门店总数（2012—2017 年）

导入期；当人均国民收入达到 4 000 美元时，便利店进入成长期；而当人均国民收入达到 6 000 美元时，便利店就进入了发展的高峰期。我国当前的人均国民收入已近 1 万美元，便利店虽然在一线城市已经有了不错的发展，但是区域发展不均衡，总体仍有待提高，其市场仍存在巨大的发展空间，大量资本涌入，开店扩张潮兴起其实是必然趋势。

总之，之前还无人问津的便利店，在“新零售”概念的热度不断提升后，第一次站在了风口。在大卖场业态持续下滑的趋势下，便利店这一小业态未来可期。并且，在线上线下高度融合的当今市场，线下距离消费者最近的便利店的价值也在不断凸显。

5.5.3　代表性便利店监测与分析

2019 年中国连锁经营协会主办的“2019 中国便利店大会”的主题是“中国特色便利店”。这两年，零售企业一直在转型，风险资本大量涌入，外资便利店巨头要开新店，互联网要求数字化，而内资企业也开始了追赶，于是便利店扩张潮开始了。

5.5.3.1　外资巨头加速布局

7-ELEVEn、全家、罗森很早便进入了中国市场，代表着整个行业最先进的模式和生产力。作为进驻中国的第一家日系连锁便利店，罗森不但注重商品开发，还重新进行市场定位，再次开启扩张步伐。2017 年，罗森计划在 3 年内将中国的门店数量从 1 000 家扩张到 3 000 家。2019 年 1 月 18 日，罗森宣布中国门店数量突破 2 000 家。而全家则计划到 2024 年在中国开到 1 万家店。在加速布局的同时，外资便利店也在不断进行着中国业务本土化的探索，罗森、全家、7-ELEVEn 均已经开放加盟。同时，罗森也先后与超市发、北京首农合作，进军多业态模式和社区生鲜便利零售行业；全家可谓是便利店行业“最会玩”的运营商，继 2017 年底宣布开设洗衣店之后，又涉足健身行业，还在 2018 年 2 月推出健身房品牌 Fit&Go，并且创立了自有品牌“湃客咖啡”；对于全渠道一直持谨慎态度、在线上渠道迟迟未有行动的 7-ELEVEn 终于在近两年开始逐步开放外卖服务，与罗森、全家对比来看，7-ELEVEn 相对谨慎。伴随全渠道成为行业趋势，7-ELEVEn 表示希望通过接入外卖平台开始在电子商务方面进行积极探索。

通过多年跑马圈地，在中国各地形成了区域化优势的这三家便利店，也纷纷在巩固自身优势的同时，不断进军中国其他地区，初现抢地盘的态势。

5.5.3.2 本土便利店生死不定

随着巨头的青睐、资本的助推，小小的便利店吸引了越来越多的关注。不单单是内外资大型零售企业和卖场进行便利店业态的建设，巨头和创业公司也都加速进入便利店行业。传统通路的 600 万夫妻小店面临竞争与升级，其连锁化进程势必将进一步加速，阿里巴巴、京东和苏宁都推出了面向“夫妻老婆店”的改造计划：阿里巴巴宣布要在 1 年内开设 1 万家“天猫小店”；京东则宣称未来 3 年内将开设 100 万家冠有京东品牌的便利店；2019 年 3 月，苏宁小店宣布全国第 5 000 家店在成都开业。

2018 年，这一传统的小业态进入快车道，连锁便利店企业估值一路标高，多笔大额融资将门店估值炒到了历史高点。但 2018 年由于国内互联网融资平台 P2P 不断爆雷，一些便利店企业在发展过程中出现了资金链断裂，引发了连锁反应，导致便利店行业隐有泡沫浮现，不少便利店关停或经营困难：7 月 31 日，邻家决定自 8 月 1 日起全面停止各项业务，并陆续停止店铺运营；9 月 18 日，北京 131 便利店发布通知称，因资金周转问题不能正常运转，将于 9 月 20 日—9 月 25 日与供应商对账核算；9 月，全时便利被爆出正在与其他企业进行洽谈对接，或正在谋求出售或转让部分股权，并于之后出售部分门店给了正快速扩张的罗森。

5.5.3.3 中国特色的便利店

根据我国的现状，便利店也需要做出很多的适应。整体来看，我国的便利连锁零售企业还处于发展的早期阶段，生机勃勃，在不断扩张和创新，但它注定不是一个赚快钱的行业，7-ELEVEn 花了 40 年才被建立起来。便利店虽火热，但水更深，光鲜背后也是负面消息不断，除了资本问题外，食品安全问题也在各大便利店中出现。

但总体来说，当前中国的消费环境已经发生了巨大的变化，零售行业经历着前所未有的变革，也存在着空前的发展机遇。经历过模仿学习期和资本助推狂热期后，中国便利店企业正在逐步回归理性，不断地进行着创新并与更多的业态进行着合作，已经成为整个社区商业经济闭环中不可或缺的一部分。

5.6 无店铺零售发展报告

5.6.1 无店铺零售全景分析

无店铺业态一般包括电视购物、邮购、网上商店、自动售货亭、电话购物五大类。

为具体分析无店铺零售行业的发展情况，本报告选取了直销、电视购物和网络零售三种典型业态进行具体的监测与分析。

从总量上看，2011 年以来我国无店铺零售业的规模持续扩大。如图 5－16 所示，从行业角度看，2017 年商品销售额达到 9 145 亿元，同比增长 11.8%；法人企业数共计6 938 家，同比增加 9.5%。另外，2017 年行业从业人数达到 31.4 万人，同比增加 9.4%。在互联网零售的强力推动下，无店铺零售发展迅速，但较 2016 年而言，速度已经略微放缓。

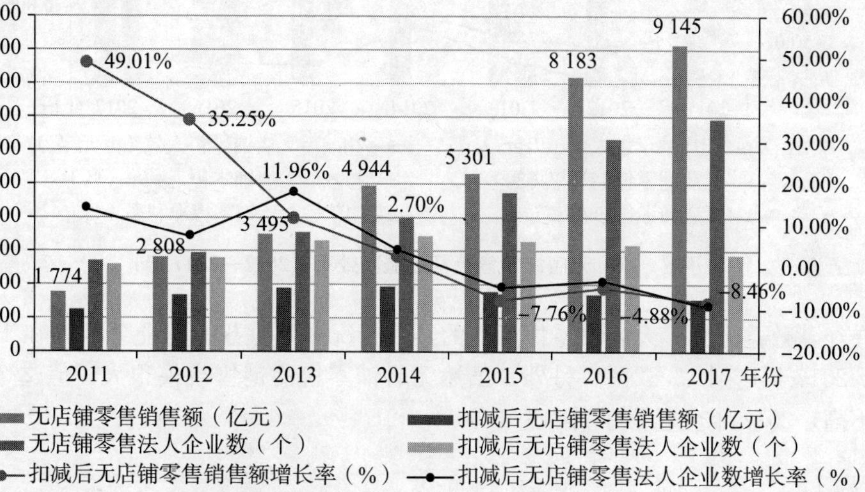

图 5－16　无店铺零售业商品销售额及法人企业数（2011—2017 年）

为了更准确地反映中国无店铺零售业的实际发展情况，本报告对统计局口径的限额以上零售业-货摊、无店铺及其他零售业数据，扣减了其中的限额以上零售业-互联网零售的数据，得出一个扣减后的各项数据，反映了非网络购物之外的真实的无店铺零售业的发展情况。遗憾的是，本类别在销售额、法人企业数、营业面积、从业人数等核心指标上，全部是负增长，分别为－8.46%、－9.36%、－13.29%、－9.80%，局面不容乐观。

业态方面，从 2011—2017 年的发展趋势看，受网络零售拉动，无店铺零售的商品销售额、法人企业数以及从业人数都呈指数级上升。商品销售额从 2011 年的 1 061.7 亿元增加到 2017 年的 12 363.0 亿元。在法人企业数方面，2017 年无店铺零售的法人企业数达到 7 323 个，是 2010 年 428 个的 17 倍多。另外，无店铺零售的从业人数从 2011 年的 5.3 万人增长到 2017 年的 39.2 万人，增加了 6 倍多。

从政策上，商务部于 2019 年 5 月起草了《无店铺零售业经营管理办法（试行）（征求意见稿）》，向社会公开征求意见，在对相关行业加强监管的同时，也鼓励形成无店铺零售行业组织，引导行业的规范发展。

在经营效率方面，如图 5－17 所示，无店铺零售的人效很高且逐年增加，但是在 2015 年却出现了明显的调整。从 2011 年的 156.9 万元/人增加到 2014 年的 251.7 万元/人，但2015年下降到245.4万元/人，2017年又创下290.9万元/人的新高。

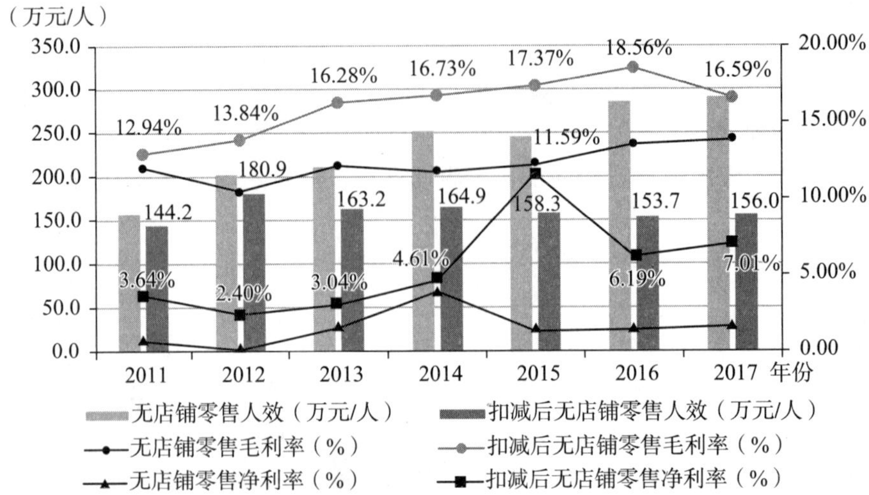

图5-17　无店铺零售经营效益与效率（2011—2017年）

在经营效益方面，无店铺零售目前的经营情况并不理想。行业毛利率在13%左右徘徊，2017年达到13.82%。另外，虽然无店铺零售的销售规模很大，但迄今为止利润率不高，2017年全行业净利率为1.60%。

5.6.2　直销行业发展分析

5.6.2.1　总体规模

截至2019年3月，根据商务部公开数据，中国有91家企业拿到了直销经营许可证。其中，内资企业58家，外商投资企业33家。随着我国对于直销的法律规范和政府监管已经走上了比较成熟的轨道，直销企业在我国的规范、健康发展更有保障，但由于声誉问题、申请许可问题、服务网点设立问题、报酬限制问题、获准产品类别问题等的存在，直销行业的整体经营情况仍不尽如人意。在2018年仅有1家企业拿到直销牌照，我国直销行业管理已经进入了史上最严监管期，直至2019年4月商务部才将暂停了两个月的办理直销相关的审批、备案等业务恢复。直销行业的寒冬，相关从业人员也在积极顺应潮流，以不断的革新来应对。

根据世界直销研究院数据，2017年，90家直销企业总额达到约2 118亿元，同比增长仅为0.8%。其中，2017年，业绩排名前十企业的业绩总额达到1 386.5亿元，同比下降约1%，业绩总额占比达到65.44%，与2016年相比，下降了约1个百分点，基本持平。我国直销行业集中度仍较高。①

---

① 数据来源：http://gdsri.net/case_view.aspx?TypeId=139&Id=418&FId=t4:139:4; http://gdsri.net/case_view.aspx?TypeId=139&Id=419&FId=t4:139:4.

5.6.2.2　运行特征及新动态

回首 2018 年，中国社交电商精彩纷呈，在互联网大数据的支撑之下，新零售、社交电商正以星火燎原之势催生亿万市场，成为当下最火热的营销模式。但反观直销行业，受“权健事件”和“百日行动”的沉重打击，再加上直销企业自身各种弊端渐露，直销企业直面内忧外患的发展瓶颈，急需寻求新的突破口。

2019 年 2 月 14 日，商务部召开新闻发布会称，针对直销行业有关情况和存在的问题，暂停办理直销相关的审批、备案等事项，积极会同相关职能部门开展保健市场整治工作。全面梳理排查全国直销行业的情况，加强对直销企业的管理，对发现的违法违规经营问题，会同相关部门，坚决依法依规进行处置，切实维护人民群众和广大消费者的利益。到了 4 月 9 日，商务部印发《商务部办公厅关于对直销备案产品、直销培训员和直销员开展复核登记工作的通知》，表示为贯彻落实 13 部门《联合整治“保健”市场乱象百日行动方案》部署和商务部关于直销行业清理整顿有关安排，规范直销行业经营行为，促进行业健康有序发展，决定对直销备案产品、直销培训员和直销员，全面开展复核登记工作。

这是冲击，也是一次机会。长期以来，直销业是中国政府控制极为严格的行业，直销业运作需要获得政府颁发的牌照。由于获批直销经营许可的要求相当严格，许多企业放弃申请直销经营许可，在不受《直销管理条例》约束的情况下，以某种类似于直销的形式开展经营，导致我国直销行业问题重重，影响了发展前景。我国政府对待直销业的态度从最初的开放，到后来的紧缩，直至完全禁止，再逐步放开，以外资直销企业为平台开辟了一条有效的疏导途径，并创造了具有中国特色的直销经营模式，表明直销行业并非全无出路。寒冬的来临虽然会让直销行业洗牌，但从长远来看，只有经历过深刻洗礼，才能焕发出新生。

从业绩上来说，直销行业业绩排名前十的企业分别是无限极、完美、安利、权健、玫琳凯、尚赫、新时代、中脉、隆力奇、康宝莱。在这 10 家企业中，仅有尚赫 1 家企业的业绩出现高增长，一半企业的业绩出现负增长。这是由于“新零售”概念的提出，犹如在各大业界投下了一颗重磅炸弹，各行各业都纷纷开始布局新零售渠道。如今，在直销业内，“新零售”的概念也不再是一个伪命题，它对于直销行业的影响力正在逐步显现，加上 2018 年的政策因素，直销行业受到了很大的打击，但很多企业已经开始布局改革。

例如：绿之韵推出“生态健康新零售工程”，以“生态 MALL”为载体，配合现代化仓储物流、生产销售；新千禧节打造“新直销”，与阿里云展开了合作；克缇全面启动“克缇新零售时代”，将新经济移动社交与直销模式融合，将舒肯体验式营销与线上线下模式结合，共同打造智慧产业链；隆力奇“聚好新零售”以实体门店、电子商务、移动互联网为核心，通过融合线上线下，实现商品、会员、交易、营销等数据的共融互通；等等。在社群时代，很多企业同样抓住了“社交电商”这个新兴增长点，都希望能借助社交电商锦上添花。因此，移动社交电商平台也逐渐成为各大直销企业竞逐市场的重要销售端，如脉宝云店、康尔云 mall、汉德森汉薇商城、绿叶惠购商城等。

与此同时，在各大传统实体业态不断向线上迁移吸收流量的同时，直销企业开始进行线下门店向场景化消费体验转变。近年来，个性化、多样化的消费需求大规模兴起，在新的消费时代下，体验式消费迅速兴起，线下体验门店越来越受到消费者的青睐。在这一背景下，众多直销企业探索创新转型，打破原有的局限，通过建立线下体验终端来提升客户购买的体验感，布局线下体验营销门店以及体验式活动，完成线下渠道。例如，如新、康宝莱打造快闪店，实现与消费人群互动的全面升级。玫琳凯 TIMEWISE 5XTM 护肤系列新品上市发布会上，启用了玫琳凯 5X 之旅体验中心，增加消费者的体验。

总的来说，无论是内部还是外部，直销行业正在经历巨大的变革，随着直销业务区域经营的逐步放宽、行业结构调整的不断深入，其未来发展还是可期的。

5.6.3 电视购物行业发展分析

经过前些年电视购物业的迅猛发展和商务部系列政策的出台，目前电视购物业总体趋于稳定，销售额的连年高增长也于 2016 年开始进入负增长，市场规模总体平稳。但是相较于欧美等发达国家纯粹为零售行业的电视购物业，我国的电视购物由于传媒属性的约束，仍被视为文化产业，零售属性不明显。并且，部分电视购物企业仍经营自己效益不高的网络购物网站，定位不准确。

与此同时，由于利益驱使和监管缺失等因素的影响，违规的电视购物广告短片屡禁不止。大部分消费者对于电视购物与电视广告的区分并不明确，并且由于受到许多违规广告的影响，部分消费者对电视购物业有曲解。

总的来说，虽然我国对电视购物业的规范和监管不断加强，但我国的电视购物业距离成熟市场还有一定的差距，在消费者认知和企业创新上也都缺乏活力。并且在电商的影响下，电视购物在物流、支付、商品品类上都处于劣势地位。此外，在移动传媒发展的影响下，电视节目的收视率本身也成为制约行业发展的因素。面对挑战，电视购物企业必须用更广阔的视角挖掘自身的核心竞争力。

5.6.4 互联网零售发展分析

5.6.4.1 互联网零售全景分析

近几年，互联网零售在中国市场快速发展，“双 11”“6·18”等电商节逐渐深入人心。2017 年互联网零售业依旧保持快速增长。大型电商平台通过布局品质电商优化电商市场商品供给，推动品质消费。社交电商持续发力，利用社交分享创造了巨大的消费价值。电子商务通过大数据、云计算、人工智能等技术推动了 B2C 从 C2B 的转变，区块链技术在跨境电商等领域得到了深度应用。

从《中国贸易外经统计年鉴》公布的限额以上互联网零售数据来看，互联网零售的销售额也呈现爆炸式增长，如图 5－18 所示，从 2011 年的 528 亿元增长到 2017 年的 7 588 亿元，增长了约 13 倍。同时，企业数和员工数量也在增加，法人企业数从 2011 年的 106 个猛增到 2017 年的 4 061 个，从业人数从 2.7 万人增加到 21.5 万人。

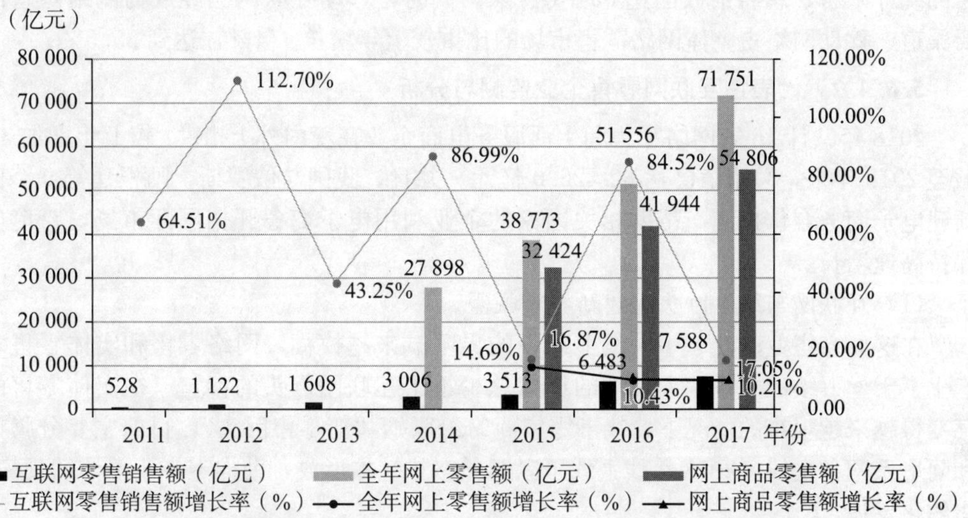

图 5－18　限额以上互联网零售商品销售总额及增速（2011—2017 年）

从发展趋势看，互联网零售每年的销售额增长率也基本保持在高位。其中，2012 年销售额的增长率高达 112.70％，2015 年增速最低，但也实现了 16.87％的增幅。另外，企业数和员工数量每年也基本上处于两位数增长的发展态势，但互联网零售企业的销售额有十分明显的波动趋势。

在经营效率方面，互联网零售的人效一直处于较高水平，2017 年达到 290.9 万元/人。2015 年互联网零售法人企业数和从业人数的增长率远高于销售额的增长率，导致了 2015 年人效的下降。同时，互联网零售的毛利率略低于无店铺销售的整体水平，2017 年为 13.23％，净利率是在多年来首次达到正值，为 0.88％。

按照网络交易平台数据计算的 2018 年全国网上零售额达 90 065 亿元[①]，同比增长 23.9％，增速较上年回落了 8.3 个百分点。另外，根据商务部电子商务和信息化司发布的《中国电子商务报告（2018）》，2018 年中国电子商务交易规模继续扩大并保持高速增长态势。全年实现电子商务交易额 31.63 万亿元，同比增长 8.5％；跨境电商进出口商品总额达 1 347 亿元，同比增长 50％；农村电子商务交易额达 1.37 万亿元，同比增长 30.4％；全国快递服务企业业务量累计达到 507.1 亿件，同比增长 26.6％；电子商务从业人员达 4 700 万人，同比增长 10.6％。同时，2018 年 B2C 零售额占全国网络

① 公报口径的网络零售数据与统计年鉴数据由于口径原因有数量级的差距。根据国民经济和社会发展统计公报口径，网上零售额是指通过公共网络交易平台（主要从事实物商品交易的网上平台，包括自建网站和第三方平台）实现的商品和服务零售额。2018 年网上零售额增速按可比口径计算。

零售额的比重为62.8%，较上年提升了4.4个百分点，B2C零售额同比增长34.6%，高于C2C零售额22.1个百分点。随着消费升级的不断深化，消费者对品质、服务、品牌的关注度逐渐提高，B2C市场优势更加明显。从商务大数据重点监测的网络零售平台的统计来看，总店铺数已达834.1万家。同时，移动互联网已经成为网络零售的主要渠道，移动网络占整体网络零售市场的比重较上年增长4.4%，达到85.5%。

5.6.4.2 代表性互联网零售企业监测与分析

2018年共计16家网络零售和生活服务电商企业在境内外上市[①]，较上年增加3家，截至2018年末，总市值已达62 226.0亿元。并且，我国与俄罗斯、阿根廷等9个国家新建电子商务合作机制，帮助相关国家的企业利用电子商务开拓国际市场，跨境电商保持高速增长。

(1) 互联网与线下巨头组建新零售联盟。

在这场零售业的变革中，线上线下的界限越来越模糊，网络零售和实体零售之间产生了千丝万缕的关系，大事件的产生总少不了互联网巨头的参与。在实体零售的生存变得越来越艰难的情况下，线下零售商纷纷联姻“新零售巨头”，目前主要分腾讯系和阿里系两条主线，2018年线上线下联盟化态势基本形成，助推零售业整体的规模化、集约化发展。

互联网巨头和实体商业巨头之间最大的一笔战略投资诞生在2018年1月29日，腾讯、京东、苏宁等共投资340亿元收购万达商业14%的股份，正式宣告京东、苏宁与万达联手。2月11日，居然之家与阿里巴巴共同宣布达成新零售战略合作，阿里巴巴以及关联投资方向居然之家投资54.53亿元，持有其15%的股份，正式宣布阿里新零售战略“八路纵队”集结完毕。这意味着，在主阵地天猫的支持下，阿里巴巴整合了家电数码的苏宁、服饰百货的银泰、快消商超的盒马和大润发、家居家装的居然之家、餐饮生活的口碑等。

(2) 生鲜电商遍布业态。

近年生鲜电商发展增长强劲，在零售新时代的大潮下，各电商巨头纷纷布局生鲜线下零售实体店，大多分布在一二线城市，且都附带配送功能，可实现3千米内30分钟或者1小时内送达，满足消费者的需求。

目前，涉及生鲜电商市场的主要超市有：永辉超市、大润发、京东生鲜、网上麦德龙、家乐福、天猫超市等；综合平台上，京东、天猫、苏宁、一号店、亚马逊等也均有涉及；垂直渠道中，盒马鲜生、7FRESH、每日优鲜、苏鲜生等新物种也在不断试错。此外，京东到家、Dmall、鲜码头等各类门店层出不穷。

生鲜市场规模近万亿元，但生鲜电商渗透率相对还很低，市场潜力仍然巨大。在此格局之下，生鲜电商行业的竞争在各个方面展开，同行之间的竞争与巨头之间的对垒越发激烈。尤其是对冷链仓储物流的要求产生了一般企业难以承受的高成本，导致了生鲜电商公司在2017年末大量退场。除了电商巨头阿里巴巴、京东等长期在物流基

---

① 参见商务部电子商务和信息化司发布的《2018年中国网络零售市场发展报告》。

础设施上投入，建立了完善的物流网络体系，能够为生鲜电商打下良好的基础外，对于资本有限或者刚起步的生鲜电商来说，扩大发展显得尤为困难。

（3）社交电商崛起。

2018 年，与移动互联网的大多数行业红利殆尽、走向静寂不一样，社交电商依然在强势兴起。移动互联网上的用户购物比例占全网购物的 70%～80%。以云集（分销模式）、拼多多（拼团模式）、有赞（工具模式）、小红书（社区模式）为代表的四类不同模式社交电商平台接连获得融资的“行业级”现象，消费场景的创新和用户的几何式增长，让社交电商成为投资人和行业创业者关注的一个最大变量。稳固多年的中心化电商格局第一次被打破，拼多多更是依靠其模式引发了现象级的流量爆炸。拼多多 2018 年年报显示，2018 年平台 GMV 达 4 716 亿元，较上年同期增长 234%，平台年度活跃买家数达 4.185 亿，较上年增长 1.737 亿。

2018 年 5 月 31 日，由阿里巴巴领投，其他多家机构跟投 3 亿美元注资小红书，并且 2019 年初，小红书正式入局社交电商，旗下小红店小程序开始内测。此后，淘宝与哔哩哔哩共同宣布：双方将依托各自资源优势，在 B 站自有的 IP 商业化运营、UP 主内容电商等方面开展广泛合作，以更好地打造贯穿线上线下的内容、商品、用户的生态体系。2018 年社交电商在拼多多的带领下强势兴起，“社交分享＋会员”的玩法一度成为诸多新零售项目新的风口。阿里巴巴在小红书和哔哩哔哩的投资合作是对社交电商的持续布局。随着社交行业的繁荣发展，2019 年社交电商会更加深入短视频、直播等领域。《2018 年小程序生态进化报告》显示小程序总量达 100 万，开发者达 150 万，小程序累计用户数突破 6 亿，日活高达 2.8 亿，智慧零售小程序 6 月流水环比增长达 35%，场景渗透迅速，电商小程序流量最高增长 60 倍，保持了主力军地位。2018 年 9 月，支付宝小程序正式上线，3 个月内支付宝小程序的数量从 2 万上升到了 8 万，用户数从 3 亿上升到了 5 亿，日活从 1.2 亿增长到 1.7 亿。

（4）精品电商如火如荼。

中国新中产阶级队伍不断壮大，消费者在选购产品时，不再只单单关注产品的价格，产品的品质、个性化也逐渐成为消费者关注的重点。这部分消费人群已经跨过低价的需求，开始愿意为生活质量、健康、品位买单，他们愿意为高品质生活支付一定的溢价，而精选模式的出现，正是满足了这类人群的需求。精品电商不断发展，板块越来越丰富，各大电商纷纷抢先布局。

其中，最具有代表性的包括：1）网易严选，是网易原创生活类电商品牌，有超过 10 000 个SKU，采用 ODM 模式，由制造商和供应商设计生产，网易参与需求定制，并负责采购销售。2）小米有品，采用“平台＋投资”模式，小米负责选品、二次品控、平台运营，搭建仓储物流和客服。较为取巧的是，这样的模式下，费用和库存压力由品牌承担，但与品牌团队沟通的成本高，且小米有品只能影响，并不掌握实际定价权。3）淘宝心选，阿里巴巴的第一家自营店铺。其经营商品、设计风格以及运营模式，都与网易严选非常类似。这是继淘宝、天猫、天猫超市之后，阿里巴巴又一个新的 B2C 电商业务。4）京造，京东旗下的自有品牌，寓意“京东造”与“精心造”，致力于实现“高端商品更优价格”和“大众商品更优品质”。目前，其产品线覆盖居家、服饰、电器、餐厨、洗护、饮食、出行七大品类。

C2B 以及 ODM 生产模式帮助制造商不断降低市场需求的不确定性，使得在国内制造业升级的背景下精品电商的不断发展成为可能。如何迎合消费者在新背景下的新诉求，是目前电商变革的重要考虑因素。在国内消费从“量变”到“质变”的风口，消费升级成为社会发展的主旋律，在新零售浪潮席卷一切的关键节点，精细化的电商模式需要为未来做出更长远的打算。

（5）新零售全面融合。

2018 年“双 11”销售额又达到顶峰，再度创造了新奇迹，成交数字最终定格在了 2 135 亿元。曾经仅在线上狂欢的“双 11”已经深入线下，延展至供应端，并调动着千万个品牌商、商超、百货购物中心、物流、金融企业联动。据了解，20 万家智慧门店、62 家银泰百货、近 100 家盒马鲜生、470 余家新零售商超为“双 11”配备了资源。

京东也在泰国上线了全球第一个机器人职能配送站 JD CENTRAL。有数十万家线下门店通过智能供应链和门店科技实现数字化升级，京东之家、京东专卖店、京东家电专卖店、京东 7FRESH 全国布局全面展开。并且，京东与谷歌签订战略合作协议，共同开拓国际市场。2018 年，其在印度尼西亚配送服务已经覆盖印度尼西亚 7 大岛屿、483 个城市和 6 500 个区县。

在阿里巴巴、腾讯纷纷布局新零售的同时，网易的新零售异军突起。在 2018 年 12 月 19 日，网易严选线下店落地杭州，就在 2018 年 4 月，网易严选在两周岁生日会上，抛出 2018 年要开 100 家线下“严选 HOME”的消息。网易严选线下店与线上系统实现订单同步，接入了网易严选线上的会员体系，实现线下与线上账号的互通，权益共通，在店内，网易严选还提供一系列智能化导购体验。

（6）关注政策热点。

由商务部指导，29 家单位成立的中国电商扶贫联盟帮扶对象覆盖 351 个贫困县，电子商务进农村示范推进，社交电商、内容电商等新内容在加速向农村电商渗透。京东已在全国 832 个贫困县上线了超 300 万种商品，实现累计销售额超 500 亿元。同时，通过京东公益“物爱相连”平台收到向扶贫地区捐赠的物资超过 200 万件，并有近 10 万商家参与了京益计划，共同扶贫。此外，2018 年，拼多多平台农产品及农副产品订单总额达 653 亿元，较 2017 年的 196 亿元同比增长 233%。上述数据表明，拼多多已经成为中国最大的农产品上行平台之一。

农村电商也将带动众筹农业、共享农业、定制农业等新产业、新业态呈现爆炸式发展，推动“互联网＋农业＋旅游”，助力一二三产业融合，提高农业创新力、竞争力和全要素生产率。将全品类，全渠道，线上与线下，产前、产中、产后，售前、售中、售后等多渠道、多维度相互融合发展，是农村电商上行的发展趋势。“一带一路”倡议实施以来，已经具有较大的影响和初步成果，大量的农产品通过网上“走出去”，通过网上走进来，农产品中欧班列、中欧冷链班列相继开出，“网上一带一路”效应逐渐显现，农产品电商国际化将呈现常态化趋势。

“丝路电商”合作不断深化，2018 年 8 月国务院批复在 22 个城市设立跨境电子商务综合试验区，进口博览会的开办使得国内 88 家电子商务企业与多国多品牌进行深度合作。在阿里巴巴的全球战略正式布局进行得如火如荼之时，京东全球购继法国馆、韩国馆、日本馆、澳洲馆陆续上线后，美国馆也于 2018 年 7 月上线。2018 年通过海关跨境电子商务管理平台零售进出口商品总额达 1 347 亿元，增长 50%，其中出口商品总额达 561.2 亿元，增长 67%，进口商品总额达 785.8 亿元，增长 39.8%。

跨境电商行业从草莽年代不断向合规化方向转型，并在政策的支持下蓬勃发展。

表 5－3　中国主要电商企业营业收入及净利润（2018 年）

企业	营业收入（亿元）	增幅	净利润（亿元）	增幅
京东	4 620.00	27.52%	35.00	−30.00%
阿里巴巴	3 452.57	52.15%	907.14	14.02%
苏宁	2 449.57	30.35%	133.28	216.38%
小米集团	1 749.15	52.60%	135.54	130.93%
唯品会	845.00	15.99%	28.69	20.61%
国美零售	643.56	−10.09%	−48.87	−986.23%
拼多多	131.20	652%	−102.2	1 940.00%
宝尊电商	53.93	29.99%	2.70	29.13%
聚美优品	42.88	26.30%	1.17	112.42%
南极电商	33.53	240.12%	8.86	65.84

（李浩林）

第6章　中国专业零售业发展分析报告

本章旨在对2018年中国专业零售业及其各业态的发展情况进行监测与分析。本章从专业零售发展全景、七大类专门零售行业发展，以及行业内代表性企业动态3个层次进行分析。主要监测的指标有规模指标、扩张情况、开关店情况、效益效率、代表性零售企业2018年经营动态等。本章共有附表14张，请读者朋友扫描本书第234页的二维码免费查阅。

6.1　专业零售业全景分析

6.1.1　本报告专业零售业数据及分类说明

本报告监测与分析所选取的企业，以各地区、各行业、各业态的代表性大中型企业为主[①]，以中国连锁经营协会公布的“中国连锁企业百强（2018）”榜单企业为辅，监测和分析它们在2018年的各项经营动态情况。代表性企业的数据与信息主要来自企业官方网站及其官方授权的机构所公布的业务数据和经营动态信息（含上市公司年度报告信息、董事会报告信息与其他相关数据），还参考了中国商业联合会、中国连锁经营协会、联商网等行业协会及业内专业网站关于行业和代表性企业的资讯信息。

对于涉及行业和业态的宏观统计数据，本报告为保持与国家统计局统计口径数据的一致性，整体上继续使用《中国贸易外经统计年鉴2018》和中经网统计数据库、国研网统计数据库等所公布的数据，受统计数据公布时间的限制，本报告所用数据均截至2017年底。

为保持与国家统计局统计口径数据的一致性，本报告整体上继续使用《中国贸易外经统计年鉴》的分类方法，将专业零售业依据其所处行业划分为七大类：（1）食品、饮料及烟草制品专门零售；（2）纺织、服装及日用品专门零售；（3）文化、体育用品及器材专门零售；（4）医药及医疗器材专门零售；（5）汽车、摩托车、燃料及零配件专门零售；（6）家用电器及电子产品专门零售；（7）五金、家具及室内装饰材料专门零售。并依此对应分为七个小节来监测与分析中国专业零售业的发展及行业代表性企业动向。

同时，为科学而合理地反映现实中国零售行业内各子行业的发展情况，本书将统计口径的七个大类继续细分为13个更为具体的监测类别，分别是：（1）食品饮料及烟草制品类；（2）服装类；（3）个护化妆类；（4）金银珠宝类；（5）儿童玩具和母婴用品类；（6）图书音像类；（7）办公文具类；（8）户外运动类；（9）医药及医疗器械类；

---

① 本报告监测的中型企业系中国连锁经营协会公布的“中国连锁企业百强（2018）”榜单企业之外的企业，即“百强”之外的各地区、各行业、各业态的代表性中型企业。

(10) 汽车燃料类；(11) 家用电器及电子产品类；(12) 家居建材类；(13) 室内装饰材料类。这些类别代表性企业的详细动态信息，详见本章附表 6-1 至附表 6-13。

6.1.2　专业零售业销售规模分析

从发展的总体规模看，如图 6-1 所示，专业零售业 2017 年商品销售总额达 8 万余亿元，按照限上行业口径为 89 687 亿元，按照限上业态口径则为 79 156 亿元。近年来专业零售业占零售业总体的比重维持在 60%～70%，而且比重变化基本稳定。2017 年限上行业和限上业态口径下专业零售业占零售业的比重分别为 72.87%和 64.31%，占据绝对主体地位。此外，连锁行业口径和连锁业态口径销售总额分别为 13 136 亿元和 22 592 亿元。

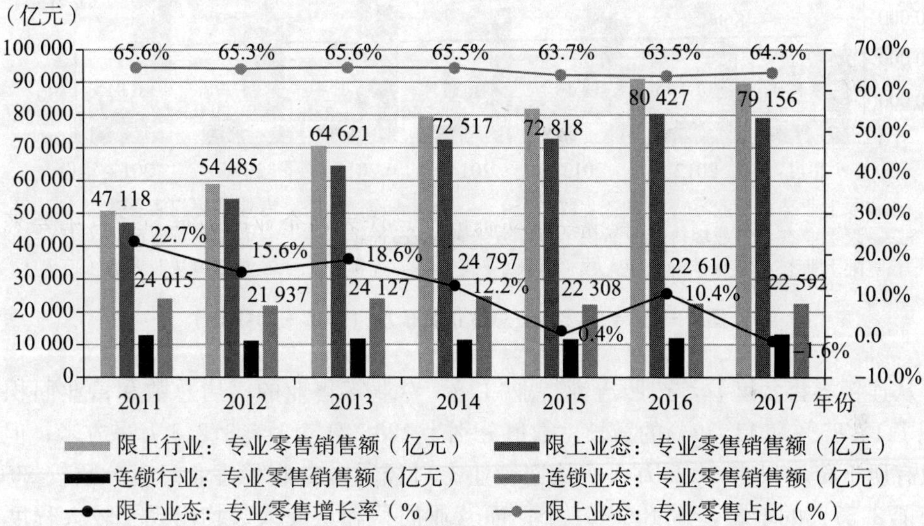

图 6-1　专业零售总体销售额及其增长情况（2011—2017 年）

从发展趋势看，受宏观经济形势的影响，2017 年中国专业零售业的销售总额和增幅出现较大回落。从限上业态角度看，专业零售业态的销售额增长率自 2011 年以来逐年下降，虽然在 2016 年出现了一定程度的上升，但在 2017 年其增长率跌至低谷，为−1.6%，出现负增长；从限上行业口径看，销售额增长率的变化情况与限上业态口径下的基本一致，在 2015 年出现低谷后虽有短暂回升，2017 年又重新下跌至−1.48%，同样出现负增长。连锁口径下，专业零售的销售额增长率的波动较大，但其变化态势与限上口径总体相似，均在 2016 年出现短暂上升后，2017 年再次回落，出现负增长。

6.1.3　专业零售业扩张情况分析

2017 年，线上红利逐渐接近尾声，消费者对体验的重视程度提高，实体门店继续扩张步伐，传统业态发展略有向好趋势。从限上行业口径看，专业零售业 2017 年的法人企业数、年末从业人数和年末零售营业面积分别为 79 246 个、414.55 万人和 18 613.41 万平方米。从限上业态口径看，专业零售业 2017 年的法人企业数、年末从业人数和年末零售营业面积则分别为 70 092 个、355.7 万人和 16 015 万平方米（见图 6-2）。与 2016 年相比，各项指标在行业口径和业态口径下均有小幅提升。

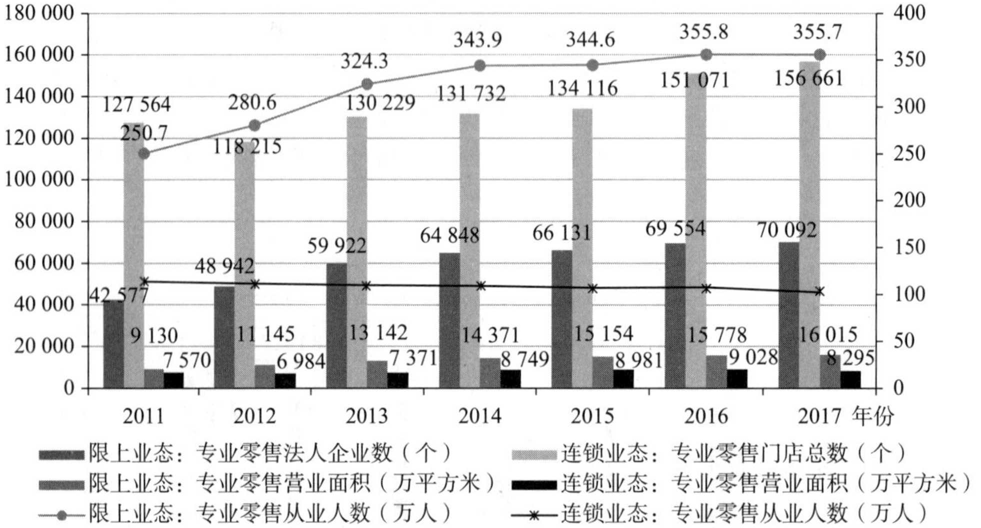

图 6-2 专业零售业总体扩张情况（2011—2017 年）

从连锁零售角度看，按照连锁行业口径，专业零售业的门店总数和营业面积分别实现了 12.85%和 11.39%的增长，数值分别为 129 124 个及 5 312.3 万平方米；但从业人数有所下降，仅为 81.7 万人。从连锁业态口径看，专业零售业门店总数较 2016 年实现了 3.57%的增长，达 156 661 个；而营业面积和从业人数均出现了较大程度的下滑，降幅分别为−8.84%和−5.3%。

从发展趋势看，自 2012 年起，连锁行业和连锁业态口径下的门店总数逐年增长，且连锁行业角度的增幅更为明显。总体而言，专门零售业的连锁经营趋势呈上升趋势。

6.1.4 专业零售业经营效益与效率分析

从经营效益情况看，根据限上业态口径，专业零售业态的毛利润、净利润分别约为 7 545.95 亿元、1 732.94 亿元，毛利率、净利率分别为 10.86%、2.49%。限上行业口径的数值略高于业态口径，毛利润、毛利率、净利润和净利率分别为 8 884.67 亿元、11.67%、1 932.25 亿元和 2.46%。从趋势上看，专业零售的毛利润逐年平稳上涨，而净利润在 2016 年经历了大幅上涨后趋于回落，增幅有所放缓。

从效率情况看，限上业态口径的人效和坪效分别为 222.5 万元/人和 4.94 万元/平方米，限上行业口径的指标比业态口径的略小一些，人效和坪效分别为 216.4 万元/人和 4.82 万元/平方米，经营效率相较于 2016 年有些许下滑。

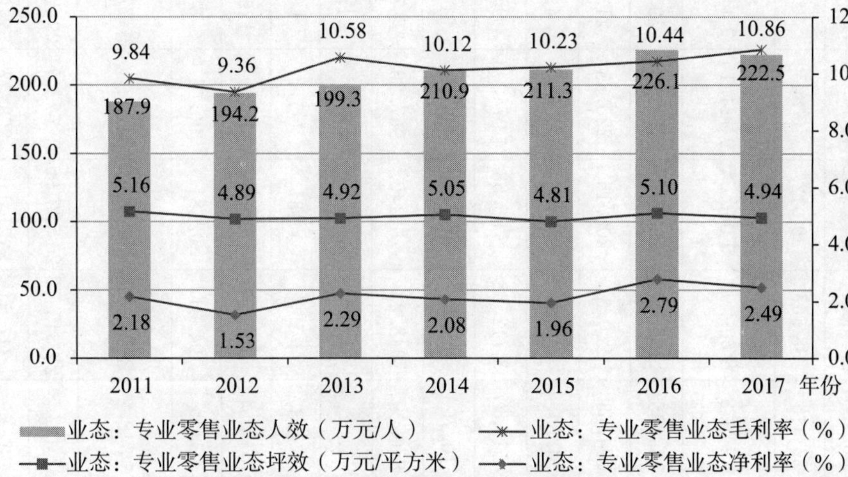

图 6-3　专业零售业效益与效率情况（2011—2017 年）

近年来，随着行业内企业的不断创新，限上专业零售业的人效指标稳步上升，而由于大量企业进入，行业内竞争加剧，坪效呈下行趋势；行业的毛利率和净利率波动较小，整体发展较为稳健。

6.1.5　专业店与专卖店发展分析

本报告对 2008 年以来中国的专业店和专卖店两个业态的发展基本情况进行了整理和汇总，见表 6-1“中国零售业专业店业态和专卖店业态发展情况（2008—2017 年）”。

6.1.5.1　销售规模分析

专业店方面，按照限上口径，2017 年的商品销售额为 4.18 万亿元。而根据连锁口径，在包含加油站的前提下，2017 年专业店的销售额为 2.04 万亿元；而在不包含加油站的前提下，其销售额仅为 7 765 亿元，减少了接近 2/3。专业店占全部专门零售业态合计值的比例为 52.78%，与上年的 54.89%相比略有下降。连锁口径占比为 90.27%。无论是从限上口径还是连锁口径，专业店都是专门零售业态最主要的组成部分。

从趋势上看，按照限上口径，专业店的销售额增长自 2010 年以来逐年放缓，2015 年出现了负增长，虽然 2016 年扭转了下降趋势，但 2017 年销售额增长率再次跌入低谷，仅为−5.37%。连锁口径下的销售额发展趋势与限上口径下的变化基本一致，但数值波动更大，在 2012 年、2015 年均出现了 10%以上的负增长，2016 年虽有小幅上升，但 2017 年销售额又出现了 0.88%的负增长。

专卖店的销售规模方面，按照限上口径，2017 年专卖店的商品销售额为 3.74 万亿元，同比增长 3.03%。专卖店占专门零售业态销售额的比例为 47.2%，略高于上年的 45.1%。连锁口径下专卖店的规模数值较小，商品销售额为 2 152.65 亿元，同比增长 8.05%。

表 6-1　中国零售业专业店业态和专卖店业态发展情况（2008—2017 年）

		时间（年）	2008	2009	2010	2011	2012	2013	2014	2015	2016	2017
专业店业态	限额以上口径	限上零售业商品销售总额（亿元）	14 365.32	15 718.2	21 816.73	27 306.47	31 199.1	36 857.01	41 238.59	40 592.12	44 149.9	41 780.08
		限上零售业法人企业数（个）	17 914	18 032	23 944	26 566	29 765	36 346	38 667	39 012	40 865	40 294
		限上零售业年末零售营业面积（万平方米）	5 588.22	5 892.05	7 728.79	5 790.54	6 970.71	8 110.8	8 609.99	9 066.1	9 424.15	9 440.68
		限上零售业年末从业人数（万人）	115.73	118	146.28	153.8	165.04	189.35	196.09	195.01	199.93	195.66
		限上零售业人效（万元/人）	124.13	133.21	149.14	177.55	189.04	194.65	210.3	208.16	220.83	213.53
		限上零售业坪效（万元/平方米）	2.57	2.67	2.82	4.72	4.48	4.54	4.79	4.48	4.68	4.43
		限上零售业企业毛利润（亿元）	1 411.11	1 555.04	2 032.28	2 391.42	2 433.02	3 510.27	3 712.58	3 756.63	4 074.92	3 952.02
		限上零售业企业毛利率（%）	11.39	11.11	10.49	9.98	8.90	10.76	10.30	10.52	10.64	10.83
		限上零售业企业净利润（亿元）	361.71	350.23	484.84	606.5	545.52	870.09	948.23	908.45	967.26	1 079.88
		限上零售业企业净利率（%）	1.72	1.39	1.40	1.45	1.13	1.52	1.47	1.42	1.35	1.55
	连锁口径（包含加油站）	连锁零售业总店数（家）		1 203	1 269	1 354	1 383	1 453	1 460	1 481	1 511	1 646
		连锁零售业门店总数（家）	93 656	82 704	84 678	95 680	89 227	104 054	108 809	112 959	118 601	125 362
		连锁零售业年末从业人数（万人）	74.48	75.29	83.12	96.34	93.79	93.49	94.31	92.81	90.01	84.8
		连锁零售业年末零售营业面积（万平方米）	5 111.21	6 075.35	6 755.27	7 142.53	6 480.38	6 848.2	8 260.76	8 480.62	8 547.76	7 774.99
		连锁零售业商品销售总额（亿元）	12 315.32	13 373.9	17 233.23	22 919.28	19 628.96	22 492.8	23 345.78	20 520.99	20 573.71	20 392.78
		连锁零售业人效（万元/人）	165.35	177.63	207.33	237.9	209.29	240.59	247.54	221.11	228.57	240.48
		连锁零售业坪效（万元/平方米）	2.41	2.2	2.55	3.21	3.03	3.28	2.83	2.42	2.41	2.62

续前表

		时间（年）	2008	2009	2010	2011	2012	2013	2014	2015	2016	2017
专业店业态	连锁口径（包含加油站）	连锁零售业门店单店销售额（万元）	1 314.95	1 617.09	2 035.15	2 395.41	2 199.89	2 161.65	2 145.57	1 816.68	1 734.7	1 626.71
		连锁零售业总店平均销售额（万元）		111 171.6	135 801.7	169 270.9	141 930.3	154 802.5	159 902.6	138 561.7	136 159.6	123 892.9
		统一配送比率（%）		82.25	77.80	81.61	80.24	82.32	84.66	84.82		
	连锁口径（不包含加油站）	连锁零售业总店数（家）		994	1 044	1 126	1 153	1 176	1 171	1 179	1 206	1 235
		连锁零售业门店总数（家）	66 295	53 359	53 638	63 835	63 927	72 981	73 824	77 249	82 631	92 041
		连锁零售业年末从业人数（万人）	50.6	49.28	54.58	64.68	67.81	64.87	64.58	63.83	62.18	60.29
		连锁零售业年末零售营业面积（万平方米）	1 698.47	1 780.12	2 013.67	2 404.63	2 814.12	2 768.63	2 770.36	2 729.25	2 867.49	2 933.05
		连锁零售业商品销售总额（亿元）	3 841.91	4 377.73	5 410.67	7 176.67	7 215.41	7 701.1	6 559.48	7 207.05	7 616.73	7 764.5
		连锁零售业人效（万元/人）	75.93	88.83	99.13	110.96	106.41	118.72	101.57	112.91	122.49	128.79
		连锁零售业坪效（万元/平方米）	2.26	2.46	2.69	2.98	2.56	2.78	2.37	2.64	2.66	2.65
		连锁零售业门店单店销售额（万元）	579.52	820.43	1 008.74	1 124.25	1 128.7	1 055.22	888.53	932.96	921.78	843.59
		连锁零售业总店平均销售额（万元）		44 041.55	51 826.34	63 735.97	62 579.44	65 485.54	56 016.05	61 128.5	63 156.97	58 600
		统一配送比率（%）		84.72	74.64	74.46	79.32	82.26	90.94	83.70		
专卖店业态	限额以上口径	限上零售业商品销售总额（亿元）	9 582.67	12 152.29	16 583.34	19 811.75	23 285.85	27 763.67	31 278.71	32 226.02	36 277.04	37 375.77
		限上零售业法人企业数（个）	10 345	11 513	14 080	16 011	19 177	23 576	26 181	27 119	28 689	29 798
		限上零售业年末零售营业面积（万平方米）	2 653.86	3 360.62	4 533.73	3 339.13	4 174.56	5 031.08	5 761.43	6 087.57	6 353.9	6 574.05

续前表

		时间（年）	2008	2009	2010	2011	2012	2013	2014	2015	2016	2017
专卖店业态	限额以上口径	限上零售业年末从业人数（万人）	62.43	70.22	85.81	96.94	115.58	134.9	147.84	149.56	155.85	160.05
		限上零售业人效（万元/人）	153.49	173.05	193.26	204.37	201.46	205.8	211.57	215.47	232.77	233.52
		限上零售业坪效（万元/平方米）	3.61	3.62	3.66	5.93	5.58	5.52	5.43	5.29	5.71	5.69
		限上零售业企业毛利润（亿元）	905.98	1 050.14	1 501.22	1 728.23	2 066.16	2 542.98	2 827.18	2 789.48	3 417.36	3 593.93
		限上零售业企业毛利率（%）	10.51	9.42	9.87	9.65	9.96	10.32	9.90	9.85	10.20	10.88
		限上零售业企业净利润（亿元）	147.86	224.66	354.41	305.51	189.51	439.61	394.55	344.64	1032.29	653.06
		限上零售业企业净利率（%）	1.19	1.61	1.83	1.28	0.69	1.35	1.09	0.97	2.70	1.79
专卖店业态	连锁口径	连锁零售业总店数（家）		268	294	256	305	318	313	320	352	369
		连锁零售业门店总数（家）	14 651	24 075	27 641	31 768	28 939	26 113	22 854	21 093	32 413	31 238
		连锁零售业年末从业人数（万人）	12.42	16.06	16.94	16.75	17.43	16.1	14.56	14.13	17.59	17.38
		连锁零售业年末零售营业面积（万平方米）	319.59	247.15	450.24	366.71	471.21	477.8	444.07	467.88	459.28	498.58
		连锁零售业商品销售总额（亿元）	1 112.71	697.31	1 072.9	1 031.01	2 260.4	1 582.7	1 400.31	1 739.7	1 992.18	2 152.65
		连锁零售业人效（万元/人）	89.59	43.42	63.34	61.55	129.68	98.3	96.18	123.12	113.26	123.86
		连锁零售业坪效（万元/平方米）	3.48	2.82	2.38	2.81	4.8	3.31	3.15	3.72	4.34	4.32
		连锁零售业门店单店销售额（万元）	759.48	289.64	388.16	324.54	781.09	606.1	612.72	824.78	614.62	689.11
		连锁零售业总店平均销售额（万元）		26 019.03	36 493.2	40 273.83	74 111.48	49 770.44	44 738.34	54 365.63	56 596.02	58 337.40
		统一配送比率（%）		73.67	76.76	78.39	91.47	91.70	85.09	64.42		

从趋势上看，限上口径专卖店的增幅高于专业店，波动程度也低于专业店，但总体变化的趋势一致。销售额增长率在2010年达到峰值36.46%后逐渐下降至2015年的3%，虽在2016年出现短暂回升，但在2017年增幅再次放缓。连锁口径下专卖店销售额的增幅和波动程度均高于专业店，在2012年出现峰值119%，后出现两年的负增长，在2015年大幅回升，后增速逐渐放缓，2017年为8.05%。此外，限上口径和连锁口径下专卖店在专业零售中的占比波动很小，呈缓慢上升趋势。

整体而言，2017年度，专业店和专卖店的销售规模均呈上升趋势，专卖店的销售规模小于专业店。2011年以来的数据显示，限上口径方面，专卖店与专业店的销售规模呈相互接近的趋势，专业店销售规模在整个专业零售业中的占比由2011年的57.9%下降至2017年的52.78%。连锁口径方面，专业店一直占主导地位，但二者销售规模的差距不断缩小，专业店（含加油站）销售规模占比从2011年的95.4%下降至2017年的90.27%。

6.1.5.2　扩张情况分析

按照限上口径，专业店2017年的限上法人企业数、零售营业面积以及年末从业人数分别为40 294个、9 440.68万平方米和195.66万人。连锁口径下的零售营业面积和年末从业人数要少于限上口径，分别为7 774.99万平方米和84.8万人，连锁总店数和连锁门店总数分别为1 646个和125 362个。在不包含加油站的前提下，一般专业店的零售营业面积和年末从业人数则仅为2 933.05万平方米和60.29万人，其连锁总店数和连锁门店总数则为1 235个和92 041个，平均每个企业有74个分店。

整体来看，专业店规模呈上升趋势，但长期来看，扩张速度有所放缓。限上口径下，2017年末零售从业人数较上年减少了2.1%；从连锁口径看，虽然门店总数有所增加，但年末从业人数和零售营业面积分别出现了5.78%和8.04%的负增长。

从专卖店角度看，按照限上口径，专卖店2017年的限上法人企业数、零售营业面积和年末从业人数分别为29 798个、6 574.05万平方米和160.05万人。按照连锁口径，零售营业面积和年末从业人数都大约为限上口径数据的1/10，分别为498.58万平方米和17.38万人。此外，专卖店连锁总店数和连锁门店总数分别为369个和31 238个，平均每个企业有84个分店，整体连锁化程度较高，但与2016年相比，平均每个企业减少了8个分店。

在发展趋势方面，限上口径下专卖店的三个扩张指标结束了2009年以来的高速增长态势，增速持续下降。2017年，零售法人企业数、零售营业面积、年末从业人数增幅均降至4%以下，分别为3.87%、3.46%、2.70%。连锁口径下，年末零售营业面积较上年有8.56%的增长，但门店总数和从业人员都出现了1%～3%的下降。面对宏观经济增幅放缓、零售业互联网红利消失、线上线下联动发展，以及新业态、新物种不断出现等综合环境变化，专卖店的抗风险能力和反应能力比专业店要弱一些。专业店多品类的产品和多样的选择将经营风险分散到各品类的产品之上；而专卖店经营的商品品类、品牌都更为集中，因此受外界经济波动的影响更大，指标波动幅度也比专业店更大。

6.1.5.3 效益与效率分析

从专业店的效益情况看，限上口径专业店 2017 年的毛利润、净利润、毛利率和净利率分别为 3 952.02 亿元、1 079.88 亿元、10.83%和 1.55%。从发展趋势来看，专业店的毛利润虽比上年减少了 3%，但净利润比上年增长了 11.64%，毛利率和净利率分别比上年上升了 1.79%和 14.81%，可见专业零售业在 2017 年针对环境变化所做出的调整成效显著，企业获利能力提高。

专业店效率指标本年度有所下降。限上专业店 2017 年人效和坪效指标分别为 213.53 万元/人和 4.43 万元/平方米，较上年分别出现了 3.31%和 5.34%的下降。连锁口径下专业店的效率较高，人效和坪效指标（包含加油站）分别为 240.48 万元/人和 2.62 万元/平方米，分别比上年提高了 5.21%和 8.71%，但门店单店销售额和总店平均销售额也出现了 6%～9%的下滑。

从专卖店的效益指标看，限上口径专卖店 2017 年的毛利润、净利润、毛利率和净利率分别为 3 593.93 亿元、653.06 亿元、10.88%和 1.79%。专卖店的毛利润和毛利率分别比上年增长了 5.17%和 6.67%，长期处于稳步增长的态势。净利润和净利率在经历了上年近 200%的飞速增长后，2017 年均有了 30%以上的下滑，但对比 2015 年同期仍然增长了 85%左右。可见，专卖店的发展逐渐回归理性。

在专卖店效率指标方面，限上口径专卖店的人效和坪效分别为 233.52 万元/人和 5.69 万元/平方米，连锁口径专卖店的人效和坪效分别为 123.86 万元/人和 4.32 万元/平方米。限上口径下专卖店 2017 年的效率变动幅度低于专业店，指标基本与上年持平。连锁口径下，专卖店的坪效有 0.46%的下滑，但门店单店销售额和总店平均销售额分别有 12.12%和 3.08%的增长，且长期来看，二者的指标呈稳健上升趋势，这与专业店的长期趋势有所不同。可见，2017 年专卖店的经营效率维持在较为稳定的水准。但需要注意的是，长期来看，专卖店的效率指标波动幅度大，以连锁口径专卖店的数据为例，人效增幅在 2015 年虽然达到了 28.01%，2016 年却跌至－8%。在未来，专卖店还需要在店面管理方面多下功夫，增强自身的抗风险能力。

总体来看，整个零售市场 2017 年受到宏观经济的影响，大部分指标在经历了 2016 年的大幅回升后回归理性，零售环境的变动对企业形成了不小的挑战。从业态角度看，专业店的效率、效益仍然高于专卖店，但优势有所缩小，且经营的稳定性有所下降，专业零售的各业态在未来需要继续加强管理，提高应对风险的能力。

6.1.6 专业零售业发展综述

第一，新消费背景下，企业纷纷转型，拥抱新零售，对传统的人、货、场进行重构。市场由产品主导变为需求主导，消费者是生产的推动力；消费者需要的不仅仅是单一的商品，而是商品与多元服务的组合；企业在注重消费体验的同时，还要创新思路，突破场地的限制。面对新的市场环境，如何更精准地捕捉消费者需求、打造满意的顾客体验，成为各行各业的企业所探索的问题。各业态的跨界重组频繁，例如书店跨界咖啡馆、家居卖场跨界餐饮、服饰卖场跨界家居等，从场景着手，满足消费者一站式的购物需求。新兴技术也在企业中得到了越来越广泛的运用。部分企业在门店内运用了 VR、AR、智能识别等技术，打造“智慧门店”，给消费者带去便利的消费体验；部分企业将生产经营的全过程数字化，利用大数据分析等技术，更精准地刻画用户画像，满足个性化需求。同时，针对消费者购物习惯的变化，部分企业建立并完善 O2O 全渠道运营模式，线上下单与线下体验相结合，实现线上线下优势互补。

第二，资本入局热情不减，渠道下沉趋势明显，行业内集中度提升。线上红利到达天花板，使得大量互联网企业进军线下；同时，跨界融合也带来了一波资本活动热潮。2018 年，专门零售业内上市、投资、收购活动频繁，如阿里巴巴入股居然之家等。资本的入局带来了行业大洗牌，家居、医药连锁、家电等许多行业的头部企业在资本的支持下，加快了线下门店的扩张，行业的连锁化程度有所提高。

同时，随着新一轮城市化建设的兴起，乡镇居民可支配收入增加，三四线城市显示出巨大的消费潜力。众多企业在 2018 年注重在三四线城市的门店布局，渠道下沉趋势明显。而由于部分行业的经营地域性明显，为了更好地融入本地市场，同时降低扩张成本，许多企业采用投资、并购本地中小型企业的方式进行扩张。区域性经营企业的生存空间受到挤压，行业内集中度提升。

第三，老牌企业注重推进品牌年轻化、时尚化建设。新一代年轻人逐渐成为新的消费主力，为满足他们对时尚化、个性化的追求，部分老字号企业积极进行变革，打造年化轻品牌。部分企业将传统文化与时尚元素相结合，推出爆款单品。2018 年，服饰行业中“国潮”兴起，一批老字号企业，如中国李宁、太平鸟、波司登等一改以往的风格，推出符合年轻人喜好的系列产品，并登上国际时装周舞台。部分企业大玩跨界，制造话题度，如食品企业旺仔与服饰品牌塔卡沙推出的联名产品在网络上受到热捧。还有部分企业创新营销方式，大玩话题营销、内容营销，结合线下“快闪店”的形式，促进自身在消费者心中的品牌转型。

整体而言，2018 年，“新零售”“无界零售”“智慧零售”等依然是行业的热词，这反映了在线上红利逐渐消失、消费代际变迁、需求端消费分级的大背景下，零售企业所进行的探索和变革。随着国内经济步入新常态，国际政治经济形势不断变化，如何把握商业的本质逻辑、在行业的变革中找准自己的定位，仍是零售企业需要探索的问题。

6.2　食品、饮料及烟草制品专门零售

6.2.1　发展全景分析

从总量上看，食品、饮料及烟草制品专门零售业销售情况良好。2017 年，该行业的销售总额为 4 209.15 亿元，占专门零售业商品销售额的比重达到 4.69%，占零售总额的比重为 3.42%，与 2008 年相比（2008 年分别为 2.49%与 1.67%），所占比重翻了近一番。

从发展趋势看，食品、饮料及烟草制品专门零售行业的市场规模与上年基本持平。

如图6-4所示，食品、饮料及烟草制品专门零售店的销售额较上年有所下降。限上零售企业的销售额在2011年出现了飞跃式增长，达到1 907.48亿元，增速为83.93%，达到2005年以来的峰值，此后增速有所放缓，但均保持在10%以上。2017年出现了2011年以来的首度负增长。连锁口径的销售额发展趋势和限上业态基本一致，但波动幅度较小。

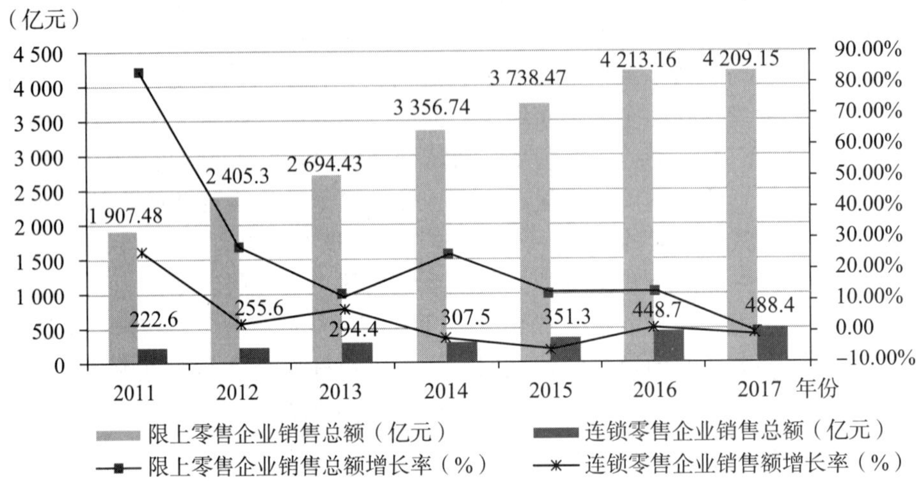

图6-4 食品、饮料及烟草制品专门零售销售情况（2011—2017年）

从行业扩张情况看，各项指标显示扩张速度有所放缓。2017年，食品、饮料及烟草制品专门零售的法人单位数、年末从业人数、零售营业面积与上年相比，增长幅度分别为0.43%、2.28%、-7.62%，增长速度较上年有较大程度的下降，特别是营业面积出现了负增长。扩张速度放缓与行业内进行零售调整的战略有关。

从经营效益角度看，如图6-5所示，食品、饮料及烟草制品专门零售业2017年的毛利率为19.58%，同比增长了11.4%，扭转了自2013年以来的下降趋势；净利率为5.76%，同比上升了11.01%，毛利率、净利率指标都高于专业零售业的平均水平。毛利率和净利率的同步上升说明行业在节约成本方面的努力成效显著，盈利能力增强。

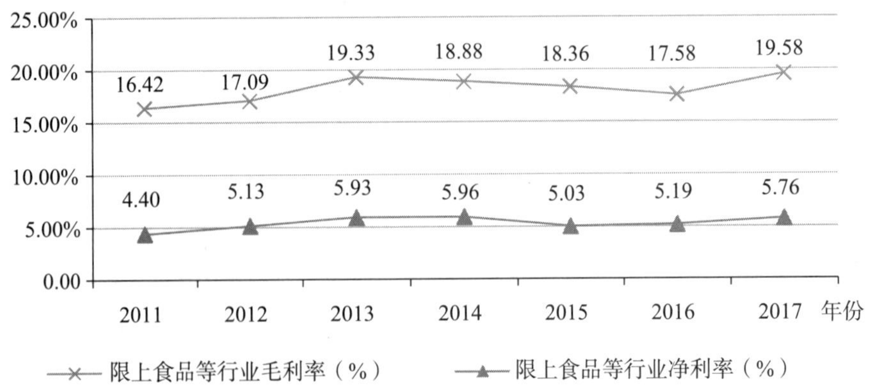

图6-5 食品、饮料及烟草制品专门零售经营效益情况（2011—2017年）

从效率指标看，如图 6－6 所示，限上口径下，2017 年人效、坪效指标延续了上升的趋势，分别为 111.17 万元/人和 4.21 万元/平方米，增幅基本与上年持平。但连锁口径下的坪效由 2016 年的 4.11 万元/平方米下降到 3.87 万元/平方米，降幅达 5.81%，且近年来呈波动下降的趋势。食品等零售行业连锁企业的单店销售额上升至 218 万元，增幅达 12.68%，但从 2011—2017 年的数据来看，整体呈现波动下降的趋势。连锁口径下效率指标的变化可能与连锁企业营业面积的扩张有关。

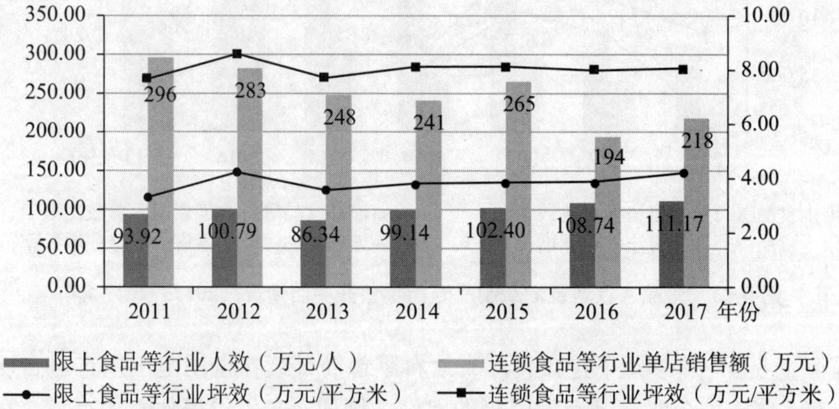

图 6－6　食品、饮料及烟草制品专门零售经营效率情况（2011—2017 年）

从食品、饮料及烟草制品专门零售的经营指标综合来看，该行业目前处于从行业发展期向成熟期过渡的阶段，大部分指标的增速放缓，销售额甚至出现负增长。2017 年，"新零售""无人零售"等新概念蓬勃发展，食品、饮料行业出现了大量的新模式、新业态，给行业注入了新鲜血液；传统零售企业和电商等平台的数据等合作，增强了企业自身的盈利能力，行业未来仍有较大的发展潜力。但需要注意的是，连锁口径的坪效和单店销售额长期呈下降趋势，说明连锁零售企业的竞争加剧，企业需要在进行门店线下扩张的同时，找到新的盈利突破点。

6.2.2　开关店分析

从行业整体情况看，如图 6－7 所示，食品、饮料及烟草制品专门零售行业限上法人企业数整体呈现稳步上升趋势，2013 年增幅达到峰值 52.19%，2014—2016 年间增幅虽有所下降，但仍保持在 10%以上。但 2017 年限上法人企业数首次出现负增长，由上年的 9 359 个下降至 9 319 个。在社会资本对零售行业投资的热情依然高涨的情况下，可见 2017 年行业内波动较大，开关店较为频繁。

从连锁门店角度看，尽管在监测年份中，连锁门店数有一定的波动，但是总体呈现上升趋势。2009—2011 年，由于受到互联网零售的冲击，一些企业精简实体店，连锁门店数出现了短暂的下降。2016 年，随着"新零售""无界零售"等新概念的提出，线下店与线上店互联互动的新格局正在逐渐形成，连锁门店的数量创下历史新高，达

23 180 个。但经过一年的试验，一些乘着风口而扩张的企业关闭了绩效不佳的门店，2017 年门店数有所下降，为 22 393 个。

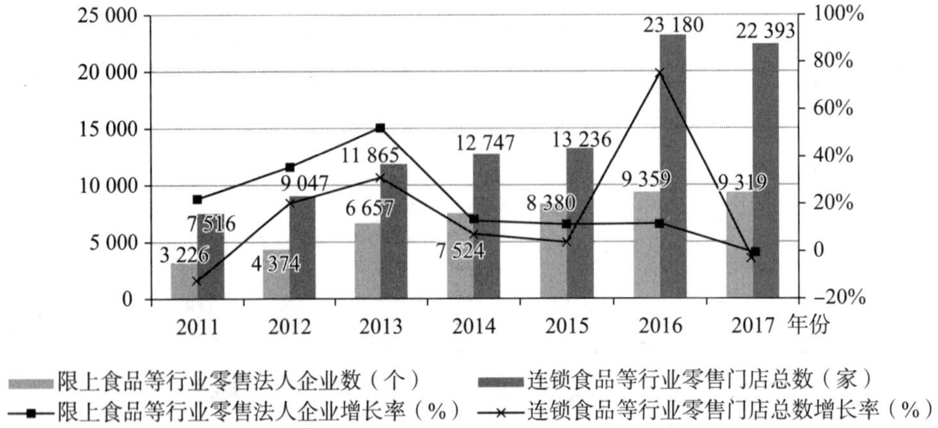

图 6－7　食品、饮料及烟草制品专门零售开关店情况（2011—2017 年）

从监测企业看，许多线下连锁食品、饮料零售商继续在全国范围内推进自己的扩张计划，也有一些连锁企业尝试新型门店的建设。例如，来伊份搭伙美团点评，在上海开出了智慧门店；五芳斋联合本地生活服务平台口碑，在杭州推出了无人餐厅；良品铺子打造“城市地标店”；等等。拥有线上基因的一些零售企业也继续加码线下门店，促进线上与线下的融合，例如三只松鼠在 2018 年正式全面进入线下，推出了全新的“三只松鼠投食店”、联盟店、2.0 版松鼠小店。与此同时，在新零售的风潮下，涌现出了一批在线下加速扩张的企业，例如瑞幸咖啡在 2018 年内完成了开 2 000 家门店的计划。

需要注意的是，一些传统的食品和饮料的品牌地域化特点仍然比较明显，门店分布也都集中在本地和周边的省会。例如：味多美的主要门店分布在北京及其周边省市，桂花鸭门店主要在江苏南京，元祖梦果子门店主要分布在沪宁杭地区。这些品牌也在新零售的浪潮下，与互联网企业合作，迈出了自己探索的步伐。

6.2.3　代表性企业监测与分析

6.2.3.1　新式茶饮和咖啡爆发年

消费者的收入越来越高，促使消费观念转变。奶茶作为休闲消费饮品，深受消费者喜爱，同时可深入不同零售场景。2015 年以来，各类新式茶饮品牌陆续进入同业赛道并快速爆红，茶饮市场开启了以鲜果茶、奶盖茶为代表的新一轮变革。而 2018 年，新式茶饮门店的开设实现了爆发式增长，年内增幅达 74%。[①] 目前，主打芝士茶的喜

① 数据来源：招商证券《零售行业新式茶饮深度报告：爆红的新式茶饮，同质竞争 or 产品创新》。

茶、主打“茶饮＋软欧包”的奈雪の茶、主打“鲜果乳酪茶＋软欧包”的乐乐茶是行业内的代表企业。其中，喜茶与奈雪の茶在 2018 年通过增加门店、强化品牌等动作淡化流量运营的标签。跨界经营和多品类经营正在成为新式茶饮企业的常态，冰激凌、酸奶饮品、咖啡系列饮品乃至鸡尾酒等，也已经进入了新茶饮的经营范围。

2018 年也是咖啡行业大洗牌的一年。依托资本快速扩张的瑞幸咖啡无疑是行业内最大的搅局者，在一年内扩张门店 2 073 家，乘微信小程序的东风，吸引了大量用户。在互联网咖啡高额补贴、快速扩张的冲击下，行业巨头星巴克（中国）加速转型：一方面，丰富线下门店类型，开设了社区店、宠物友好门店、甄选店、甄选咖啡·焙烤坊等；另一方面，与阿里巴巴达成新零售全面战略合作，依托饿了么正式上线外送服务。

6.2.3.2　销售渠道方面，线上线下融合，打破零售边界

休闲食品的线下购买是即时随机的，大多不具有规划性，因此，一些具有互联网基因的头部休闲零食企业的终端布局更为深入门店，形成线上线下相互助力的销售渠道网络。例如良品铺子在 2018 年迅速拓展门店，构建了电商平台、门店终端、移动 App、外卖平台的全渠道覆盖。

而就食品领域的其他种类而言，在线上线下融合方面也做出了不少努力。2018 年，京东推出了无界零售计划，与一些传统零售商，如稻香村等，开展营销和渠道方面的合作。百威啤酒也与天猫酒水新零售达成战略合作，主要围绕精酿啤酒文化教育、大数据酿酒、精酿啤酒深度分销等方面。3 月，天猫全面升级的天字号计划，结合天猫的城市化战略深耕细作，帮助老字号品牌进行转型，通过数据赋能、流量扶植、智慧门店等措施对其赋能。

6.2.3.3　丰富线下门店类型，升级顾客消费体验

线下门店可以给予消费者独特的消费体验，在激烈的竞争环境下，食品企业进行了一系列加强线下品牌体验和互动的探索。例如：“双 11”前，良品铺子在武汉开设了“超级零食店”，成为“零食店＋茶咖＋鲜花店”的混合业态；三只松鼠在 2018 年除了升级投食店，还推出了首家定位 60 平方米的松鼠联盟小店，店主可以根据经营策略与喜好对店铺进行个性化运营；五芳斋、周黑鸭和味多美等均开设了智慧门店，利用新科技为消费者提供更便捷、个性化的服务，升级顾客的消费体验。

6.2.3.4　注重企业文化打造，企业品牌年轻化

自 2012 年以来，食品饮料行业持续去产能，与此同时，行业的竞争者仍在增加。面对逐渐激烈的竞争环境、年轻化的消费群体和便利化的消费渠道，食品饮料企业在 2018 年更加注重打造企业文化，在定位、产品、营销等方面更加贴近消费者。例如：三只松鼠进行了产品跨界，首次进军饮料行业，推出“第二大脑”坚果饮料和“小瓶果”坚果产品，并在“双 11”期间一次性推出了 11 种新品；百草味创新营销模式，发力内容营销，在热门影视剧中植入产品，并开设零食快闪店、联合抖音大 V 开展零食挑战赛，提升话题度；老字号品牌稻香村玩转二次元文化，在 5 月与黄渤配音的卡通

形象“黄逗菌”跨界合作，推出“黄逗菌”冰糕礼盒。

6.2.3.5 未来发展展望

2019 年，随着消费分级趋势的不断发展、大数据下新科技的运用对消费者特征捕捉的精准度不断提高，食品饮料及烟酒企业也会更加专注于细分市场，提供差异化产品。这一趋势在 2018 年已经有所显现，例如良品铺子打出高端零食的口号，华润雪花啤酒推出超高端啤酒线等。同时，面对不断细分的消费者，单一形态的大单品已经难以满足多样的消费需求，因此，未来食品饮料及烟酒企业将会进一步做好单产品系列化的延伸，平衡好单品和多品的关系。

食品饮料和烟酒行业与人们的日常生活息息相关，拥有极大的发展潜能。未来，行业企业也会在紧跟消费变化的过程中，在渠道建设、供应链打造、场景挖掘等方面更多地发掘出自身的发展潜能。

6.3 纺织、服装及日用品专门零售

6.3.1 发展全景分析

纺织、服装及日用品专门零售的销售规模 2017 年达到 5 823.5 亿元，如图 6－8 所示，与 2016 年相比，增幅有较大幅度的下降，仅为 2.7%。自 2015 年来，纺织、服装及日用品专门零售占零售业销售总额的比例较为稳定，在 6.2%～6.5%之间，标志着该行业已经进入了相对成熟阶段，需要通过商业模式创新进一步开发行业发展潜力。

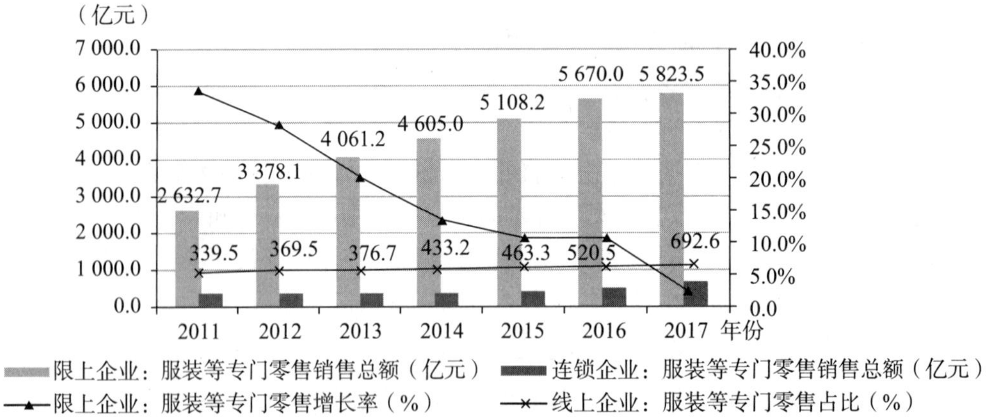

图 6－8 纺织、服装及日用品专门零售销售情况（2011—2017 年）

从发展趋势看，2009 年以后，行业逐渐在金融危机和互联网零售的冲击下恢复，销售额有较大幅度的增长，2011 年增速达 33.9%。此后，纺织、服装及日用品销售额的增速波动下降，2015 年降至 10.9%，到 2017 年销售额增长率仅为 2.7%。连锁销售总额保持逐年增长的态势，2017 年增幅达 33.05%，但总量仅为 692.6 亿元，所占比

例始终较小。

从扩张趋势看，限上纺织、服装及日用品专门零售的企业数、年末从业人数及年末经营面积数较上年均有所减少，分别为 5 443 个、56.3 万人和 1 526.5 万平方米，扩张趋势放缓，这与零售业在 2017—2018 年的整体发展趋势一致。而连锁企业的扩张速度较上年增长较快，连锁门店总数在经历 2015 年的大幅下滑后迅速回升。2016 年，平均每家企业拥有门店 83 家，而 2017 年这一数字迅速增长到了 100 家。不过，连锁企业的年末从业人数和营业面积没有如此大幅的上升，基本与上年持平，分别为 8.14 万人和 297.6 万平方米。

从经营效益指标看，如图 6－9 所示，毛利率仍然保持较高水平，为 29.69%，比上年略有上升。净利率指标由 2016 年的 3.18%上升至 3.86%，该指标波动幅度较大，但整体呈上升趋势。可见，行业近年来在节约成本、获取盈利方面的能力在稳步提升。

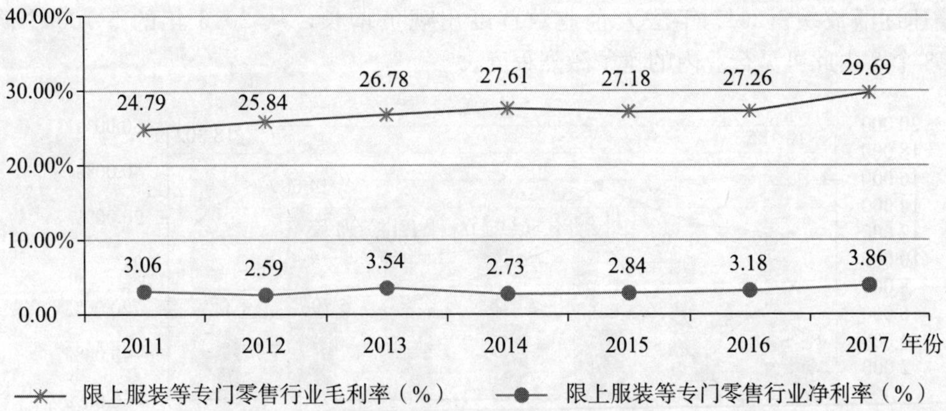

图 6－9　纺织、服装及日用品专门零售经营效益情况（2011—2017 年）

从经营效率指标看，随着消费者的消费观念发生改变，对美的追求越来越高，加之许多传统的服装、纺织品及日用品企业逐渐在竞争激烈的大环境中找到适合自己的发展道路，用新科技发掘市场需求、打造柔性供应链，用新观念提高企业经营效率、提升顾消费体验，行业内企业的经营状况良好。如图 6－10 所示，纺织、服装及日用品专门零售的人效、坪效保持着一直以来的增长势头，2017 年分别为 103.38 万元/人和 3.82 万元/平方米。单店销售额也在经历了 2016 年的大幅下降后再度回升，达 378 万元。可见，行业内企业在增强竞争能力方面的调整取得了显著成效，经营效率得到提升。

6.3.2　开关店分析

从行业发展整体情况看，如图 6－11 所示，自 2011 年至 2016 年，纺织、服装及日

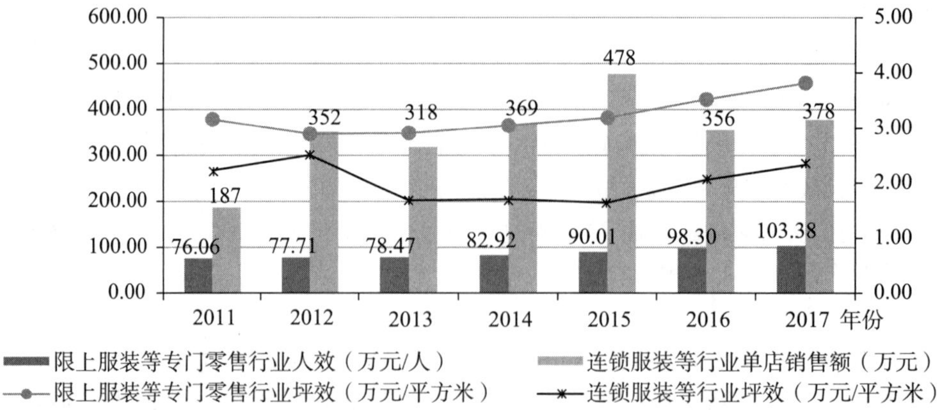

图 6-10　纺织、服装及日用品专门零售经营效率情况（2011—2017 年）

用品专门零售行业限上法人企业数一直保持着上升态势，2013 年增速高达 33.3%，此后增速逐渐放缓。2017 年法人企业数首度出现负增长，从 2016 年的 5 706 个降至 5 443 个，由此可见行业内的竞争激烈程度。

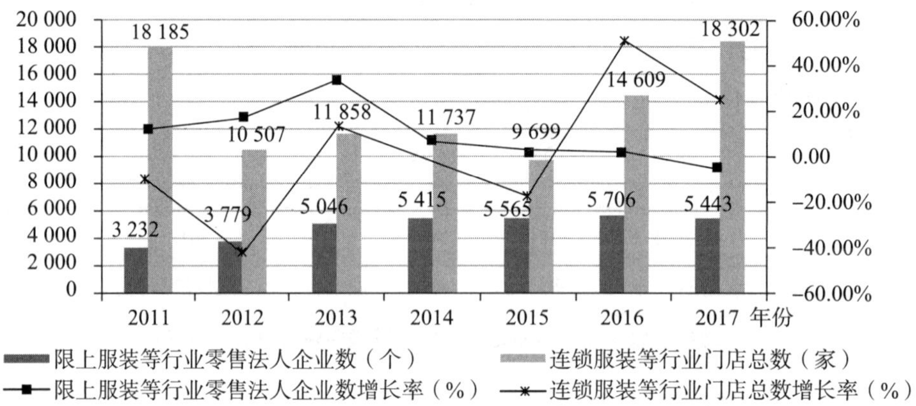

图 6-11　纺织、服装及日用品开关店情况（2011—2017 年）

从连锁门店角度看，纺织、服装及日用品专门零售行业连锁企业的门店总数一直处在剧烈波动之中。2014 年后出现关店潮，导致 2015 年门店总数降至 9 699 个。2016 年随着线上流量红利到顶，线下重新得到关注，连锁门店总数迅速增至 14 609 个，2017 年这一增长态势得到延续，增至 18 302 个，增幅达 25.28%。

从监测企业的状况看，随着零售行业环境的变化，纺织、服装及日用品企业也积极进行了相应的调整。这一时期，大多数企业都加强了线下门店的建设，注重升级客户体验，例如太平鸟男装与 Snoopy 联合，开设了一家“24 小时不便利”主体店。部分效益较好的连锁企业加速布局线下销售网络，同时完善全渠道销售途径，例如海澜之家在 2018 年加速线下扩张、美特斯邦威以“百城千店”策略深化地/县级市场、江南布衣在二三线城市加速开店。还有一些企业积极开辟海外市场，如特步、森马等都相继在海外开店，匹克也不断完善其国际品牌矩阵。在迎来开店潮的同时，一些企业也淘汰了效益不佳的门店，提升渠道运营效率。

6.3.3　代表性企业监测与分析

6.3.3.1　服装类

（1）老字号企业注重推动品牌年轻化。

新一代的消费主力军有更鲜明的个性和更强的对自我的标榜意识，因而许多老牌企业采取了一系列措施推进品牌年轻化，改变在消费者心中的形象。

2018 年在国际形势的影响下，“新国货”“振兴民族品牌”等观念受到消费者的认同，传统文化回归、弘扬传统文化的相关综艺节目走红也促进了国潮的兴起。许多企业推出了带有浓厚中国元素的产品，例如：年初的纽约时装周上，李宁以“悟道”为主题，将中国传统苏绣的工艺技法与潮流相融合；太平鸟则以“新学生主义”为主打概念，演绎八九十年代复古与当下街头时尚。服装企业也频繁推出跨界、联名产品，例如波司登的迪斯尼联名款、太平鸟男装的可口可乐联名款和女装的凤凰联名款都受到了消费者的追捧。361°为了在年轻人中建立品牌心智，进军电竞行业，与中国内地电竞团队 QG 俱乐部达成合作，开发联名款鞋服时尚的潮流单品，配合线上的话题营销，使企业品牌年轻化的转型大获成功。同年，天猫发布了“国潮来了”五大消费趋势，利用天猫大数据为中国品牌提供新的整合性定制方案，也为品牌年轻化提供了便利。

（2）新消费趋势下，多元化发展与精细化耕作两种经营模式并行。

2018 年，服饰行业回暖，各大企业在经过调整以后，一扫前几年“关店潮”带来的颓势，呈现强劲的扩张势头。而在品牌拓宽的方面，不同的企业选择了不同的路径。

部分企业选择专注于细分领域深耕细作，提升顾客黏性。例如：波司登聚焦主航道，重新定位“全球热销的羽绒服专家”，砍去了男装、童装和家居业务；李宁也在专业运动设备方面发力，开设运动装备专门店，推出顶级跑鞋系列“追风”和“战斧”、高端篮球鞋系列“韦德之道”，打造专业产品。

而部分企业则为了实现消费者全覆盖，通过多品牌、多业务战略，进行单一品牌风格裂变，创造增量。例如：森马收购了 SofizaSAS、JWU，并与温州佳诺服饰有限公司等各方签订了合作框架协议，在童装、青少年服装、高端女装三方面同步加码；江南布衣推出全新品牌 SAMO，加码男装市场；男装品牌卡宾也在下半年进军童装领域。还有部分企业跨界家居行业，如海澜之家开设的 Heilan Home 优选生活馆、江南布衣的生活方式品牌 JNBY HOME、太平鸟旗下的太平鸟·巢等。

（3）推进数字化策略，拥抱“新零售”概念。

新零售的核心是以消费者的需求为中心，通过各方面的创新升级提升购物体验。许多企业选择运用新科技打造线下智慧门店以促进销售。例如：安踏以客户洞察、数据转化和效率提升为出发点，从进店、逛店、选品、试品、结算 5 个环节升级消费体验；男装品牌红豆股份在与京东达成战略合作后，在智慧门店中投入了全息投影、智能机器人、智能货架等智能产品，并适应 VR 眼镜展示门店陈列；马克华菲接入“智慧魔镜”，通过智慧导购促进消费转化。一部分企业开始探索个性化、定制化的道路，满足顾客多样性的需求。例如：红豆服饰展馆有 DIY 高级定制区；百丽在微信移动端开通线上商城，试水基于脚型大数据的定制服务；报喜鸟和维克多则在天猫旗舰店上推出线上定制服务，主要通过顾客线上下单，引流到附近线下门店量体的模式进行运营。

在拥抱“新零售”概念的过程中，许多服饰企业都加强了与电商平台、互联网头部企业的合作，并提升了销售全流程的数字化程度。

（4）适应市场变化，推动销售渠道升级。

销售渠道升级主要体现在销售渠道多元化、消费场景体验化和渠道效率提升三方面。线上线下的融合使得消费渠道更加多元化。例如：李宁、太平鸟和江南布衣旗下品牌上线了微信小程序，海澜之家和百丽开设了线上商城，拓展了销售渠道。消费场景体验化具体体现在两个层面：一是传统的体验性的购物中心对传统的街店形成了明显的分流，在 2018 年的扩店计划中，安踏、森马、美特斯邦威等服饰企业均把购物中心作为重点的战略布局；二是线下门店所扮演的角色发生了变化，制造营销话题的快闪店、吸引顾客的体验店，以及聚集粉丝的品牌集合店等也逐渐增多。渠道效率提升方面，线下主要体现在推进高效店策略的执行落实，关闭改造低效的线下渠道；线上则体现在提高数字化程度，完善数据分析预测体系。

（5）实行全球化战略，加强国际合作。

为了进一步拓展市场、提升品牌知名度，2018 年，许多服饰企业纷纷出海。例如：特步在 2018 年开始进军其他亚洲市场，包括印度和越南；森马在沙特阿拉伯首都利雅得公园购物中心开设了首家海外店铺。还有部分企业加强了与海外公司的合作，例如匹克收购户外运动品牌奥索卡，完善了集团品牌矩阵。

（6）行业发展展望。

国家统计局数据显示，2018 年，社会消费品零售总额为 380 987 亿元，同比增长 9%，增速较 2017 年同期下滑 1.2%。其中，限额以上单位服装类商品零售额累计 9.870 亿元，同比增长 8.5%。经过多年发展，中国服饰行业已经步入以内生式为主的优化发展阶段，增速相对放缓。随着居民可支配收入的增加、中高端收入阶层的崛起，服饰消费未来仍具有较大的增长潜力。在新消费背景下，市场细分的特征更加突出，消费需求的变化加快，行业洗牌加剧，对企业的创新能力和差异化经营能力提出了更高的要求。未来，企业需要深化转型升级，通过开辟新的细分市场、优化供应链、数字化经营等方式提高竞争优势，实现长期可持续发展。

6.3.3.2 化妆品类

（1）进行门店升级，推出多元化服务，全方位提升消费体验。

门店升级一方面体现在对常规店面的差异化场景改造，例如屈臣氏与二次元游戏《恋与制作人》合作的“恋上屈臣氏”线下主题店，以及和网易云音乐联手推出的美妆音乐主题店，又如娇兰佳人集团旗下的新物种“±C 购物中心店”等；另一方面体现为在技术的驱动下，门店从单一商品销售到提供多元化服务，为消费者提供更好的体验。例如娇兰佳人、屈臣氏和丝芙兰在一些门店中运用了 AR 技术，顾客可以进行虚拟试装，找到最适合自己的妆容搭配。在丝芙兰的上海新天地店中，每周五会推出迷你彩妆秀，通过体验式互动，让更多消费者第一时间了解最新美容趋势及美妆技巧。

（2）拓展销售渠道，进行全渠道布局。

2018 年，个护美妆专营店为了更好地满足消费者便利购物的需求，加速了线上线下销售渠道的布局。例如屈臣氏目前拥有包括 App、天猫官方旗舰店等在内 10 个以上的线上平台，并和顺丰、饿了么开展合作，推出了“闪电送”和“门店速提”服务，将顾客从付款到收货的时间压缩在 2 小时内；同时，小程序“屈臣氏小店”全面开放，企业迈出了抢占电商的重要一步。丝芙兰推出了线上与线下构成闭环的新零售概念的全渠道系统，连通线下 200 多家实体店，还拥有丝芙兰 App、丝芙兰官方网站、天猫旗舰店、京东旗舰店以及微信小程序等，打造出了一个全渠道销售的美妆零售渠道。此外，娇兰佳人开设了线上 App 商城，万宁上线了京东到家等。

本土和外资个护专营店在 2018 年也加快了线下门店的扩张。娇兰佳人的门店已经覆盖了全国 31 个省、市、自治区（不含港澳台），2019 年计划加大对乡镇层面的布局；妍丽也在 34 个核心城市购物中心与核心商业圈布局了 100 家直营分店。

（3）调整门店经营品类，增大自有品牌产品比重。

2018 年，“颜值经济”继续盛行，彩妆、药妆产品受到更多关注，专营店也对门店品类进行了调整，扩大了化妆品品类。而随着消费者品牌偏好的升级，专营店内中高端品牌线产品也有所增多。此外，娇兰佳人、丝芙兰、屈臣氏等都在 2018 年增加了门店内自有产品的比重。

（4）未来发展展望。

我国化妆品行业发展势头良好。2018 年我国化妆品零售市场规模达到 2 619 亿元，同比增长 6.9%。未来，针对男士的个护美妆产品或许是下一个增长点。市场研究公司尼尔森发布的《中国大陆个人护理品和化妆品专营店购物者趋势研究》报告显示，在 2017 年，大卖场/超市购物者的渗透率为 36%，依然是购买个护及美妆产品渗透率最高的渠道。而化妆品专营店的渗透率达到 15%，增长势头强劲。但在线上电商平台和线下店、品牌店的冲击下，化妆品专营店需要在品类覆盖度和服务方面找到新的增长点。

6.3.3.3　金银珠宝类

（1）优化市场布局，加速营销网络建设。

2017 年下半年，珠宝行业进入复苏周期，由粗放式高速增长阶段进入品牌红利释放阶段，传统知名珠宝企业扩张市场版图。随着城乡居民可支配收入的不断提升，三四线城市的消费能力逐渐释放，珠宝首饰行业渠道下沉趋势明显。周大福利用加盟模式加快在较次级城市的市场渗透。老牌首饰企业老凤祥在巩固一二线城市营销网络的基础上，逐步向三四线城市扩展，截至 2018 年底，经销网点达 3 521 家，比 2017 年新增 347 家。

除了深耕国内市场，一些企业也在扩张海外市场版图。周大福稳步推进亚太市场；老凤祥在美国纽约新增1家门店、在中国香港地区新增5家门店；新光集团旗下OG欧记新零售团队与印度尼西亚合作商铺达1万家。

（2）企业推出个性化产品，差异化格局正在形成。

新一代消费者更加注重商品本身的设计感和佩戴饰品时的感受，在国内珠宝首饰市场同质化较为严重的情况下，一些企业加强了自身的研发和设计能力，计划打造独特的品牌风格，提高品牌辨识度。周生生尝试开拓年轻化子品牌门店，组织线下活动推广婚庆类产品。周大生加强了原创产品，加盟镶嵌珠宝类占比提高。

个性化定制也是企业在新消费趋势下所推出的新服务。例如周生生珠宝北京国贸店推出了Promessa系列专属定制产品，消费者可以选择不同的表面处理工艺，并镌刻自己的名字及生日年月。

（3）未来发展展望。

我国黄金珠宝消费总量虽居世界前列，但人均消费水平还比较低，2018年我国人均珠宝消费额仅为56美元，同期美国、日本的人均珠宝消费额分别为322美元和187美元。[①] 当前，婚庆市场较为稳定，除了维持珠宝的刚性需求以外，“她经济”时代的女性以及追求个性的“千禧一代”也是重要的消费力量。我国珠宝行业的空间将会进一步拓展。

未来，随着消费者的品牌意识增强，对产品设计工艺、品牌文化内涵的理解加深，市场将会向更具品牌、渠道优势及产品设计能力的企业集中，珠宝首饰行业竞争日益激烈。资金实力薄弱、品牌形象模糊、产品缺乏特色的小珠宝企业或将被淘汰。

6.3.3.4 儿童玩具和母婴用品类

（1）拓展新渠道，提供新型产品与多样服务。

就母婴行业而言，2018年婴儿奶粉配方注册制落地，行业的门槛提高，打破了原先线下市场的竞争格局，一些未通过注册名单的国产奶粉小品牌和外资品牌退出市场，渠道出现空白。在此环境下，一些外资巨头企业加速渠道下沉，例如惠氏乳业和美赞臣就在2018年加速布局三四线市场，而一些本土企业也在三四线城市进行深耕。除了渠道下沉以外，部分企业也进行了线上渠道的扩张，例如美赞臣借助京东无界零售通道，金佰利旗下品牌高洁丝与阿里巴巴零售通正式签署了全面战略合作协议，构建B2B2C的全链路营销闭环。目前，线上销售渠道除了京东、唯品会、天猫等综合电商平台外，企业自建商城以及红孩子、蜜芽等垂直电商平台和社交电商平台也是重要的组成部分。

在行业竞争激烈的背景下，一些企业推出了差异化产品，例如奶粉企业高原之宝推出了牦牛奶粉；部分母婴企业开始布局大母婴生态，由单一产品线向多产品品类布局。同时，部分企业在线下打造智慧门店，以数字化运营为基础，为消费者提供涵盖育儿指导、早教、医疗等多元化的服务。

---

① 数据来源：前瞻产业研究院《中国珠宝首饰行业消费需求与市场竞争投资预测分析报告》。

而儿童玩具行业中，出现了智能、互动、跨界的新趋势。一些企业积极顺应趋势进行调整，例如乐高宣布携手腾讯，将围绕手机游戏、数字化内容和儿童社交网络安全等方向展开合作。而未能及时顺应消费趋势的企业则将被淘汰。

（2）加强生产安全，注重质量监督。

产品质量问题一直是母婴用品和儿童玩具行业中的重中之重，不仅事关消费者体验，更与企业形象息息相关。2018 年，部分企业被爆出抽检产品不合格，例如：丽婴房婴童用品有限公司的婴儿润肤露在抽检时显示菌落总数超标；广东婴姿坊婴童用品实业有限公司生产的婴姿坊童装外套，附件拉力和耐唾液色牢不合格。在产品不合格的新闻被频频爆出的情况下，行业内许多企业为了增强消费者的信赖度，树立品牌形象，在标准化生产管理方面做出了努力。未来，面对外资企业强大的品牌影响力，如何做好质量管控工作，打造放心品牌，仍是本土企业需要思考的问题。

（3）未来发展展望。

国家统计局数据显示，2018 年全年出生人口 1 523 万人，比 2017 年新生儿数量少 200 万人，下降 11.6%。尽管二胎政策已经全面放开，但由于生活压力较大、生育观念改变，政策红利释放的速度较缓。消费升级趋势、对新型产品的偏好成为行业内新的增长点。2017 年，我国母婴行业市场规模增长至 26 220 亿元；2018 年底，我国母婴行业市场规模达到了 31 070 亿元。

近年来，资本进军母婴用品市场，如爱婴室的上市、华平资本投资乐友、孩子王被巨头争抢等。资本的介入打破了线下连锁的平衡，大企业将依靠品牌、研发等优势加速整合市场，传统母婴门店的生存将更加艰难，区域性中小型母婴店或被加速收购、整合、淘汰。同时，在一站式购物的便利性需求下，“大母婴”行业将是大势所趋。母婴产业将向上、向下进行资源整合：向上延长产业链，包含母孕医疗和胎教等业务；向下拓展产业链，将婴幼儿教育活动、孕妇产后恢复等纳入业务中。“大母婴”生态圈将促使线上线下资源的进一步融合，推动行业蓬勃发展。

6.4　文化、体育用品及器材专门零售

6.4.1　发展全景分析

从行业发展整体情况看，如图 6－12 所示，文化、体育用品及器材专门零售行业 2017 年实现商品销售总额 3 380.3 亿元，与上年的 3 386.7 亿元相比出现了 0.2%的负增长。总体看来，文化、体育用品及器材专门零售业的销售额占专门零售业总体销售额的比重在近三年来较为稳定，均在 3.7%左右。连锁口径下，2017 年该行业的销售总额为 615.6 亿元，较 2016 年同期有 10.68%的增长。

从发展趋势来看，文化、体育用品及器材专门零售行业在 2010—2013 年实现快速增长，销售额增速均在 20%以上，2013 年增长率为 46.1%。此后，销售额增速有所放缓，2015 年出现了 7.2%的负增长，2016 年虽有所回升，但 2017 年再度出现负增长。可见，行业内近几年遇到了一定的增长瓶颈，需要寻找新的突破口。连锁口径下的销

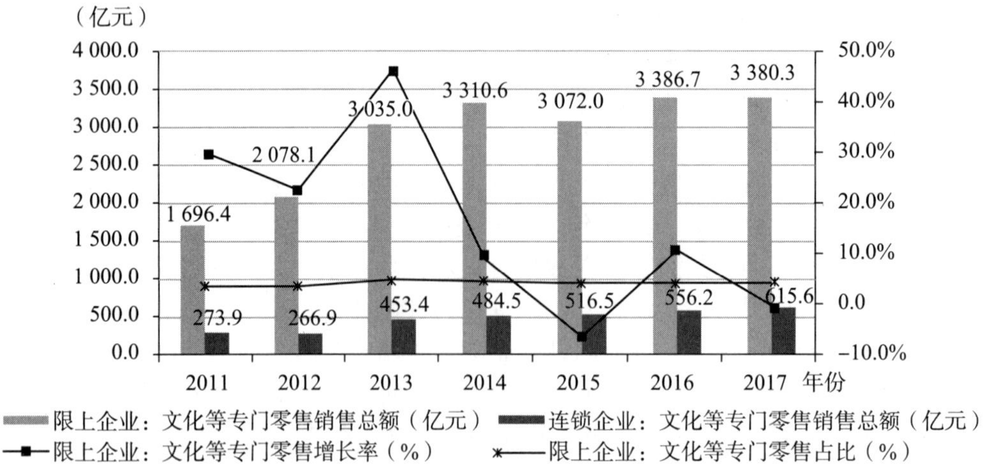

图 6－12　文化、体育用品及器材专门零售销售情况（2011—2017 年）

售额呈逐年稳步上升态势，且波动小于限上口径。

从扩张情况来看，限上口径下，2017 年文化、体育用品及器材专门零售行业的法人企业数、年末从业人数以及营业面积数六年来首次出现负增长。连锁企业的年末营业面积虽比上年增加了 5.2 万平方米，但门店总数下降了 7.46%，年末从业人数也有所下降。总体来看，2017 年行业扩张脚步放缓。

从经营效益看，如图 6－13 所示，2017 年文化、体育用品及器材专门零售的毛利润为 591.6 亿元，毛利率为 19.36%。与上年相比，两项指标都有所提升。2017 年行业净利润为 132.5 亿元，较上年下降了 17.25%，这也是近六年来净利润首次出现下降；行业净利率为 4.34%，较 2016 年的 5.21%也有所下降。

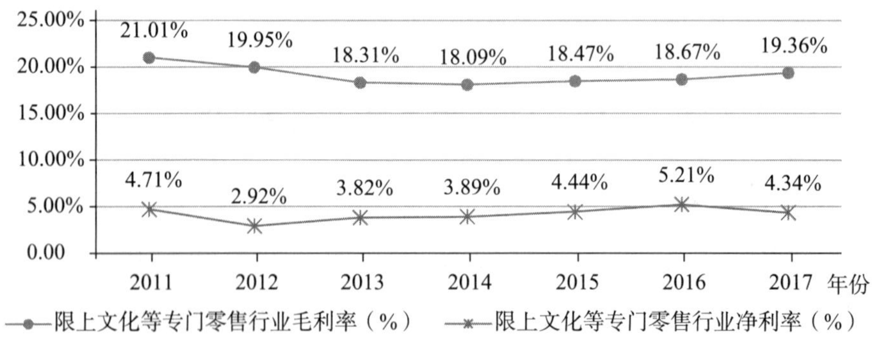

图 6－13　文化、体育用品及器材专门零售经营效益情况（2011—2017 年）

从经营效率看，如图 6－14 所示，2017 年限上口径下，文化、体育用品及器材专门零售的人效和坪效分别为 137.28 万元/人和 4.69 万元/平方米，略低于 2016 年的数额。连锁口径下的相关指标均有所上升，单店销售额达 3 399 万元/店，上涨了 19.59%，连锁人均销售额和连锁坪效分别为 176.89 万元/人和 4.79 万元/平方米。连锁口径下的经营效率高于限上口径下的相关指标。

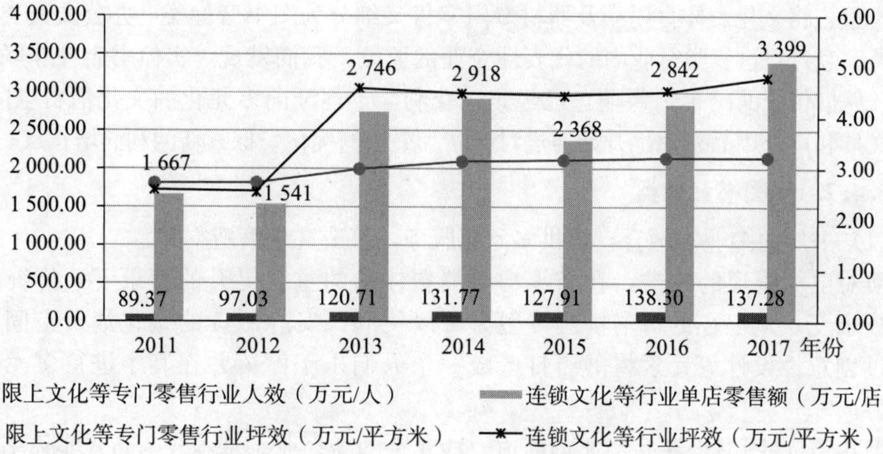

图 6-14　文化、体育用品及器材专门零售经营效率情况（2011—2017 年）

从以上各指标可以看出，文化、体育用品及器材专门零售业在 2016 年有所回暖后，又进入了一个新的调整期。

6.4.2　开关店分析

从行业发展整体情况看，如图 6-15 所示，文化、体育用品及器材专门零售的法人企业数从长期来看呈增长态势，但 2017 年有所减少，首次出现负增长，法人企业数为 4 475 个。从连锁门店角度看，文化、体育用品及器材专门零售的连锁门店数波动较大。2011 年受到互联网零售的冲击，门店总数大幅减少，此后几年内零售企业进行转型，门店总数有所上升，2015 年增幅达 31.39%。但 2016 年、2017 年连续两年门店总数出现负增长，2017 年门店数仅为 1 811 个，这反映出文体零售行业在不断调整自身以适应新的零售环境。

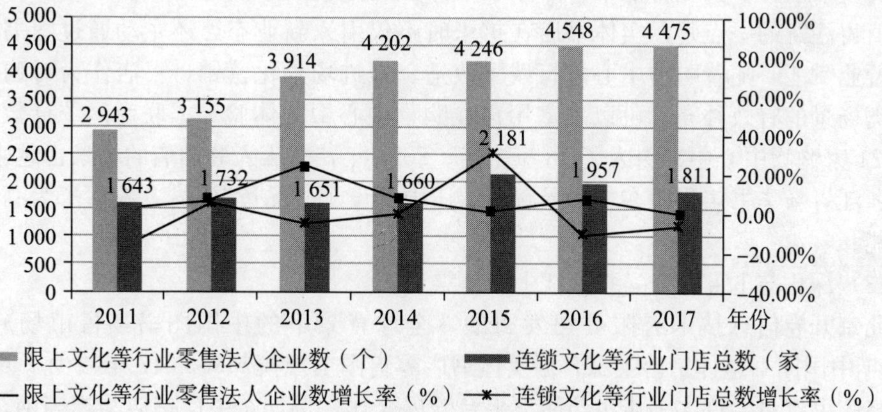

图 6-15　文化、体育用品及器材专门零售开关店情况（2011—2017 年）

本报告将文化、体育用品及器材专门零售又细分为图书音像类、办公文具类和户外运动类。经过对这三类行业内的代表性企业的监测，我们发现，实体书店在互联网的冲击下，凭借传统的图书销售业务已经难以获利，正逐渐向多元化的文化消费空间发展。办公文具和户外用品企业也开始通过对产品、渠道的优化，探索新的利润增长点。

6.4.2.1　图书音像类

（1）书店内多业态融合，提供多元化服务，打造文化消费空间。

面对电商渠道的冲击，在新零售对消费体验的重视提升的背景下，传统实体书店积极求变，从以往的售书场所转型为可以便利、安静阅读的文化消费空间，致力于通过创意性设计等元素将书店打造成一个人们乐于停留并在其中进行多元化消费的场所。

近几年，“图书＋饮品＋文创周边＋沙龙”的新兴业态基本成为新式实体书店的标配，例如大众书局将自己定位为综合性生活空间，店内除书以外，还有饮品、文创产品以及作家签售会、读者见面会等活动。2018 年，实体书店内的业态融合生活方式和文化体验进一步扩展，许多新的实体书店业态应运而生。例如，新华书店“光的空间”打造“书店＋美术馆”，“山脚下的书店”融合“书店＋旅游”，言又几打造“书店＋艺术廊”，甚至还在一些书店加入了餐厅、绘画工坊、首饰珠宝、美容美发等多元化生活服务项目。

随着物质消费到达一定程度，人们对精神层面的需求也在增多。线下实体书店也做出了新的探索——作为知识付费的线下场景拓展。2018 年，新媒体大号“一条”和“十点读书”都开设了线下实体书店。十点书店的特色是将其线上课程导师和付费学院承接到线下书店里，提供线下课程。2019 年，知乎和言又几联合打造的“盐言空间”也将落地。

（2）加快线下开店步伐，运用图书业态为其他行业赋能。

截至 2018 年 10 月，西西弗在全国拥有 160 余家图书零售店，言又几在全国 13 个城市开设了 53 家自营实体书店。2019 年，品牌书店的门店数将继续扩大，西西弗书店、樊登书店、仁义礼智信书店都计划开店 100 家以上。

值得注意的一点是，实体书店在扩张时不仅引入新业态，还主动通过图书业态为其他行业赋能。随着购物中心进行线下改造、推进场景化营销，书店作为对购物中心文化类场景的有效补充，可以丰富用户在购物中心中的体验。据联商网统计数据，北京的 21 家购物中心中共引入了 18 家书店。2018 年，书店入驻酒店的场景也越来越多，例如浙江省新华书店集团在文华景澜大酒店内开设了“品读驿站”，发挥了为酒店的引流功能。

（3）深化与电商合作，拓展线上销售渠道。

北京开卷信息技术有限公司发布的《全球背景下的中国图书零售市场》显示，2018 年中国图书整体销售上涨，但实体书店零售图书规模却较 2017 年减少了 6.69％。为提高图书销量，许多书店也与线上平台开展合作，例如：中信书店与当当网、天猫、亚马逊等网商达成合作，以其作为自己的线上渠道；三联书店在天猫商城开设了旗舰店，而新华书店也在 4 月开放了网上商城。

(4) 实体书店领域掀起无人书店热。

在对书店创新的探索中，无人门店的开设是对智慧零售的进一步探索。2018 年，实体书店领域掀起了无人书店的热潮。2018 年 1 月 18 日，北京发行集团旗下北新网打造的京城首家无人书店——新华生活＋24 小时无人智慧书店开业；4 月 23 日，天猫首家无人书店——志达书店开业；6 月 14 日，浙江杭州无人书店“特美晓风茶书馆”开业。中山博雅书店联手逗号智能开设 24 小时不打烊智慧书店，使用了智能门禁、CV 结账台等智能产品。无人书店有其优势，对消费者而言，可以提供舒适、快捷、自助、互动、个性化等多种体验；对书店而言，通过采集、分析、应用客户数据，可提升自身的运营、管理和服务水平。但目前，由于技术和成本上的门槛，无人书店还处于探索阶段。

(5) 未来发展展望。

全国第十五次国民阅读调查数据显示，2017 年我国成年国民人均纸质图书年阅读量为 4.66 本，较 2016 年的 4.65 本略有增长，但相较于日本人均年阅读 11 本、韩国人均年阅读 9 本、美国人均年阅读 7 本而言，我国的人均阅读量仍然较低。当前，我国已将全民阅读上升为国家战略，许多城市，如深圳、杭州等也在有意识地推进实体书店线下布局。此外，随着居民收入的提升，物质消费达到一定程度，对精神文化的需求越来越高，这都为图书音像行业的发展带来了利好消息。未来，如何更好地了解顾客、服务顾客，给顾客带去更好的服务和体验，用书店的文化属性撬动中国万亿文化市场，将成为企业需要考虑的常态问题。

6.4.2.2　办公文具类

(1) 聚焦终端，扩展销售渠道，推进渠道优化升级。

办公物资方面，2015 年，《国务院办公厅关于印发整合建立统一的公共资源交易平台工作方案的通知》(国办发〔2015〕63 号) 发布，要求 2017 年 6 月底前，在全国范围内形成规则统一、公开透明、服务高效、监督规范的公共资源交易平台体系。受益于国家政策的支持，B2B 办公物资迎来了良好的发展机遇。在此环境下，客户从单一的产品采购向办公服务升级，因而办公物资企业也加强了销售渠道建设，整合销售网络，满足一站式购物需求。例如：齐心集团在 2018 年大力发展 B2B 办公物资，1 个月内陆续中标“2018 年中国联通电子商城电子超市品牌商店办公用品项目”“江阴市网上商城定点电商项目”“中国银行股份有限公司办公文具选型采购项目”等。齐心还紧抓消费升级趋势，与京东合作，改造线下零售门店，计划将约 300 家线下零售门店转型为无界智慧办公零售店，合作联名京东之家不少于 5 家。

文具用品方面，晨光聚焦终端，进行全渠道拓展。除继续推进单店质量提升、推进连锁加盟升级外，还拟增资晨光科力普 3.22 亿元，促进办公直销业务的发展。此外，2018 年晨光还加速发展零售大店，包括全品类一站式文化时尚购物场所晨光生活馆以及定位精品小百货，引进中高端文具品牌的九木杂物社。2019 年，晨光文具将继续扩大九木杂物社数量，计划新开 100 家左右，通过场景营销增加产品附加值。

（2）个性化、时尚化发展，推出创意文化产品。

中国制笔行业协会统计数据显示，2018 年制笔行业利润下降，文具行业的市场压力增大。为了找到新的利润增长点，迎合消费升级的趋势，晨光进一步加码文化创意产品，多次开展跨界合作，例如联合美加净推出樱花物语限定礼盒、“上海电影节”文具套装，联合《海贼王》IP 推出航海王系列文具等。

（3）未来发展展望。

根据国家统计局发布的数据，2017 年文化办公用品类零售市场成交额为 341.67 亿元，较 2016 年下降了 10.18%，且近年来一直呈下降趋势。中国文教体育用品协会的数据也显示，在文教办公用品行业的 1 081 家企业中，亏损企业有 149 家。除了整体经济下行压力大以外，办公文具行业销售额的下降也和行业内部销售渠道多元分散、对新消费趋势变化应对不足有关。随着国内人口结构的变化，过去依靠数量和价格获得增长的模式不再可行，更多的增长动力源于消费升级和产品升级。未来，行业集中度会进一步提高，分散、效能低的渠道将被取代。同时，企业在提供个性化产品、多元化服务方面需要进行变革。

6.4.2.3 户外运动类

（1）拓展销售渠道，提升渠道运营效率。

三夫户外加快了线下门店建设，截至 2018 年底，已经在 17 个城市开设了 40 家专业户外用品连锁店。在门店扩张的同时，企业还注重消费体验的打造。三夫户外在门店内启动了全新零售店视觉体系，提升顾客体验；增设了两家滑雪专营店，为滑雪爱好者提供全方位装备采购、维护保养、门票预订等系列服务。

线上渠道方面，许多户外品牌在前几年就已经进驻电商平台。2018 年，众多企业为应对平台多变的规则限制和流量存量触顶的问题，深耕内容营销，并更加注重会员和粉丝的力量，强化会员活动。探路者还对大数据零售进行了初步尝试，促进线下店铺、线上平台、绿野网、六只脚社群系统等会员体系交互融合，增加用户黏性，提升产品的适销性和复购率。

（2）拓展关联业务。

三夫户外在 2018 年战略投资上海悉乐文化发展有限公司，运营亲子户外乐园，完成了“户外运动用品＋赛事活动团建＋亲子户外乐园”三大业务板块的布局。2018 年 4 月，三夫户外还推出了 SANFO PLUS 自有品牌，推出了适合国人版型的系列服饰。

（3）行业发展展望。

户外运动在中国是一个新兴的快速成长的朝阳产业。根据中国纺织品商业协会户外用品分会（COCA）《2018 年中国户外用品市场调研简报》的统计，2018 年中国户外用品市场零售总额达 249.8 亿元，出货总额达 141.2 亿元。虽然近几年增速有所回落，但市场规模依然保持稳定增加。

与发达国家相比，中国户外运动产业仍然处于发展初期，户外运动的参与度和普及率依然较低。未来，在消费者健康意识的觉醒、全民运动风尚的普及、冬奥会的举办等多重利好因素的驱动下，中国的户外运动产业将会迎来新的发展阶段。户外专营店能够保障产品品质、提供一站式购齐和专业服务，未来需要加强自身渠道建设、提供多元化服务，实现线上线下销售服务一体化。

6.5　医药及医疗器材专门零售

6.5.1　发展全景分析

从总量上看，如图 6-16 所示，自 2011 年以来医药及医疗器材专门零售行业的销售额一直在高速增长，但 2017 年该行业的销售额仅为 5 648.6 亿元，较上年的 7 102 亿元下降了 20.47%。2017 年是一致性评价、两票制、审批审评等医改政策逐步落地的一年，行业进入新的调整期。

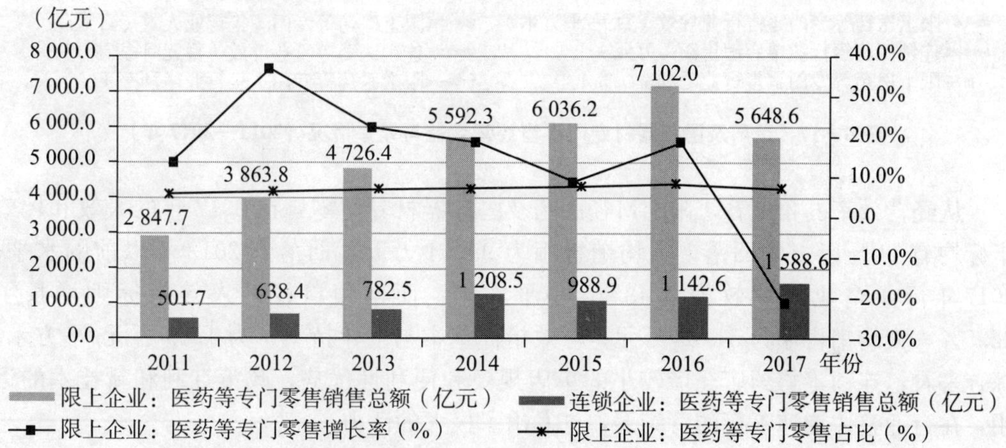

图 6-16　医药及医疗器材专门零售销售情况（2011—2017 年）

从发展趋势看，医药及医疗器材专门零售行业是处在成长阶段的朝阳行业，在未来拥有巨大的发展潜力。2008—2016 年，该市场一直保持较快的增长速度，2012 年销售额增速达 33.68%。但 2013—2015 年，由于零售环境整体低迷，销售额增速放缓，2017 年销售额降幅较大。这说明行业受外部政策及经营环境的影响较大，在未来需要企业改善经营，增强抗风险能力。

从扩张情况看，2017 年医药及医疗器材专门零售业的年末从业人数和零售营业面积均有 3%左右的增长，分别为 56.7 万人和 1 031.4 万平方米。在政策支持以及连锁药店争相上市的情况下，医药行业的连锁化程度有所提高。连锁医药及医疗器材的零售总店数和门店总数分别增长了 16.7%和 23.19%，年末从业人数和营业面积则各自增长了 13.49%和 37.85%，分别为 31 万人和 937.5 万平方米。

从经营效益的角度看，如图 6-17 所示，医药及医疗器材专门零售业的毛利率和净利率在 2017 年显著提升，分别为 15.51%和 5.25%，其中净利率指标与 2016 年的

2.5%相比翻了一番，说明行业的渠道溢价能力在提升，盈利能力在增强。因此，2017年行业销售总额虽然有所下滑，但净利润依然保持了66.2%的高速增长。从单店销售额指标来看，医药行业企业2017年的单店销售额为252万元，较上年增长了12.87%。可见，医药行业整体处于优化阶段，具有较大的发展潜力。

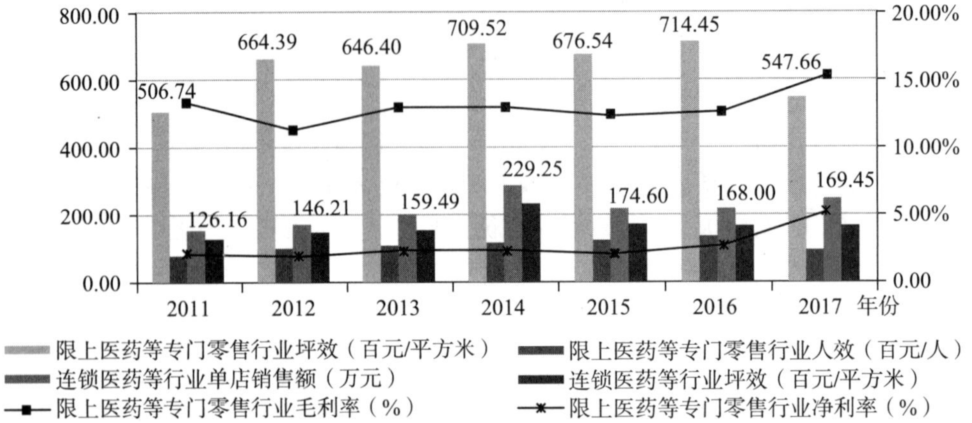

图6-17　医药及医疗器材专门零售经营效益与效率情况（2011—2017年）

从经营效率的角度看，限上口径医药及医疗器材专门零售在2017年的人效和坪效指标均有20%以上的回落，人均销售额为99.64万元，回落到2012年以前的水平；2017年行业企业的坪效为5.48万元/平方米。而连锁口径的人效指标则增长了22.5%，人均销售额为51.33万元；坪效指标基本与上年持平，为1.69万元/平方米。综合来看，连锁零售药店凭借较小的单店规模和便利性优势，政策红利和新技术的运用，在行业整体增速下行的背景下，迸发出了极大的活力。

6.5.2　开关店分析

从行业整体发展情况看，如图6-18所示，医药及医疗器材专门零售行业的限上法人企业数在2017年为4 958个，较上年有所减少。而连锁口径下的门店总数为63 153家，实现了23.18%的高速增长，平均每家连锁企业开设分店数75家。该行业也是连锁零售业中门店总数最多的专业零售业态，占全部专业零售业态门店总数的59%。

从发展趋势看，连锁门店总数长期呈现稳步上升的态势，即使在互联网零售的冲击下，行业的连锁化程度依然在不断提高。由于连锁药店所提供的面对面服务可信赖度较高，在国家推行医药分开的大背景下，连锁扩张仍然是未来行业的发展趋势。

从代表性企业的监测结果来看，2017—2018年，以老百姓大药房为代表的一批连锁医药零售业以自主扩张、收购、扩张等方式积极布局线下零售网络。在扩张过程中，资本所起的作用不容小视，如摩根士丹利参股大参林、高瓴资本全资收购了河南同和堂等。在布局的线下门店中，零售药店积极拥抱新技术，如大参林、华氏大药房等均

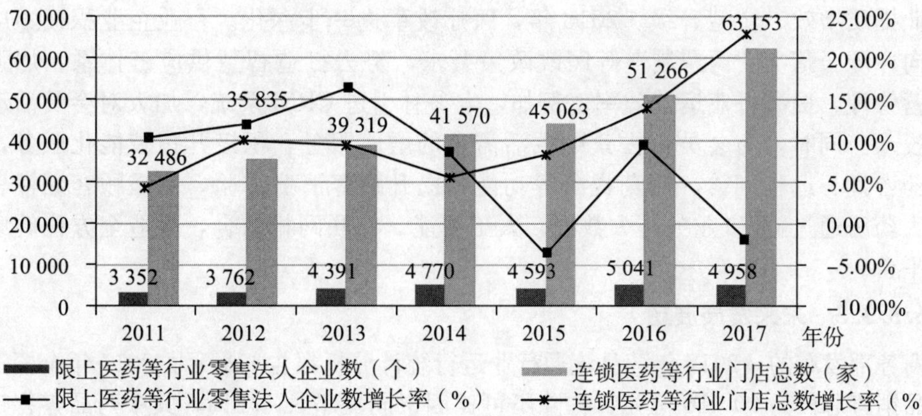

图 6-18　医药及医疗器材专门零售开关店情况（2011—2017 年）

在线下开设了智慧门店。

6.5.3　代表性企业监测与分析

6.5.3.1　龙头企业加速布局线下经营网络，并进行全渠道拓展

2018 年，医药行业政策频出，一致性评价工作的推进、“4＋7”带量采购的启动等，推动医药行业加速整合。医药企业紧跟国家政策的号召及行业变化，不断扩大药品实体零售市场份额，行业内领先企业在 2018 年均加速开设线下门店。截至 2018 年 12 月 31 日，国药控股集团零售药房总数达 5 183 家，同比增长 740 家；大参林共有 3 880 家连锁门店，净增加 895 家；一心堂拥有直营连锁门店 5 758 家，并计划在 2019 年新建门店 1 200 家。行业的连锁化、集中度在不断提升。

在新一轮城镇化的浪潮下，农村人口将大规模向三四线城市和县域市场集中，因而在门店扩张的过程中，企业注重“城市＋乡镇”立体化的店群经营，加速渠道下沉。在进行线下渠道扩张、布局零售网络的过程中，行业内的收购兼并浪潮仍在继续。在报告期内，老百姓大药房和大参林各自完成了 14 项重要并购业务，而一心堂、益丰药房等企业的门店扩张方式也以并购为主。

在线下渠道稳步发展的同时，部分医药企业积极建设全渠道销售网络。例如，一心堂与京东到家、饿了么等平台达成合作，其自主研发的以 O2O 为核心的移动端应用及业务流程已经进入测试阶段。老百姓大药房的 O2O 业务自 2017 年以来不断发展，陆续签约饿了么、美团外卖、平安好医生等平台，完成了在全国 2 000 余家门店满足 3 千米半径范围内的用户送药需求的布局。

6.5.3.2　智慧化运营，精细化管理

2017 年以来，国家有关部门相继出台《“十三五”深化医药卫生体制改革规划》《关于进一步改革完善药品生产流通使用政策的若干意见》等政策文件，着力推进医

药行业提质增效、转型升级。2018 年，医疗改革进一步深化。行业企业积极顺应政策导向，配合落实“两票制”等医改政策要求，努力打造智慧供应链体系，加强企业运营管理，提高行业运营效率。例如，大参林引进 CRM 系统，加大对会员活动的精准投入。同时，为会员带去紧贴生活需求的增值服务，积极开拓智能化服务，开发用药咨询、远程问诊、用药提醒等功能，提升顾客消费体验，增强顾客黏性。老百姓大药房通过 O2O 业务与大数据、人工智能、物联网相结合，打造全方位健康管理云平台。

6.5.3.3 未来发展展望

商务部发布的《2017 年药品流通行业运行统计分析报告》显示，2017 年全国七大类药品销售总额为 20 016 亿元，扣除不可比因素同比增长 8.4%，其中药品零售市场总额达到 4 003 亿元，同比增长 9.0%。医药零售药店行业销售的各种药品需求主要由人群医疗及健康状况决定，受宏观经济的影响较小，经济周期性不明显。伴随老龄化加速、二胎政策全面放开、居民的健康意识提升，医药需求依然旺盛，且对健康产品和专业服务的需求持续增加。而在医改的不断深化推进下，医药和医疗器材行业整体处于平稳增长期。

2016 年底商务部发布的《全国药品流通行业发展规划（2016—2020 年）》指出，到 2020 年培育形成一批网络覆盖全国、集约化和信息化程度较高的大型药品流通企业。随着各层面的监管政策不断出台，对零售药店的规范经营不断提升，未来将进一步带动零售药店行业整合，加速行业洗牌。大型药品零售企业将继续借助资本力量加快扩张和布局，实现跨区域发展和规模化经营；部分中小型零售连锁企业将选择重组或联盟的方式实现连锁化经营，提高抗风险能力。未来药品零售市场的结构调整优化升级、兼并重组步伐加快、行业集中度和流通效率进一步提升。在行业洗牌的大环境下，若未能及时转型，建立起核心竞争力，则将会被淘汰出局。在未来，医药零售企业将在大健康领域中，以自身资源为基础，推出更多专业化的服务。

而就医疗器械行业而言，随着医疗改革的不断深化，尤其是国家推进公立医院改革、分级诊疗、医疗器械国产代替进口等一系列政策的推动下，医疗器械行业将保持快速发展的态势。根据前瞻产业研究院发布的《中国医疗器械行业市场需求预测与投资战略规划分析报告》的统计数据，2018 年我国医疗器械市场规模约为 5 304 亿元，比 2017 年增长了 19.19%，预计 2019 年我国医疗器械市场规模将突破 6 000 亿元，未来五年（2019—2023）年均复合增长率约为 14.14%。由于国际企业发展较早，在技术、品牌、质量等方面都有显著优势，本土医疗器械企业在未来只有更加注重技术创新与突破，提高行业的技术壁垒，才能在市场上赢得主动权。

6.6 汽车、摩托车、燃料及零配件专门零售

6.6.1 发展全景分析

从销售总额看，如图 6－19 所示，2017 年限额以上口径汽车、摩托车、燃料及零

配件专门零售业的销售额为 5.72 万亿元，仍然是七大类专门零售行业中销售规模最大的行业，占全部限上零售业总体销售额的 46.51%，占全部限上专业零售业合计销售额的比重则高达 63.83%，较 2016 年略有上升。连锁口径下，汽车、摩托车、燃料及零配件专门零售业 2017 年的销售额为 6 095.5 亿元，较 2016 年上升了 15.71%，仍是连锁专业零售业中占比最大的行业。

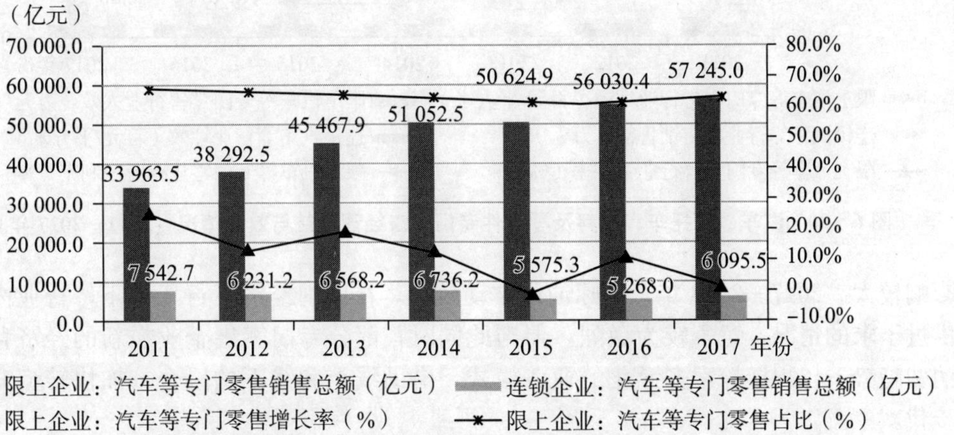

图 6-19　汽车、摩托车、燃料及零配件专门零售销售情况（2011—2017 年）

从趋势上看，限额以上行业口径的汽车、摩托车、燃料及零配件专门零售业销售额在 2015 年以前一直保持着 10%以上的增速，2015 年出现短暂回落，但 2016 年增速再次上升为 10.7%。2017 年的增速放缓，仅为 2.2%。连锁口径下销售总额体现了极强的波动性，但自 2011 年以来整体呈下降趋势。总体而言，2017 年，汽车、摩托车、燃料及零配件专门零售行业进入微增长新常态。

从扩张情况看，汽车、摩托车、燃料及零配件专门零售的法人单位数、零售营业面积、年末从业人数较上年都有所增长，增长率分别为 6.1%、2.6%、4.7%。连锁口径下行业的扩张速度更快，零售总店数和连锁门店数都有 10%以上的增长，年末营业面积为 2 484 万平方米，增幅达 24.1%。

从经济效益指标看，如图 6-20 所示，2011—2017 年，汽车、摩托车、燃料及零配件专门零售的毛利率较为稳定，基本保持在 7%左右，2017 年行业毛利率为 7.56%。净利率在近几年出现了较大幅度的波动，2014—2015 年行业净利率基本保持在 1%左右，2016 年上升至 2.28%，但 2017 年净利率指标再度下降，为 1.64%。

从运营效率指标看，汽车、摩托车、燃料及零配件专门零售的人效和坪效远高于其他几类专门零售行业。2017 年，该行为人效为 331.82 万元/人，坪效为 5.27 万元/平方米，虽较上年有所下降，但综合近年来的情况整体呈上升态势。连锁单店销售额方面，增长率在 2010 年达到峰值近 50%后，出现连续五年下降的态势，2017 年销售额出现小幅上升，为 3 947 万元。

整体而言，汽车、摩托车、燃料及零配件专门零售行业受国际和国内经济形势的

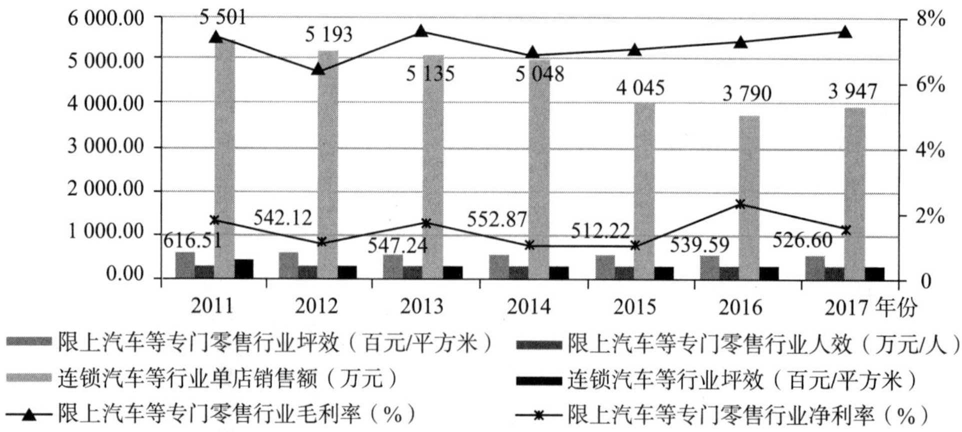

图 6－20　汽车、摩托车、燃料及零配件专门零售经营效益与效率情况（2011—2017 年）

影响较大。2017—2018 年，国际油价波动较大，在国内经济下行压力下，行业内出现供过于求的情况，竞争较为激烈。但与此同时，部分专门零售企业在新的经济背景和消费趋势下，积极探索多元化的业务模式，借助线上和线下的融合，加快转型升级的步伐。

6.6.2　开关店分析

从行业整体情况看，如图 6－21 所示，汽车、摩托车、燃料及零配件专门零售业限上法人企业数在逐年增长，由 2011 年的 21 131 个增长为 2017 年的 37 496 个，是七大类专门零售行业中最多的，占比约 53.62%。由于体量较大，近年来其增长速度逐渐放缓，2017 年的增长速度仅为 6.1%。

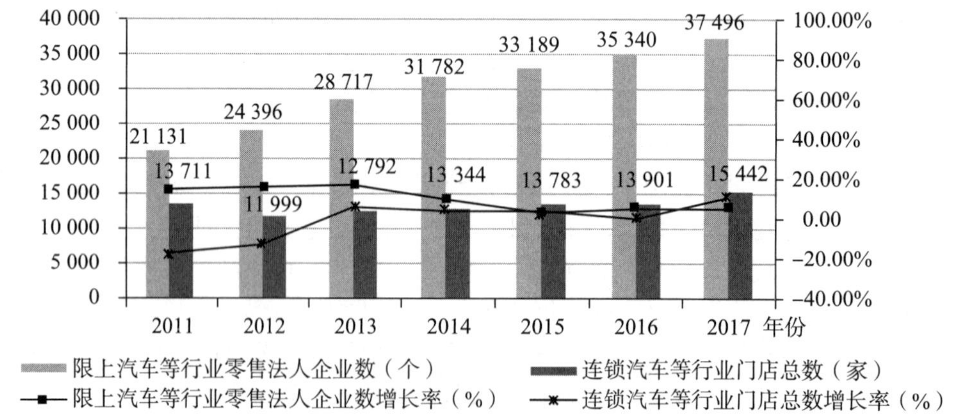

图 6－21　汽车、摩托车、燃料及零配件专门零售开关店情况（2011—2017 年）

从连锁发展情况看，如图 6－21 所示，该业态的连锁门店总数从 2011 年的 13 711 个增长到 2017 年的 15 442 个，2017 年增幅为 11.09%。此外，汽车、摩托车、燃料及零配件专门零售业连锁总店数为 217 家，每家企业平均分店数 71 家，行业内连锁化程度较高。

结合限上法人企业数和连锁门店总数的指标可以看到，从全行业角度看，汽车、摩托车、燃料及零配件专门零售企业在 2017 年加大了对线下终端销售网络的布局力度，发展势头良好。

2017—2018 年，全球经济出现一定程度的复苏，国内供给侧改革和安全环保监管持续深化，原油及大宗产品价格止跌回升，带动精细化工产品价格从第二季度开始出现强势反弹；同时，新零售背景下线上线下渠道的融合，促使化工专门零售和汽车零售的效益也进一步提升。

6.6.3　代表性企业监测与分析

6.6.3.1　拓展终端营销网络，开展多元化业务

2018 年，世界经济缓慢复苏，国际油价大幅震荡，境内成品油市场资源供应充足，竞争异常激烈。作为炼油链条中利润最高的一环，2018 年，终端加油站的数量有了明显增加。中石化新投运加油站 28 座，运营加油站数量达到 3.07 万座；中石油新投运加油站 384 座，运营加油站数量达到 2.18 万座；中海油在云南、贵州、广西等地营销网络实现了较大进展，2018 年实际控制加油站净增 217 座，运营加油站 0.14 万座。

此外，为了应对市场波动，企业还积极开拓新业务，以提高零售绩效。中石化大力发展车用天然气业务，同时加强自有品牌商品开发和销售，加快非油业务的发展；中石油突出零售核心，加快打造一批 3.0 示范加油站，推动“服务＋商品＋互联网＋金融”的跨界融合，加强“油卡非润气”一体化营销，以加油业务盘活整个加油站资源。

6.6.3.2　紧密联系互联网，拥抱新零售

在新零售的浪潮下，近年来，石油企业也迈出了融合线上线下、改造零售模式的探索。中石油昆仑好客与汽车新零售平台大搜车达成了战略合作，将加油站作为流量入口，打造场景化汽车交易与服务。未来，用户在加油站可以享受购买新车、置换车辆等场景化服务。而中石化在 2017 年牵手京东后，易捷也在 2018 年联手京东打造了首个智慧无人超市。

6.6.3.3　未来发展展望

2018 年，《外商投资准入特别管理措施（负面清单）》施行，正式取消了外资连锁加油站超过 30 家需中方控股的限制，标志着中国石油石化行业的对外开放和市场竞争进入了新阶段。未来，成品油市场将呈现经营主体多元、销售价格多元、竞争对手多元的市场竞争格局。

市场机遇与挑战并行。中国公安部的统计数据显示，截至 2018 年底，中国机动车保有量为 3.27 亿辆，汽车保有量 2.4 亿辆，同比增长 11％。我国汽车保有量虽然规模

庞大，但千人汽车保有量仍低于世界平均水平，汽车消费的潜在需求依然较大。同时，国内加油站的油品销售和站均服务量的增长空间大。此外，我国石油公司的非油业务收入占比远低于发达国家，未来这也是值得发力的板块。随着居民生活水平和消费水平的提高，加油站可以从单一的加油、加气、便利店服务逐步转向充电、加氢等综合性服务发展，提供与人、车相关的多元化延伸服务，实现从单一的成品油销售商向多元化服务商的转化。

6.7 家用电器及电子产品专门零售

6.7.1 发展全景分析

从总量上看，2017 年家用电器及电子产品专门零售市场规模有所缩小。如图 6-22 所示，限额以上行业口径的 2017 年销售额为 10 046.8 亿元，同比下降 5.6%；连锁口径的家用电器及电子产品专门零售业销售额在 2017 年末达 3 569.7 亿元，同比下降 10.4%。

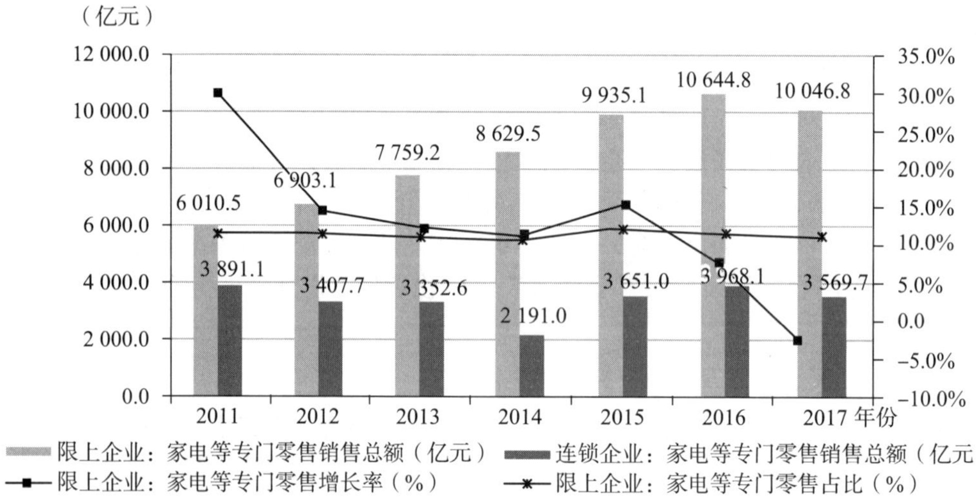

图 6-22 家用电器及电子产品专门零售销售情况（2011—2017 年）

从发展趋势来看，受“家电节能补贴”“家电下乡”等政策及房地产发展的影响，2011—2016 年家用电器及电子产品专门零售的销售总额逐年增长，但扩张速度逐年放缓，由 2011 年的 29.5%放缓至 2016 年的 7.1%。2017 年，行业销售总额出现了七年来的首次负增长。

从扩张指标看，限上家用电器及电子产品专门零售企业的法人单位数、年末从业人数和零售营业面积较 2016 年均有所下降。而连锁口径下，虽然年末从业人数和营业面积分别下降了 23.2%和 16.7%，但门店总数却由 2016 年的 7 401 家上升至 7 640 家，说明该行业企业在 2017 年对线下门店进行了人员精简和店面改造。

从经营效益指标看，如图 6－23 所示，家用电器及电子产品专门零售业的毛利率为 10.99%，基本与前几年持平，但净利率出现了较大幅度的下跌，从 2.34%下降至 1.67%。2016 年底以来的原材料成本压力影响了该行业企业的盈利能力。

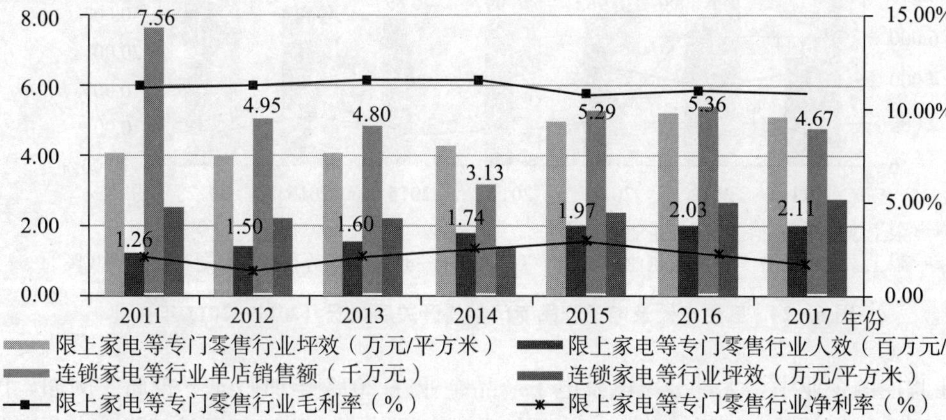

图 6－23　家用电器及电子产品专门零售经营效益与效率情况（2011—2017 年）

从经营效率指标看，限上和连锁口径下，家用电器及电子产品专门零售的人效和坪效都有比较明显的增长。需要注意的是，计算机、软件及辅助设备零售在 2017 年的增长最快，人效和坪效均比 2016 年增长了 30%以上。但是，连锁单店销售额比上年下降了 12.85%，仅为 4 672 万元。

整体而言，在新零售的趋势下，家用电器及电子产品专门零售行业面临着如何将线上与线下有机结合的问题。在消费者年轻化的趋势下，如何升级消费体验、丰富产品功能、贴合消费需求也是对企业的挑战。同时，在房地产滞后效应逐渐减弱、城镇市场逐渐饱和、行业内部竞争激烈的环境下，如何拓展销售渠道、进行战略转移，也是企业未来发展需要面临的挑战。

6.7.2　开关店分析

从行业整体情况看，如图 6－24 所示，家用电器及电子产品专门零售的限上法人企业数略有下降，为 11 352 个。但从数量上看，依然是仅次于汽车、摩托车、燃料及零配件专门零售业的数量，排行第二，占全部限上零售业的比重为 16.23%。

从发展趋势看，该行业的限上法人企业数增长速度在 2010 年达到峰值 15.86%后，总体呈下降趋势。在时隔一年后，2017 年门店总数再次出现负增长。

连锁门店总数在 2012—2015 年稳定在 6 800～6 900 家，2016 年增至 7 401 个，2017 年进一步增长到 7 640 个，但总体变化幅度不大；总店数每年也仅有个位数的波动。每家企业的平均分店数自 2011 年以来稳定在 30 家左右，但零售门店的面积整体呈缩减趋势。

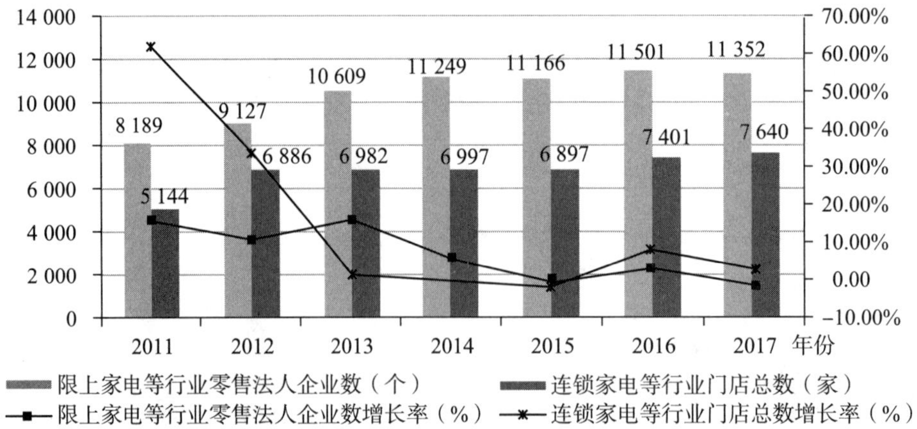

图 6-24　家用电器及电子产品专门零售开关店情况（2011—2017 年）

在监控的企业中，大部分家电及电子产品企业在 2017 年加码线下布局。例如，国美在经历前两年的关店潮后，将进一步延伸县域店网络，未来三年预计铺设 3 000 家县域店；五星电器宣布再启全国扩张攻略，表示将继续加大新店发展速度。

6.7.3　代表性企业监测与分析

6.7.3.1　家电、家居频频联手，打造一站式消费场景

消费者对于便利性、个性化的需求催生了全屋定制整装、一站式购物模式的产生，也促使家电和家居行业开始融合。2018 年，国美进一步深入“家·生活”战略，先后已经和国内欧派家居、志邦家居、金牌橱柜、皮阿诺等品牌合作，在全国门店中推广引入橱柜厨电一体化业务，探索家电一体化的体验空间。2018 年 11 月 30 日，苏宁零售云与顾家家居合作的首家苏宁易购精选店开业，消费者进店即可享受家电、家居等一站式购物体验。同时，苏宁也在布局线下家装店。整合家具、家电、家装等资源，给予消费者方便、快捷的购物体验，已经成为家电零售巨头的发展方向。

6.7.3.2　完善多渠道布局，进行渠道扩张

2018 年，行业内线下渠道依然还是主导，但是线上比重增加。一些企业开始与电商平台合作，建设线上渠道，例如：2018 年 9 月，国美电器入驻拼多多；五星电器 3C 官方旗舰店入驻京东；迪信通也与京东手机达成合作，将在品牌、营销、供应链、运营等角度全方位共同发展。

随着一二线城市家电市场的饱和，以及家电下乡等政策利好的释放，行业企业也加速渠道下沉，进行线下布局。原本定位于一二线城市的苏宁、国美主要采取收购的方式来开拓三四线城市；原本就定位于三四线城市市场的汇银家电，将进一步完善其城市布局；五星电器宣布再启全国扩张攻略，表示将继续加大新店发展速度，全年计划新开 60 家直营店，超过 100 家“万镇通”乡镇店。除了城市版图的扩张外，家电零

售的销售场所也进行了拓展。2018 年 6 月，苏宁与大润发达成战略合作，负责大润发在中国所有门店家电 3C 专区的销售；2019 年 4 月，家乐福也宣布与国美正式达成战略合作，开展“店中店”的经营模式。

6.7.3.3　行业服务升级

2018 年，家电零售受经济下行的压力较大，为了提高顾客满意度，家电及电子产品行业企业更加注重服务。主流销售平台纷纷推出各项加强服务，送货上门、免费安装、7 天无理由退换货成为行业标准。而苏宁也在购物、配送、售后服务方面推出了专家 V 购、86 元免基础运费、先行赔付等服务，为消费者提供良好的消费体验。

6.7.3.4　未来发展展望

全国家用电器工业信息中心发布的《2018 年中国家电行业三季度报告》显示，去年第三季度，家电市场整体规模为 1 821 亿元，同比下降 5.6%。在我国城镇地区，目前很多家电品类的市场已经趋于饱和，且房地产的拉动作用减弱；而在乡镇地区，第一代家电下乡时期的家电已临更换周期，加之国家相关的政策扶持，未来或将成为重要市场。在布局乡镇市场的过程中，如何降低成本、提升知名度，并在消费品质升级的大环境下对城市市场家电产品进行更新迭代，是值得所有家电厂商和零售商思考的问题。

6.8　五金、家具及室内装饰材料专门零售

6.8.1　发展全景分析

从总量上看，如图 6-25 所示，2017 年限额以上口径五金、家具及室内装饰材料专门零售业的销售额为 3 335.23 亿元，较上年下降了 16.4%，这也是七年来首度出现负增长。连锁口径下的行业销售额虽有所上升，但仅为 85.74 亿元，行业的连锁化程度依然较低。

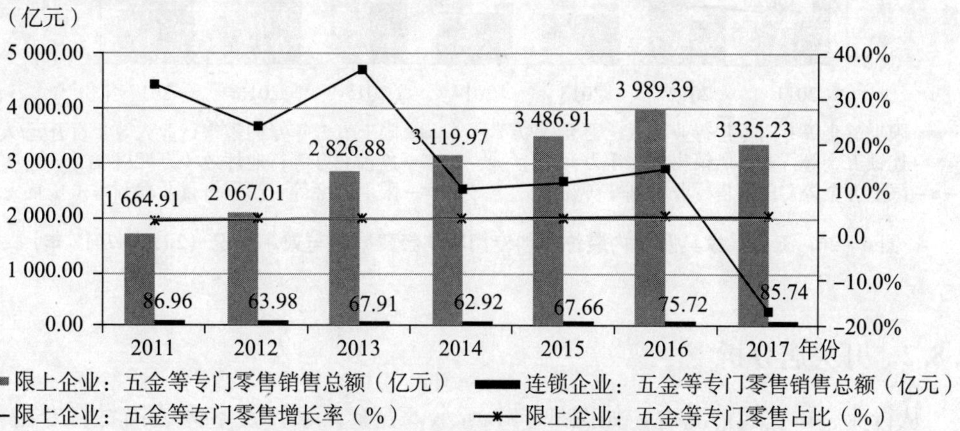

图 6-25　五金、家具及室内装饰材料专门零售销售情况（2011—2017 年）

从发展趋势看，2011—2016 年，五金、家具及室内装饰材料专门零售的销售额一直保持增长态势。2011—2013 年是中国房地产市场发展的黄金时期，本行业的销售额增长率相应地保持了高速增长；但 2014 年，随着国内房价上涨乏力，房地产市场增速开始出现小幅回落，家具及室内装饰材料专门零售行业的增速骤减至 10.37%，创 9 年来的新低；2015—2016 年，随着全国性去产能政策的推进实施，部分地区楼市转好，本行业增速小幅提升。而 2017 年，房地产市场承压，“限购”“限售”等政策调控力度较大，市场收缩，因此五金、家具及室内装饰材料专门零售的销售额骤减。

从扩张指标看，受房地产行业的影响，五金、家具及室内装饰材料限上专门零售业的法人单位数、年末从业人数和营业面积数均有较大幅度的下降，降幅分别为 5.1%、14.7%和 19.3%。与此同时，行业的连锁化程度有所提升，连锁门店总数为 383 个，平均每个企业拥有门店数从 2016 年的 13 家增至 2017 年的 23 家，连锁营业面积也有 16.7%的增长。

从效益指标看，五金、家具及室内装饰材料专门零售的毛利率在 2013 年以后整体呈下降趋势，2017 年仅为 17.75%。而净利率在 2013—2016 年一直保持在 6.2%～6.4%，2017 年受严峻的市场内外环境的影响，仅为 5.37%。

从效率指标看，2011—2016 年，五金、家具及室内装饰材料专门零售的人效和坪效呈逐年增长态势，而 2017 年限上和连锁企业的人效和坪效均有所下降，连锁企业的单店销售额下降了 34.96%。本年度经营效率不佳的原因，一部分在于直接受到了房地产行业的影响，还有一部分在于上游原料成本的上升。

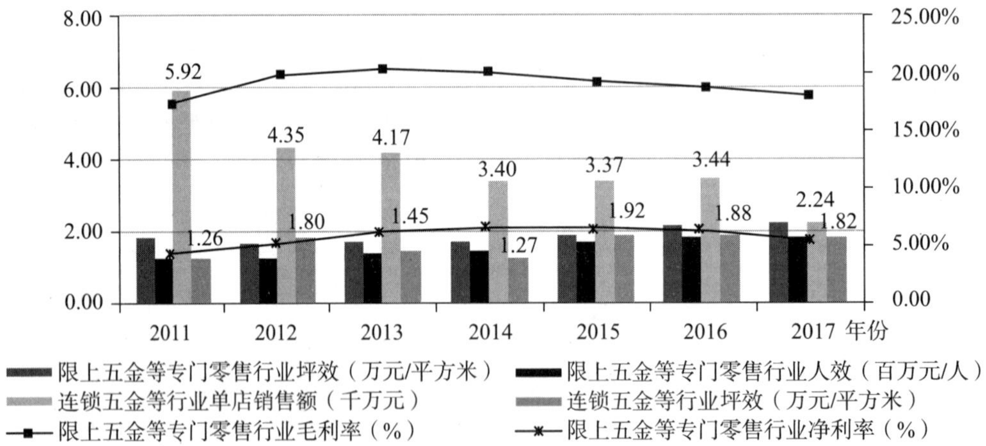

图 6-26 五金、家具及室内装饰材料专门零售经营效益与效率情况（2011—2017 年）

6.8.2 开关店分析

从行业整体发展情况看，如图 6-27 所示，五金、家具及室内装饰材料专门零售 2017 年的限上法人企业数为 6 203 个，同比下降 5.12%。连锁门店总数为 383 个，增加了 74.1%。

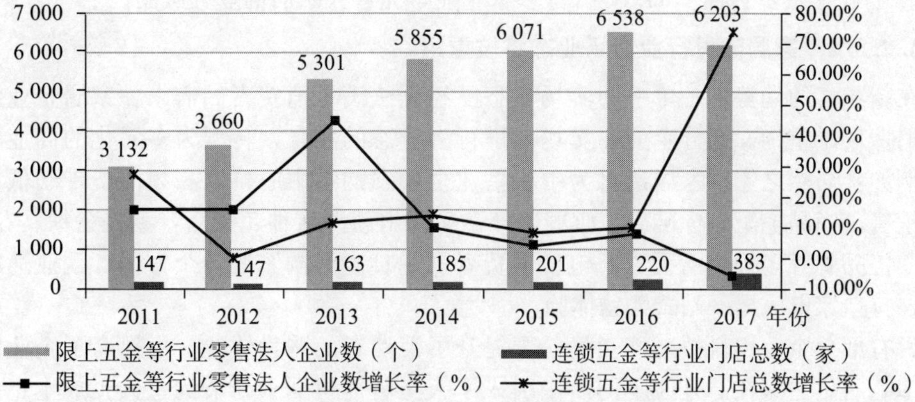

图 6-27　五金、家具及室内装饰材料专门零售开关店情况（2011—2017 年）

从发展趋势看，五金、家具及室内装饰材料专门零售业的发展受房地产行业的影响一直较大。2011—2013 年，限上法人企业数随着房地产行业的蓬勃发展而高歌猛进，2013 年增速达 44.8%。2014—2015 年，受房地产行业的影响，社会资本不敢轻易投入市场，增长率降低至 3.69%。2016 年在房地产市场去产能政策的推行下，增长率有所回升；但 2017 年随着政策收紧，法人企业数减少。连锁门店方面，在“经济新常态”和消费观念变化的大背景下，行业内企业上市、并购重组、跨界等资本动作不断，企业在淘汰落后产能的同时，也在加码线下门店布局，拓展销售渠道和市场区域。2017 年，平均每家企业拥有 23 家门店，为近几年最高。

从监测企业的情况看，2017—2018 年，红星美凯龙、居然之家等大型家居建材企业加快了线下扩张的脚步，这不仅体现为门店数量的增多，还体现为开店区域的扩展以及门店种类的丰富。而对于中小型家居卖场而言，要么选择投入大型连锁家居卖场的怀抱，借助其力量以适应不断变化的市场环境；要么扎根本土，打造特色化、高黏性的地方性门店。总体而言，行业集中度有所提高。

6.8.3　代表性企业监测与分析

6.8.3.1　资本动作不断，行业内并购整合力度加大

家居行业链条长、痛点多，吸引了房地产、线上零售平台、时尚集团等资本入局。2018 年，家装行业资本市场迎来了新一轮融资狂潮，多家企业获得了上亿元级别融资。其中，居然之家获得了 131.98 亿元战略性投资，阿里巴巴以及关联投资方投资 54.53 亿元，占股 15%。

家居行业内部也掀起了并购狂潮，一些大型家居企业通过收购中小型家居企业、国外品牌等方式来拓展销售渠道、丰富品牌矩阵、提升综合竞争力。曲美家居以 40.63 亿元并购 Ekornes，推进国际化战略，获取海外渠道、全球供应链资源；顾家家居在资

本市场也表现活跃，收购了软体家居品牌喜临门、意大利中高端沙发品牌纳图兹(Natuzzi)、家具零售商 Nick Scali 等多家企业，完善大家居的业务版图。

6.8.3.2 家居建材行业卖场业态将被重组

在新零售的趋势下，单一的卖场业态已经无法满足消费者的需求，家居企业纷纷进行消费场景重构。部分企业在卖场内进行多业态的融合，转型为多元化的商业集合体。例如：居然之家以家居建材为中心搭建全业态购物中心，以高频消费带动低频的家装销售；尚品宅配在标准店、旗舰店外，又开出新型店种超集店，涵盖餐饮、花卉、无人零售品牌等多种生活元素，包揽消费者“一日生活圈”的各个方面；欧亚达联手国美，打造家电家居一站式购物体验。

另有部分企业用科技赋能卖场，既提升了消费者的购物体验，也提高了企业的运营效率。居然之家在部分线下门店中引入了人工智能机器人，节约了人工成本；曲美与京东联合开设了“曲美京东之家”，运用智能门店科技、人工智能、大数据及数据可视化等新技术，推进门店数字化管理；红星美凯龙在门店中运用 VR 和 3D 建模技术构建虚拟化家居场景。

6.8.3.3 O2O 线上营销和线下实体店销售相结合，完善渠道布局

众多家居企业投入以线上服务、线下体验和现代物流进行深度融合的新零售模式中，将线上购物的便利与线下购物的体验进行有机结合。尚品宅配在新居网运营有网上商城，通过与腾讯、百度、阿里巴巴、京东等互联网企业的流量合作，将线上流量引至线下实体门店，再由实体店跟进后续设计、下单等服务。“双 11”期间，红星美凯龙也实现了在线上平台的首次映射，消费者可以在线下体验后下单，体验线上线下无缝链接的新模式。

6.8.3.4 个性化、智能化产品成为企业布局新方向

为了满足新一代消费主力对个性化的追求，许多家居企业推出定制化产品。全有推出全有全屋定制，曲美推出 B8 全屋定制，掌上明珠、联邦等成品家居企业也纷纷推出定制家居项目。除了传统的成品家居品牌外，家纺、卫浴等企业也涉足全屋定制领域。

而随着物联网等技术的运用、5G 时代的到来以及互联网企业资本的入局，一些家居企业也开始构建智能家居版图。例如 2018 年，科勤推出智能卫浴系统科勤云境，率先开启厨卫智能互联时代。

6.8.3.5 未来发展展望

国家统计局和中国家具业协会数据显示，2018 年，中国家居行业规模以上企业累计完成主营业务收入 7 011.90 亿元，同比增长 4.3%；累计完成利润总额 425.90 亿元；累计完成产量 71 277.36 万件。我国家居建材行业受消费升级和新零售潮流的影响，正处于一个机遇与挑战并存的时代。

家居建材行业受上下游产业的影响大。在国家对房地产政策的调控基调下，提高综合竞争力、依靠产业升级和自身经营方式优化抢占更多市场份额是行业企业发展的主旋律。同时，随着二手房成交占比逐年提升，如何在消费者对购物便利性、个性化的需求下，提高全屋定制整装的能力也是企业要解决的问题。同时，我国家居建材行业竞争格局分散，市场集中度较低，在未来具备极大的整合潜力。

（皮安琪）

第 7 章　中国零售公司管理与运营分析报告

本章旨在对 2018 年中国零售业代表性公司的管理和运营情况进行监测与分析，包括中国零售业收购兼并分析报告、高管变动分析报告、营销活动与网络技术运用分析、公共关系与社会责任分析 4 个部分。

本报告所有数据均通过对公开信息加工整理而得，信息来源主要为 2018 年中国代表性零售企业官方网站公布的企业基本信息、管理与战略动向信息，以及中国商业联合会、中国连锁经营协会、联商网、《超市周刊》、Wind 数据库等发布的公开资讯信息。本报告附录编制了 5 张数据统计表，分别是附表 7－1“中国零售业收购兼并事件统计（2018 年）”、附表 7－2“中国零售业高管变动事件统计（2018 年）”、附表 7－3“中国代表性零售企业公共关系与社会责任活动一览表（2018 年）”、附表 7－4“中国代表性零售企业网络零售、微博开通情况一览表（2018 年）”、附表 7－5“中国代表性零售企业营销活动一览表（2018 年）”，请读者朋友扫描本书第 234 页的二维码免费查阅。

7.1　中国零售业收购兼并分析报告

7.1.1　零售业收购兼并特点分析

受整体消费增速放缓的影响，2018 年零售各业态发展面临较大压力，相应的调整情形有所增加。2018 年本报告监测范围内的零售行业的兼并收购数量共 77 起[①]，中国零售企业并购以产业整合为主，大型传统零售企业仍是大额并购主力军；电商企业并购活动频繁，但单笔交易金额较小。

7.1.1.1　零售业收购兼并事件中“收购完成”事件占比增加

如图 7－1 所示，2018 年处于“收购完成”和“收购中”状态的事件占监测案例的 79.5％，这部分是已经签署具有法律约束力的收购兼并协议的案例；而 17.9％的收购事件处于“拟收购”阶段，即在当年有收购意向但没有签订相应的收购兼并协议。具体来看，在 2018 年，已完成最终收购的案例和处于收购中的案例占总体的比例分别为 71.8％和 7.7％。

但 2018 年也有收购失败的事件，占比较小（3％），监测范围内仅有通葡股份收购九润源 49％股权失败，茂业商业收购秦皇岛茂业 100％股权以及泰州一百 97.31％股权失败。

---

① 本报告监测的零售企业范围略有调整，与历年口径不完全一致。主要是增加了 Wind 数据库中上市公司收购兼并数据库与零售业有关的内容，故总量较往年有所增加。

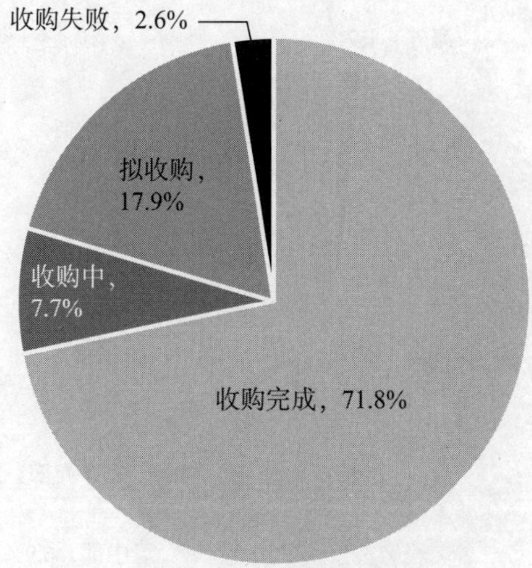

图 7－1　中国零售业收购兼并进程（2018 年）

7.1.1.2　地域分布以全国布点企业和东部沿海发达地区企业收购兼并为主

2018 年零售业收购兼并地域特点较为突出。[①] 从收购方的地域分布看，如图 7－2 所示，全国布点的零售商收购兼并占比最多，达 56.9%；区域性企业（东部地区、北部地区、南部地区、中部地区、西部地区）和海外企业收购兼并占比相较于上年有所上升，几部分占比之和为 43%；大部分并购方的零售企业为全国布点型企业，如永辉超市、物美、阿里巴巴等都在此当中。

整体来看，东部沿海地区经济相对发达，兼并收购也延续上年趋势，相较于其他地区更为活跃，占比达 17%。另外，中部、北部、南部并购事件数量相近，比重均占到 6.9%。

从被收购方的地域分布看，如图 7－3 所示，全国和东部地区占比最高，达到 32.1%；其次是北部和西部，占比达 11.5%，基本与收购方的地域分布一致。值得注意的是，2018 年，永辉超市继续扩大收购规模，拓宽收购领域，于 3 月拿下国联水产 10%的股权，将有利于二者开展深入合作，提升永辉自身水产供应链质量。

结合收购方与被收购方来看，如图 7－4 所示，2018 年中国零售业收购兼并类型有 6 种，占比由高到低依次为：全国布点收购区域性企业，如大商集团收购兆新股份 5%的股份；区域性企业之间的并购，如宁波百协商贸收购悦心亿彩 100%的股权；全国性企业之间的并购，如永辉超市收购红旗连锁 9%的股权；区域性企业收购全国布点企业，如汇嘉时代收购好家乡超市公司 49%的股权。此外，还有 1 起全国性企业收购海

① 在地区分布上，本报告省区分为 5 类区域，采取如下标准：东部，包括山东、江苏、浙江、福建、上海；南部，包括安徽、广东、广西、海南；中部，包括湖北、湖南、河南、江西；西部，包括四川、云南、贵州、西藏、重庆、宁夏、新疆、青海、陕西、甘肃；北部，包括北京、天津、河北、山西、内蒙古、辽宁、吉林、黑龙江。

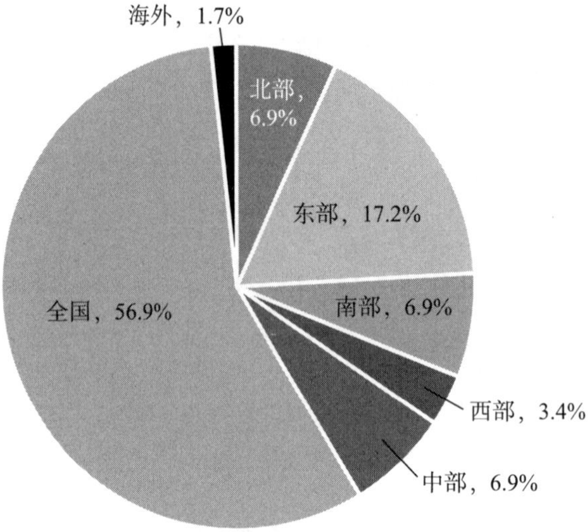

图 7-2 中国零售业收购兼并中买方地域分布（2018 年）

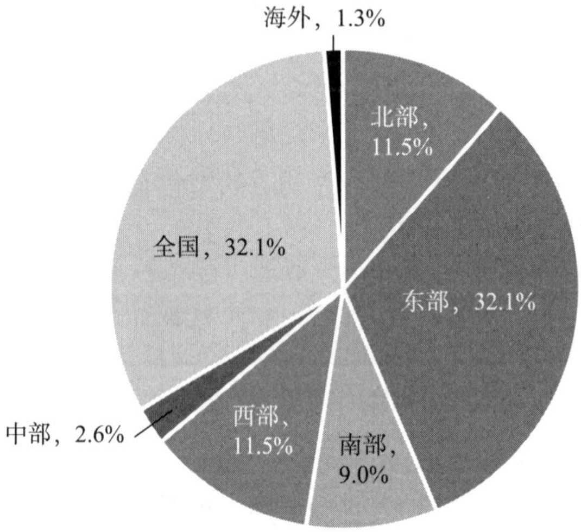

图 7-3 中国零售业收购兼并中被收购方地域分布（2018 年）

外企业——金达威收购 iHerb 4.80％股权；1 起海外企业收购全国性企业——华平投资收购乐友孕婴童部分控股权。其中，金达威收购 iHerb 股权是本土电商与外资电商进行深度合作的典型案例。

7.1.1.3 行业巨头整合零售服务，电子商务企业、百货店之间的整合

如图 7-5 所示，2018 年的兼并收购，从业态角度看，收购方中占比最高的依次是其他（69％）、综合（12％）和百货（8％）；被收购方中占比最高的依次是电子商务（47％）、百货（26％）、大卖场与超市（12％）。

第一，2018 年行业巨头整合零售服务表现突出。被收购方中，其他类别（包括批

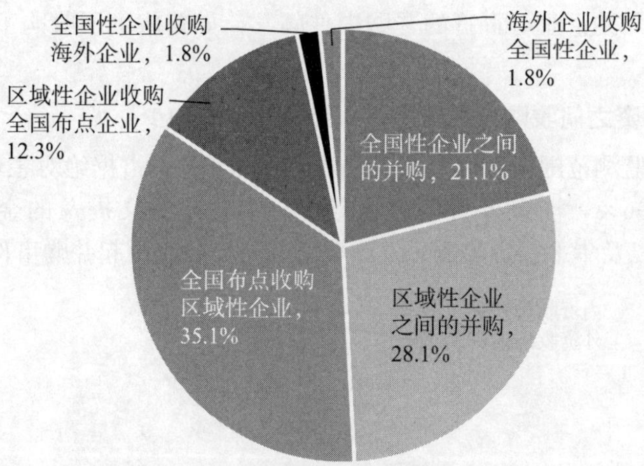

图 7-4　中国零售业收购兼并收购方与被收购方地域分布（2018 年）

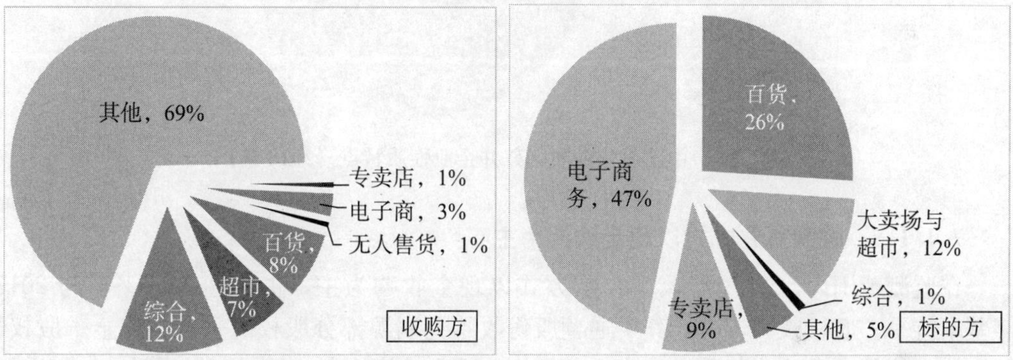

图 7-5　中国零售业收购兼并的收购方与标的方业态分布（2018 年）

发、物流、金融、贸易等）占比最高，在很大程度上是因为零售巨头企业对零售服务和技术等方面的整合。例如：永辉超市收购国联水产开发有限公司，以优化海产品供应。

第二，2018 年互联网零售并购依然活跃。一方面，传统线下零售商、综合性经营服务商纷纷展开对中小型电商企业的并购，成交笔数大，但交易额较小。例如：联华超市收购联华电子商务 9%的股权、宁波百协商贸收购悦心亿彩 100%的股权等。另一方面，电商整合线下巨头的趋势仍然存在，阿里巴巴与腾讯在零售领域的“较量”仍在继续。阿里巴巴延续了 2017 年的势头，于 2018 年 9 月收购高鑫零售 26%的股权；而腾讯则继续增资永辉云创，同时携手京东战略入股步步高，三方在构建“数字化”运营体系等领域开展深入合作，并于 2018 年 6 月共同打造了首家线下零售创新体验店。线上线下零售服务的融合已成大势。

第三，2018 年百货店并购事件有所增加。一方面，百货商店之间、超市与百货之间进行资源整合，如物美收购新华百货部分股权以及乐天超市 95%的股权、广百集团收购友谊集团 100%的股权、汇嘉时代收购好家乡超市公司 49%的股权。另一方面，其他与综合类企业对百货的并购事件频发，如首旅集团收购王府井 26.73%的股权。

7.1.1.4 内资之间收购兼并占主体，涉及外资并购少

2018 年，在监测范围内，内资企业之间的收购兼并仍占据绝对主体地位，如图 7-6 所示，占比达 96%，涉及外资的整合较少，主要是上文提及的金达威收购 iHerb 4.80%的股权，以及华平投资收购乐友孕婴童部分控股权两起并购事件。

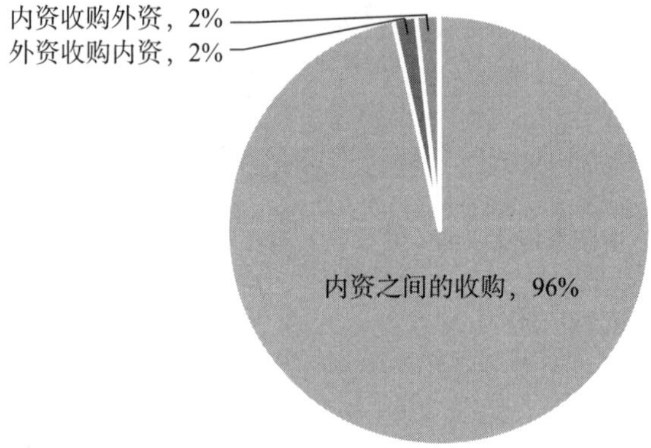

图 7-6 中国零售业收购兼并企业性质特点（2018 年）

7.1.1.5 收购兼并方式以现金购买为主

在监测范围内，2018 年兼并收购方式以现金收购为主，占比达 89.5%，与 2017 年基本持平；股权收购较少，其中通葡股份收购九润源部分股权时采取“现金＋股权”的方式。此外，在监测范围内发生 2 起采用“现金＋资产”方式进行的并购，3 起采用“无偿”方式进行的并购。

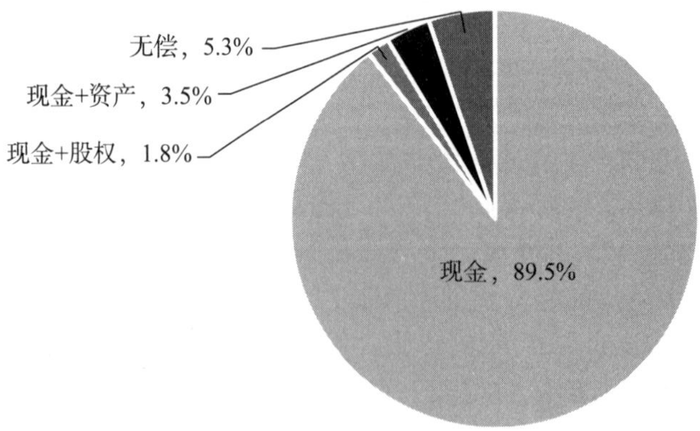

图 7-7 中国零售业收购兼并方式（2018 年）

7.1.1.6 第三季度并购较多，第二季度并购活跃度最低

从收购兼并事件发生的时间点来看，如图 7-8 所示，第三季度收购兼并事件数量

28 起，明显多于其他季度，第二季度收购兼并活跃程度最低，只有 9 起。事实上，在监测范围内，历年来第一、第四季度收购兼并几乎均比第二、第三季度活跃，一年中收购兼并事件频发的时间一般都在第一、第四季度。对比来看，2018 年第三季度零售行业收购兼并活跃程度明显增加。

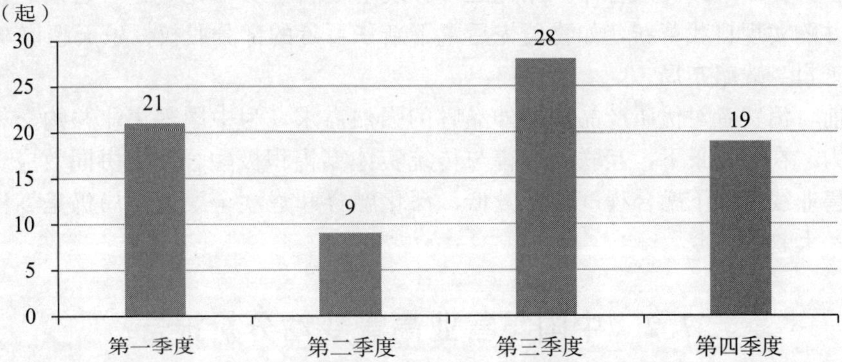

图 7-8　中国零售业收购兼并发生时间分布（2018 年）

7.1.2　零售业收购兼并问题及展望

2018 年，全国社会消费品零售总额为 38 万亿元，较 2017 年增长 9%，扣除价格因素实际增长 6.9%，增速有所放缓。在此背景下，各零售业态均面临一定的压力，其中限额以上零售业单位中的超市、百货店、专业店的零售额比上年分别增长 6.8%、3.2%、6.2%，增速普遍放缓。在收购兼并方面，既延续了 2017 年线下巨头对零售服务和互联网技术的热情，以阿里巴巴和腾讯为首的互联网巨头在零售行业的布局加速，又呈现出一些新特点。

7.1.2.1　消费型经济增长刺激收购兼并

在经历了 2016 年的井喷式增长及 2017 年的短暂下滑之后，2018 年迎来了中国零售业收购兼并复苏的拐点。新一轮消费升级带来了新的商机，国内外投资者对于优质消费品、影响力品牌、成熟购销渠道的青睐体现在零售各业态的并购与整合上，推动了零售业的资源重组。其中，民营企业逐步成为海外并购的主力军，通过海外并购获取海外优质品牌和渠道资源以增强自身的市场地位。

7.1.2.2　新零售与传统零售融合，互联网巨头加快新零售布局

2018 年延续了上年新零售发展的势头，新旧业态的融合催生新动力。一方面，以阿里巴巴、腾讯为代表的互联网巨头继续并购线下零售企业，以此推动新零售布局的完善。与 2017 年相比，2018 年互联网巨头在并购中更注重线下的精细化耕耘与线上线下资源的整合，因而更加注重零售科技的投资与应用，对人工智能、云计算、物联网等的投资数量占比和金额都呈现大幅提升。

另一方面，线下零售企业对于互联网技术的革新热情不减。2018 年，线下传统零

售企业在积极推动与互联网巨头的战略合作的同时，积极拓展全渠道业务，提升自身的技术与服务水平以及运营质量。典型代表如永辉超市，一方面先后收购红旗连锁 9%的股权、国联水产 10%的股权，入股两家农产品企业，加强自身供应链建设、拓宽业务布点；另一方面携手腾讯拿下永辉云创部分股权，几方在科技应用、业务赋能、供应链整合等方面继续深入合作。除此之外，线下零售巨头，尤其是百货店，积极通过相应的并购实现自我革新，如物美先后拿下新华百货的部分股权、乐天超市 95%的股权，完善自身战略布局。

当前，消费者对优质产品和国外品牌的强烈需求，为中国零售业并购交易提供了内生动力。在此背景下，互联网零售与传统实体零售积极融合产生协同效应。但目前中国零售业线上线下融合程度依然较低，深化融合和建立全渠道布局仍是零售业并购发展的一大趋势。

7.2 中国零售业高管变动分析报告

2018 年零售行业高管变动在监测范围内共有 176 起。2014—2017 年是电子商务飞速发展、传统业态积极求变、零售企业谋求转型的时期，各业态之间的高管流动性强。2018 年，零售行业进一步蜕变，新业态、新物种不断涌现，在此背景下，众多企业探索升级服务模式、进行战略调整，行业内高管变动较为频繁。

7.2.1 零售业高管变动特点分析

7.2.1.1 实体零售业高管变动剧烈，百货店、专卖店业态最为突出

2018 年零售业高管变动最为剧烈的 3 个业态，如图 7 - 9 所示，依次是百货店（27%）、专卖店（27%）和专业店（23%）。与前几年相比，实体零售的高管变动更为剧烈，其中百货店和专卖店业态内部高管团队变动最为突出。

百货零售业既是国民经济的重要行业之一，也是市场化程度最高、竞争最为激烈的行业。2018 年，受宏观经济减速、经济下行压力加大的影响，居民可支配收入增长放缓，加之资本市场持续低迷，零售行业景气度仍在低位运行，实体零售行业依然处于低迷状态。全年社会消费品零售总额突破 38 万亿元，同比增长 9%，增速比上年回落 1.1 个百分点。在寒冬中寻找新出路，需要更明确的目标和精准的定位——是选择向购物中心转型，还是专耕百货业态，抑或是孵化新模式？众多百货企业的高管团队之变折射了商业之变。

专卖店、专业店也同样面临着消费信心不足、实体店客流下降的影响。以拉夏贝尔为例，2018 年该公司的主要女装品牌营业收入同比下降 10%以上，推出的新品牌收益也未达预期，公司面临着渠道结构优化、降本增效、品牌发展等方面的多重挑战，对管理团队的能力也提出了更高的要求。2018 年，拉夏贝尔公司对执行董事、副总裁、联席总裁、首席财务官等管理人员都进行了相应调整。

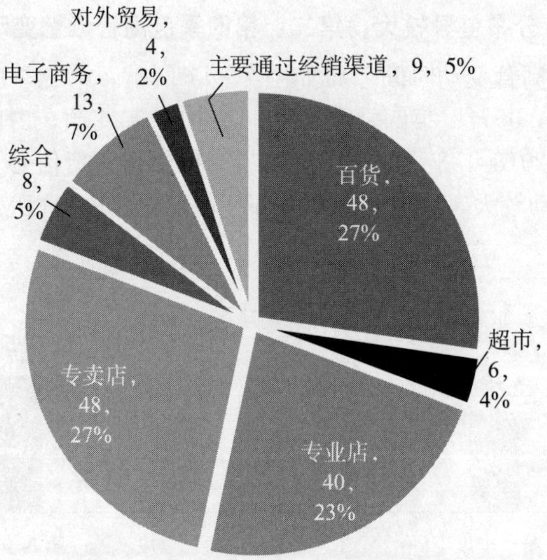

图7-9　零售业高层人员变动统计图（按业态）（2018年）

7.2.1.2　股份有限公司变动剧烈，国资企业动作频繁

从公司所有权性质的角度对零售企业的高层变动进行监测与分析，如图7-10所示，2018年股份有限公司高管变动数量依然最多，占比为57%；国有控股企业次之，占比为18%；中外合资企业的人事团队较为稳定。值得一提的是，国有独资、国有控股和国资参股的企业人员变动的动作较前几年有所增多。面对消费端更多元的需求变动，快速反应、快速推进的要求迫使国资企业转变管理思路，进行组织结构和管理机制的调整。

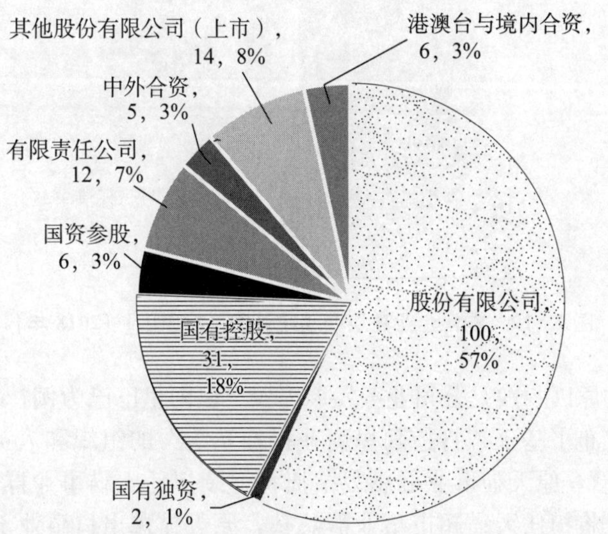

图7-10　零售企业高层变动统计图（按所有权性质）（2018年）

7.2.1.3 各季度分布差异较大，第二、第四季度高管频繁变动

2018 年零售企业高管变动时间分布如图 7－11 所示。第二季度变动数量最多，高达 60 起，占总数的 34.09%；第四季度次之，发生 47 起变动，占比 26.7%，季度分布差异较大。这或许和 2018 年 3 月以来中美贸易摩擦使得消费信心下降有关，一季报业绩低于预期，营收波动较大，企业为应对外部环境变化而进行相应的内部变革。

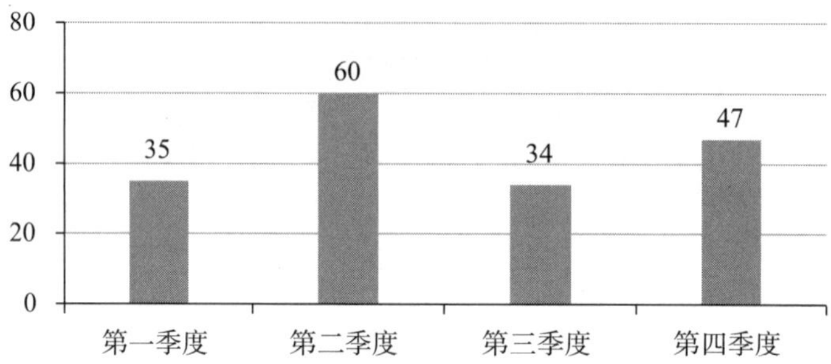

图 7－11 零售企业高层变动统计图（按时间）（2018 年）

7.2.1.4 高管变动多是内部调动和高管离职

如图 7－12 所示，2018 年高管变动原因分为以下几类：离职——出于各种原因主动离职；外聘——外部聘用；任满——任期结束；调动——公司内部升迁和调动；退休。占比最高的是离职（47.2%）和调动（40.3%）。

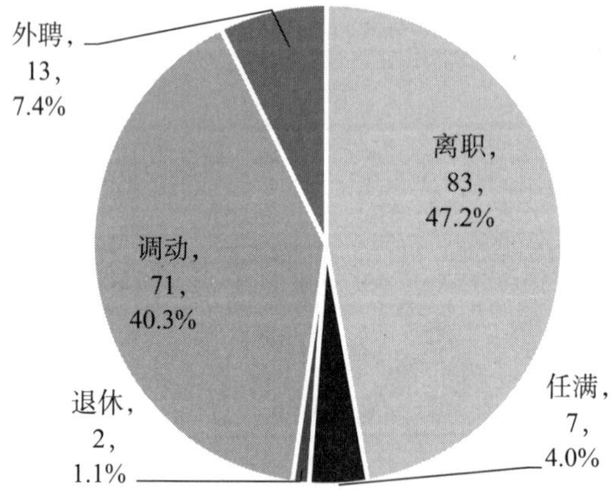

图 7－12 零售企业高层变动统计图（按原因）（2018 年）

调动和聘任的原因一般是公司业务发展需要。以阿里巴巴为例，CEO 张勇在 11 月的致员工信中，宣布了基于“打造阿里商业操作系统”的组织和人员架构调整。天猫升级成为“大天猫”，原天猫事业群总裁靖捷将继续担任天猫事业群总裁，原 CEO 助理李永和（老鼎）将担任天猫超市事业群总裁，原天猫进出口事业部总经理刘鹏（奥文）将继续担任天猫进出口事业部总经理，三位负责人分别向张勇汇报，这预示着未

来盒马的新零售探索和大润发的数字化升级改造将与天猫超市有更加深入的融合。而高管离职的原因大多未向外披露。值得一提的是，外部聘用的高管中，拥有银行背景和技术背景的高管受到青睐。

7.2.2　高管变动问题及趋势展望

7.2.2.1　行业下行引发连锁反应，高管团队进行优化精简

伴随着电商行业渗透率的提升，电商企业线上流量红利逐步见底，线上获客成本大幅增长；线下，购物中心、网络购物等的冲击使得零售渠道间的竞争激烈程度升级。同时，房屋租金、人力成本等经营成本逐年提升，打造快速响应市场需求的供应链和销售渠道又需要更多的资金投入，在经济下行的大背景下，众多零售企业面临着较大的资金压力。内外交困中，部分企业开始精简人员，采取了冻编减编、重新竞争上岗、人才优化计划、降薪等方式缩减开支。

以电商巨头京东为例，其发布的第三季度财报显示，在有“6·18”大促的拉动下，京东出现了上市以来首次活跃买家数量增长环比下滑的情况，成交总额的同比增长率也有所下降。在 2018 年底的大规模组织架构调整中，原与 7FRESH 并行属于快消部门的生鲜事业部并入 7FRESH，王笑松也不再负责快消部门的业务；时装业务是京东从 2017 年开始大力发展的领域，2019 年 2 月，京东宣布把一手建立的 Toplife 并入 Farfetch 中国业务，不再自己运营，并在同期宣布，2019 年将末位淘汰 10%的副总裁级别以上的高管。

7.2.2.2　高管变动频次加快，“闪电”调动现象较为突出

2018 年，零售企业高管人员在短时间内频繁调动的现象较为突出，部分高管在任职仅几个月后就选择离职。例如：陈宾在 3 月 22 日被聘为拉夏贝尔的副总裁，仅仅 3 个月后便辞任；诸明民在 1 月 10 日接任亚振家居财务总监一职后，于 7 月 6 日离职，在位不足半年。高管职位出现高频变动或与企业战略转型相关。拉夏贝尔针对拓展新品牌培育期过长、难以继续经营、品牌雷同以及直营渠道成本上涨等问题进行了相应调整，减少对非核心品牌的低效资源投入、聚焦线下渠道结构优化、聚焦降本增效以及现金流平衡，对高管人员的综合能力提出了更高的要求。亚振家居净利润经历了连续三年的下降，面对店面调整未见成效、营销网络建设不及预期以及存货占比较大的挑战，企业加码高端定制，并对生产车间和信息化系统建设进行了相应改造。

7.3　中国零售业营销活动与网络技术运用分析

7.3.1　中国零售业营销活动分析

本节根据零售业公司官网、联商网、《超市周刊》等的资讯信息，对 2018 年中国

连锁经营协会发布的中国连锁百强中的 20 家代表性零售企业（几乎均在官网公布有促销活动信息）的近 80 起促销事件进行了汇总和分析。总体来看，促销活动贯穿一年中的不同时期，可归类为节假日、周年庆、购物节和日常四种，包括低价、满送、抽奖、红包、积分、秒杀、提升体验等多种不同的形式。

7.3.1.1 零售企业四类促销时机整体分布不均，业态偏好存在显著差异

在本报告监测范围内的促销活动中，节假日包括各类节日促销，例如 12 月 25 日圣诞节、3 月 8 日妇女节等；周年庆既包括零售企业集团周年庆，也包括具体门店周年庆典；购物节主要是已经在消费者人群中形成较大影响的特定日期，例如“6 • 18”“双 11”“双 12”；日常包括以上 3 种范围之外的促销活动，例如零售企业针对特定商品品种的家居节、男装节，或是针对特定季节的促销，例如“消暑特惠”等。

如图 7－13 所示，在 2018 年，监测范围内的零售企业周年庆促销较少，占比 10%，其他 3 种促销活动的占比情况是：以购物节（41.8%）为主，紧接着是日常（25.3%）和节假日（22.8%）。

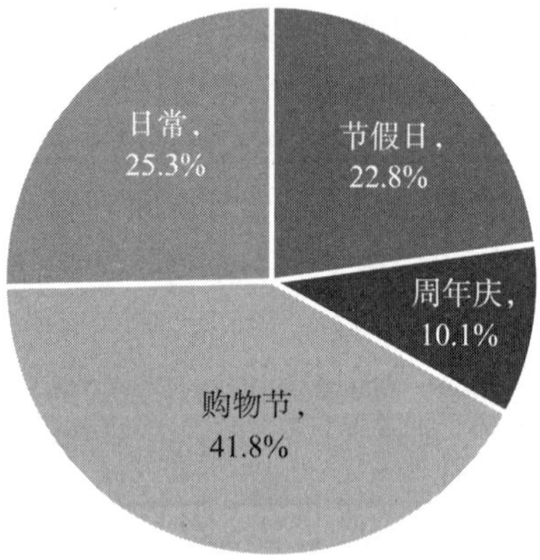

图 7－13 中国零售业营销活动时间分布（2018 年）

从业态来看，如图 7－14 所示，2018 年，不仅是电子商务的促销活动，其他几种业态的促销活动也大都集中于购物节，“6 • 18”“双 11”“双 12”等大型购物节都是从电商发端，并逐步进入线下零售企业，成为最重要的促销时机之一。唯一的例外是专业店，虽然购物节占有不小的比例，但仍以日常活动为主，经常会在会员日或者特定季节进行日常促销，或者针对特定商品进行促销，例如国美的“开学总动员”、会员日以及内购会活动等。周年庆活动则较受百货店以及连锁超市这类线下企业的青睐，由于门店较多，而且不同店面的开店时间不同，相对来说就会举办较多次的周年庆活动。以欧亚集团为例，这一年中松原欧亚举办了其 6 周年庆，珲春欧亚举办了 5 周年庆，而集团公司又举办了公司建立的 34 周年店庆。开展于节假日的促销活动相对来说就比较平均，并且各种业态所开展的种类和频率也未有太大差别。但总的来说，业态不同，对促销时机的偏好还是略有不同的。

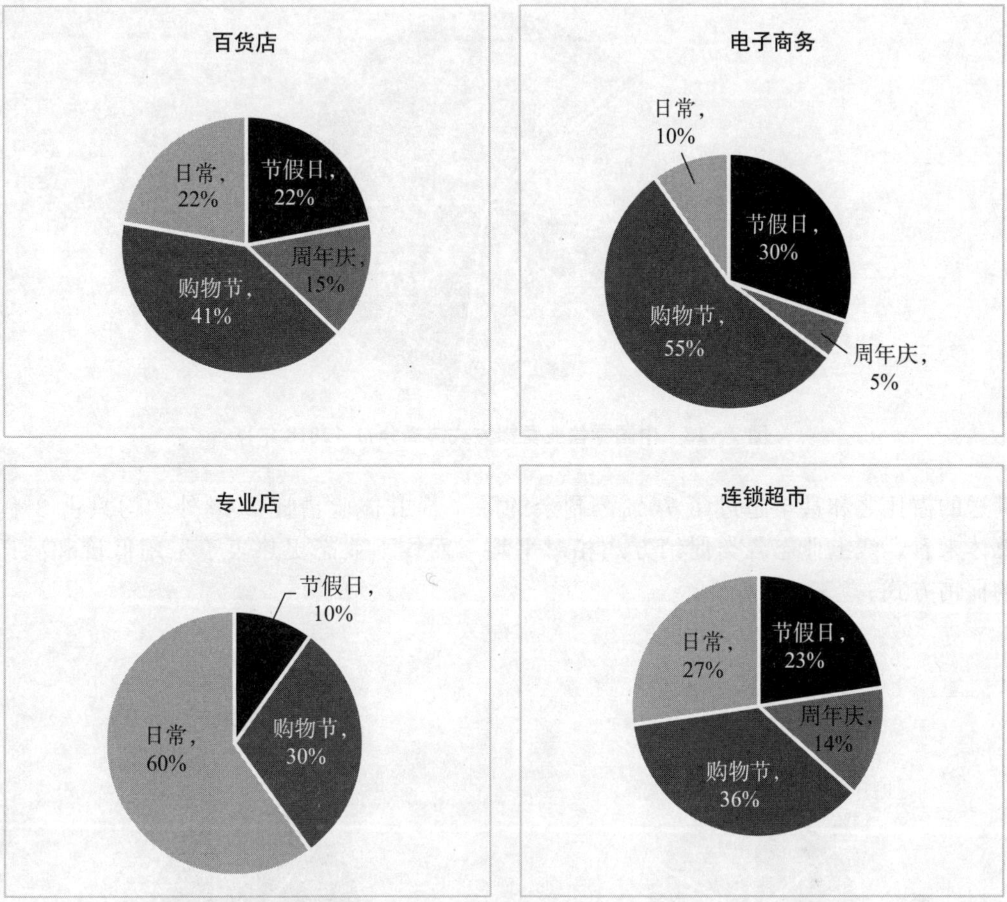

图 7－14　中国零售业营销活动时间分布（按业态分）（2018 年）

7.3.1.2　延续上年的趋势，低价和满送仍是最主要的促销方式

如图 7－15 所示，2018 年中国零售企业最主要的促销方式仍然是低价，占比 25%，与 2016 年的 26%基本持平。常见的低价形式有很多，主要包括打折、降价。其次是满送，占比 22%，既包括满减，例如“购物满 1 000 减 50”，也包括满赠，例如“购物满 888 元赠送食用油一瓶”。接下来是提升体验、红包和抽奖，均占 14%。提升体验既包括实体商店在现场举办体验活动，增加商店配套设施，也包括淘宝、京东等电商在下单和物流配送方面加大投入。相对而言，积分活动较少，仅占 1%。

从业态上来看，如图 7－16 所示，不同业态在促销方式的选择上也有所差异。相对来说，电子商务和专业店的促销方式分布都较为平均，但电子商务略微倾向于红包（23%）这一方式，而专业店则稍偏向于低价（23%），其他方式占比差别不大，均在 15%上下。而百货业态就倾向以满送和低价的方式进行促销，两者占比之和超过了 50%，其余的抽奖（17%）、红包（12%）和提升体验（10%）也占了不小的比例，然而积分和秒杀就分别只占 3%与 4%。在连锁超市的各种促销方式中，低价和

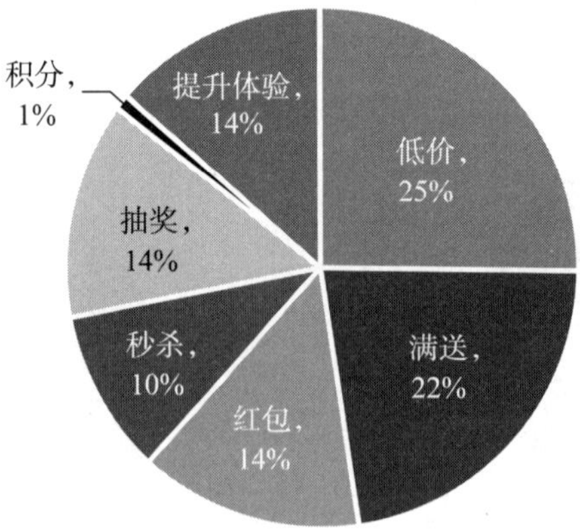

图 7－15　中国零售业营销方式选择分布（2018 年）

满送的占比之和甚至超过了 70%，剩余的除了提升体验占比 20%外，均只占 3%。总体来看，线上业态各类促销方式相对平均，而线下业态更热衷于采用低价和满送的促销方式。

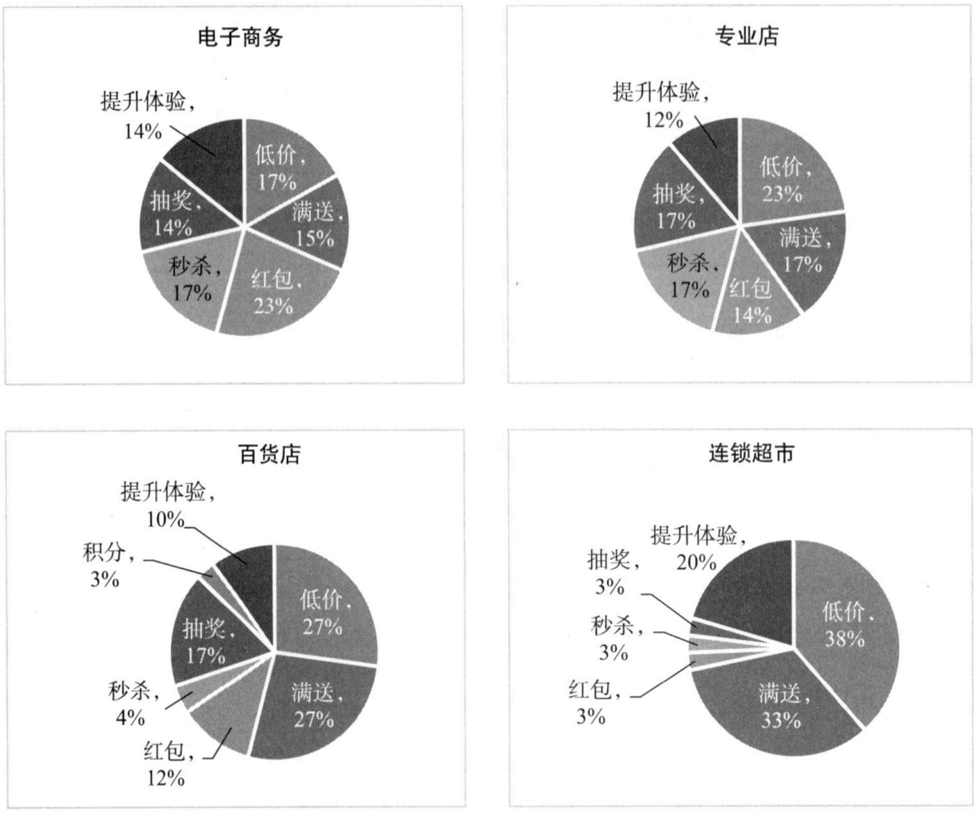

图 7－16　中国零售业公司营销方式选择（按业态分）（2018 年）

7.3.2　中国零售业网络技术应用分析

本节采用 2018 年连锁经营协会发布的连锁百强中的 75 家企业作为监测样本，通过从各企业官网、微博等方面得到的信息进行分析。

7.3.2.1　越来越多的零售企业开通微博，但运营维护情况两极分化

如图 7－17 所示，2018 年，在监测范围内的 75 家零售企业里，开通集团微博、地区或门店微博、网上商城微博的零售企业占比分别为 81%、81%和 55%，在 2017 年这三个数字是：83%、83%和 57%，但考虑到样本企业的变化，可以认为门店的微博开通情况已经基本定型。在被监测的企业中，所有企业都至少开通地区或门店微博、集团微博、网上商城微博中的一个，总的来看，完全不使用微博这一工具的少之又少。

但零售企业对于微博的运营维护情况仍然持续两极化的现象：一些企业粉丝众多，微博更新频繁，常常与消费者互动；另一些企业的微博账号却沦为“僵尸账号”，不仅粉丝寥寥无几，微博也是常年不更新。以苏宁的微博为例，截至 2018 年底，其拥有逾 200 万粉丝，总微博数超过 1 万条，每天都会多次更新各类营销信息。然而，大部分区域性零售企业，虽然开通了企业微博，但是微博动态数寥寥可数，有的甚至已经停止更新。

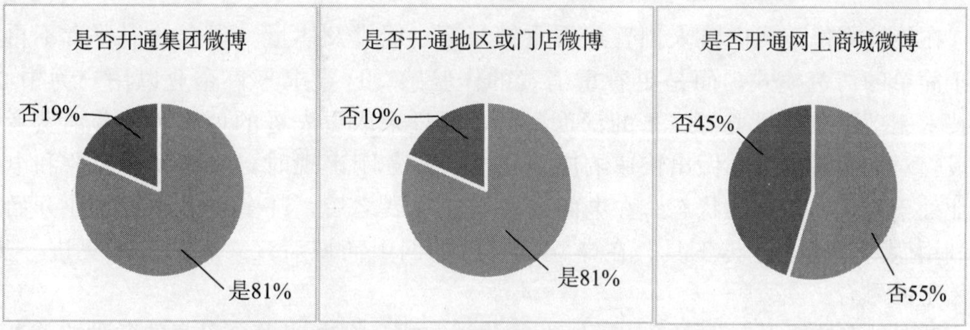

图 7－17　中国零售企业微博开通情况（2018 年）

7.3.2.2　开通网络零售的零售企业数量趋于稳定

2018 年，在监测的 75 家零售企业中，如图 7－18 所示，开通网络零售的高达 83%，相较于 2017 年的 77 家企业 84%的比例，基本未发生变化，近年来已趋于稳定。一般而言，零售企业网络零售多采取两种形式：一是建立自己的网上商城，如国美、小米商城、苏宁等；二是依托已有的电商平台，在淘宝、天猫、京东建立旗舰店，以及进驻淘鲜达等。

7.3.3　中国零售业营销活动与网络技术应用问题及趋势展望

7.3.3.1　营销手段仍然以价格手段为主、以体验式营销为辅

近年来，在监测范围内，中国零售企业营销手段的一个越来越明显的趋势是低价、

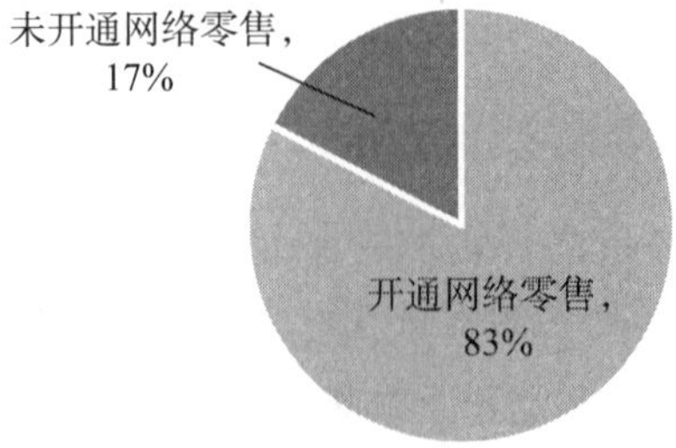

图 7-18 中国零售业公司开通网络零售情况（2018 年）

满送等直接降低价格的促销手段越来越常见，主要原因在于人们对于价格依旧敏感，新崛起并上市的电商平台拼多多主要靠拼团低价的方式迅速跻身国内电商平台前列就是一个典例。近年来，中国零售企业的营销手段都是以价格手段为主，而直接牵涉价格优惠的低价、满送等形式最多。当然，体验式营销是价格手段的重要辅助。许多大卖场都会在节假日、周年庆等日子举办很多异彩纷呈的营销活动，注重与消费者的互动和消费者体验，电商平台也注重加强渠道优势，丰富产品种类，并优化配送及退换货环节。

7.3.3.2 实体零售企业与电商逐步融合

在传统零售模式中，人们普遍看重销售额、规模及体量。现今的消费者不再满足于简单的消费模式，而是更看重消费的体验感。这要求零售企业以用户为中心，在技术驱动下实现线上与线下的深度融合，通过采取更先进的理解和服务消费者的手段，对消费者的需求做出快速响应。在电子商务刚出现时，实体零售企业和电商企业处于对抗、争夺的状态；在电商企业飞速发展之后，许多实体零售企业开始尝试利用微博等线上宣传工具；在建立了自己的网上商城后，二者的关系更进一步，开始走向融合。

越来越多的线下企业开始使用线上的营销方式，在电商平台兴起的各种购物节也纷纷被线下企业使用。不仅如此，实体零售企业也开始与线上巨头在资本和技术上展开深入合作。目前来看，虽然这种深度合作都是线下巨头，许多区域性零售企业在互联网技术方面仍然存在较大的局限性，但是实体零售商接入赋能平台的进程，也开始向地方企业、小微企业延伸，如阿里零售通、苏宁小店等。

7.4 中国零售业公共关系与社会责任分析

公共关系反映企业的社会责任意识，是企业品牌形象的重要组成部分。本节选择中国连锁经营协会 2019 年 9 月公布的 2018 年中国连锁百强企业作为研究样本企业，对其中公司官方网站披露公共关系活动的 29 家大型零售企业、共计 107 项 2018 年公共关系活动进行汇总、分类和监测，并制作了附表 7-3“中国代表性零售企业公共关系与社会责任活动一览表（2018 年）”。

7.4.1　中国零售业公共关系特点

7.4.1.1　零售企业公共关系形式多样，以捐赠为主

2018 年，零售企业公共关系延续了上年的特点，仍然以捐赠为主要形式，同时有着多种多样的形式补充。如图 7－19 所示，在本报告监测范围内，2018 年中国零售公司开展公共关系的活动主要有 6 种形式：捐赠（42%），包括捐钱捐物和募捐活动，例如 6 月 1 日淘宝在手机 App 上线“益起来”公益项目，截至年底，淘宝用户捐出超过 900 亿步，已经在 4 省 4 县筹集到 21 条阳光跑道，受益儿童超过万人；其他（19%），包括各种公益活动，诸如公益比赛、公益宣传、公益课堂等，银座集团 7 月举办的“童心筑梦——助力关爱农民工子女”就属于此列；慰问（16%），这种形式较为传统，主要指对弱势群体的慰问关怀，例如 8 月 1 日建军节合肥百大慰问合肥市消防支队官兵；扶贫（14%），零售公司在扶贫方面发挥着重要作用，以助销形式为主，例如 9 月拼多多发起“奔跑吧！柑桔”活动，为湖北宜昌柑桔种植户助销 15 万千克柑桔，也包括创业扶贫等其他形式；志愿活动（14%），包括企业主办和员工参与两种形式的志愿活动；义卖（2%），2018 年共监测到两项，分别是北人集团为爆炸事故中受害人举行剪纸义卖活动（两天内筹集了 3.4 万元）和 9 月永旺中国全国公益巡展上的义卖活动。

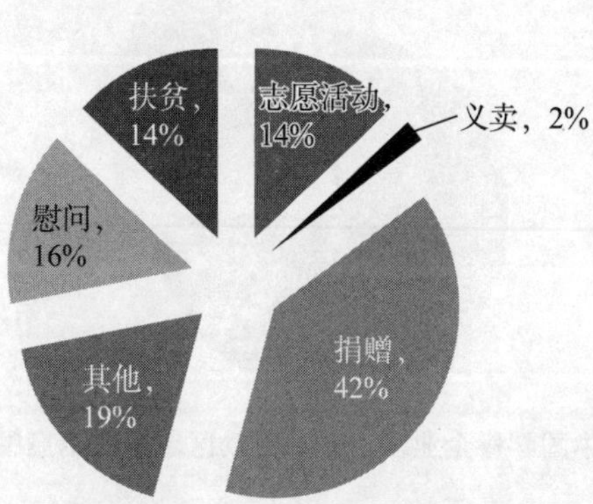

图 7－19　中国零售企业爱心公益活动形式示意图（2018 年）

7.4.1.2　公共关系活动主体以企业为主

2018 年进一步延续了往年的趋势，如图 7－20 所示，企业主体占据绝大多数，为 79%，2017 年的这一数字是 70%，表明在公共关系方面，企业承担着越来越重要的主体角色。“企业＋职工”的统计今年占比 21%，比上年有所下降，中国零售企业在履行社会责任方面对员工的参与度的调动还有较大的提升空间。

7.4.1.3　公益活动各季度分布较为均匀，以地区性活动为主

从公益活动的区域分布来看，如图 7－21 所示，与往年趋势相同，大多数公益活动

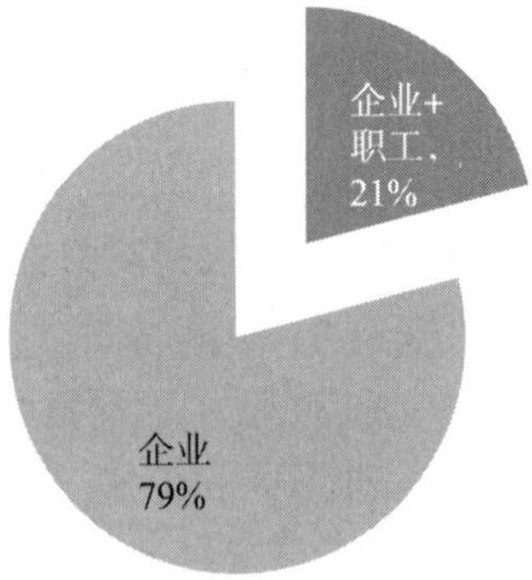

图 7-20 中国零售企业爱心公益活动主体构成示意图（2018 年）

都是地区性，占比 75%。相较于 2017 年比例基本维持不变；25%的公益活动是在零售商的全国门店或线上商城展开的。由于零售商的地域特性，门店所辐射的往往是当地区域，而且这些形式的公益活动，如捐赠、义卖、慰问等往往都难以在全国范围内同时开展，因此多是区域性的形式。同时，应该注意到一些互联网平台如阿里巴巴等，多利用自身平台发动公益性募捐活动，如"顶梁柱项目"，这些公益活动不再受限于地理位置，可以在全国范围内活动，随着电商的发展壮大，预计未来此类的全国性公益项目的比重会逐渐增加。

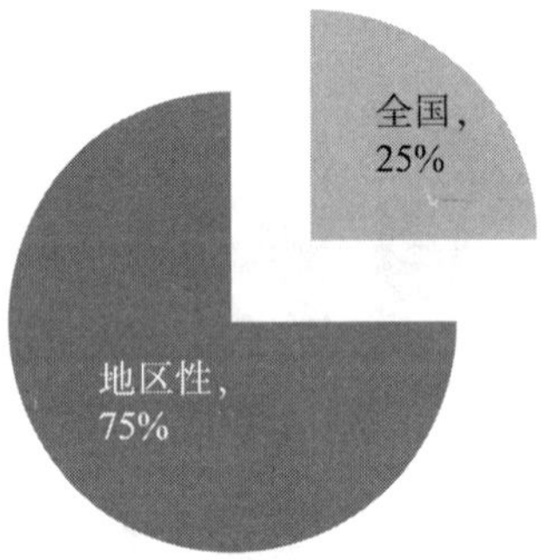

图 7-21 中国零售企业爱心公益活动区域分布示意图（2018 年）

从季度分布来看，如图 7-22 所示，2018 年公益活动数量各季度分布较为均匀：第三季度最多，但占比仅为 31%，相较于上年 42%的占比下滑较为明显；第四季度的公益活动数量比重最低；第一和第二季度相差不大，分别为 22%和 27%。一般而言，第三季度公益活动较多的原因在于这一季度自然灾害发生频率高于其他季度，但 2018 年自然灾害发生较少，企业的公益活动没有明显的季度偏好，总体呈现较为均匀的分布状态。

7.4.1.4 零售企业公共关系对象分析

从公共关系的对象来看，如图 7-23 所示，2018 年企业相关活动可以分为环保活动和公益活动，前者占 14%，后者占 86%，相较于 2017 年占比 11%的环保活动，

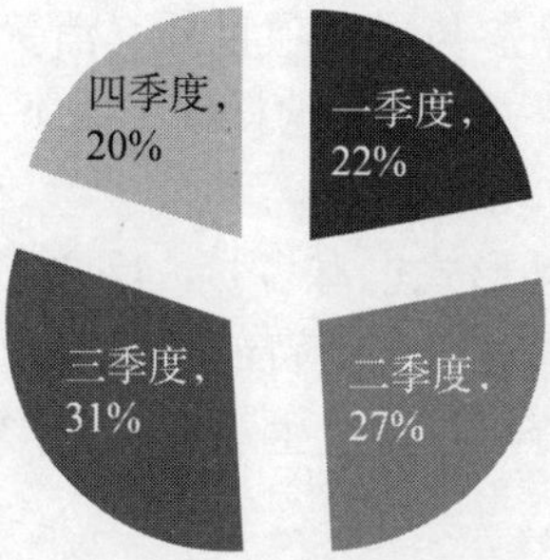

图 7-22　中国零售企业爱心公益活动季度分布示意图（2018 年）

2018 年这一比例有所增加，反映了零售企业和社会公众环保意识的提高。其中，公益活动的对象从占比高低来看依次包括其他（28%）、贫困家庭（25%）、青少年（24%）、妇女儿童（12%）、老人（5%）、病患（3%）和突发情况（2%）。“其他”主要覆盖一些便利社区活动所服务的当地群众以及帮助农产品打开销路的贫困地区种植户。与 2017 年自然灾害多发的情况有所不同，2018 年针对突发情况的救灾活动较少，多数零售企业更多关注的是针对所在地区便民公益活动以及农产品助销公益活动。

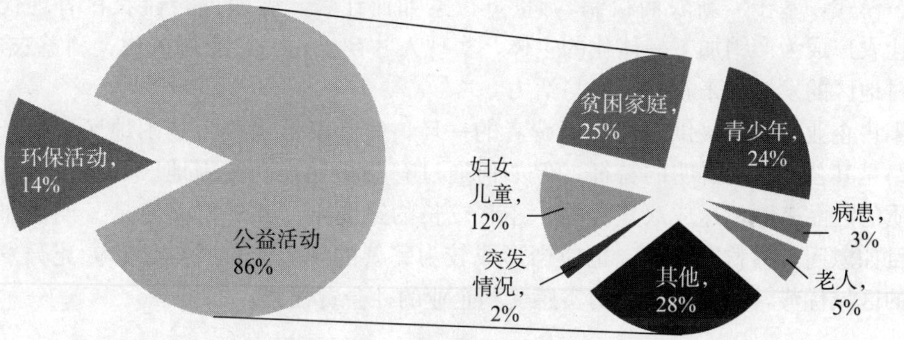

图 7-23　中国零售企业爱心公益活动对象构成示意图（2018 年）

7.4.2　中国零售业公共关系问题与趋势展望

7.4.2.1　企业公共关系活动丰富多样，线上形式吸引更多目光

与电商企业在零售百强榜单中的亮眼表现一致，在企业的公共关系活动中，线上形式凭借覆盖人群广泛、参与方式简洁、不受时空限制等优势正成为零售企业公益活动中无法忽视的存在。根据阿里巴巴发布的 2018 年度平台公益账单，仅公益宝贝这一项目就有 79.29 亿笔捐赠次数，总捐赠额为 3.64 亿元，而平均每笔的捐赠额仅为 0.046 元，充分展现了“相信小的伟大”这一公益理念。电商企业凭借平台优势，将公益理念融入营销活动中，让消费者在购物的同时感受到帮助他人的快乐，更容易拉近与消费者的距离，塑造良好的品牌形象。例如：华润万家联合腾讯公益发布的公益活动“为家乡种希望”，通过极具特色的 H5 家乡风格插图迅速在社交媒体传播开来，号

召消费者关注家乡公益项目，除参与这些项目外，消费者还可以通过到华润万家购买家乡农特产品直接给贫困地区带去帮助。这样线上线下相结合的方式带给传统的捐款、义卖、慰问等形式更多的精彩和可能性。

总体而言，2018 年公益活动形式丰富多彩，反映了新时代下对零售企业公共关系活动的新要求，随着年轻消费者对线上消费的熟悉和追捧，零售企业应当关注如何更好地调动消费者参与公益的热情，并通过生动有趣的形式在公益活动的同时提升品牌知名度、展示良好的企业形象。

7.4.2.2 由输血转为造血，让公益真正焕发活力

2018 年，中国零售企业不仅仅关注传统的慰问、捐助等偏向短期内解决活动对象问题的活动形式，更将大量的精力放在了如何推动贫困地区长远发展的活动上，呈现从输血到造血的转变。例如：入选国务院扶贫办企业精准扶贫案例的海原定点扶贫的“华润模式”，华润集团为当地捐资建造养殖基地并推行“基础母牛银行”模式，并根据当地的农特产品开展农超对接以解决农产品销售难题，提供创收路径。从 2012 年到 2018 年，华润集团持续不断的关注和努力让海原县从贫困小镇转变为如今丰裕富足的扶贫典型，真正为当地的产业发展和居民生活带来了改变。电商平台拼多多的“多多果园”模式，基于“新农商机制”，重点探索如何让农户变农商，让农村有现代化企业，让农户成为产销加工一体化的主体，实现人才乡土化、产业持久化、利益农户化，为农村地区的发展带来新的生机与活力。

零售企业作为连接供应商和消费者的一环，凭借渠道优势为贫困地区农特产品打开销路是其公益活动鲜明的特征，但如何通过有益指导推动贫困地区种植户成为其稳定优质的产品来源，达成双赢目的，还有较长的路要走。此外，即使是短期输血类公益项目如慰问、捐款等活动，也应当形成较为完善的规范流程长期持续，充分发挥零售商的区域优势，让周边居民切实感受到企业的社会责任感。

（第 1 节：王晓彤；第 2 节：皮安琪；第 3 节：李浩林；第 4 节：付梦）

第8章 中国零售业综合事务与海外概览

本章重点监测与分析2018年度中国涉及零售消费与零售业发展的3类综合性事务，包括国家和主要部委层面的政策、法规、行业标准等的发布情况，代表性公开投诉、案件、纠纷等的情况，主要业内会议会展、培训、教育、研究等的进展情况。同时，本章还对代表性海外国家的经济、消费与零售商业的发展情况进行了监测和分析，主要涉及美国、日本、英国等国家。

本章所有数据和信息均来自2018年期间，以国务院办公厅、国家发改委、商务部、工商总局等为代表的国家各级政府公开信息，各相关行业协会官方网站、企事业单位官方网站、新闻媒体等的公开信息和公开报道，以及相关海外国家2017—2018年度政府公开信息、统计数据、海外国家零售协会数据等。本章共有附表5张，请读者朋友扫描本书第234页的二维码免费查阅。

8.1 中国零售业政策法规和行业标准

本章统计和监测了2018年以商务部为政策发布主体，国务院办公厅、国家发改委、海关总署等为补充的中国主要零售业政策法规和行业标准共70项。其中：法律、法规和规定等计39项，约占56%；零售行业标准计31项，约占44%。与2017年相比，2018年政策法规数量增加了22%，体现了政府部门对中国零售业健康发展的高度重视。

2018年度的政策法规主要集中在消费升级、流通体系发展与改革、农产品流通、电子商务规范化发展、营商环境优化、特殊商品流通等方面；行业标准主要包括零售业经营管理规范和要求等（详见附表8-1）。

8.1.1 进一步激发居民消费潜力，推动消费升级

《2018年国务院政府工作报告》指出，2018年我国消费贡献率由54.9%提高到58.8%，服务业的比重从45.3%上升到51.6%，成为经济增长的主要动力。消费是最终需求，对经济发展起基础性作用，促进消费发展是符合我国长远战略利益的经济发展方式，对实现需求引领和供给侧结构性改革相互促进，带动经济转型升级以及保障和改善民生，更好地满足人民日益增长的美好生活需要具有重要意义。如何进一步激发居民的消费潜力，依然是政府关注的焦点。

面对当前制约消费扩大和升级的体制机制障碍，2018年9月，中共中央和国务院发布了《关于完善促进消费体制机制，进一步激发居民消费潜力的若干意见》，从构建

更加成熟的消费细分市场，壮大消费新增长点；健全质量标准和信用体系，营造安全放心消费环境；强化政策配套和宣传引导，改善居民消费能力和预期几个方面发力，强调依靠改革创新破除体制机制障碍，积极培育重点领域消费细分市场，全面营造良好的消费环境，不断提升居民的消费能力。2018 年 10 月，国务院办公厅发布了《关于印发完善促进消费体制机制实施方案（2018—2020 年）的通知》，提出通过进一步放宽服务消费领域的市场准入、促进实物消费结构升级的政策体系、加快推进重点领域产品和服务标准建设、建立健全消费领域信用体系、优化促进居民消费的配套保障、加强消费宣传推介和信息引导等方式，加快破解制约居民消费最直接、最突出、最迫切的体制机制障碍，增强消费对经济发展的基础性作用。

2018 年 4 月，作为消费升级工作的重要组成部分，商务部办公厅发布了《关于做好 2018 年绿色循环消费有关工作的通知》，提出通过创建绿色商场，发展绿色餐饮，助力绿色采购、绿色包装、绿色回收，推进绿色发展，推动消费升级。

8.1.2 产销衔接、冷链标准、电子商务推动农村流通现代化

为了满足农民的生产生活，助力实施乡村振兴战略，2018 年 4 月，商务部办公厅与中华全国供销合作总社办公厅联合发布《关于深化战略合作，推进农村流通现代化的通知》，提出推进“互联网＋现代农业”，提升农产品流通的组织化和电商化水平，通过农产品流通现代化促进农村产业提质增效，同时加强城乡物流体系建设，并强调通过再生资源回收网络，推动乡村绿色发展。2018 年 7 月，商务部办公厅进一步与中国农业发展银行联合发布了《关于组织 2018 年流通领域重点合作项目推荐工作的通知》，围绕农产品流通骨干网络、公益性农产品市场体系、农产品冷链物流体系、农村电子商务和贫困地区商贸流通五个方面展开重点合作，助力乡村振兴。

农产品产销对接工作对发挥流通业先导性作用具有重要意义。2018 年 5 月，商务部发布了《关于推进农商互联助力乡村振兴的通知》，提出加强产销衔接，发挥农产品流通对促进农业生产和保障居民消费的重要作用。2018 年 8 月，商务部发布了《关于做好农产品产销对接工作的通知》，进一步提出通过搭建对接平台、发展农商互联、完善流通骨干网络等途径促进产销对接。

推动农产品冷链标准化是流通体制改革和物流标准化的重要内容，有利于推动农业供给侧改革和农业现代化发展。2018 年 4 月，商务部办公厅发布了《关于复制推广农产品冷链流通标准化示范典型经验模式的通知》，将农产品冷链流通基础设施建设、标准化、信息化、集约化以及构建全程农产品冷链流通链条 5 个方面形成的经验和模式予以推广。

为打好脱贫攻坚战和实施乡村振兴战略，2018 年 5 月，商务部办公厅发布了《关于开展 2018 年电子商务进农村综合示范工作的通知》，提出完善农村电子商务公共服务体系，培育农村电商供应链，加强电商培训，推动农村电子商务成为农业农村发展的新引擎。

8.1.3　电子商务与跨境电商进一步规范化发展

2018 年，我国网络零售市场交易规模依旧庞大，电子商务的发展对我国经济增长的拉动作用明显。在电子商务迅速发展的同时，一些欺诈行为、虚假信息也逐渐显露出来，不利于电子商务持续健康发展，而电子商务现有法律、法规亟待梳理、补充、修改和完善。为了保障电子商务各方主体的合法权益，规范电子商务行为，维护市场秩序，2018 年 8 月 31 日，第十三届全国人民代表大会常务委员会制定通过了《中华人民共和国电子商务法》，对电子商务经营者、合同的订立与履行、争议解决、电子商务促进以及法律责任等予以规范。

为了促进电子商务健康发展，2018 年 1 月，国务院办公厅发布了《关于推进电子商务与快递物流协同发展的意见》，提出深入实施“互联网＋流通”行动计划，促进电子商务与快递物流协同发展政策法规体系完善、发展协调、衔接顺畅。2018 年 4 月，商务部办公厅发布了《关于开展国家电子商务示范基地和 2017—2018 年度电子商务示范企业综合评价工作的通知》，加强对国家电子商务示范基地和电子商务示范企业的分类指导和动态管理，总结推广先进经验和典型模式，进一步提升电子商务示范工作成效。

随着电子商务快速发展，新主体、新业态、新模式不断涌现，给电子商务统计工作带来了挑战，同时，样本企业代表性不足、数据质量参差不齐等问题仍然存在。为了解决这些问题，2018 年 3 月，商务部办公厅发布了《关于做好电子商务统计工作的通知》，提出通过建立企业联系机制、优化样本结构、提升数据质量等途径做好电子商务管理服务工作。此外，2018 年 12 月，市场监管总局发布了《关于做好电子商务经营者登记工作的意见》，要求电子商务平台经营者按照规定向市场监督管理部门报送平台内经营者的身份信息，进一步规范电子商务行为。

我国跨境电子商务也呈现繁荣发展的态势，为了进一步规范海关跨境电子商务监管工作，2018 年 4 月，海关总署发布了《关于规范跨境电子商务支付企业登记管理》，验核跨境电子商务支付企业资质。2018 年 8 月，国务院做出了《关于同意在北京等 22 个城市设立跨境电子商务综合试验区的批复》，同意在北京等 22 个城市设立跨境电子商务综合试验区，为推动全国跨境电子商务健康发展探索新经验、新做法。2018 年 11 月，商务部发布了《关于完善跨境电子商务零售进口监管有关工作的通知》，提出要做好跨境电子商务零售进口监管过渡期政策衔接。2018 年 12 月，海关总署发布了《关于跨境电子商务零售进出口商品有关监管事宜的公告》，提出要做好跨境电子商务零售进出口商品监管工作，促进跨境电子商务健康有序发展。

供应链创新、高品位步行街建设等，助力流通高质量发展。党的十九大报告做出了中国特色社会主义进入新时代的重大判断，我国经济已由高速增长阶段转向高质量发展阶段。改革开放以来，我国流通业经历了商品开放、经营业态开放、对中外资本完全开放三个阶段，从卖方市场到买方市场，商品业态和商业模式繁荣发展，中国流通业本身呈现高质量发展态势。作为连接供给端和需求端的中间环节，流通业的高质量发展对贯彻质量第一、效益优先原则，推动供给侧改革，建设现代化经济体系具有重要意义。2018 年国家共出台了 5 个相关文件推动流通体系的高质量发展。

供应链的创新与应用对高效整合各类资源和要素，提高企业、产业和区域间的协同发展能力，进而推动经济高质量发展具有重要意义。2018 年 4 月，商务部等 8 个部门下达了《关于开展供应链创新与应用试点的通知》，提出通过城市和企业试点，在重点产业形成创新引领、供需匹配、优质高效的产业供应链体系。2018 年 5 月，商务部进一步发布《关于开展 2018 年流通领域现代供应链体系建设的通知》，提出重点围绕建设标准化、智能化、协同化、绿色化供应链的目标，以统一标准体系、统一物流服务、统一采购管理、统一信息采集、统一系统平台为主要手段，充分发挥“链主”企业的引导辐射作用和供应链服务商的一体化管理作用，促进资源要素跨区域流动和合理配置。2018 年 10 月 16 日，商务部等 8 部门正式公布全国供应链创新与应用试点城市（55 个）和试点企业（266 家）的名单。

2018 年 8 月，商务部办公厅发布了《关于印发〈商品交易市场转型升级绩效评价体系〉的通知》，提出要深入推进商品市场转型升级，检验转型升级工作成效，促进商品市场创新发展，强化商务主管部门行业管理，推动消费升级。2018 年 10 月，商务部办公厅又发布了《关于印发〈高品位步行街评价指标（试行）〉的通知》，明确了高品位步行街评价重点和方法，确立高品位步行街改造提升方向，从而衡量步行街发展水平。2018 年 12 月，商务部办公厅发布了《关于公布 2018 年绿色商场创建单位名单的通知》，提出推动流通领域绿色发展，鼓励绿色商场进一步扩大绿色消费，应用绿色技术，宣传绿色理念的观点。

8.1.4 商品进出口、自贸区建设与扩大开放举措

为了维护正常的经营秩序，发挥进口对满足人民群众消费升级需求、加快体制机制创新等方面的积极作用，2018 年 7 月，国务院办公厅转发了商务部等部门《关于扩大进口促进对外贸易平衡发展意见的通知》，提出在稳定出口的同时进一步扩大进口，促进对外贸易平衡发展，维护自由贸易。2018 年 10 月，国务院发布了《关于印发〈优化口岸营商环境促进跨境贸易便利化工作方案〉的通知》，提出进一步优化口岸营商环境，实施更高水平跨境贸易便利化措施，促进外贸稳定健康发展。

自由贸易区的发展是我国实行对外开放的创新举措，2018 年 5 月，国务院发布了《关于做好自由贸易试验区第四批改革试点经验复制推广工作的通知》，提出要将 11 个自贸试验区形成的第四批改革试点经验在全国范围内复制推广。2018 年 10 月，国务院出台了《关于印发〈中国（海南）自由贸易试验区总体方案〉的通知》，提出要着眼于国内外发展大局，彰显我国扩大对外开放、积极推动经济全球化的决心。2018 年 11 月，国务院出台了《关于支持自由贸易试验区深化改革创新若干措施的通知》，提出要赋予自贸试验区更大的改革自主权，营造优良的投资环境，提升贸易便利化水平。

为进一步优化对外贸易管理，2018 年 6 月，国家发展改革委员会、商务部出台了《外商投资准入特别管理措施（负面清单）（2018 年版）》《自由贸易试验区外商投资准入特别管理措施（负面清单）（2018 年版）》，简政放权，进一步推动我国对外贸易健康发展。

8.1.5　特殊商品流通与营商环境优化

特殊商品流通方面体现了政府相关部门简政放权与科学调控相结合的行政理念。2018 年 1 月，国家发展改革委办公厅发布了《关于取消国家储备糖和储备肉交易服务价格政府定价有关事项的通知》，取消国家储备糖和储备肉交易服务价格政府定价。2018 年 4 月，国务院发布了《关于进一步完善化肥流通体制的通知》，强调进一步做好化肥工作，整顿流通秩序，强化市场管理，稳定化肥价格。2018 年 6 月，商务部发布了《关于建立中央储备冻牛羊肉承储企业备选名录库的公告》，同年 12 月，又发布了《关于建立中央储备冻猪肉承储企业备选名录库的公告》，为进一步加强中央储备肉管理，确保中央储备商品数量完整和质量安全，更好地满足应急调控需要提供了保证。2018 年 12 月，国家药监局发布了《关于加强药品集中采购和使用试点期间药品监管工作的通知》，强调要切实保证药品集中采购和使用试点期间中标药品的质量，保障人民群众的用药安全。

优化营商环境，深化“放管服”改革有助于持续激发市场活力和社会创造力。2018 年 8 月，国务院办公厅发布了《关于部分地方优化营商环境典型做法的通报》，促进各地区、各部门交流互鉴，推动形成竞相优化营商环境的良好局面。2018 年 10 月，国务院办公厅又发布了《关于聚焦企业关切进一步推动优化营商环境政策落实的通知》，强调以市场主体期待和需求为导向，加快打造市场化、法治化、国际化营商环境，增强企业发展信心和竞争力。

8.1.6　加强质量管理与完善行业标准、规范行业经营

针对我国目前市场上存在的认证服务供给不足、认证评价活动亟待规范、社会认知与应用程度不高等问题，2018 年 1 月，国务院出台了《关于加强质量认证体系建设促进全面质量管理的意见》，提出通过统一的统筹规划和顶层设计，发挥市场和政府的作用，推动改革和创新发展，形成有效的激励约束机制，进而显著增强我国的经济质量优势。2018 年 7 月，商务部办公厅发布了《关于下达 2018 年流通行业标准项目计划的通知》，提出保证标准质量、做好标准衔接、广泛征求意见、严格工作程序、加快制修订进度等几个方面的要求，进一步推动流通业高质量、标准化发展。

为了规范零售产业经营活动，引导和促进零售行业健康有序发展。2018 年 6 月，商务部制定了一系列行业标准，包括《商品交易市场建设与经营管理术语》《电子商务企业信用信息共享规范》《环保展台评定标准》《零售商品条码实施指南》《客户服务专

业人员技术要求》《机动车拍卖规程》《管理咨询服务规范》《管理培训服务规范》等。这些标准和规范涵盖电子商务、拍卖、机动车、客服、咨询等多个领域，为产品和服务的提供给予专业指导，有助于产品和企业的规范发展。

同时，中商联标准工作部也在 2018 年陆续出台了《健身器材售后服务规范》《定制商品服务规范》《奢侈品鉴定技术规范》等相关标准，有助于企业提供产品和服务的标准化，维护生产者和消费者的相关利益。

值得注意的是，完全一成不变的产品和服务要求在某种程度上也会对产品和服务的创新造成阻碍，企业长期坚持一种统一标准，将会缺少激励，可能会失去产品和服务创新的动力。

8.2 中国零售企业案件纠纷

本章统计和监测了 2018 年主要零售业案件纠纷共 158 起，数量与 2017 年持平。2018 年，案件纠纷仍然主要表现为企业与消费者之间的纠纷，纠纷原因大多是商品质量问题，如沃尔玛、大润发、永辉等连锁超市纠纷[①]。在各个业态中，电子商务和超市纠纷事件出现得最为频繁（详见附表 8-2）。

8.2.1 中国零售企业案件数量平稳，电子商务依旧值得关注

8.2.1.1 零售企业案件纠纷类型占比：企业与消费者基数大，但在持续下降

本章统计和监测了 2016—2018 年主要零售业案件纠纷，如图 8-1 所示。2018 年，共 158 起。其中，企业与消费者之间的纠纷案件数量最多，占比达 47%；其次是企业内部矛盾案件，占比约 25%；行业竞争案件占比约为 22%；零供矛盾案件数量最少，占比仅为 6%。

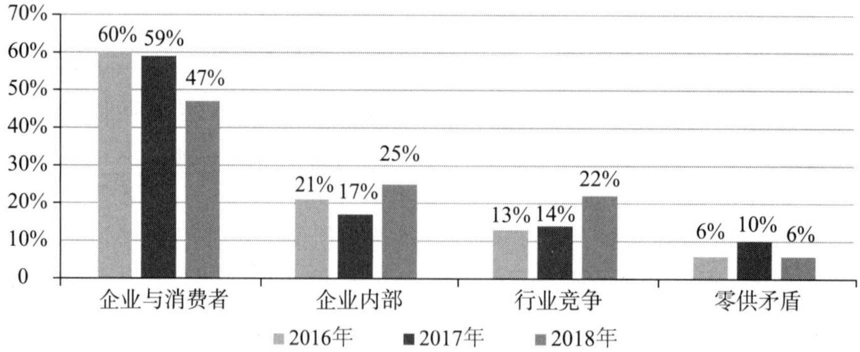

图 8-1 中国零售企业案件纠纷类型占比情况（2016—2018 年）

① 本节案件来源：联商网 2018 年相关资讯中涉及零售消费的案件。

由此可见，虽然近三年零售行业发生的纠纷案件以企业与消费者之间的纠纷为主，但是 2018 年企业与消费者纠纷案件数量和比重均有所下降；企业内部和行业竞争纠纷案件的比重增幅较大，需引起关注。

8.2.1.2　零售业态与纠纷案件类型分布情况：不同业态分布差异较为明显

本章监测的纠纷案例中，主要包括五大类型零售业态，分别是超市、电子商务、食品连锁、服饰和家居连锁。

统计结果表明，2018 年企业与消费者之间的矛盾仍然是超市、电子商务和家居连锁业态冲突最主要的矛盾来源，如图 8－2 所示，占比均超过 40%。值得关注的是，近年来本报告监测的家居连锁业态的纠纷几乎都来自企业与消费者之间的矛盾。企业内部矛盾则主要存在于超市、服饰和食品连锁业态，尤其是服饰业态，占比高于 44%，这可能与传统服装品牌发展到一定阶段，面临线上快时尚品牌的冲击，内部管理问题凸显，以及国外品牌不熟悉中国市场，国际化战略失误有关。行业竞争集中在超市和食品连锁业态，其占比均超过 20%；零供矛盾在食品连锁业态占比最高，为 11%，主要涉及供应商回收货款问题。

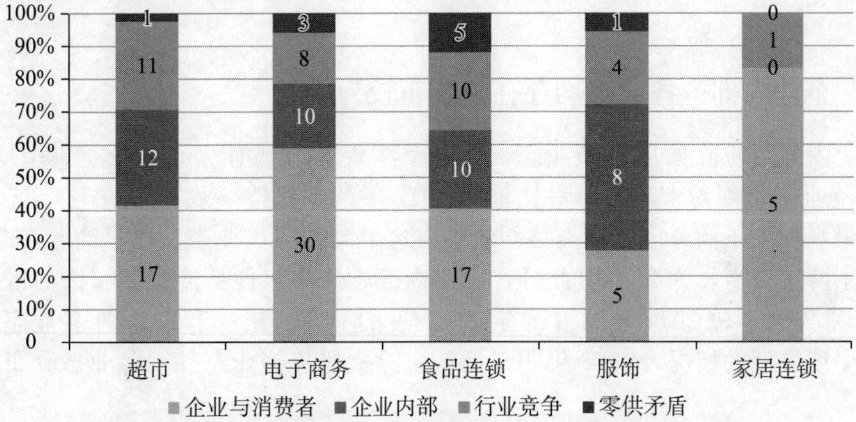

图 8－2　中国零售业态与纠纷案件类型分布情况（2018 年）

从发展趋势看，2016—2018 年，企业与消费者之间的矛盾仍然是各业态的主要矛盾来源，除电子商务业态有所上升外，其他四种业态中该类型矛盾的比重都有所下降。2018 年服饰行业更多的矛盾出现在企业内部，相关的纠纷案件从 2 起上升为 8 起，超市行业内部纠纷案件的数量和比重也都有所上升，反映出消费需求疲软的情况下企业内部问题的凸显。食品连锁行业的竞争越发严峻，涉及行业竞争的矛盾案件从 1 起增加到 10 起，超市和服饰行业也不例外。电子商务业态该类型纠纷案件的比重有所下降，超市行业取代电子商务成为行业竞争纠纷占比最高的业态。2018 年，电子商务领域出现的纠纷仍然在五大业态中居于首位，表明电子商务行业蓬勃发展的势头和亟待更多规范的现状。值得注意的是，食品连锁行业的纠纷数量增加较多，从 28 起上升为 42 起，增加了 50%，反映出相关经营者对法律法规的漠视，也从侧面反映了消费者对健康的关注和维权意识的增强。

8.2.2 企业与消费者：占比近半，形势略有缓和

企业与消费者之间的矛盾纠纷是近三年来中国零售业最主要的纠纷案件来源，主要集中在食品安全卫生、产品质量、产品造假、虚假宣传、售后服务等问题上。

2018 年，企业与消费者之间的纠纷占所有纠纷的 47%，少于 2016 年的 60%和 2017 年的 59%，占所有纠纷的比重在逐渐下降；同时，企业与消费者之间的纠纷案件从 2017 年的 91 起下降到了 2018 年的 74 起，所占比重和绝对数量减少，减少的速度也在加快，与 2017 年相比变化明显，反映了在政府、消费者以及经营者的共同努力下，企业与消费者之间的矛盾形势得到了很大程度的缓和，但该类型的矛盾依旧是零售业的主要矛盾，需要继续加以关注。

从分布业态的差异来看，本报告统计的 2018 年零售企业与消费者的案件纠纷中，电子商务领域发生的企业与消费者案件纠纷最多，占 40%；发生在超市、食品连锁行业中的案件纠纷各占 23%；服饰和家居连锁领域发生的企业与消费者案件纠纷基本持平，各占 7%。

8.2.3 企业内部：各业态均存在，分布较为均匀

企业内部纠纷除家居连锁业态，在各个零售业态都有分布，业态集中度较低。2018 年企业内部纠纷中超市所占比重与 2017 年基本保持一致，为 30%，取代 2017 年占比最高的电子商务成为该类型纠纷中占比最高的零售业态。电子商务在 2018 年的占比下降了一半，为 25%。此外，企业内部矛盾中，食品连锁和服饰的占比分别为 25%和 20%，较 2017 年的占比有较大程度的上升。相较于 2017 年各业态该类型矛盾集中度较低的情况，2018 年明显呈现出除家居连锁业态外，各业态分布较为均匀的现象。

导致纠纷出现的原因比较多样，包括员工招聘、企业战略、资金筹划、管理层等问题。员工招聘问题，如盒马鲜生在北京却不招北京人，被指招聘歧视①；企业战略问题，如拉夏贝尔收回线上经营权，终止与黯涉电子商务合约②；资金筹划问题，如邻家便利店因资金链断裂关闭北京 168 家门店③；管理层问题，如伊利举报前董事长挪用 2.4 亿元公款，股价午后跳水一度大跌超 7%④。企业内部纠纷在占比最高的超市领域集中表现为企业战略和资金筹划问题，如卜蜂莲花持续亏损，新业态上的拓展进展缓慢；极速扩张成本高，企业难以负荷，永辉超市千店计划“搁浅”⑤。

---

① 案件来源：http://www.linkshop.com.cn/web/archives/2018/393162.shtml?sf=wd_search.

② 案件来源：http: //www.linkshop.com.cn/web/archives/2018/393162.shtml?sf=wd_search.

③ 案件来源：http://www.linkshop.com.cn/web/archives/2018/393162.shtml?sf=wd_search.

④ 案件来源：http://www.linkshop.com.cn/web/archives/2018/386897.shtml?sf=wd_search.

⑤ 案件来源：http://www.linkshop.com.cn/web/archives/2018/376755.shtml?sf=wd_search.

只有做好企业内部管理，管理层与基层员工才能形成合力为实现企业目标不断努力，进而推动企业的持续发展。因此，针对 2018 年集中反映出的问题，零售企业应当首先妥善处理与员工的关系，包括公平公正招聘、依法发放薪资、提升员工工作满意度。一方面有助于吸引更多的人才，提升公司的竞争力；另一方面有助于树立良好的企业形象，赢得消费者的好感。其次应当明确公司的发展战略，科学规划，既要及时应对现实情况，又要保持战略的稳定性和持续性，同时要注意资金的运用，确保为战略实施提供充足的资金。最后不能忽略对管理层的管理与监督，防止贪污、派系争斗纠纷的发生。

8.2.4　行业竞争：超市领域竞争加剧

本章统计的 2018 年行业竞争类案件纠纷显著集中在超市业态，占比达到 32%，主要涉及行业地位的竞争（如盒马鲜生开启暴力对决，7FRESH、小象生鲜谁与争锋[①]）、市场份额的抢占（如物美收购邻家便利店，传统零售业转型仍受挑战[②]）、知识产权侵犯（如“大悦城”起诉“大阅城”，一字之差索赔 150 万元[③]）等。超市生鲜领域成为风口，传统与新兴经营者各显神通，推动消费体验变革并进一步延伸供应链，与此同时，行业竞争加剧。

与 2017 年行业竞争主要发生在电子商务领域相比，2018 年电子商务业态行业竞争案件数量显著减少，仅占比 24%，少于食品连锁业态 29%的占比，位列第三。属于食品连锁领域的行业竞争案件从 2017 年的 1 起增加到 10 起，一定程度上反映了低进入门槛的食品连锁领域在经济下行的压力下获得资本青睐，进而加剧了行业竞争程度。2018 年服饰和家居连锁领域该类型纠纷案件的占比分别为 12%和 3%，虽较 2017 年有所上升，但总体变化不大。

8.2.5　零供矛盾：总体有所缓解，食品连锁矛盾凸显

本章统计的 2018 年零供矛盾案件纠纷为 10 起，较上年减少了一半，主要发生在食品连锁业态，占比 50%，食品连锁业态取代电子商务业态成为零供矛盾发生的最主要的业态。电子商务业态在 2018 年所占比重为 30%，超市和服饰业态分别占比 10%。零售商与供应商的矛盾主要集中在货款回收、商业欺诈和渠道变更等问题上，在食品连锁业态以货款回收为主，如烟台完达山遭债务危机，经销商、供应商多次上门讨债无果[④]；渠道变更也是主要的矛盾形式，如娃哈哈试水社交零售遭“反水”代理商“维权”等[⑤]。

---

① 案件来源：http://www.linkshop.com.cn/web/archives/2017/389328.shtml?sf=wd_search.
② 案件来源：http://www.linkshop.com.cn/web/archives/2017/379486.shtml?sf=wd_search.
③ 案件来源：http://www.linkshop.com.cn/web/archives/2017/388240.shtml?sf=wd_search.
④ 案件来源：http://www.linkshop.com.cn/web/archives/2017/380889.shtml?sf=wd_search.
⑤ 案件来源：http://www.linkshop.com.cn/web/archives/2017/380889.shtml?sf=wd_search.

供应商是零售企业的上游公司，在企业供应链中的地位非同一般。企业如果处理不好零供矛盾，将会失去货源，并在下游产生连锁反应，包括产生企业内部矛盾和企业与消费者的矛盾。例如食品连锁企业因原材料供应不足导致产品短缺，将直接影响平台在消费者心中的形象，产生更多潜在的矛盾与纠纷。因此，零售企业应当十分重视与供应商之间的关系，努力做到与正规供应商长期合作，并及时支付货款，从而形成供应商、企业自身、消费者之间的良性循环。

8.3 中国零售商业会议、会展与培训教育

本章统计和监测了 2018 年全国范围内的主要零售业与商贸流通领域代表性会议、会展 57 场和主要零售业培训教育活动 53 场。详见附表 8-3 和附表 8-4。

8.3.1 中国零售商业会议会展：稳中有升，质量更佳

8.3.1.1 中国零售商业会议会展时间：金五银六，会议较集中

如图 8-3 所示，本章统计的 2018 年零售商业会议主要时间分布中，1、2、8、12 月最少；4、5、6 月较多。整体来看，相较于前两年，2018 年 5 月和 6 月的会议、会展显著增加，10 月和 11 月回落较大。其中，2018 年会议、会展时间分布上不同月份之间差别较大，次数最多的是 5 月，共举办 9 次，其次是 6 月，为 8 次。从全年来看，2018 年全年共举办了 57 次会议。

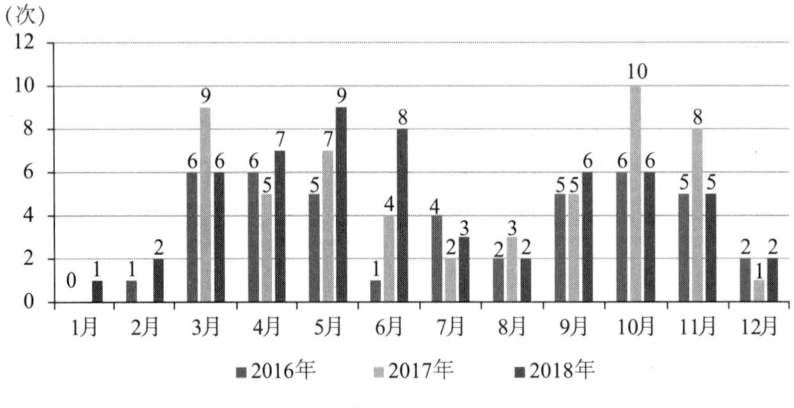

图 8-3 我国零售商业会议会展时间分布（2016—2018 年）

8.3.1.2 中国零售商业会议、会展地区：会议、会展地区分布更为均匀

如图 8-4 所示，在本章统计的 2018 年我国零售业与商贸流通领域的会议、会展中，广东、上海、北京是举办最多的 3 个地区，是 2016—2018 年零售业会议、会展的中心城市。此外，杭州、深圳、天津、义乌、济南、重庆等也举办了超过 1 次的零售业会议、会展。

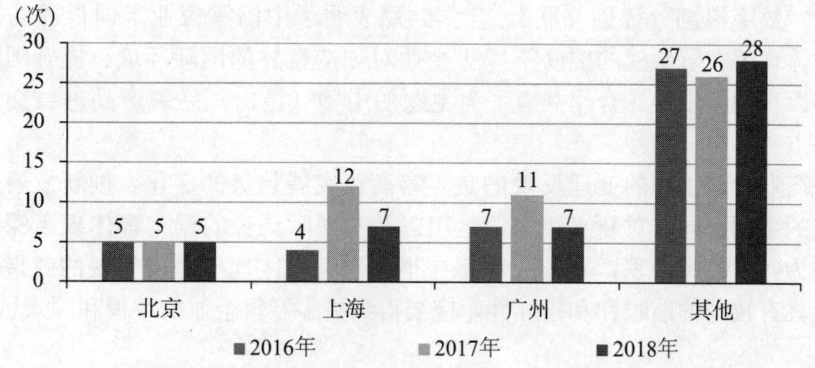

图 8-4　我国零售商业会议会展地区分布（2016—2018 年）

2018 年，老牌会展中心城市北京、上海、广州等成功举办了多次重要的零售业会议、会展，具有代表性的如上海首届中国国际进口博览会、广州第 123 届中国进出口商品交易会、北京新消费论坛——2018 中国绿色消费年会等。此外，在深圳举办的由中国连锁经营协会主办的 2018 中国零售数字化创新大会也具有非常重要的价值，围绕零售企业的数字化变革，深入探讨影响行业的前沿技术和创新模式，展望未来零售业的发展格局和进化趋势。

8.3.1.3　中国零售商业会议、会展主办单位：国家部委、行业协会主导，各协会积极参与

在 2018 年统计的 57 场会议、会展活动中，中国商业联合会和中国连锁经营协会都举办了 12 场。整体而言，以中国商业联合会、中国连锁经营协会等为代表的行业协会仍然是零售业与商贸流通领域展会主办方中最重要的主体。

商务部、各省商务厅、各省市人民政府也是大型展会的主要举办力量，如国家商务部、国家知识产权局和广东省人民政府联合举办的第十届中国加工贸易产品博览会。此外，一些政府部门会选择与协会合作，如商务部和天津市政府借助中国商业联合会的力量共同举办了 2018 中国·天津投资贸易洽谈会暨 PECC 博览会；商务部和浙江省政府与中国轻工业联合会、中国商业联合会一起举办了第 24 届中国义乌国际小商品博览会。

此外，中国国际贸易促进委员会、物流行业协会、中国食品工业协会等也较为活跃。

8.3.1.4　中国零售商业会议、会展主题："新"持续成为主流

在 2016 年和 2017 年"新"字贯穿了零售业与商贸流通领域会议、会展核心的基础上，2018 年"新"依旧得到了各大会议、会展的偏爱，同时，数字化、合作共赢也成为关注的焦点。"新"字体现了零售活动参与者和监管者在面对复杂多变的市场环境时对促进行业健康发展的思考，如第十三届中国零售商大会暨展会的主题为"新时代、新变革、新价值——推动零售业高质量发展"，致力于梳理零售新理念、行业新趋势、渠道全链条、服务新体验，思考未来零售业的发展趋势和解决方案。数字化体现了新一代信息技术与零售业的融合创新，如第四届中国（广东）国际"互联网＋"博览会

的主题为“数字浪潮、智创互联”。合作共赢表明了中国零售业走向世界的决心和勇气，同时体现了在贸易战的威胁下零售企业对创造良好的国际环境、提升国际交流的期盼，如以“创新发展、合作共赢”为主题的中国（昆山）品牌产品进口交易会便体现了这一点。

零售商业会议主题的变迁反映的是零售商业发展趋势的变化，创新发展是零售业一直坚持的主题，同时对新兴技术的运用以及对国际局势的洞察都体现了深刻的现实内涵，作为经济的晴雨表，零售业动态在很大程度上体现了经济发展的效果，零售会议、会展具有较好的前瞻性和指导性，应当得到更多零售企业的重视和深入思考。

8.3.2 中国零售业培训教育

8.3.2.1 培训机构主体：四大主体各司其职，保障培训顺利开展

本章将我国零售业培训机构主要分为四大类：政府机构，即中华人民共和国商务部培训中心；行业协会，包括中国连锁经营协会、中国商业联合会和中国国际商会等在内的行业协会；行业信息网，如中国联商网等；第三方培训机构，如中国培训网等。

本章共监测与分析 2018 年培训项目共 53 个，如图 8－5 所示，其中商务部培训中心培训项目 16 个，占所有统计项目的 30%；行业协会培训项目 12 个，占所有统计项目的 22%；行业信息网培训项目 11 个，占所有统计项目的 21%；培训机构提供的培训课程 14 个，占所有统计项目的 27%。

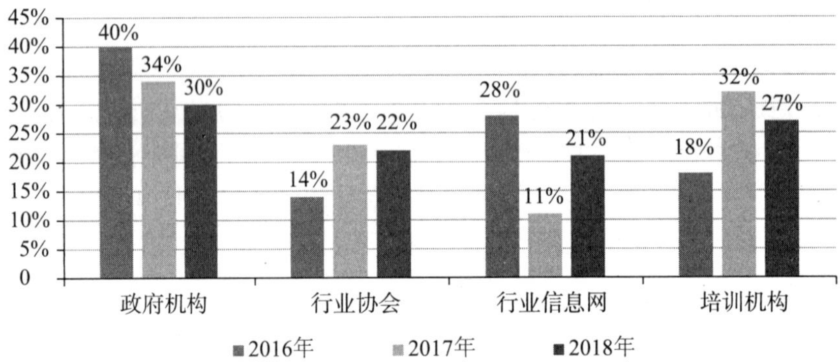

图 8－5　中国各类零售培训机构培训项目占比情况（2016—2018 年）

与 2017 年相比，2018 年所监测的培训项目中，行业信息网占比有所增加；与此同时，政府机构和培训机构在培训项目的数量和占比上略有下降。各类培训机构以多样化的形式、多种培训时间和费用的组合，提供了多样的选择，为零售业的科学发展提供了强大的智力支持。

8.3.2.2 培训教育地区分布：一线城市最多，持续向二三线城市扩散

本章监测和分析的 2018 年培训活动和课程举办地，仍然以北京、上海、广州、深

圳这 4 个一线城市为主，具体如图 8-6 所示。2016—2018 年，在 4 个一线城市中，广州超越北京，成为零售教育培训最为重要的举办地。

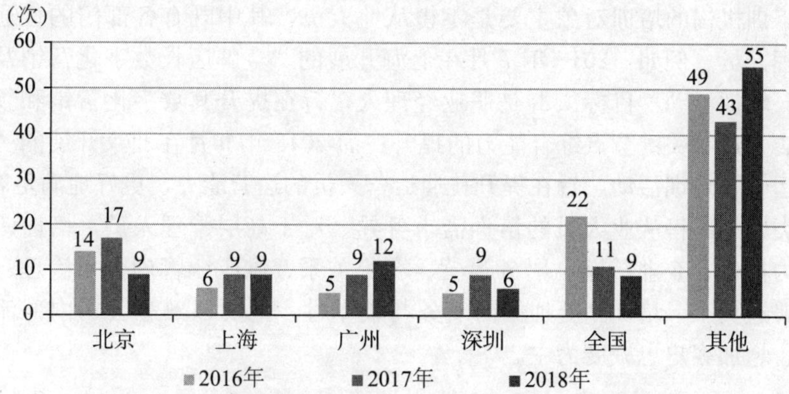

图 8-6　我国零售业培训教育地区分布（2016—2018 年）

从培训的地区来看，2018 年，除广州和上海外，北京和深圳占比相对回落。此外，杭州、郑州、武汉等城市也举办了至少 2 次培训，表明零售教育培训地区逐渐由一线城市向二三线城市扩展的趋势，其他地区在零售教育培训中发挥着越来越重要的作用。

8.3.2.3　培训教育主题：不同主体不同主题，培训针对性越来越强

不同的培训机构在具体的培训方向和主题上有所差异。

政府机构，即中华人民共和国商务部培训中心，属于商务部，主要承担商务部委托的相关商务培训工作、商务部党校的工作、援外培训及其立项后的项目管理、负责商务部委托的相关培训项目和有关会议的会务组织和接待服务工作等。如商务部培训中心在 2018 年 11 月开展的“电子商务政策创新与健康发展暨电子商务法宣贯培训会”。

行业协会的主营业务是为会员提供零售培训公开课，以及企业内训服务。中国连锁经营协会主要为企业提供培训服务，中国商业联合会为会员提供有关咨询、培训和市场调查研究等各项服务。如中国连锁经营协会在 2018 年 7 月开展的“CCFA& 贵州合力院校教师培训班”、10 月开展的“汽车后市场‘达标门店’申报及贯标培训课”等。

行业信息网主要通过网络资源的形式为企业提供培训和咨询服务，也会为零售企业提供零售业的最新资讯，主要监测对象为联商网。2018 年，联商网从只有线上课程转变为线上线下同时进行，给授课对象更多的选择体验，如 2018 年 3 月发布的线下“2018 年生鲜经营管理提升班”课程，6 月发布的线上“2018 百货公司转型升级和门店调改”课程等。

培训机构所涉及的培训范围十分广泛，其中与零售培训企业相关的主要是前沿领域的实战型培训，如电子商务实践培训、跨境电商培训、营销人员培训、门店选址培

训、客户管理培训、采购管理培训、供应链管理培训等。

8.3.2.4 培训对象：零售从业人员，员工和管理层都涵盖

零售培训机构的培训对象主要是零售从业人员，其中既有各部门的普通员工，又有高层管理人员。例如：2018 年 7 月在上海开展的“金牌店长数字化营销及领导力提升培训班”培训活动，目标人群是职业经理人，旨在提升其数字化营销和领导力，助力组织门店营运等关键节点综合能力的提升；而 2018 年 9 月在北京开展的“社群电商与微电商运营”培训活动，旨在提升普通运营人员的运营能力，更好地满足客户需求。

不同类别的零售从业人员的培训需求各异。对于高层管理人员，培训课程往往集中在领导力提升、企业战略、财务运营、客户关系、供应链管理公司治理、公司转型等；对于普通员工，培训则更加偏向实务与技术性，主要以熟悉公司内部流程、掌握服务技巧、增加客户忠诚度为主。

8.3.3 零售与流通领域代表性书籍：数量更多，内容更加通俗而广泛

2018 年，我国出版的零售与流通领域代表性书籍共有 70 本，其中零售类书籍 48 本，流通类书籍 22 本，内容涉及新零售解读、零售店面经营、供应链发展、成功零售企业传记等内容（详见附表 8－5）。总体而言，与 2017 年相比，2018 年零售和流通类图书数量略有下降。

8.4 海外零售商业概览

8.4.1 美国篇：零售与消费仍然是拉动经济的主力

8.4.1.1 经济、人口与消费概况：2018 年经济向好，消费持续发力

2018 年全年美国 GDP 增速为 2.9%，与 2017 年 2.2%的增速相比，2018 年美国 GDP 同比增幅的改善超过 32%，但离美国时任总统特朗普承诺的 3%的增速仍然有差距，尚未“超越奥巴马”。如图 8－7 所示，2015—2018 年，美国季度 GDP 增长率波动较大。具体来看，2018 年第一季度，美国 GDP 在 2017 年第四季度的基础上增速继续下降，低至 2.2%，表明特朗普政府上年实施的 1.5 万亿美元的减税计划和大规模政府支出的财政刺激效果有所消退，而企业所得税下调以及海外资本回流推动企业增加资本开支，造成私人国内投资取代个人消费成为 GDP 增速主要贡献来源；第二季度得益于工资上涨及个人所得税减免带来的收入增加，消费重新成为拉动经济增长的主要动力，GDP 增速回暖明显，达到 4.2%，创近三年来 GDP 增速新高；第三季度 GDP 继续维持 3.4%的高增长，受特朗普加征关税引发主要贸易伙伴采取反制措施的影响，净出口对 GDP 增长的拖累加大；第四季度 GDP 增长略微放缓，回归到 2018 年第一季度 2.2%的增速，贸易摩擦令美国四季度 GDP 增幅减少 0.22%。综合来看，2018 年经济向好，居民消费依然是美国经济最重要的推动力。

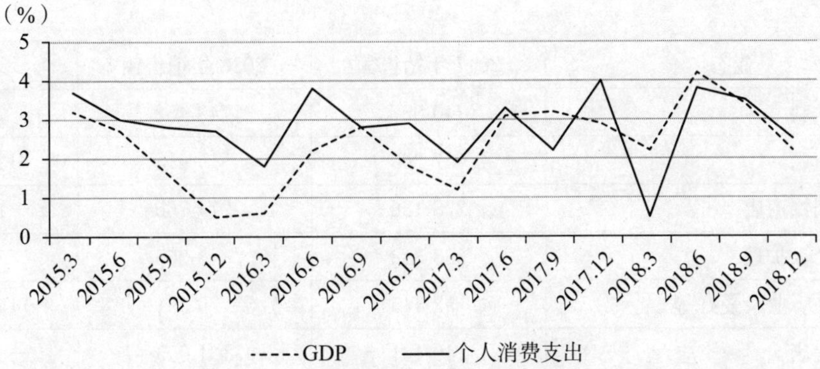

图8-7　美国GDP和个人消费支出增长率（季度,%）(2015—2018年)

资料来源：https://www.bea.gov/index.htm.

自1960年至今，美国人口数量明显呈直线上升发展趋势。世界银行统计数据显示，2018年美国人口已超过3.28亿，相较于2017年增长了0.6%，位居世界人口第三位。2014—2017年，美国个人消费支出与季度GDP增长变化趋势整体保持一致。2018年，美国个人消费支出增长了2.6%，在2017年2.5%的增长率基础上保持高增长。

8.4.1.2　零售行业发展概况：整体势头良好，但部分业态出现负增长

如表8-1所示，2018年，美国零售总额约5.32万亿美元，相较于2017年增长了0.35%。自2012年以来，美国零售总额一直呈上升态势，但是增速曾有所放缓，但到2015年又恢复到接近2012年4.9%的高水平。2018年受贸易战的影响，美国零售市场增长率首次低于美国经济增长率。

就业态来看，2018年汽车和零部件交易销售额仍居首位，约占零售总额的23.1%，比2017年的23.5%有所下降；其次是食品和饮料，约占零售总额的14%。从增速来看，2018年增速最快的不再是无店铺零售，而是加油站，实现了12.74%的高速增长，而无店铺零售的增速为7.69%，居于次位；在2017年仅有的负增长的运动用品、业余爱好等在2018年经历了更大幅度的下滑，除健康和个人护理、加油站仍然保持着正向增长且增速上升外，家具及家居、建筑及园艺设备供应、服装和服饰商店以及零售杂货店都由2017年的正增长转为2018年的负增长，反映出整体经济下行、贸易战和消费需求疲软带给美国零售业的消极影响，形势较为严峻。

表8-1　美国零售业不同业态或产品的销售额及增长率（2017—2018年）

单位：百万美元,%

业态	2017年销售额	2018年销售额	增长率
零售总额	5 303 932	5 322 624	0.35%
汽车和零部件交易	1 247 540	1 229 908	−1.41%
家具及家居	232 521	220 312	−5.25%
建筑及园艺设备供应	414 727	390 465	−5.85%

续前表

业态	2017 年销售额	2018 年销售额	增长率
食品和饮料	740 067	743 452	0.46%
加油站	457 360	515 618	12.74%
服装和服饰商店	278 186	274 765	−1.23%
健康和个人护理	338 318	345 365	2.08%
运动用品、业余爱好等	92 445	79 394	−14.12%
零售杂货店	140 461	131 055	−6.70%
无店铺零售	629 133	677 503	7.69%

资料来源：https://www.bea.gov/index.htm.

8.4.1.3 重点零售企业概况：7 家企业进入全球前 10，稳坐零售头把交椅

本报告监测与分析的美国重点零售企业是从美国零售行业杂志 *STORES* 联合德勤发布的全球 250 强零售商排行中筛选出的美国排名前 10 的企业。榜单数据采用了企业 2017 财年公布的数据，具体如表 8-2 所示。

其中，美国前三大零售巨头沃尔玛、好市多、克洛格实力强劲，仍然占领全球零售排行榜的前 3 名。特别是克洛格作为一家美国占其全球零售额 100%的纯本土企业，发展成绩令人惊叹。同 2016 财年相比，2017 财年亚马逊发展势头较好，家得宝的差距进一步拉大，夺得美国排名第 4、全球排名第 4 的成绩，同时，家得宝也超越了 Walgreens Boots Alliance, Inc.，本国和全球排名均比 2016 财年提升一位，其余四家企业的国内排名没有发生改变。

此外，排名前 10 的零售企业中，零售收益增长最快的与 2016 财年相同，仍然是艾伯森，2017 财年集团净收益转亏为盈，为 46 百万美元，且 2012—2017 财年零售收益复合增长率达到了 74.4%。

表 8-2 美国排名前 10 的零售企业（2017 财年）

本国排名	全球排名	公司名	2017 年财年零售收益（百万美元）	2017 年财年集团收益（百万美元）	2017 年财年集团净收益（百万美元）	2012—2017 财年零售收益复合增长率
1	1	沃尔玛	500 343	500 343	10 523	1.3%
2	2	好市多	129 025	129 025	2 714	5.4%
3	3	克洛格	118 982	122 662	1 889	4.2%
4	4	亚马逊	118 573	177 866	3 033	18.0%
5	6	家得宝	100 904	100 904	8 630	6.2%
6	7	Walgreens Boots Alliance, Inc.	99 115	118 214	4 101	6.7%

续前表

本国排名	全球排名	公司名	2017 年财年零售收益（百万美元）	2017 年财年集团收益（百万美元）	2017 年财年集团净收益（百万美元）	2012—2017 财年零售收益复合增长率
7	9	CVS Health Corporation	79 398	184 765	n/a	4.5%
8	12	塔吉特	71 879	71 879	2 934	0.0%
9	14	Lowe's Companies，Inc.	68 619	68 619	3 447	6.3%
10	15	艾伯森	59 925	59 925	46	74.4%

资料来源：《全球 250 强零售商排行榜》。

8.4.2　日本篇：经济复苏放缓，人口结构风险加大

8.4.2.1　经济、人口与消费概况

2015—2018 年，日本季度 GDP 环比年率变化较大，2016—2017 年呈现波动上升的态势，而 2018 年增长率仅为 0.7%，较 2017 年 1.9%的增幅大幅下滑，增长势头出现疲态。具体来看，四个季度的经济增幅分别为－0.2%、0.6%、－0.7%和 0.3%，这种正负交替的经济增长态势从全年来看难寻亮点，尤其是第三季度受多次地震、暴雨等自然灾害的影响，继第一季度后再次萎缩，且国内投资需求不振，成为阻碍日本经济复苏和实现通胀目标的风险性因素。总体而言，虽然日本的商业信心指数呈现较低水平，企业和家庭中长期增长预期尚未稳定，贸易保护主义和全球货币政策分化对于外向型的日本经济的增长会带来潜在风险，但日本国内失业率较低，物价水平有所回升，经济呈现继续复苏态势，预计超越“伊奘诺景气”，成为日本自第二次世界大战以来的最长复苏期。自 2010 年以来，日本人口一直呈负增长态势。世界银行数据显示，截至 2018 年底，日本总人口约为 1.264 2 亿人，较 2015 年减少 27.5 万人，而且劳动力老龄化将给宏观经济和金融部门带来更大的挑战。

8.4.2.2　零售行业发展概况：平稳发展，业态分化明显

如表 8－3 所示，根据日本经济产业省大臣官方调查统计与研究部 2019 年 3 月发布的《商业动态统计速报（平成 31 年）》，日本零售业 2018 年实现近 145 万亿日元的销售总额，稳中有升，比上年同期增长 1.4 个百分点。从业态情况看，内部分化明显：百货店虽然店铺继续呈现减少状态，但是 2018 年销售额首次增加；超级市场、大型家电专门店以及便利店的店铺数量都持续增加，然而 2018 年的销售额则呈现相反的变动趋势，超级市场和便利店的销售额有所下跌，而大型家电专门店的销售额则呈现持续增加状态；在不景气的市场环境下，药店依旧有着亮眼的表现，无论是销售额还是店铺数量都持续上升。

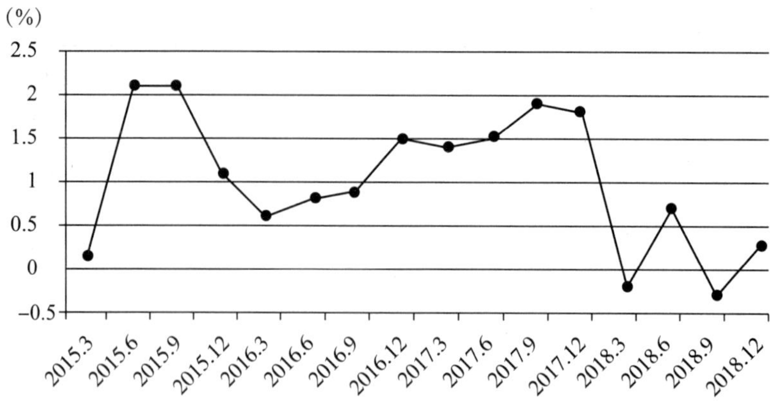

图 8－8　日本 GDP 增长率（季度，%）（2015—2018 年）

表 8－3　日本零售业主要业态销售额与门店数（2016—2018 年）

年度	2016 年销售额（十亿日元）	2016 年增长率（%）	2017 年销售额（十亿日元）	2017 年增长率（%）	2018 年销售额（十亿日元）	2018 年增长率（%）
零售总额	142 075	－0.2	142 999	1.9	144 966	1.4
分业态类别	2016 年销售额（亿日元）	2016 年事业所数（店）	2017 年销售额（亿日元）	2017 年事业所数（店）	2018 年销售额（亿日元）	2018 年事业所数（店）
百货店	65 610	236	65 349	228	58 870	220
超级市场	129 653	4 829	130 868	4 898	107 782	4 987
便利店	115 183	56 160	118 019	56 344	109 809	66 561
大型家电专门店	41 984	2 478	43 343	2 530	43 911	2 498
药店	57 665	14 361	61 612	15 198	63 644	18 358
家居店	33 040	4 271	32 920	4 308	32 853	4 338

资料来源：日本经济产业省。

8.4.2.3　重点零售企业概况：排位稳定，冲击全球前 10 仍需努力

本报告监测的日本重点零售企业是从美国零售行业杂志 *STORES* 联合德勤发布的全球 250 强零售商排行中筛选出的日本排名前 10 的企业。榜单数据采用了企业 2017 财年公布的数据。

如表 8－4 所示，2017 财年零售收益 70 072 百万美元的永旺虽然较之上年收益有所下降，但仍然占据日本零售业之首的位置，紧随其后的是 7－ELEVEn。值得注意的是，全家超越伊势丹三越，从本国第 7 上升到第 5 的位置，Don Quijote Holdings Co.，Ltd. 从第 10 上升到第 7 的位置，J. Front Retailing Co.，Ltd. 首次跌出前 10，而 Bic

Camera Inc. 则首次跻身前 10 排行榜，位居第 10。

整体来看，在日本排名前 10 的企业中，2017 年财年集团净收益最高的为 7 - ELEVEn，约为 17 亿美元；由于 2017 年全家零售收益复合增长率数据缺失，2012—2018 年最高的是迅销，达到 15.0%。但是，遗憾的是，2017 年全球排名前 10 的零售企业中，仍然没有日本零售企业。

表 8 - 4　日本排名前 10 的零售企业（2017 财年）

本国排名	全球排名	公司名	2017 年财年零售收益（百万美元）	2017 年财年集团收益（百万美元）	2017 年财年集团净收益（百万美元）	2012—2017 财年零售收益复合增长率
1	13	永旺	70 072	75 283	833	8.7%
2	18	7 - ELEVEn	51 889	54 177	1 767	3.9%
3	56	迅销	16 815	16 841	1 166	15.0%
4	67	亚马达电器	14 198	14 198	261	−1.5%
5	84	全家（FamilyMart UNY Holdings Co.，Ltd.）	11 443	11 443	328	0.0%
6	89	伊势丹三越	11 170	11 447	−9	0.5%
7	124	Don Quijote Holdings Co.，Ltd.	8 279	8 532	352	10.8%
8	134	Takashimaya Company，Ltd.	7 735	8 520	216	1.4%
9	135	H2O Retailing Corporation	7 724	8 316	132	12.4%
10	142	Bic Camera Inc.	7 151	7 151	140	8.8%

资料来源：《全球 250 强零售商排行榜》。

8.4.3　英国篇：增长略微下滑，脱欧牵制投资和贸易

8.4.3.1　经济、人口与消费概况：GDP 与消费增长率均有波动

2015—2018 年，英国经济增长率波动中呈略微下降趋势。2018 年全年英国 GDP 增长率为 1.4%，比 2017 年的 1.7%有所下降，低于市场预期，为 2012 年以来最慢。英国国家统计局指出，英国脱欧继续主导经济前景，给企业和消费者增添了不确定性，英镑持续承压，2019 年英国经济增速预计也很难恢复。各季度增长率的变化情况如图 8 - 9 所示。2018 年第四季度由于汽车和钢铁制造急剧下滑，建筑业也陷入萎缩，经济增长率出现下滑，但服务业仍然在持续增长，健康、管理咨询和 IT 板块表现突出。总体而言，英国经济增长与之前相差不大，值得注意的是，全球景气趋疲令英国出口受创，消费者及企业日益担忧英国无协议退欧威胁，将给英国经济增长带来较大的不确定性。

近年来英国人口增长较快，2017 年仍然保持较快的增长势头。世界银行数据显示，

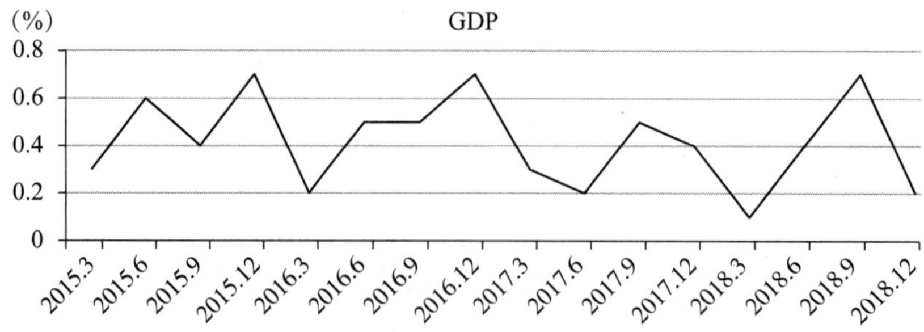

图 8-9 英国 GDP 增长率（季度,%）(2015—2018 年)

至 2017 年，英国人口约 6 604 万人，相较于 2016 年增长了约 0.6%。

8.4.3.2 零售行业发展概况：全行业增长，有力提振经济

如表 8-5 所示，2018 年英国零售总额约 3 807 亿欧元，比 2017 年增长了 3.99%，低于 2017 年 4.3%的增速。从各个业态来看，所有业态相较于 2016 年都有所增长。其中：无店铺零售一直保持着较高的增长速度，同比增长了 11.42%，符合零售智能化的趋势，发展潜力较好；其次是汽车燃料零售，增速为 8.54%；家居用品店取代纺织、服装和鞋类专卖店，增速位列第 3，为 6.16%。整体来看，2018 年在整体经济遇冷的情况下各个业态发展情况良好，相较于 2017 年略有所回升，对英国经济来说是一个有利信号。

表 8-5 英国各零售业态销售额及增长率（2018 年）

类别	绝对额（千欧元）		年变化率（%）
年份	2017 年	2018 年	2018 年比 2017 年
零售总额（不包括汽车燃料）	366 061 359	380 650 693	3.99
主要食品商店	158 091 597	163 197 163	3.23
主要非食品商店	168 844 670	173 861 173	2.97
非专门商店	34 785 649	35 494 976	2.04
纺织、服装和鞋类专卖店	48 603 810	49 023 086	0.86
家居用品店	33 263 549	35 311 076	6.16
其他非食品商店	52 191 662	54 032 035	3.53
无店铺零售	39 125 092	43 592 357	11.42
汽车燃料零售	39 636 286	43 020 445	8.54

资料来源：https://www.ons.gov.uk/.

8.4.3.3 重点零售企业概况：排位稳定，个别企业实现较大增长

本报告监测的英国重点零售企业是从美国零售行业杂志 *STORES* 联合德勤发布的全球 250 强零售商排行中筛选出的英国排名前 10 的企业。榜单数据采用了企业 2017 年

财年公布的数据。具体如表 8-6 所示。

2017 财年，乐购、森宝丽和莫里森超市仍然保持英国零售企业前 3 的位置。乐购在 2016 年掉出全球排名前 10 的位置后，2017 年又重新进入，位列第 10，其余企业在英国的榜单上的排名与 2016 年保持一致。

另外，同 2017 财年相同，Primark 仍然是增长最快的英国零售企业，其 2012—2017 财年零售收益复合增长率达到 15%，居英国零售业之首。

表 8-6 英国排名前 10 的零售企业（2017 财年）

本国排名	全球排名	公司名	2017 年财年零售收益（百万美元）	2017 年财年集团收益（百万美元）	2017 年财年集团净收益（百万美元）	2012—2017 财年零售收益复合增长率
1	10	乐购	73 961	75 338	1 123	−2.4%
2	28	森宝丽	36 611	37 290	405	3.7%
3	45	莫里森超市	22 426	22 426	404	−1.0%
4	63	Kingfisher PLC	15 142	15 142	630	2.0%
5	68	玛莎百货	14 168	14 168	39	1.3%
6	70	Dixons Carphone PLC	14 072	14 072	222	4.5%
7	72	John Lewis Partnership PLC	13 257	13 257	96	3.8%
8	111	Co-operative Group，Ltd.	9 155	12 189	90	−3.0%
9	114	Associated British Foods PLC/Primark	8 931	19 445	n/a	15.0%
10	185	Next PLC	5 248	5 269	769	2.7%

资料来源：《全球 250 强零售商排行榜》。

（付 梦）

附　表

第 2 章　中国经济增长与零售商业数据
第 3 章　中国零售业产业发展分析报告数据
第 4 章　中国零售业地区发展分析报告数据
第 5 章　中国综合零售业发展分析报告数据
第 6 章　中国专业零售业发展分析报告数据
第 7 章　中国零售公司管理与运营分析报告数据
第 8 章　中国零售业综合事务与海外概览数据

此部分内容请扫描以下二维码获取

后记

《中国零售业发展监测与分析报告 2019》已经编写完毕，这是我们编写的零售业产业报告的第 9 本，目的是全面监测中国零售业的发展现状、特点、脉络与问题等，为社会各界包括政府宏观决策、企业运营管理、证券投资分析、科研教学工作和零售消费管理等提供翔实的监测数据和高水平的产业分析。

今年的报告主要以 2018 年中国零售业发展情况为监测对象，整体监测分析的思路与核心内容延续了往年的设计。报告以很大的篇幅对中国零售业和代表性零售公司的信息数据进行统计、整理、监测，由于这些信息和数据的分布非常散乱，其间的汇总、筛选和校正工作耗费了大量的时间和人力，我们力争为读者还原一个行业发展的全貌。

同时，我们在此基础上配合每章的主题，共计设计和制作了 60 张附表。所有附表都有专门设计的较为丰富的维度，这些维度及其内含数据是行业分析和进一步研究的基础，是目前现有统计年鉴类资料无法提供的宝贵信息来源，凝聚了本报告编制小组全体成员的大量心血，也是本报告的核心价值之一。

鉴于出版社对于编辑出版字数和全书篇幅的限制以及电子化的要求，以上所提及的本报告附表，现已由中国人民大学出版社进行了电子化处理，并全部做成了二维码模式（见本书第 234 页），请各位读者扫码后免费阅读。

今年的报告在章节体系方面，仍然控制在 8 章的总篇幅，分别是绪论、中国经济增长与零售商业、中国零售业产业发展分析报告、中国零售业地区发展分析报告、中国综合零售业发展分析报告、中国专业零售业发展分析报告、中国零售公司管理与运营分析报告、中国零售业综合事务与海外概览。

本报告从 2018 年 12 月开始准备，在半年多时间的准备和正式撰写过程中，我们得到了各方面的大力支持和鼎力帮助，很多人为此付出了智慧、创意、汗水和辛劳。

我们要感谢中国人民大学科研处、中国人民大学出版社和中国人民大学科学研究基金项目“研究品牌计划”品牌报告类项目给我们的立项支持，项目名称为“中国零售业发展监测与分析报告”，项目号为 12XNP007。由于有这样的科研支持，我们才得以在中国人民大学出版社出版本年度的报告。

全书各章的分工如下：第 1 章王强，第 2 章王强，第 3 章杨萌，第 4 章王晓彤，第 5 章李浩林，第 6 章皮安琪，第 7 章第 1～4 节分别是王晓彤、皮安琪、李浩林、付梦，第 8 章付梦。

还要感谢中国人民大学出版社的编辑团队，他们对本报告的顺利出版给予了大力支持，做了大量和辛勤的组稿、编辑和审核工作，在此一并致谢。

最后，由于受编写时间和编者能力所限，本报告可能存在不少错误和漏失，敬请各位读者批评指正。

王　强
中国人民大学商学院
2020年9月3日

图书在版编目（CIP）数据

中国零售业发展监测与分析报告. 2019/王强主编.
--北京：中国人民大学出版社，2022.2
中国人民大学研究报告系列
ISBN 978-7-300-29581-7

Ⅰ.①中… Ⅱ.①王… Ⅲ.①零售业-经济发展-研究报告-中国-2019 Ⅳ.①F724.2

中国版本图书馆 CIP 数据核字（2021）第 132261 号

中国人民大学研究报告系列
中国零售业发展监测与分析报告（2019）
主编 王 强
Zhongguo Lingshouye Fazhan Jiance yu Fenxi Baogao（2019）

出版发行	中国人民大学出版社		
社　　址	北京中关村大街 31 号	**邮政编码**	100080
电　　话	010－62511242（总编室）		010－62511770（质管部）
	010－82501766（邮购部）		010－62514148（门市部）
	010－62515195（发行公司）		010－62515275（盗版举报）
网　　址	http://www.crup.com.cn		
经　　销	新华书店		
印　　刷	唐山玺诚印务有限公司		
规　　格	185 mm×260 mm　16 开本	**版　　次**	2022 年 2 月第 1 版
印　　张	15.25 插页 1	**印　　次**	2022 年 2 月第 1 次印刷
字　　数	327 000	**定　　价**	68.00 元
